DIANA STAINFORTH, geboren in Oundle/Northamptonshire, verbrachte nach dem Schulabschluß mehrere Jahre in Italien, Spanien und Südafrika. Sie kehrte nach England zurück, arbeitete zunächst als Innenarchitektin und später als Assistentin der Schriftstellerin Rebecca West, bevor sie selbst zu schreiben begann.

In der Reihe der rororo-Taschenbücher erschienen bereits ihre Frauenromane «Liebe im Spiel» (Nr. 13947), «Schau niemals zurück» (Nr. 22292) und «Der Feind an meiner Seite» (Nr. 22332).

DIANA STAINFORTH

ÜBER DEN WOLKEN

ROMAN

Deutsch von
Ulrike Beck & Marie Rahn

Rowohlt Taschenbuch Verlag

Die Originalausgabe erschien 1990 unter
dem Titel «Friends and Other Enemies»
bei Century Hutchinson Ltd., London

Veröffentlicht im Rowohlt Taschenbuch
Verlag GmbH, Reinbek bei Hamburg,
Dezember 1998

Umschlaggestaltung C. Günther / W. Hellmann
(Foto: The Image Bank / David de Lossy)
Gesamtherstellung Clausen & Bosse, Leck
Printed in Germany
ISBN 3 499 22458 5

Danksagungen

Bei den Recherchen für dieses Buch hatte ich viel Spaß. Ich flog ein Flugzeug. Ich ritt auf einem Polopony. Ich fuhr quer durch das Landesinnere von Amerika. In London besuchte ich Drehorte. In East Anglia erkundete ich stillgelegte Flugplätze. In New York, Chicago, Minneapolis und London durchstreifte ich die Marmorhallen der hektischen modernen Flughäfen.

Für ihre Hilfe zum Thema Luftfahrt möchte ich in alphabetischer Reihenfolge danken: Lloyd und Evelyn Alsworth aus Fairmont, Minnesota; Bob Barker vom Flugplatz in Shipdam, Norfolk; Kathleen Bark, Fluglotsin; Jerry Ducker von der Civil Aviation Authority; Dick Kenny von Boeing; Captain Dayne Markham von der Singapore Airlines; Peter Ormrod; Merlyn Suckling von Suckling Airways und Eric Holloway und Fiona Miller von Virgin Atlantic.

Was die Welt der Immobilien, des Rechtswesens und Geschäftslebens betrifft, so haben mich mehrere Personen gebeten, ihre Anonymität zu wahren. Ich respektiere ihren Wunsch. Mein Dank geht hier also an: Ann Barsh; Carolyn Draper von 3 D Distribution Systems in Dallas und Peter Ferguson von Veuve Clicquot, beide Sponsoren des Business Woman of the Year Award; des weiteren Henry Rose und Michael Stimpson.

Für ihre Einführung in das Polospiel danke ich Richard und Susie Graham-Wood und Celia Medley.

Für ihre Beratung in Sachen Film möchte ich mich bedanken bei Carol Allen, Julian Belfrage von Julian Belfrage Associates; Ceci

Dempsey, Holly de Jong; Rory MacLean; Sara Randell von Saraband Associates; Robert und Julia Watts.

Für ihre vielfältige Unterstützung danke ich: Issy Nicholas, Karen McLaughlin und Mark Schubin, den Vollzugsbeamten der Gefängnisse von Wandsworth und Brixton sowie dem Rauschgiftdezernat von New Scotland Yard.

Schließlich möchte ich gesondert folgenden Personen für ihre kontinuierliche Hilfe während der gesamten Entstehungszeit dieses Buches danken: Penny Baily für ihre Recherchen, ihr Verständnis und ihre Gastfreundschaft in East Anglia; Susan Denny wegen ihres allzeit geöffneten Adreßbuchs voller interessanter Kontakte und Ray Giles für die Einblicke, die er mir in das internationale Geschäftswesen und den amerikanischen Mittelwesten gewährte.

Ich möchte euch nicht nur für eure Hilfe danken – sondern auch für das Vergnügen, mit euch zu arbeiten!

Diana Stainforth

Kapitel 1

Minnesota, Oktober 1970

Von all den alten Pionierlegenden, die Ryder von ihrem Großvater gehört hatte, war ihr die von der Weißen Squaw am Fox Lake die liebste. Sie handelte von der Tochter europäischer Siedler und ihrer Liebe zu einem Mann, den ihre Eltern ablehnten. Als sie erfuhr, daß er umgekommen war, wollte sie ins Wasser gehen. Doch ein indianischer Krieger rettete sie – und nahm sie zu sich auf die Insel mitten im Fox Lake, wo sie gemeinsam lebten.

Ryder saß an der Spitze des alten Holzstegs, ließ die Füße ins Wasser baumeln und schaute zur Insel hinüber. Die Insel war nicht groß, nur ein schmales Stück Land, das mit Bäumen und herbstlich rotem Präriegras bedeckt war, doch das Wasser verlieh ihr eine magische Aura. Ryder beneidete das Mädchen, das hundert Jahre zuvor dort gelebt hatte. Wenn sie die Augen schloß, sah sie sich als schlanke Schönheit in einem Kleid aus Rehleder. Sie malte sich aus, jeden Morgen am lichtüberfluteten See aufzuwachen und im türkisfarbenen Wasser zu baden, auf dem die Blätter wie goldene Flottillen vorbeisegelten. Sie stellte sich vor, von einem Mann geliebt zu werden. Schön zu sein für ihn. Und niemals töricht. Niemals unerwünscht. Das einzige, was an der Geschichte nicht in ihr Bild paßte, war, daß das Mädchen, das eben noch den einen Mann geliebt hatte, so schnell einen anderen hatte lieben können.

Sie wünschte, sie wüßte den Namen des Mädchens. Aber niemand schien ihn zu kennen, nicht einmal ihr Großvater. Sie hätte so gern alles über sie erfahren. Wie sie aussah. Ob sie ihr hochgeschlossenes, langärmliges, viktorianisches Kleid getragen hatte, bis es in Fetzen herunterhing; oder ob sie es sofort weggeworfen und sich wie eine Sioux gekleidet hatte, so wie Ryder es getan hätte. Was ihre Eltern gesagt hatten. Ob sie sich darum gekümmert hatte? Ryder war sich sicher, daß es ihren eigenen Eltern völlig egal gewesen wäre, solange die Freunde der Familie nicht davon erfahren hätten.

Mit einem einfachen Gummiband band sie ihr hellbraunes Haar zusammen und versuchte noch einmal, sich selbst in einem Kleid aus Rehleder zu sehen, schlank und wunderschön. Sie hatte ein lebhaftes Gesicht. Wenn sie lächelte, leuchtete es auf und wurde hübsch. Oder vielleicht nicht gerade hübsch, aber anziehend. Ihre großen, hellen Augen strahlten, ihre Nase kräuselte sich, ihr Mund nahm unbewußt einen verführerischen Zug an. Doch sie lächelte selten. Die meiste Zeit war sie in Gedanken versunken.

Der Duft von gebratenem Steak zog von einem der kleinen, mit Schindeln gedeckten Häuser zwischen den Bäumen herüber. Die abendlichen Geräusche erinnerten sie an den morgigen Tag. Sie sah auf die Uhr, hätte die Zeit gerne zurückgedreht. Sechs Monate. Einen Tag. Selbst eine einzige Stunde.

Während sie ihr Fahrrad aus dem Wäldchen schob, sank die Sonne über South Dakota. Sie erleuchtete den Himmel hinter der Insel, deren prächtig verfärbte Bäume sich gegen den sinkenden Feuerball abhoben. Das Licht ließ den See dunkler erscheinen und flacher. Sie dachte an die Weiße Squaw und fragte sich, wie oft sie wohl diese Sonne hatte untergehen sehen.

Es fuhr sich nicht leicht mit Franks Fahrrad. Ihr Cousin war erst dreizehn und nicht sehr groß für sein Alter, sie hingegen schon fast neunzehn. Die abgefahrenen Reifen schlitterten auf der unbefestigten Straße, Steine wirbelten unter den Rädern hervor. Hitze stieg von der schwarzen Erde auf, die von der Sonne der vergangenen Sommermonate hart gebacken war. Ryder hielt an, um ihren Pullover auszuziehen, und wischte sich die schmierigen Hände an ihren Jeans ab.

Die Landschaft zwischen dem Fox Lake und Prairieville war ganz flach, die Straße verlief schnurgerade. Getreidefelder erstreckten sich meilenweit bis zum Horizont, und nur hier und da sah man ein weißes oder dunkelrotes Farmhaus. Die Häuser waren an der Nordwestseite mit einem Halbkreis von Pyramidenpappeln umgeben, zum Schutz vor dem Wind, der von Alaska herunterkam. ‹Siedlerbäume› hatten die Siedler sie genannt. Fremde, also alle, die nicht hier geboren und aufgewachsen waren, bezeichneten diesen Teil von Minnesota als langweilig. Sie fuhren auf die Interstate 90, drehten ihr Radio auf und zählten jede Meile bis zu den Sioux Falls. Aber Ryder liebte dieses Land, liebte einfach alles daran. Sogar die Hitze und die endlosen Getreidefelder.

Die erste Tankstelle auf dieser Seite von Prairieville war *Wise's Wayside*. Früher war es auch die beste Eisdiele des ganzen Orts gewesen, doch seit Doug Wises Frau mit einem Trucker davongelaufen war, hatte er den Laden herunterkommen lassen. Als Ryder sich der Tankstelle näherte, fuhr sie langsamer. Eigentlich hätte sie sich von ihm verabschieden müssen. Sie hatte sonst überall schon vorbeigeschaut. Aber dann erinnerte sie sich an sein Hemd mit den Schweißflecken und seine vom Bier getrübten Augen, zog den Kopf ein und trat fester in die Pedale.

Die Tür flog auf. «Hey! Ryder! Willst du mir nicht auf Wiedersehen sagen?»

Sie bremste schuldbewußt und kam schlitternd zum Stehen. «Ich wollte morgen kommen.»

«Aber morgen fährst du doch schon nach England zurück. Komm schon! Ich spendier dir ein Eis.»

Ryder gab sich alle Mühe, nicht auf seine ölverschmierten Hände zu starren, als sie ihre Eiswaffel in Empfang nahm.

«Meine Tochter sagt, du willst nicht fahren», sagte Doug.

«Stimmt. Ich hasse England.» Das Eis schmeckte nach Benzin, aber das war eben ihre Strafe. Sie zwang sich zu einem Lächeln. «Es schmeckt köstlich. Danke.»

Er machte zwischen den leeren Bierdosen Platz und lehnte sich über die Theke. «Ich war während des Kriegs in Norfolk stationiert. Wir flogen damals die Liberators aus Shipdham. Man nannte uns ‹Die schwarzen Adler der Lüfte›. Ich wollte immer noch mal dorthin.» Er rieb sich das unrasierte Kinn. «Ich hätte es mir leisten können, wenn sie die Interstate 90 hierdurch gebaut hätten.»

«Ach, ich mag Prairieville so, wie es ist.»

«Ich wäre ein reicher Mann geworden. Vielleicht hätte meine Frau mich dann nicht verlassen.»

«Ich gehe jetzt lieber, Mr. Wise. Danke für das Eis.»

Von der Tankstelle ließ sie sich über den Parkplatz der Norwegischen Lutherischen Kirche rollen, die ihre Großmutter regelmäßig besuchte. Dahinter stand ein Müllcontainer. Sie warf die Überreste der öligen Eiswaffel hinein.

Prairieville war ein netter, kleiner Ort. Jeder, der hier aufgewachsen war, sagte das. Jeder bis auf ihre Mutter und Mrs. Wise. Es bestand aus einer breiten Hauptstraße, ein paar Querstraßen, einem ziegelroten Postamt und einem halben Dutzend Kirchen. Eine typische kleine Prairiestadt. Die Leute verbrachten ihr ganzes Leben in Prairieville, sie wurden geboren, wuchsen auf, heirateten und starben. Einige wagten sich noch nicht einmal bis Minneapolis, was Ryder angesichts des Pioniergeistes ihrer Vorfahren immer seltsam vorgekommen war.

Scot's Farm lag fünf Meilen außerhalb der Stadt. Die Dunkelheit brach schon herein, als sie ankam. Ihr Onkel fuhr gerade den Mähdrescher. Ryder beobachtete, wie die riesige Maschine das nahe gelegene Feld hinunterrumpelte, die vier Scheinwerfer auf das Getreide gerichtet, das beim Herannahen des Gefährts erzitterte. Die gierige Haspel drehte sich unerbittlich, das Getreide zischte, als es niedergeprügelt wurde, Staub und Spreu strömten aus dem Heck. Bevor der Mähdrescher Ryder erreichte, schwenkte er in einen großen Bogen ein. Ihr Onkel winkte. Neben ihm saß Frankie. Beide waren über und über mit Staub bedeckt.

Das alte Farmhaus zeichnete sich gegen den dunkelblauen Himmel ab. Es war aus weißgestrichenem Holz und hatte ein blaßgraues Dach. Im Karree gebaut, um die Wärme während der grimmigen Winter besser zu speichern, besaß es eine lange Veranda, die in den erbarmungslosen Sommern Schatten spendete. Ryder liebte die Farm so leidenschaftlich, wie ihre Mutter sie gehaßt hatte. Sie liebte das schwere, dunkle Holz der Inneneinrichtung, die so fest und solide war wie ihr Großvater, und die Tischdecken aus filigraner Spitze, die ihre Großmutter gemacht hatte. Sie mochte die häßlichen, aber bequemen Sessel, den wildgemusterten Teppich, der ausgesucht worden war, damit der Schmutz nicht so auffiel; und sie genoß es, daß niemand sie anschnauzte, wenn sie beim Fernsehen ihre Füße auf den Tisch legte.

Die Sioux waren durch dieses Land gezogen, bis die Siedler sie nach Westen verdrängt hatten. An diesen Teil der Geschichte dachte Ryder lieber nicht. Sie konnte keinen Western sehen, ohne zu hoffen, daß die Indianer doch noch gewinnen würden. Dabei hätte es keine Scot's Farm gegeben, wenn sie wirklich gewonnen hätten. Ihr Ururgroßvater, John Milne, hatte sich hier niedergelassen und die ursprüngliche Blockhütte gebaut. Er war der zweite Sohn eines Pächters in der Nähe von Aberdeen, hatte ein sechzehnjähriges Hausmädchen aus Edinburgh geheiratet und die Segel Richtung Neue Welt gesetzt. Im Treppenaufgang des Farmhauses hing eine goldgerahmte Photographie von ihnen, aufgenommen an dem Tag, an dem sie Schottland für immer verlassen hatten. John Milne war grimmig und bärtig, seine Frau Helen sah blaß und verängstigt aus. Beide hatten diesen müden und stumpfen Blick, der so typisch für alte Photographien ist.

Helen war im Kindbett gestorben. In Ryders Schlafzimmer stand ein Schrankkoffer, der ihr gehört hatte. Darin befanden sich einige Bündel mit Briefen von Helens Mutter – und ein Brief von Helen, angefangen kurz vor ihrem Tod, den sie nicht mehr hatte beenden und abschicken können. Die Seiten waren vergilbt und klebten aneinander, die unbeholfene Schrift war stark verblaßt, aber das Gefühl, das aus den Zeilen sprach, war ganz klar. Helen haßte die Blockhütte, haßte die Indianer, die heulende Prärie und die Einsamkeit. Sie sehnte sich verzweifelt nach ihrer Mutter, die sie niemals wiedersah.

Ryder blieb unter den Pyramidenpappeln stehen, um ihren letzten Abend zu genießen. Über ihr raschelten die Blätter. Als sie noch klein war, hatte sie sich immer mit der Vorstellung Angst eingejagt, daß sich die Indianer zwischen den Bäumen heranschleichen würden. Dann wurde ein knackender Zweig zu einem Mokassin und das Heulen des Windes zu Kriegsgeschrei. Sie lächelte bei der Erinnerung daran. Plötzlich ertönte kreischendes Gelächter aus der Scheune. Susan Wise stürzte hinaus und sprang auf ihr Fahrrad. Hinterher schoß Carl, der Freund ihrer Cousine Debbie, und schwenkte etwas, das wie eine tote Schlange aussah. Er jagte Susan die Auffahrt hinunter. Debbie folgte den beiden lachend. Ryder beobachtete sie neidvoll. Jeder mochte Debbie. Sie war eine fröhliche Blondine mit großen, weißen Zähnen und einem unkomplizierten Wesen.

Susan rief: «Sagt Ryder auf Wiedersehen von mir!» Von den Pappeln aus beobachtete Ryder, wie sie davonfuhr. Sie dachte an das Eis, das im Müllcontainer schmolz, und hatte Gewissensbisse. Eigentlich hätte sie hinter den Bäumen hervorkommen und rufen müssen: «Auf Wiedersehen, Susan!» Aber sie verhielt sich ruhig, weil sie wußte, daß Carl sie sonst mit der Schlange verfolgen würde. Er war ein Fiesling, und sie konnte sich nicht vorstellen, was Debbie eigentlich in ihm sah. Doch plötzlich packte sie die Wut, auf Carl und sich selbst. Hauptsächlich auf sich selbst. Ihre Vorfahren hatten diese Farm aus dem Nichts aufgebaut, und sie würde sich doch nicht durch eine Rotznase aus dem Eisenwarengeschäft von ihr vertreiben lassen. Sie trat zwischen den Pappeln hervor.

Carls Pick-up parkte hinter der Scheune, aber von ihm oder Debbie war nichts zu sehen. Einzig Alfie, der Hahn, pickte im Staub bei der Scheune.

«Du hast dich wohl vom Fox Lake verabschiedet.» Sie hatte gar nicht bemerkt, daß ihr Großvater im Schatten der Veranda saß. Er war ein weißhaariger, alter Löwe mit zerfurchtem Gesicht und eisblauen Augen und sprach so langsam und bedächtig, als wöge er mit jedem Wort die Getreidekörner für die Aussaat im Frühling ab.

«Es ist nicht fair, daß ich nach England zurück muß. Ich bin ebenso eine Milne wie Debbie und Frankie.» Ryder knibbelte die aufgeplatzte Farbe vom Verandageländer ab.

«Du weißt, daß wir dich dabehalten würden, wenn wir könnten.» Er wippte mit dem Schaukelstuhl vor und zurück und sog an seiner Pfeife. «Aber du hast versprochen, nach sechs Monaten ohne großes Theater nach Hause zu fahren, und Milnes halten, was sie versprechen. Sie stellen sich dem Leben.»

«Mutter will mich nicht, jetzt, wo sie Leo hat. Vater will mich auch nicht. Er hat mich noch nie gewollt.» Sie stellte sich vor ihrem Großvater auf. «Ich bin alt genug, um zu leben, wo ich will. Ich werde mir einen Job als Kellnerin suchen und genug verdienen, um hierher zurückzukommen.»

Er schüttelte den Kopf. «Du kannst nicht gegen den Willen deiner Eltern auf Scot's Farm bleiben, was auch immer ich von deinem Vater halte. Diesem miesen Spekulanten!»

Die Küchentür flog auf, und ihre Großmutter erschien. Ihr zartes Porzellangesicht zeigte Unmutsfalten, und ihr fahles, seidiges Haar löste sich aus ihrem ordentlichen Knoten. «Dan», sagte sie ruhig, «er ist der Mann unserer Tochter, und sie liebt ihn.»

«Carrie sollte sich mal auf ihren Geisteszustand untersuchen lassen. Sie hätte Dr. Jeff heiraten sollen. Er hätte sie zur glücklichsten Frau von ganz Prairieville gemacht.»

«Sie wäre hier niemals glücklich geworden. Das weißt du ganz genau.»

«Ich werde jedenfalls nicht so tun, als hätte ich für ihren Mann was übrig. Jedesmal, wenn ich ihm die Hand schüttele, muß ich nachzählen, ob alle meine Finger noch da sind!»

Kapitel 2

England

Ryder stand am Flügelfenster im Schlafzimmer ihrer Mutter und blickte auf den gepflegten Garten von Dingwall Court hinab, dessen samtige Rasenflächen sich bis zur Themse erstreckten. Sie hatte ihrer Mutter den Rücken zugewandt.

«Jetzt schmoll doch nicht, Ryder! Bitte! Das kann ich nicht ausstehen!» Carrie Harding ruhte sich aus. Sie lag auf den Satinkissen ihres Himmelbetts, während Leo seinen Modelltraktor über die gesteppte Bettdecke fahren ließ. Ein sinnliches, pfirsichfarbenes Seidennachthemd im Stil der 30er Jahre hüllte sie ein, und um ihre Schultern lag eine pfirsichfarbene Satinjacke. Die Farbe paßte zur Bettdecke und den kunstvoll drapierten Vorhängen. Sie harmonierte mit dem weichen Teppich und betonte das Honigblond ihrer Haare.

«Ich schmolle nicht.» Ryder spielte mit den schweren Taftvorhängen. «Ich kann nur nicht verstehen, warum ich erst nach Hause gezerrt wurde, wenn ich jetzt noch nicht einmal hier leben soll.»

«Die meisten Mädchen in deinem Alter würden sich gerne eine Wohnung in London teilen. Und Alix Bassingham ist sehr kontaktfreudig. Du wirst schnell ihre Freunde kennenlernen.»

«Aber warum will sie denn mit mir zusammenwohnen, wenn sie so viele Leute kennt?»

«Die Wohnung ist für drei gedacht. Sie hat schon eine Freundin da und braucht jetzt noch jemanden.»

«Ach, den Notnagel.»

«Jetzt zieh nicht so ein albernes Gesicht! Dein Vater hat sich sehr viel Mühe gegeben, das alles zu arrangieren.» Ein Anflug von Unmut überzog das feingeschnittene Gesicht ihrer Mutter, doch als sie zu Leo hinunterblickte, lächelte sie. Sie hatte Ryder mit einundzwanzig Jahren bekommen. Und erst siebzehn Jahre und fünf Fehlgeburten später war Leo geboren worden.

Voller Bewunderung und Sehnsucht nach einem solchen Lächeln betrachtete Ryder ihre Mutter. Als sie nach Amerika gegangen war, hatte Leo kaum laufen können. Jetzt war er ein anspruchsvoller, zweijähriger, blonder Lockenkopf mit wunderschönen blauen Augen wie ihre Mutter und alle Milnes. Ryder selbst hatte die Augen ihres Vaters. Wie der fahlgraue Himmel in einem Aquarell. Sie hätte viel dafür gegeben, die blauen Augen der Milnes zu haben.

«Bitte, bring Leo zur Nanny», sagte ihre Mutter. «Ich muß bald los. Wir gehen heute mit den Bassinghams in die Oper.»

«An meinem ersten Abend zu Hause?»

«Schatz, jetzt mach doch nicht alles so kompliziert!»

Ryder nahm Leo hoch, der augenblicklich zu schreien begann.

Sie lag auf ihrem Bett, bis es dunkel wurde, ohne einen Gedanken daran, Licht zu machen. Dieses Zimmer hatte sie erst nach Leos Geburt bekommen. Vorher hatte sie im Ostflügel geschlafen, in dem Raum, der nun als Leos Kinderzimmer genutzt wurde. Sie schloß die Augen und stellte sich vor, ihr Bruder würde krank werden, während ihre Eltern aus waren. Sie sah sich selbst seine fiebrige Stirn berühren und sogleich gegen den Protest des Kindermädchens den Doktor anrufen. Dann sah sie, wie der Doktor um Leos Leben kämpfte. Doch vergeblich. Er würde friedlich in ihren Armen sterben – während ihre Eltern in der Oper waren.

Sie hüllte sich in ihre Bettdecke ein und stellte sich vor, wie ihre Eltern von Schuldgefühlen geplagt würden. Sie hörte den Doktor sagen, daß ohne ihr Eingreifen Leos Tod viel qualvoller gewesen wäre. Sie malte sich aus, wie ihre Mutter weinen und wie ihr Vater die Hand auf ihre Schulter legen und sagen würde: «Wenigstens haben wir noch dich.»

Ein Auto knirschte den Kiesweg hinauf. Ryder schlich sich zum Fenster. Sie sah, wie Griffiths, der Chauffeur, die Tür zum Fond des Rolls-Royce öffnete. Ihr Vater stieg aus. Er war ein kräftiger Mann mit kurzem, graumeliertem Haar, doch überraschend jugendlichem Aussehen. Das lag an seinem jungenhaften Gesicht, das Ryders in vielfacher Hinsicht ähnelte. Es war ebenfalls sehr lebhaft, hatte einen großzügig geschnittenen Mund und weit auseinanderstehende Augen.

Von ihrem Fenster aus beobachtete Ryder, wie er mit Griffiths sprach: Er mußte sich ein wenig neigen, weil der Chauffeur, ein rotblonder Waliser, einen Kopf kleiner war. Dann hob er die Hand, um sich das Haar glattzustreichen, sah zum Haus hinüber und ließ seine Augen mit scharfem Blick rasch die Fensterreihen entlanggleiten, bis sie bei Ryders Zimmer verharrten.

Der Vorhang bewegte sich, als sie zurücksprang. Sie wußte, daß er sie gesehen hatte. Sie eilte zur Tür, zögerte dann jedoch, weil ihr Vater es haßte, von allen Seiten bestürmt zu werden, sobald er das Haus betrat. Rasch bürstete sie ihr Haar, glättete ihre Kleider und räumte das Zimmer auf. Seine Schritte waren auf der Treppe zu hören. Sie hörte ihn rufen: «Carrie! Liebling! Wir müssen in zwei Minuten fahren.» Nun hatte er den Treppenabsatz erreicht. Sie wartete. Doch dann hörte sie, wie er weiterging und seine Schritte in Richtung Westflügel verhallten. Ryder legte sich auf das Bett und redete sich ein, daß es ihr egal sei.

Carrie Harding stand selten zum Frühstück auf, doch Ryder war schon früh auf den Beinen. Als Mrs. Trumpet, die Haushälterin, den Gong ertönen ließ, stopfte sie ihre Jeans in die neuen Cowboystiefel und rannte die Treppe hinunter: Ihr Vater haßte Unpünktlichkeit. Aber auf der untersten Stufe blieb sie mit dem einen Schuh an den Sporen des anderen hängen, stolperte und fiel gegen die Tür zum Frühstückszimmer.

Paul Harding war allein. Er saß am Kopfende des Tisches und las die *Financial Times*. Bei ihrem Erscheinen senkte er die Zeitung. «Mußt du so einen Lärm machen?»

Sie wurde rot und schlich zu ihrem Platz.

Er blickte auf ihre Füße. «Das sind diese idiotischen Stiefel! Sie passen vielleicht nach Prairieville, aber hier, in Henley, sind sie einfach nur lächerlich.»

«Grandpa Milne hat sie mir geschenkt – und mir gefallen sie!»

Er starrte sie an, bis sie wegsah – wie ein Tier beim Blick einer Kobra. «Findest du nicht auch, daß es ziemlich unhöflich von dir war, mich gestern abend nicht zu begrüßen?» fragte er. «Du bist schließlich sechs Monate weg gewesen!»

«Ich habe in meinem Zimmer gewartet. Du hast mir immer wieder gesagt, daß ich dich nicht überfallen soll», rief sie lauter, als sie eigentlich beabsichtigt hatte.

«Ich sehe, daß Scot's Farm nicht gerade zur Mäßigung deines Temperaments beigetragen hat.»

Sie langte nach einem Toast, doch ihre Hand zitterte so stark, daß sie eine weiße Freesie aus der Kristallvase stieß.

Ihr Vater stöhnte auf.

Sie ließ den Toast fallen und schob ihren Stuhl zurück. «Wenn ihr mich nicht hier haben wollt, warum habt ihr mich dann zurückkommen lassen? Warum habt ihr mich nicht auf Scot's Farm gelassen, wo alle sich freuen, daß ich da bin? Wo ich geliebt werde!»

«Weil du meine Tochter bist und ich nicht will, daß du so ein engstirniger, bigotter Spießer wirst wie Dan Milne.»

Sie rannte aus dem Haus, ihre Füßen hinterließen auf dem taubedeckten Rasen eine dunkle Spur. Sie lief zur Rosenlaube am Fluß, ihrem Lieblingsplatz. Dingwall Court war ein elegantes Anwesen im Queen-Anne-Stil. Mit seinem wohlproportionierten Haupthaus und dem Ost- und Westflügel wirkte es sowohl in der Länge als auch in der Breite äußerst großzügig. Ihr Vater hatte es gekauft, als sie noch ein Baby war und er gerade damit begonnen hatte, Reichtümer anzuhäufen. Davor hatten sie in einer Wohnung irgendwo in London gewohnt. Mehr wußte Ryder nicht, weil ihre Mutter lieber vergaß, daß sie nicht immer so stilvoll gelebt hatten.

Ihr Vater war Pilot bei der Royal Air Force gewesen und sah, wie so viele andere auch, nach dem Krieg der Arbeitslosigkeit entgegen. Mit seinem Freund und vorherigen Navigator George Broughton hatte er alle Ersparnisse zusammengeworfen und die erste von vielen im Krieg beschädigten Immobilien gekauft. Dies war der Anfang von Harding-Broughton-Enterprises gewesen.

Ryder liebte die Abgeschiedenheit der Laube. Im Laufe der Jahre hatte ihre Mutter herrlich duftende Kletterrosen um das Holzgerüst gezogen. Heute allerdings waren keine Rosen zu sehen. Nur herabhängende Blätter und ein paar verwelkte Blüten. Ryder starrte auf die Themse, die sich wie eine schwarze Schlange dahinwand. Ein großer Ast trieb flußabwärts. Sie dachte sehnsüchtig an den Fox Lake und die Flottillen der goldenen Blätter, und sie fragte sich, wie lange es wohl dauern würde, sich zu ertränken, und ob sich irgend jemand darum scheren würde.

Ryder hatte, bevor sie aus Prairieville zurückkam, noch nie etwas von den Bassinghams gehört, aber das war nichts Außergewöhnliches. Ihr Vater war ein Meister darin, schnell Freundschaften zu schließen. Nähere Einzelheiten über die Bassinghams erfuhr sie von Mrs. Trumpet, die sie ihrerseits von Griffiths hatte. Die Bassinghams lebten in einem großen, verfallenen Haus voller modernder Erbstücke, die sie nach und nach verkauften, um ihre Strom- und Telefonrechnungen zu bezahlen. Alix war ihr einziges Kind. Sie sollte eine wahre Schönheit sein. Ihr Vater war ein Major im Ruhestand. Er jagte zweimal die Woche mit Pferden, die ihm nicht gehörten: Eigene konnte er sich nicht leisten. Ihre Mutter war die jüngere Tochter eines Baronets. Sie hatten kein Geld und nicht die geringste Ahnung, wie man es verdienen konnte. Der Unterschied zu Paul und Carrie Harding hätte nicht größer sein können.

An einem regnerischen Sonntagnachmittag fuhr Griffiths Ryder zum Bahnhof und setzte sie in den Zug nach London. Sie hatte drei große Koffer bei sich, einer davon enthielt Decken und Bettwäsche. Ryder war elend zumute.

«Es wird schon werden, wenn du erst mal da bist.» Griffiths hob ihre Koffer auf die Ablage. «Der Abschied ist immer das schlimmste.»

«Sag meinem Vater aber nicht, daß ich mich beklagt habe.»

«Natürlich nicht.» Er setzte sie behutsam in eine Ecke des Abteils, als wäre sie noch ein Kind.

Ryder hatte bis jetzt noch kein Wort mit Alix gewechselt. Mrs. Bassingham hatte ihr lediglich die Nachricht übermittelt, daß die Mädchen am Nachmittag in der Wohnung sein würden, um sie zu begrüßen. Während Ryder zusah, wie das Themsetal vorbeiraste, bedauerte sie, daß sie Mrs. Trumpet nicht gebeten hatte, einen Schokoladenkuchen für die Teestunde zu backen.

An der Paddington Station war kein Gepäckträger in Sicht, also schleppte sie selbst ihre Koffer nacheinander zum Taxistand. Bis ein Taxi kam, war sie verschwitzt und müde. Sie kannte London kaum, und sie hatte noch nie alleine ein Taxi genommen. Wenn sie nach London gekommen war, dann immer in Begleitung ihrer Mutter und Griffiths', der sie zu Harrods oder Harvey Nichols fuhr. Als sie jetzt durch die kleinen Seitenstraßen von Notting Hill rumpelten, vorbei an schäbigen Hotels, deren einstmals weiße Fassaden von Abgasen geschwärzt waren, sah sie abwechselnd auf ihren Stadtplan und die Zahlen auf dem Taxameter, die mit rasender Geschwindigkeit nach oben schnellten. Sie öffnete ihr Portemonnaie und schaute nach, ob sie genug Geld dabeihatte.

Allmählich sahen die Häuser besser, die Straßen sauberer aus. Sie fuhren durch den Park und bogen hinter den Museen scharf um die Ecke, wo ein Straßenhändler sich eine goldene Nase damit verdiente, Regenschirme an Touristen zu verkaufen. Ryder umklammerte den Haltegriff, als sie um South Kensington Station herumsausten. Auf der Verkehrsinsel in der Mitte hockten Tauben auf einer nassen Parkbank.

Die Wohnung lag in einer Seitenstraße der Old Brompton Road, mit eleganten weißen Häusern, jedes mit schwarzem, schmiedeeisernem Zaun und einer Treppe, die zu einer kleinen Veranda mit einer schwarzen Haustür hinaufführte. Das Taxi hielt. Der Fahrer hievte ihre Koffer hinaus. Sie kramte nach Geld, um ihn zu bezahlen.

Neben der Haustür war eine ganze Reihe von Klingeln. An der obersten stand: *A. Bassingham & I. Lydden*. Für einen dritten Namen war kein Platz.

Sie klingelte.

Die Gegensprechanlage knackte. «Ja?»

«Hier ist Ryder.»

«Wer?»

«Ryder Harding.»

«Komm rauf. Fünfte Etage. Kein Aufzug.»

Ein Summen war zu hören, dann klickte die Haustür, aber bevor Ryder sie öffnen konnte, schnappte sie wieder ins Schloß. Sie drückte erneut auf die Klingel.

«Ja!» Die Stimme klang gereizt.

«Tut mir leid, aber die Tür ist zugefallen.»

«Dann schieb die Fußmatte dazwischen.»

Ryder schleppte ihr Gepäck in die Eingangshalle. Sie war kahl, aber sauber. Der dunkelblaue Teppichboden war neu, die Wände frisch gestrichen. Ein großer Spiegel bedeckte die eine Wand. Darunter befand sich ein Tisch, der mit Post für die Mieter, Werbung, Postkarten und Rechnungen in grauen Umschlägen übersät war. Oben öffnete sich eine Tür, Schritte kamen die Treppe hinab. Sie schaute hoch und lächelte in der Erwartung, Alix käme hinunter, um ihr mit dem Gepäck zu helfen. Aber es war ein Mann. Er stieg über die Koffer und ging hinaus.

Als Ryder im fünften Stock ankam, war sie völlig außer Atem, ihr Haar klebte an ihrem hochroten Gesicht. Sie schwankte den Etagenflur entlang bis zu einer hellblauen Tür und klopfte stärker dagegen, als sie eigentlich beabsichtigt hatte.

Sie hörte Stimmen und dann ein schrilles Kichern. Die Tür öffnete sich langsam. Auf der Schwelle stand ein zartes, hübsches Mädchen in einem rosa Minikleid und passenden rosa Spitzenstrümpfen. Ihre Anmut wurde noch betont durch ein paar vereinzelte Sommersprossen und eine Fülle roter Renaissancelocken, die ihr auf die Schulter fielen.

«Ich bin Imogen», sagte sie. «Komm rein.»

«Danke.» Ryder zog ihre Koffer in die Wohnung.

«Und ich bin Alix.» Ein gertenschlankes, schwarzhaariges Mädchen lümmelte sich auf dem Sofa unter dem Fenster. Ihre Beine hatte sie über den Schoß eines jungen Mannes gelegt, ihr Oberkörper lehnte gegen einen anderen. Ihre Miene war hochmütig, doch hatte sie das schönste Gesicht, das Ryder je gesehen hatte. Ihre Haut schimmerte weiß wie eine Kamelie, die Augenbrauen wölbten sich in einer Mischung aus Überraschung und Geringschätzung. Ihr Mund leuchtete tiefrot. Die Farbe harmonierte mit ihrer hautengen Hüfthose aus Satin und dem kurzen Häkelbolero, unter dem sie keinen BH trug.

Ryder konnte sie kaum anschauen. Sie fühlte sich schrecklich. «Ich hole meine anderen Koffer», nuschelte sie.

«Ich hoffe, du bringst nicht allzu viele Kleider mit», gähnte Alix. «Das hat Mutter dir doch gesagt? Wir haben nur zwei Schränke, und die sind schon vollgestopft.»

«Habe ich in meinem Zimmer keinen Platz?»

«Du schläfst hier.» Alix deutete träge mit der Hand auf ein Bett, das in eine Nische an der Wand des hoffnungslos vollgestellten Zimmers gequetscht war. «Es gibt nur ein Schlafzimmer, und da schlafen schon Immy und ich.»

Ryder marschierte die Treppen hinunter, während die Tür hinter ihr zuknallte. Sie hatte sie nicht zuschmeißen wollen, sie war ihr einfach aus der Hand geglitten. Aber das war ihr jetzt auch egal. Alix war ein Miststück, und sie, Ryder, würde sich nicht vor den

Kopf stoßen lassen. Ihr Vater konnte sagen, was er wollte, sie würde den nächsten Zug zurück nach Dingwall Court nehmen.

«Kann ich helfen?» hörte sie eine Stimme durchs Treppenhaus. Sie gehörte einem von Alix' Freunden. Er nahm ihr einen Koffer ab. «Imogen hat mich geschickt. Sie dachte, daß du Hilfe brauchen könntest.»

Alix und Imogen standen an der Wohnungstür. Sie sahen aus wie zwei Osterhasen, beide hatten kurze Kaninchenfellmäntel an, die sich nur in der Farbe unterschieden. Alix' war rot, Imogens weiß.

«Wir haben für dich in einem der Schränke Platz gemacht», sagte Imogen. «Und eine Schublade in beiden Kommoden freigeräumt.»

«Danke», antwortete Ryder mürrisch und immer noch fest entschlossen, gleich wieder abzufahren.

«Mach es dir gemütlich.»

«Ja.» Sie würde sich nicht so schnell besänftigen lassen.

«Wir sind jetzt weg.» Alix nahm ihre Schlüssel. «Los, Jungs! Laßt uns feiern gehen!»

«Viel Spaß», sagte Ryder. Aber nur zu Imogen. Dann wurde es still in der Wohnung. Ryder hörte, wie sie die Treppe hinuntergingen. Die Haustür schlug zu. Gelächter hallte von der Straße herauf. Sie schlich zum Fenster. Alix tanzte mitten auf der Straße Can-Can. Ein roter Sportwagen fuhr vor, sie quetschten sich alle nacheinander hinein, und der Wagen dröhnte davon. Gott sei Dank hatte sie keinen Schokoladenkuchen mitgebracht! Wie sie sie ausgelacht hätten! Vor allem Alix.

Sie erkundete die Wohnung. Wie die Eingangshalle war sie kahl und frisch gestrichen. Weiße Wände und beigefarbene Auslegeware. Aber da es eine Maisonettewohnung war und die Dachschräge zu den Fenstern reichte, wirkte sie nicht unpersönlich, sondern hatte sogar Atmosphäre.

Die Möblierung war äußerst spärlich. Im Wohnzimmer gab es einen Tisch aus Kiefernholz mit sechs Stühlen, neben dem Kamin einen Sessel, das dunkelblaue Sofa und ein Bett – ihr Bett. Das Badezimmer war winzig, die Küchenzeile funktional. Im Schlafzimmer befanden sich zwei Betten, zwei Schränke und zwei Kommoden. Die unterste Schublade der beiden Kommoden war ausgeleert worden. Der Inhalt türmte sich auf einem der Betten. Auf dem anderen lag eine Broschüre über einen Kurs für Models bei Lucie Clayton und eine Reihe Schwarzweißphotographien, die ausnahmslos Alix in hochmütigen, winklig verdrehten Posen zeigten.

Nachdem Ryder ausgepackt und ihr Bett gemacht hatte, verspürte sie Hunger. Sie nahm ihr Portemonnaie und öffnete die Wohnungstür. Dann hielt sie inne. Sie hatte keinen Schlüssel. Sie ging in die Küche. Im Kühlschrank fand sie einen halben Liter Milch, einen halben Laib Brot und etwas Butter. Der gutgefüllte Kühlschrank in Scot's Farm schob sich vor ihr inneres Auge, als sie sich ein Glas Milch eingoß und ein Marmeladenbrot machte. Danach war sie immer noch hungrig. Sie schmierte sich noch zwei Marmeladenbrote, trank die restliche Milch und ging dann ins Bett.

Es war früh am Morgen, als Ryder wachgerüttelt wurde. «Hast du unsere ganze Milch ausgetrunken?» fragte Alix.

«Und unser ganzes Brot gegessen?» sagte Imogen.

«Tut mir leid. Ich war so hungrig, und ihr habt mir keinen Schlüssel dagelassen. Ich konnte die Wohnung nicht verlassen.»

«Natürlich haben wir dir einen Schlüssel dagelassen. Er liegt auf dem Tisch. Du hast unser ganzes Frühstück aufgegessen!» Imogen warf sich in ihren weißen Häschenmantel. «Ich kann noch nicht mal ein Toastbrot essen, und ich habe den ganzen Morgen Schauspielunterricht. Ich werde vor Hunger ohnmächtig werden.»

Sie verließen im Marschschritt die Wohnung.

Die Sydney-Street-Schule für Sekretärinnen, oder Syd's, wie sie allgemein genannt wurde, war in einem großen Haus in einer Querstraße der Sydney Street untergebracht. Es war ein altmodisches großes Haus, das immer noch nachhaltig nach dem Tierpräparator roch, der hier vormals seinem Gewerbe nachgegangen war. Vor dem Sekretariat traf Ryder auf eine Schlange wartender Mädchen. Sie trugen alle knielange Faltenröcke in gedeckten Farben und hatten die Haare artig aus dem Gesicht gekämmt. Sie hingegen hatte Jeans und Stiefel an. Alle starrten sie an. Verlegen sah sie in eine andere Richtung.

Eine Seitentür öffnete sich, und eine vertrocknete alte Jungfer erschien mit einer Liste in der Hand. «Ryder Harding?»

«Ja.»

«Du meine Güte!» Das Fossil rückte seine Brille zurecht. «Haben Sie unsere Broschüre nicht gelesen? Hosen und Stiefel nicht erlaubt. Was würde denn ein potentieller Arbeitgeber zu diesem Aufzug sagen!» Sie wandte sich den schlangestehenden Mädchen zu, die in ihren Twinsets kicherten.

«Es tut mir wirklich leid. Das wußte ich nicht.»

«Oh, Sie sind Amerikanerin. Dann tragen Sie natürlich immer Jeans. Aber ich bin sicher, Sie werden für morgen einen Rock auftreiben. Kommen Sie mit!»

Ryder folgte ihr hinunter ins Souterrain, in einen Raum, wo unzählige Mädchen auf mechanische Schreibmaschinen einhämmerten, während ein Lehrer rief: «Q... W... E... R... T.» Es war ein genialer Einfall gewesen, Debbies Akzent nachzumachen.

Um vier Uhr strömten die Mädchen aus der Schule in Richtung King's Road. Ryder nahm ein Taxi zu Harrods. In der Lebensmittelabteilung kaufte sie zwei große Tragetaschen Lebensmittel ein. Frisches Brot, Butter, Milch, Kekse und ein Pfund Räucherlachs. Sie stellte sich Alix' und Imogens Gesichter vor, wenn sie den Kühlschrank öffneten. Sie hörte sich selbst sagen: «Es tut mir leid» und Imogen antworten: «Es war auch unser Fehler.»

Die Wohnung war wie ausgestorben, aber Ryder wußte, daß Alix dagewesen war, weil in der Küche ihre Zigarettenstummel in einer Untertasse schwammen. Sie riß die Fenster auf, um zu lüften, fegte die toten Fliegen vom Fensterbrett, schüttelte die Sofakissen auf, brachte die Küche in Ordnung und stellte die Fotos von Prairieville neben ihrem Bett auf. Dann bestrich sie das frische Vollkornbrot mit Butter und machte einen großen Teller mit Räucherlachssandwiches.

Das Telefon klingelte. Sie eilte hin.

«Ist Alix da?»

«Nein.»

«Sag ihr, daß Adam angerufen hat.»

Ryder notierte *Adam. Montag, 18.30 Uhr.*

Dann bemerkte sie einen Zettel über dem Telefon:

Wenn Gavin anruft, sag ihm, ich sei umgezogen.

Wenn Adam anruft, sag ihm, ich kann am Samstag.

Wenn Dominic anruft, sag ihm, ich bin im Sybilla's.

Sie aß ein Sandwich und ordnete die restlichen Brote auf dem Teller so an, daß es nicht auffiel, dann öffnete sie ihr Stenobuch und übte die Zeichen, schrieb ein paar Abwärtsstriche ab und versuchte vergeblich, sich an die Bedeutung zu erinnern, ohne im Lehrbuch nachzuschlagen.

Das Telefon klingelte erneut.

«Alix?» fragte eine männliche Stimme.

«Sie ist noch nicht zurück.»

«Hier ist Hugo. Wir waren verabredet. Sag ihr, daß ich eine Stunde gewartet habe und ziemlich sauer bin.»

Neun Uhr. Ryder stand am Fenster und lauschte. Hochhackige Schuhe klapperten die Straße herunter – hatten aber ein anderes Ziel. Ein Taxi fuhr vor. Gelächter. Aber das fröhliche Treiben wandte sich zum Nachbarhaus. Schließlich machte sie sich hungrig über die restlichen Sandwiches her. Um Mitternacht ging sie ins Bett.

Sie wachte auf, als jemand an ihrem Bett vorbeischlich und in der Küche das Licht anmachte. Sie hörte ein Kichern, dann sagte Alix: «Ich wollte, mein Vater wäre reich», und Imogen antwortete: «Sie ist ganz schön tolpatschig.» Wieder ein Kichern und dann das Geräusch der sich öffnenden Kühlschranktür: «Jetzt guck dir mal das ganze Essen an!» rief Imogen aus. «Wie köstlich!» Papier raschelte, und der Mülleimerdeckel klapperte. Dann ertönte Alix' Stimme. «Guck mal, die Verpackung. Sie hat ein ganzes Pfund Räucherlachs gegessen. So ein verfressenes Schwein! Kein Wunder, daß sie so fett ist!»

Ryder biß sich auf die Unterlippe, starrte auf das Lichtmuster an der Decke und wünschte sich, es wäre das sonnengesprenkelte Wasser vom Fox Lake.

Kapitel 3

Am Wochenende fuhr Ryder nach Dingwall Court, weil sie keine Lust hatte, allein in der Wohnung zu hocken. Unruhig schlich sie durchs Haus. Ihre Mutter bekam gerade eine Massage. Leo war beim Kindermädchen. Am späten Nachmittag stand sie in der Eingangshalle, preßte die Nase gegen die große Glasscheibe der Schiebetür und sah zu, wie der Regen auf die Terrasse prasselte.

Ihr Vater saß an seinem Schreibtisch und betrachtete sie durch die geöffnete Tür seines Arbeitszimmers. «Wie findest du Alix Bassingham?» fragte er.

«Sie ist ein Miststück.»

Er lachte. «Genau wie ihre Mutter.»

«Wenn du das findest, warum willst du dann, daß ich mit ihr zusammenwohne?»

«Weil Leute wie die Bassinghams nützlich sind.»

«Ich will Leute nicht benutzen. Ich will sie mögen. Und ich will, daß sie mich mögen.»

«Echte Freunde sind selten.» Ihr Vater blickte auf das Foto auf seinem Schreibtisch. Es zeigte zwei Männer in Fliegerjacken, die vor einem Lancaster-Bomber standen. Einer der Männer war er selbst, der andere war dunkelhaarig und lachte fröhlich. Unter dem Foto stand:

Für Paul,
den besten Freund, den man nur haben kann,
George Broughton
Bailing, November 1944

Ryder fuhr nach London in die verlassene Wohnung zurück. Sie stand in der Küche, schaute über die Dächer und lauschte dem Gelächter aus den Wohnungen darunter. Noch nie hatte sie sich so allein gefühlt.

Am Montag hatte sie Schreibmaschinenunterricht im Syd's. Auf dem Heimweg kam sie an einer Galerie vorbei. Sie starrte auf die psychedelischen Spiralen auf den Bildern, die dort hingen, und fragte sich, ob sie ein verborgenes Talent hätte, und wenn ja, welches und warum sie es nicht auf der Stelle enthüllen konnte, damit sie vom Stenographieren, vom Tippen und von Alix erlöst wäre. In der dunklen Abgeschiedenheit der Wohnung schloß sie die Augen und stellte sich die warme, einladende Küche auf Scot's Farm vor. Sie sah, wie ihr Großvater an seiner Pfeife sog und ihre Großmutter Teig knetete. Das Bild war so lebendig, daß sie den Duft von frischgebackenem Brot förmlich riechen konnte. Sie zog ihren Mantel an, um Brot einzukaufen, aber an der Wohnungstür blieb sie stehen. Alix hatte recht. Sie mußte abnehmen. Sie kehrte in die Küche zurück und aß eine kalte Hühnerkeule, ohne Haut, und einen Salat ohne Dressing. In dieser Nacht konnte sie vor Hunger kaum schlafen.

Am Wochenende brachte Ryder ihr altes Fahrrad vom Land mit. Sie radelte jetzt jeden Tag in die Schule. Jeden Abend zwang sie sich einen Salat hinunter. Bis Dezember nahm sie über fünf Kilo ab. Nicht, daß es irgend jemand bemerkt hätte…

Wenn Alix je vor Mitternacht nach Hause kam, dann raste sie in einem Wirbel aus Kleidern, Düften und Telefonanrufen durch die

Wohnung und stürzte wieder hinaus. Imogen war selten vor elf zu Hause. Manchmal zeugten einzig die schmutzigen Teller in der Spüle davon, daß sie nicht allein wohnte, und das Geräusch von Füßen, die sich spät in der Nacht an ihrem Bett vorbeischlichen – und das Telefon, das nur für Alix klingelte.

Eines Abends fand sie auf ihrem Bett eine Zeitung mit einem dicken Kreuz an folgendem Artikel:

> *HARDING SETZT KRÜPPEL AUF DIE STRASSE*
> *Empörte Mieter von Harding-Broughton-Enterprises demonstrieren vor den Geschäftsräumen ihres Vermieters, des Millionärs Paul Harding, um gegen den Hinauswurf der 81 Jahre alten Mrs. Mavis Tibbs zu protestieren, die seit 1924 in ihrer Wohnung lebt. Mrs. Tibbs gibt zu, daß sie ihre Miete seit zwei Jahren nicht bezahlt hat.*

Ryder knüllte die Zeitung zusammen und warf sie auf Alix' Bett.

Die Mädchen im Syd's fanden Ryder merkwürdig, zunächst wegen ihrer Kleider und des amerikanischen Akzents, später dann, weil sie sich betrogen fühlten, als sie merkten, daß Ryder Engländerin war. Nur Hetty Radipole war freundlich zu ihr. Aber schließlich war Hetty zu jedem nett. Blond und fröhlich, mit einer Stimme wie der Kapitän einer Hockeymannschaft, erinnerte sie Ryder an Debbie.

«Warte auf mich!» schrie sie Ryder hinterher und radelte an ihre Seite. «Ich esse heute bei meiner Tante. Sie wohnt in den Boltons.»

Sie schlängelten sich durch den Berufsverkehr. Es war ein kalter, dunkler Abend, die Autos fuhren Stoßstange an Stoßstange, und der Abgasgeruch hing schwer in der Luft, aber all das hatte keinerlei Auswirkungen auf Hetty, die unaufhörlich und laut vor sich hin schwatzte. «Wie ist deine Wohnung?» fragte sie.

«Ich sehe mich nach einer anderen um.»

«Warum?»

«Alix ist eine Schlange, und Imogen ist auch nicht viel besser.»

«Doch nicht etwa Alix Bassingham und Imogen Lydden? Ich bin mit den beiden zur Schule gegangen. Aber Immy ist doch süß! Nervös, aber so talentiert. Und Alix ist ein feiner Kerl, wenn sie nicht gerade in den Spiegel guckt. Niemand hätte netter zu mir sein können, als meine Eltern sich scheiden ließen.»

«Alix ist die unfreundlichste Person, die mir jemals über den Weg gelaufen ist», sagte Ryder und radelte davon.

Nach diesem Vorfall ging sie Hetty aus dem Weg.

Imogen kam früh nach Hause. Sie sah beunruhigt aus.

«Stimmt irgendwas nicht?» fragte Ryder, die sich gerade eine Komödie im Fernsehen ansah.

«Nichts, was ich nicht selbst verbockt hätte. Willst du auch eine Tasse Tee?»

«Oh, ja. Danke.» Ryder schaltete den Fernsehapparat aus und nahm ihren Mantel vom Sessel. «Es muß Spaß machen, auf eine Schauspielschule zu gehen», sagte sie eifrig.

«Es ist harte Arbeit, aber die Leute sind nett.» Imogen lehnte sich gegen die Küchentür. «Ich wollte schon immer Schauspielerin werden. Genauso wie Alix immer schon Model werden wollte. Wir sind zusammen zur Schule gegangen.»

«Pech für dich.»

«Alix ist meine Freundin.» Imogen gab ihr einen Becher mit Tee. «Gute Nacht.»

Ryder schaltete wieder den Fernseher an. Aber die Komödie schien ihr nicht mehr so lustig.

Zu Weihnachten war die Syd's für einen Monat geschlossen. Ryder verbrachte diese Zeit auf Dingwall Court. Alles war besser als die Wohnung. In einer seiner seltenen Anwandlungen von Großzügigkeit wies ihr Vater Griffiths an, ihr Fahrunterricht zu erteilen. Es machte ihr Spaß. Sie hatte nicht damit gerechnet, aber so war es. Und sie war begabt, das sagte zumindest der kleine walisische Chauffeur.

An einem trüben Montagmorgen machte sie die Prüfung und bestand. An diesem Nachmittag fuhr sie zum ersten Mal ganz allein.

Sie nahm die Straße, die geradewegs aus Henley hinaus durch das Tal führte, und folgte ihr durch die Wälder bis nach Nettlebed. Dort machte sie einen Schlenker nach Norden und fuhr durch die Chilterns, viel weiter, als sie geplant hatte. Aber das Hochgefühl trieb sie weiter und weiter. *Sie* bestimmte, wo es langging.

Das Autofahren veränderte Ryders Leben. Es gab ihr Selbstvertrauen. Sie hatte die Prüfung schon beim ersten Mal bestanden, wo viele andere durchfielen. Nicht einmal die Bemerkung ihres Vaters «Das ist ja wohl selbstverständlich» konnte ihr den Mut nehmen. Voller Entschlossenheit kehrte sie nach London zurück. Während sie über die Autobahn raste, dachte sie an John Milne, der mit seinem Ochsenkarren und höchstens zwanzig Meilen am Tag durch die Prärie gefahren war. Nein, eine Frau wie Helen war sie nicht. Sie würde eine neue Wohnung finden, einen Nebenjob suchen, Geld sparen und nach ihrem Abschluß in der Syd's nach Prairieville zurückkehren. Wenn ihre Großeltern sie nicht auf Scot's Farm haben wollten, dann würde sie schon etwas in der Stadt finden.

Imogen saß am Eßtisch und trank eine Flasche Wein mit einem Mann, der ihr so ähnlich sah, daß sie einfach verwandt sein mußten. Er war der gleiche rötlichbraune Typ und hatte dieselbe attraktive Ausstrahlung. Dasselbe flüchtige Lächeln. Nur die Gesichtsfarbe war anders. Zwischen seinen Sommersprossen war er leicht gebräunt, Imogen hingegen durchscheinend weiß.

«Das ist mein Bruder Adam», sagte sie. «Willst du ein Glas Wein mit uns trinken?»

«Nein, danke.» Für Freundlichkeiten war es jetzt zu spät. Sie öffnete den hinteren Teil der Zeitung und begann, die Wohnungsanzeigen, die ihr interessant erschienen, mit einem Kringel zu markieren.

«Du hast doch nichts dagegen, wenn Adam für ein, zwei Wochen seine Skiausrüstung hier unterbringt, oder?» Imogen zeigte auf einen Haufen Taschen. «Er hat seine Wohnung aufgegeben, und Mutter will nicht, daß er den Kram zu Hause deponiert.»

Auf Adams Gesicht breitete sich ein verschmitztes Grinsen aus. Mit einem Mal sah er aus wie ein kleiner Junge. «Sie hat gerade einen Anfall mütterlicher Hysterie, weil ich die öde Buchhaltung hingeschmissen habe und jetzt in einem Skigebiet arbeiten werde.»

Ryder senkte die Zeitung. «Wie aufregend!»

«Willst du mitkommen?»

«Ich glaube nicht, daß das Alix gefallen würde!»

«Adam macht nur Spaß, Ryder.» Imogen füllte sein Glas nach.

«Woher willst du das wissen, Schwesterchen?» Er sah zu Ryder hinüber. «Also, wie wär's?»

Ihre Blicke trafen sich, und ein Funke schien zwischen ihnen überzuspringen. Sie wurde rot und stürzte ins Schlafzimmer, um zu Ende auszupacken. Sie hörte, wie Imogen sagte: «Ich würde Ryder nicht aufziehen. Sie ist ziemlich einfach gestrickt. Am Ende glaubt sie noch, du meinst es ernst.»

Adam ging in der Wohnung ein und aus, gewöhnlich in Begleitung von Alix. Ständig klebten sie aneinander, küßten sich in der Küche, fläzten sich auf dem Sofa, nahmen ein gemeinsames Bad. Ryder ignorierte das. Oder versuchte es zumindest. Aber Adam legte es darauf an, mit ihr ins Gespräch zu kommen. «Was machst du da?» Er schlenderte aus dem Schlafzimmer, wo Alix sich gerade umzog, und griff nach Ryders Zeitung.

«Was sind das für Kringel?»

Sie entriß ihm die Zeitung. «Kümmere dich um deine Angelegenheiten!»

«Ziehst du aus?» flüsterte er.

Sie zuckte mit den Schultern.

«Ist schon okay. Ich sag's nicht weiter.»

Eines Abends, als Ryder vorhatte, wegen verschiedener Wohnungsanzeigen herumzutelefonieren, traf sie zu Hause Alix und Imogen an. Alix lag mit einer Schlammpackung im Gesicht auf dem Boden, und Imogen versuchte, sich ihre Sommersprossen mit Zitrone zu bleichen. Ryder wartete, daß die beiden wie üblich verschwinden würden. Doch sie machten keinerlei Anstalten. Sie zog in Betracht, selbst das Feld zu räumen und von einer Telefonzelle aus anzurufen. Doch schließlich entschied sie, sich nicht darum zu kümmern, was die beiden wohl denken würden, und wählte die erste Nummer. «Ich rufe wegen der Wohnung an», sagte sie laut. «Ja, ich würde gerne gleich vorbeikommen und sie mir ansehen.»

Alix setzte sich auf. «Was soll das, Ryder?»

«Ich seh mich nach einer anderen Wohnung um.» Sie nahm ihren Mantel. «Ich teile mir nicht länger eine Wohnung mit Leuten, bei denen ich nicht erwünscht bin.»

«Aber du kannst nicht ausziehen», sagte Alix.

«Dann versuch mich doch mal aufzuhalten!» Ryder verließ die Wohnung und knallte die Tür hinter sich zu.

Als sie zurückkam, saßen beide nebeneinander auf dem Sofa und warteten auf sie. Mit hocherhobenem Kopf sagte sie: «Ich ziehe am Ende des Monats aus.»

«Wir ziehen aus», sagte Alix.

«Seid nicht albern! Es ist eure Wohnung.»

«Ist es nicht. Der Mietvertrag läuft auf den Namen deines Vaters. Er zahlt die Miete. Die ganze Miete. Das hat er mit meinen Eltern vereinbart.» Alix zündete sich eine Zigarette an. «Er hat unsere Gesellschaft für dich gekauft.»

«Dann ziehe ich erst recht aus.» Ryders Stimme zitterte. «Vielleicht habe ich Schwierigkeiten, Freunde zu finden, aber ich habe es nicht nötig, sie zu kaufen!»

Am nächsten Morgen herrschte unbehagliches Schweigen in der Wohnung. Waffenstillstand. Als Ryder von der Schule nach Hause kam, stand ein Taxi vor der Haustür. Einen Moment lang dachte sie, die beiden würden jetzt schon ausziehen. Sie fühlte sich erleichtert und entmutigt zugleich. Dann tauchte Adam auf, kämpfte sich mit zwei Paar Ski und einem Berg Taschen die Treppe hinunter.

«Könntest du die Tür aufhalten?» fragte er. «Dieses verdammte Ding fällt immer zu.»

Sie wartete, während er sein Gepäck im Taxi verstaute, und half ihm dann, seine Ski unterzubringen. Am Ende ragten sie aus einem

Fenster heraus. «Warum lerne ich nicht mal so ein nettes Mädchen wie dich kennen?» Er schenkte ihr sein charmantestes Lächeln. «Alix hätte keinen Finger gerührt, vor Angst, sich einen Nagel abzubrechen.» Er stieg ins Taxi. «Wenn sie fragt, sag ihr, ich hätte versucht, sie anzurufen. Bei Lucie Clayton sagte man mir, sie sei noch nicht da. Aber denk dran: Nur wenn sie fragt!» Das Taxi fuhr an. Er winkte und rief: «Wir sehen uns, wenn ich zurückkomme!»

Ryder kehrte zum Haus zurück. Ohne Adam erschien es ihr noch trostloser.

Das Telefon klingelte, als sie die Wohnung betrat.

«Kann ich mit Immy sprechen?» sagte eine tiefe Männerstimme, die trotz des derben Akzents freundlich klang.

«Oh, ähm... Imogen? Die ist im Moment nicht da.»

«Sie müssen Ryder sein. Sagen Sie ihr, daß Tony angerufen hat, okay, Kleines?»

Imogen wurde dunkelrot, als sie die Nachricht hörte. «Adam war nicht dabei, oder?» fragte sie rasch.

«Nein.» Ryder stellte das Radio an, um jede Diskussion über die Wohnung zu unterbinden. Auf einmal bemerkte sie, daß Imogen in der Küche still vor sich hin weinte. Sie versuchte, es zu ignorieren, weil sie Angst hatte, wieder eine Abfuhr zu bekommen. Aber ihr Herz zog sich bei diesem kummervollen Geräusch zusammen. «Kann ich dir helfen?» fragte sie dann zaghaft.

Imogen hob ihr tränenüberströmtes Gesicht. «Du wirst schokkiert sein.»

«Ein Versuch kann nicht schaden.»

«Ich habe diesen Mann kennengelernt, und er ist nicht... er ist sehr viel älter als ich. Dreißig Jahre.» Imogen setzte sich Ryder gegenüber. «Aber das ist nicht das einzige Problem. Weißt du, er ist nicht... nicht wie wir. Er ist sehr einfach. Er lebt in einer Sozialwohnung in Streatham. Natürlich macht mir das nichts aus. Geld bedeutet mir nichts.»

«Meine Verwandten in Prairieville sind einfache Farmer.»

«Aber meine Mutter würde einen Anfall kriegen. Sie sagt immer, ich muß eine gute Partie machen. Und Alix würde entsetzt sein. Alle meine Freunde würden entsetzt sein.»

«Meine Mutter hat auch gegen den Willen ihrer Eltern geheiratet.»

«Und dann gibt's da noch ein Problem.» Imogens Gesicht verzog sich. «Er ist verheiratet und hat drei Kinder.»

Ryder wußte nicht, was sie sagen sollte. Schließlich fragte sie: «Wie hast du ihn kennengelernt?»

«Er ist Taxifahrer. Ich habe an meinem ersten Morgen an der Schauspielschule ein Taxi genommen, und er war der Fahrer. Ich war nervös, und er war so nett zu mir. Seitdem fährt er mich meistens morgens zur Schule. Und manchmal fährt er mich auch abends.»

«Oh, dann ist er nur ein... Freund?»

«Nein, inzwischen ist mehr daraus geworden.» Imogen wischte sich die Tränen aus den Augen. «Erzähl das bitte niemandem! Versprich mir das! Nicht Alix. Nicht Adam. Niemandem!»

Ryder wurde warm ums Herz. «Natürlich nicht.»

Imogen lächelte zaghaft. «Danke fürs Zuhören. Es tut mir leid, daß wir so unfreundlich zu dir waren. Ohne deinen Vater hätten wir uns diese tolle Wohnung nicht leisten können.» Imogen sprach rasch weiter. «Alix' Eltern leben von Almosen, und meine Mutter hat nur ihre Witwenrente.»

«Also wollt ihr mich jetzt wegen des Geldes hierbehalten!»

«Das habe ich nicht gemeint. Ich wollte nur erklären, daß Alix und ich schon lange eine Wohnung zusammen haben wollten und wir sauer waren, daß uns eine Fremde aufgezwungen wurde.»

«Tja, es ist nicht mehr für lange.» Ryder stand auf. «Also beleidige mich nicht mit geheuchelter Zuneigung.»

Als Ryder ihrem Vater erzählte, daß sie ausziehen würde, lachte er zu ihrer Überraschung und sagte, das geschähe den Bassinghams ganz recht. Sie kehrte früh nach London zurück, um mit dem Zusammenpacken zu beginnen. Bei ihrem Eintreffen fand sie im Wohnzimmer Imogen und Alix vor und eine elegante, knochige

Frau mit einem schönen, jetzt aber verlebten Gesicht. Sie war ganz in Schwarz gekleidet und rauchte übelriechende Zigaretten mit einer Zigarettenspitze aus Ebenholz. Die ganze Wohnung stank danach.

«Du bist also Paul Hardings Tochter.» Sie blies einen Ring aus Zigarettenrauch. «Und wie der Vater, so die Tochter: Du denkst dir also gar nichts dabei, andere auf die Straße zu setzen.»

«Ich setze niemanden auf die Straße.»

«Aber Alix und Immy müssen ausziehen, wenn du gehst.»

«Halt dich da raus, Mutter!» sagte Alix.

«Warum sollte ich? Uns ist eine mietfreie Unterkunft für dich versprochen worden, und zwar für ein Jahr. Wir wurden im großen Stil bewirtet und in die Oper ausgeführt. Wir wurden nach Marbella zur Villa Harding gescheucht. Wir sind nach Ascot und Wimbledon und Henley gegangen, wo wir diese Profitgeier mit unseren Freunden bekannt gemacht haben. Und rate mal, wer jetzt nicht nach Barbados fährt? Dudley und Sonia Bassingham!»

«Wenn Sie zulassen, daß mein Vater Sie kauft, dann sollten Sie sich nicht wundern, wenn er Sie wie Sklaven behandelt», sagte Ryder frostig.

«Mich kaufen! Wir haben ihm einen Gefallen getan.»

«Sei still, Mutter!» Alix half ihr auf die Füße. «Laß Ryder in Ruhe! Geh nach Hause und hör auf zu trinken.»

«Wir sind fallengelassen worden wie heiße Kartoffeln.» Sonia Bassingham schwankte auf sehr dünnen Beinen zur Tür. «Aber das ist ja typisch für Paul Harding, nicht wahr?» Sie lachte kurz und bitter auf. «Ich hätte es wissen müssen, meine Lieben. Er war mein Geliebter, als er diese Zicke Carrie Milne kennenlernte, die aus irgendeinem Provinznest kam, um ihre albernen Fotos vor dem Buckingham Palace zu schießen – und er ließ mich fallen, um sie zu heiraten!»

Die Tür fiel hinter ihr ins Schloß. Ryder und Alix starrten sich an.

«Hast du das gewußt?» fragte Alix.

Ryder schüttelte den Kopf. Ihr war elend zumute.

«Ich auch nicht. Wann haben sich deine Eltern kennengelernt?»

«1950 – glaube ich.»

«Meine haben zu Kriegsende geheiratet», stieß Alix zwischen zusammengebissenen Zähnen hervor. «Nicht daß es mir was ausmachte, Gott bewahre!» Sie fuhr sich mit dem Handrücken über die Wange. «Aber, armer Daddy! Ich wette, er hat keine Ahnung. Er ist so dumm. Er läßt sich von ihr die unglaublichsten Dinge gefallen, nur weil er sie vergöttert.» Sie öffnete das Fenster. «Gott, ich hasse den Geruch ihrer Zigaretten. Laß uns rausgehen.»

Ryder versuchte, nicht an ihren Vater und die verlebte Mrs. Bassingham zu denken. Hinter ihr zogen sich Imogen und Alix die Mäntel an.

«Komm schon, Ryder», sagte Alix. «Das geht uns beide an.»

Sie strichen durch die Straßen, die an diesem frostigen Sonntagnachmittag menschenleer waren. Die Pflastersteine glitzerten. Alte Damen scheuchten ihre winzigen Hunde zum Rinnstein. Hier und da gingen in gemütlichen Wohnungen die Lichter an, und die Vorhänge wurden gegen den nahenden Abend vorgezogen. Ryder blickte zu Alix hinüber, die mit hochgezogenen Schultern in ihrem roten Häschenmantel steckte und trotz der Mascarastreifen auf ihren Wangen immer noch wunderschön aussah.

«Ich wollte, sie hätte es nicht gesagt.» Alix blieb plötzlich mitten auf dem Bürgersteig stehen.

«Ich auch», sagte Ryder. Sie gingen nach Hause zurück und verloren kein Wort mehr darüber. Es gab nichts mehr zu sagen.

Als sie zu Hause ankamen, trafen sie zwei Männer, die sich vor der Wohnung im zweiten Stock unterhielten. Einer stand im Eingang. Er war blond und etwas pummelig. Der andere lehnte am Treppengeländer. Er wirkte drahtig und hatte lachende Augen. Alix' Miene hellte sich auf. Rasch kontrollierte sie ihr Gesicht im Flurfenster und rieb sich mit dem Handrücken die Wimperntusche von der Wange.

«Hallo, Mädels!» sagte der Blonde. «Wir sind die neuen Mieter.

Ich bin Jonathan, und das ist mein Wohnungsgenosse Miles. Wie wär's mit einem Begrüßungstrunk auf gute Nachbarschaft?»

«Das ist genau das, was ich jetzt brauche.» Alix trat einen Schritt vor.

Als Ryder die Treppe hochschlich, hörte sie Miles fragen: «Was ist mit dem anderen Mädchen?» und Alix antworten: «Ryder ist sehr schüchtern.»

Die Wohnung schien noch verlassener als sonst. Von unten schallte Gelächter zu ihr hoch. Sie schloß das Fenster und machte den Fernseher an. Aber das Lachen fand noch immer seinen Weg unters Dach. Sie ging zu Bett.

Ein paar Minuten später kam Imogen zurück.

«Du hättest auch bleiben sollen.» Sie warf sich auf das Fußende von Ryders Bett.

«Die waren doch nur an Alix und dir interessiert.»

«Dummkopf! Sie haben uns für Samstag zu einer Party eingeladen, und wenn du dagewesen wärst, hätten sie dich auch gefragt. So lernt man Leute kennen.»

«Du klingst wie meine Mutter. Wo ist Alix?»

«Unten... mit Jonathan.» Imogen knetete mit ihren schmalen Händen an der Tagesdecke. «Ich glaube nicht, daß sie heute noch zurückkommt.»

«Ich dachte, sie sei Adams Freundin.»

«Das dachte ich auch.» Imogen sah unglücklich aus. «Und Adam auch.»

Über Ryders Umzug wurde nicht mehr gesprochen. In stillschweigendem Einverständnis gingen alle davon aus, daß Ryder dem Ganzen noch ein paar Wochen Zeit geben und sehen würde, was sich ergäbe. Das alltägliche Leben in der Wohnung änderte sich nicht sichtlich, aber wenn Alix oder Imogen zu Hause waren, verhielten sie sich freundlich. Ryder verbrachte immer noch viele Abende allein in der Wohnung. Sie hatte wieder mit ihrer Diät angefangen oder versuchte es zumindest. Sie begann, in der Abendschule Russisch zu lernen, aber weit über «njet» kam sie nicht hinaus. Der Höhepunkt der Woche waren die Kinobesuche mit Hetty im ABC Kino in Fulham und die Portion Spaghetti im Bistro Vino auf dem Rückweg.

«Ich habe dir doch mal von Tony erzählt, erinnerst du dich?» sagte Imogen eines Tages. «Ich möchte, daß du ihn kennenlernst. Wie sieht's mit morgen aus?»

In dieser Nacht lag Ryder wach im Bett, betrachtete die Lichtmuster an der Decke und fragte sich, ob sie jemals jemanden finden würde, der sie liebte.

Sie traf Tony und Imogen in einem Pub in Bloomsbury. Er war nicht im entferntesten so, wie sie ihn sich vorgestellt hatte. Sie hatte gedacht, er sei rotblond, schmal und lebhaft wie Griffiths, während er ein Turm von einem Mann mit grauen Haaren und einem anziehenden Gesicht war. Als Ryder sich zu ihnen gesellte, stand er auf. «Sie kommen also aus Amerika», sagte er. «Ich war in der Handelsmarine und habe jeden Hafen der Welt angelaufen.» Er nahm Imogens zarte, weiße Finger in seine großen Hände und spielte mit ihnen, während er im gleichen bedächtigen Tonfall wie ihr Großvater von fernen Ländern erzählte.

Als er sie nach Hause fuhr, fragte Imogen: «Willst du noch mit reinkommen?»

«Nein.» Er nahm sie in den Arm, während Ryder angelegentlich die Haustür öffnete.

«Gefällt er dir?» fragte Imogen sie im Treppenhaus.

«Ja, er gefällt mir sehr.»

«Er gibt mir Sicherheit. Seit dem Tod meines Vaters habe ich mich nicht mehr so sicher gefühlt.»

Imogen öffnete die Wohnungstür und schaltete das Licht an.

Rascheln und Handgemenge waren zu hören, und dann rief Alix: «Oh, Scheiße!» Sie lag auf Ryders Bett, unter einem Mann, der seine Hose heruntergelassen hatte. Für den Bruchteil einer Sekunde starrten Imogen und Ryder auf dieses Szenario, dann stürzten sie ins Schlafzimmer und warfen die Tür hinter sich zu.

«Gott sei Dank hat Adam das nicht mitgekriegt», sagte Imogen mit bleicher Miene.

«Eins ist sicher.» Ryder warf sich auf Alix' Bett. «In Zukunft schlafe ich hier.»

Sie hörten, wie die Wohnungstür zuschlug. Dann kam Alix ins Schlafzimmer. «Sagt jetzt nichts!» Sie hob abwehrend ihre Hände. «Ich weiß, ich hätte nicht dein Bett nehmen sollen, Ryder, aber ich habe euch nicht so früh zurückerwartet.»

«Es ist jetzt *dein* Bett.»

«Aber ich will nicht im Wohnzimmer schlafen.»

«Ryder hat recht. Du kommst immer als letzte nach Hause – wenn überhaupt.» Imogen brach in Tränen aus. «Oh, Alix, wie konntest du nur! Wenn das Adam wüßte!»

«Zum Teufel mit Adam!»

«Sprich nicht so über meinen Bruder!»

«Wahrscheinlich haltet ihr mich für unmoralisch.» Sie blickte zu Ryder hinüber.

«Nicht, wenn du ihn liebst.»

«Liebe! Glaubst du etwa, er sei der erste? Jetzt wein doch nicht, Imogen! Ich weiß, ihr zwei seid rein wie frischgefallener Schnee, aber ich will meinen Spaß haben. Männer gehen nun mal nicht mit einem Mädchen aus, wenn sie dafür nicht etwas bekommen. Das habe ich von unserem lieben Adam gelernt.» Alix marschierte ins Badezimmer und begann, sich mit hektischen Bewegungen das Make-up vom Gesicht zu schrubben. «Aber ich habe schnell entdeckt, daß er noch andere hatte. Alles, was er wollte, war eine Nummer schieben. Das gleiche gilt für Jonathan. Und für alle anderen.»

«Aber das ist doch animalisch und unromantisch», schluchzte Imogen.

«Was willst du? Etwa Geigen und Hochzeitsglocken? Sex ist nicht romantisch. Sex ist ekelhaft und tut weh – am Anfang. Aber dann nicht mehr. Jetzt ist es nur noch langweilig. Sie sabbern dich voll und bringen dein Haar in Unordnung, und wenn du dich nicht rechtzeitig ausziehst, ruinieren sie dir auch noch die Klamotten.»

«Dann sag doch nein», sagte Ryder.

«Damit ich jeden Abend wie du zu Hause sitze? Denkste! Nicht, wenn ich in alle angesagten Nachtclubs gehen kann und nie selbst bezahlen muß.»

«Ich würde lieber bezahlen.»

«Und wie oft bist du schon in einen Nachtclub mitgenommen worden?» höhnte Alix. «Wie oft warst du schon im *Tramp* oder *Sybilla's*?»

«Noch nie.»

«Wenigstens bin ich keine gesellschaftliche Null. Ich wette, du bist noch nicht mal zu 'ner Pizza eingeladen worden!»

Sie stürmte aus dem Zimmer. Imogen brach erneut in Tränen aus. Ryder drehte sich zur Wand.

Einen Moment später flog die Tür auf. «Nur für den Fall, daß ihr hinter meinem Rücken über mich herziehen wollt: Ich bin jetzt weg», schrie Alix. «Ich gehe rüber zu Adam.»

«Das kannst du gar nicht», schrie Ryder zurück. «Er ist vor ein paar Tagen weggefahren.»

Die Schlafzimmertür schlug zu. Dann die Wohnungstür. Und dann die Haustür.

Kapitel 4

Als Alix fünf Tage später bleich und hohlwangig zurückkam, war Ryder gerade beim Abwaschen. «Hallo», sagte Alix.

«Hallo», antwortete Ryder steif.

«Immy nicht da?»

«Nein.»

«Hör mal, ich... äh... es tut mir leid, daß ich gesagt habe, du seist eine gesellschaftliche Null.»

«Du hattest recht.» Ryder warf das Spültuch in die Schüssel.

«Ich bin auch nicht besser.» Alix zündete sich eine Zigarette an. «Ich hab zwar mit Adam geschlafen, aber er hat sich noch nicht mal von mir verabschiedet.»

«Er hat's versucht. Ich sollte es dir ausrichten, aber ich war sauer.»

«Das kann ich dir nicht verdenken. Ach, was für ein Scheißleben! Laß uns einen Kaffee trinken.»

Imogen kam zurück, als sie sich gerade vor den Kamin setzten. Sie sah von einer zur anderen und lächelte. «Fangt nicht ohne mich an zu tratschen.» Sie holte sich ein Glas Milch und gesellte sich zu ihnen. «Wie war die Modenschau, Alix?»

«Ich hab's verpatzt.» Alix starrte zur Decke, während sich ihre dunklen Augen langsam mit Tränen füllten. «Sie nehmen mich nicht unter Vertrag. Ja, ich weiß, ich habe den einen oder anderen Tag verpennt, aber... zum Teufel!» Sie zündete sich noch eine Zigarette an, obwohl die andere erst halb aufgeraucht war.

«Das glaube ich nicht.» Imogen beschlich eine irrationale Furcht. «Du bist doch wunderschön. Das sagt jeder.»

«Ich bin auch unzuverlässig und überheblich, zumindest sagen die das bei Lucie Clayton.»

Imogen fing an zu weinen. «Warum geht nur alles schief?»

«Ach, hör doch auf zu heulen!» fauchte Alix. «Das ertrage ich nicht.»

«Es muß doch noch andere Agenturen geben.» Ryder griff nach dem Branchenverzeichnis.

Alix schenkte ihr ein aufrichtiges Lächeln. «Ich habe vorher noch nie versagt. Das ist eine ganz neue Erfahrung.»

Ryder fuhr mit dem Finger das Register entlang. «Mein Großvater sagt immer: Das Leben ist ein wildes Tier, und du mußt dich ihm stellen.»

Es dauerte einige Zeit, bis Alix eine andere Agentur fand, aber schließlich nahm sie doch eine unter Vertrag. Sehr angesehen war sie allerdings nicht: Sie hatte sich auf Kataloge für Dessous spezialisiert. «Ich muß unbedingt eine Mappe von mir zusammenstellen», erzählte Alix Ryder. «Ich muß einfach netter aussehen. Meinst du, dein Vater würde mir die Telefonrechnung bis nächsten Monat stunden, damit ich den Fotografen bezahlen kann?»

«Oh, nein! Frag ihn bitte nicht!»

«Okay. Ich hätte es nicht erwähnen sollen. Ich zahle ja schon keine Miete.»

Als Alix Ryder schließlich die neue Mappe zeigte, mußte Ryder sich sehr überwinden, um sagen zu können: «Wunderbar.» Sie war entsetzt. Aus der eleganten, aristokratischen Alix war eine Luxusnutte geworden.

Zu Ostern teilte Ryder ihrem Vater mit, daß sie nun doch in der Wohnung bleiben würde. Sie frühstückten zusammen – das war die einzige Gelegenheit für sie, ihn zu Gesicht zu bekommen. «Typisch für dich, dich dann mit Alix Bassingham anzufreunden, wenn wir ihre Eltern satt haben», bemerkte er.

«Ja, seltsam, nicht wahr!» Ihre Blicke trafen sich.

Er hob eine Augenbraue, und sie wußte, daß Mrs. Bassingham die Wahrheit gesagt hatte. Verlegen wandte sie sich ihrer Mutter zu. «Ich werde in der Syd's fragen, ob sie mir vorübergehend einen Job besorgen können, bis ich nach Prairieville gehe.»

«Du wirst nicht gehen», unterbrach sie ihr Vater.

«Du kannst mich nicht aufhalten!» Ryder schob ihren Stuhl zurück. «Jetzt nicht mehr. Jetzt kann ich mein eigenes Geld verdienen.»

«Debbie, die dumme Kuh, ist schwanger.»

«Das hast du dir jetzt doch nur ausgedacht!»

«Hör auf zu schreien, Ryder!» Eine Falte des Unmuts erschien auf der Stirn ihrer Mutter. «Deine Großmutter hat gestern abend angerufen. Sie sagt, es wäre besser, wenn du jetzt nicht kämst. Prairieville ist eine kleine Stadt, und eine Schande wie diese trifft die ganze Familie.»

«Was geschieht jetzt mit Debbie?»

«Sie wird den Vater heiraten. Er heißt Carl oder so.»

«Aber sie hat sich von ihm getrennt! Das hat sie mir in ihrem letzten Brief geschrieben.»

«Ein Baby muß auch einen Vater haben.»

«Ach ja, und in Prairieville muß alles so sein, wie es sich gehört!» schnaubte ihr Vater verächtlich. Er nahm eine der Zeitungen und überflog die Schlagzeilen. «Welcher Idiot behauptet hier, es gäbe einen Einbruch bei den Immobilienpreisen? Die Preise sind dreißig Prozent höher als im letzten Jahr. Ich hasse Pessimisten! Bestell die Zeitung ab. So einen Schrott will ich nicht im Haus haben.»

Ryder ging hinaus in den Garten, wo der Nebel vom Fluß langsam dem Sonnenschein wich. Sie lief hinüber zur Rosenlaube. Ein paar Minuten später öffneten sich die Flügeltüren, und ihre Mutter trat heraus. Sie überquerte den Rasen: eine Frau, die sich selbst dann noch anmutig bewegte, wenn sie mit hochhackigen Schuhen über eine nasse Wiese stöckelte. «Ryder, du mußt lernen, nicht zu widersprechen», sagte sie. «Männer mögen das nicht.»

«Du meinst, Vater mag das nicht.»

«Oh, warum mußt du nur so schwierig sein!» Ihre Mutter seufzte. «Und was ist mit dem hübschen rosa Rock passiert, den ich dir gekauft habe?»

«Er steht mir nicht.»

«Ich nehme an, ausgebeulte Jeans und T-Shirts stehen dir besser!» Ganz frostige Mißbilligung, wandte sie sich ab. «Leo! Leo, Schatz, komm zu Mummy!» rief sie.

Ryder blieb zurück, umgeben von Rosen und dem Elend mütterlicher Zurückweisung.

Schließlich trottete sie über den Rasen zurück. Auf der Terrasse schob die Nanny Leo auf einem Dreirad umher. «Rye-Rye! Rye-Rye!» krähte er, rannte auf sie zu und umschlang ihre Knie. Mit seinem blonden Wuschelkopf und den blauen Augen war er ein unglaublich süßer kleiner Junge.

«Hallo, Ungeheuer, wie wär's mit 'ner Karussellfahrt?» Sie nahm ihn an seinen Armen und schwang ihn im Kreis herum.

Als sie ihn wieder absetzte, stampfte er mit dem Fuß auf und rief: «Mehr! Mehr!»

«Später.»

Er trat nach ihr. «Du bist gemein!»

«Und du bist ein verzogenes Balg!» Es war dumm von ihr, auf ihn eifersüchtig zu sein, aber sie konnte nicht anders.

Um von Dingwall Court wegzukommen, unternahm sie eine lange Spazierfahrt. Es dämmerte schon, als sie die lange Allee von Remenham Hill nach Henley hinunterfuhr. Im Radio wurde «Sounds of Silence» gespielt. Sie drehte die Lautstärke auf und summte das Lied mit, während sie die alte Steinbrücke überquerte und durch die Stadt steuerte. Schließlich kam sie bei den dunkel glänzenden Rhododendronbüschen an, die die Einfahrt nach Dingwall Court säumten. Sie bog in die Einfahrt. Und erblickte plötzlich einen Mann mitten in der Auffahrt. Sie bremste scharf, doch sie war zu schnell. Ihre Reifen schlitterten auf dem Kies. Es gab ein entsetzlich dumpfes Geräusch – und der Mann fiel rückwärts in die Büsche.

Ryder sprang aus dem Auto, rannte zu ihm hin und bog die Zweige auseinander. «Es tut mir so leid... Sind Sie okay?»

«Ich lebe noch – zumindest glaube ich das.» Er setzte sich langsam auf und bewegte seine Schulter, um festzustellen, ob sie verletzt war.

«Soll ich einen Arzt rufen?»

«Nein.»

«Es tut mir schrecklich leid.» Sie schluckte Tränen der Angst hinunter.

«Es hätte schlimmer kommen können.»

«Sie könnten tot sein.»

«Ich könnte gelähmt sein.» Ihr Opfer stand auf und klopfte sich den Schmutz von seinen Jeans. Er war groß und athletisch und bewegte sich mit katzenhafter Geschmeidigkeit.

«Wohnen Sie hier in der Gegend?» fragte sie, weil sie wissen wollte, warum er sich in ihrer Einfahrt herumtrieb.

Er hielt für sie die Zweige beiseite. «Ich bin nur auf der Durchreise.»

Als er ins Licht ihrer Scheinwerfer trat, konnte sie ihn deutlicher sehen. Er war der attraktivste Mann, den sie je getroffen hatte. Sein Gesicht hatte edle, klassische Züge und wirkte anziehend und aufsässig zugleich. Er hatte wundervoll geschnittenes, braunes, welliges Haar. Aber nicht sein anziehendes Gesicht machte Ryder nervös, es war seine starke, erotische Ausstrahlung. Sie ertappte sich dabei, wie sie ihn anstarrte. Dann errötete sie heftig und eilte zum Auto, während sie nach ihren Schlüsseln kramte. Ihre Hände zitterten so, daß sie den Schlüsselbund fallen ließ. Er hob ihn auf. Sie stammelte etwas. Ihre Hände berührten sich.

«Soll ich mal nachsehen, ob das Auto was abbekommen hat?» fragte er.

«O ja. Bitte. Vater würde toben.»

Er untersuchte die Stoßstange. Sie betrachtete sein Gesicht im Scheinwerferlicht.

«Nur einen Kratzer. Sagen Sie ihm, Sie hätten einen Fuchs erwischt.»

«Vielleicht besser eine Ratte?»

«Ich wäre lieber ein Fuchs, wenn es Ihnen nichts ausmacht.»

«Sie könnten ein Kaninchen sein.»

«Patrick Rabbit.»

«Es heißt doch Peter Rabbit.»

«Mein Name ist aber Patrick.»

«Und Sie stehlen Karotten aus Mr. MacGregors Garten?»

«Nein.» Er lachte, und sein ganzes Gesicht leuchtete auf. «Aber ich hätte nichts dagegen, Avocados aus Ihrem Garten zu stehlen.» Er nahm sie bei den Schultern und küßte sie.

Sie fiel fast ins Auto. Natürlich machte er nur Spaß. Wahrscheinlich dachte er, daß sie zum ersten Mal geküßt wurde. Ein Mann wie er konnte das von ihrem Gesicht ablesen, an ihrer Reaktion feststellen. Sie wünschte, sie könnte etwas Geistreiches, Weltgewandtes sagen, wie Alix es sicher getan hätte. «Sie müssen mir erlauben, Sie nach Hause zu fahren», stammelte sie.

«Fahren? Mit Ihnen? Nein, danke. Ich bin mit dem Motorrad da.»

«Sie könnten mal auf einen Tee vorbeikommen... oder einen Drink... oder was auch immer.» Sie war hin- und hergerissen zwischen dem Wunsch, ihn nicht gehen zu lassen, und der Furcht, was ihre Eltern wohl zu seinem Auftauchen sagen würden.

«Wohnen Sie hier in der Nähe?»

Sie wies die Einfahrt hinauf. «In Dingwall Court.»

«In Paul Hardings Haus?»

«Ja. Er ist mein Vater.»

Er lachte zynisch auf und trat einen Schritt zurück. «Das sieht ihm ähnlich: eine dumme Pute zur Tochter zu haben, die durch die Landschaft fährt, als würde sie ihr gehören.»

Ryder erzählte niemandem von dem Mann in der Einfahrt, aber das hielt sie nicht davon ab, immer und immer wieder an ihn zu denken. Er war grob zu ihr gewesen, und sie tobte innerlich über diese Ungerechtigkeit. Er hatte sie geküßt, und das konnte sie nicht vergessen. Nachts schloß sie die Augen und dachte daran, wie sein Mund sich auf ihrem angefühlt hatte, wie seine Hände ihre Schultern gegriffen und die harten Muskeln seiner Schenkel sich gegen ihre gedrückt hatten, als er sie an sich zog.

Sie beendete den Grundkurs an der Syd's. Beim Tippen schaffte sie 100 Anschläge, in Steno gerade mal 90 Wörter, und es gelang ihr selten, ihr Gekritzel nachher zu entziffern. «Wir sind stolz darauf, bis jetzt noch jede unserer Absolventinnen vermittelt zu haben», teilte Mrs. Brocklebank, die Rektorin, ihr mit. «Wir werden uns bemühen, irgendwo eine Stelle für Sie zu finden.» Sie betonte die Wörter *bemühen* und *irgendwo*.

Mit erleichtertem Kichern ließ Ryder die Tür des Instituts hinter sich zuknallen. Sie radelte durch die Straßen zurück, die von der Sommerhitze ganz staubig waren. Nannys schoben Kinderwagen Richtung Park, Touristen konsultierten an Ampeln ihre Stadtpläne, Klematis und Geißblatt wuchsen über Gartenmauern und streichelten die vorübergehenden Passanten. Das Haus schlummerte in mittäglicher Stille. Sonne strömte in die Dachwohnung. Alix war unterwegs, um sich bei verschiedenen Fotografen mit ihrer Mappe vorzustellen. Bis jetzt hatte keiner dieser Vorstellungsbesuche zu einer Buchung geführt. Ryder bewunderte Alix' Hartnäckigkeit. Um die Wahrheit zu sagen, gab es vieles, was sie an Alix bewunderte, obwohl sie sich immer noch nicht sicher war, ob sie sie mochte.

Sie zog sich Shorts und ein T-Shirt an und ging dann hinunter in den Garten, zu dem alle Mieter Zugang hatten. Ryder fühlte sich herrlich faul: Sie lag mitten an einem Wochentag auf einer Decke im Sonnenschein und lauschte auf das geschäftige Raunen der Stadt. Sie schleuderte ihre Schuhe von den Füßen und genoß die Wärme, gähnte und döste dann ein wenig, dachte an den Sommer auf Scot's Farm und die Hängematte, die quer über das Ende der Veranda gespannt war.

Als etwas sie am Fuß kitzelte, wachte sie auf. Sie trat danach. Eine Hand packte ihren Knöchel.

«Loslassen!»

«Was erwartest du denn, wenn du halbnackt an einem öffentlichen Platz herumliegst?» Adam stand lachend vor ihr. Er hatte seinen Tennisdreß an, und die weißen Baumwollshorts betonten die Bräune seiner Beine. In der Hand hielt er zwei Schläger.

Ryder griff nach ihrem ausgebeulten T-Shirt.

«Ach, nein!» Er setzte den Fuß darauf. «Das ist das erste Mal, daß ich dich ohne deine Zeltgewänder sehe.»

Sie stand auf. «Ich muß rein.»

«Wozu? Um hinter den anderen herzuräumen?»

«Nein.»

«Erzähl mir nicht, daß Alix häuslich geworden ist.»

«Weiß Immy, daß du zurück bist?»

«Natürlich. Wir haben zusammen Mittag gegessen. Ich habe in Jonathans Wohnung das Zimmer von Miles übernommen. Kannst du Tennis spielen?»

«Ja.»

«Kannst du auch von oben aufschlagen?»

«Natürlich!»

«Hier ist dein Schläger. Los! Ich habe den Platz für drei Uhr gebucht.»

Adam jagte die Bälle übers Netz. Die ersten drei kriegte Ryder nicht. Dann erwischte sie einen und schlug ihn geradewegs über den Platz auf die Straße.

«Tut mir leid.» Sie rannte los, um ihn zu holen, während er auf dem Platz hin und her ging. Sie schlug auf. Diesmal ins Netz.

«Tut mir leid.»

«Um Himmels willen, hör auf, dich ständig zu entschuldigen!» Er hämmerte den Ball auf die Mittellinie. Der Ball traf sie am Ellbogen. Vor Schmerz traten ihr die Tränen in die Augen. Dann holte sie tief Luft, sagte sich, daß sie genauso gut war wie Adam, und schmetterte den Ball zurück.

Das erste Spiel gewann er. Das zweite auch. Aber beim dritten war Ryders Selbstvertrauen schon gestiegen. Zu seinem großen Erstaunen nahm sie ihm den Aufschlag ab – und schickte sich an, das nächste Spiel zu gewinnen. Eine geschlagene Stunde fochten sie es aus. Er schlug sie mit zwei Sätzen zu einem. Der letzte Satz ging bis sieben-fünf, bevor er ihr den Aufschlag abnahm.

«Noch ein Spielchen, morgen?» fragte er, als sie erhitzt und müde zum Haus zurückkehrten. «Ich hatte ja keine Ahnung, daß du so gut spielst. Noch ein paarmal, und du könntest mich vielleicht sogar schlagen.»

«Noch ein paarmal, und ich werde dich definitiv schlagen!»

Er sah sie genauer an, als sie an ihm vorbei in die Eingangshalle trat. «Du siehst irgendwie besser aus. Nicht mehr so pummelig.»

Sie wurde rot. «Ich habe eine Diät gemacht und so viele Salatblätter gegessen, daß ich fast zum Kaninchen mutiert bin.»

Er lächelte. «Entschieden besser. Alix und Imogen werden sich vorsehen müssen.»

«Oh, mit den beiden werde ich nie konkurrieren können.»

«Solange du dich selbst runtermachst, mit Sicherheit nicht.»

Es regnete. Ryder schlich trübselig in der Wohnung herum, wischte die Blätter vom Gummibaum ab, bügelte ihren Tennisdreß und säuberte ihre Turnschuhe. Jedesmal, wenn die Haustür zuschlug, spähte sie heimlich aus dem Fenster. Jedesmal, wenn ein Auto vorfuhr, hielt sie den Atem an. Sie machte sich lächerlich. Natürlich machte sie das. Adam gehörte zu Alix. Zumindest hatte er früher zu ihr gehört. Und selbst wenn er nicht zu Alix gehörte, wäre er noch lange nicht an ihr interessiert.

Aber diese Logik hinderte Ryder nicht daran, ständig an ihn zu denken. Sich zu fragen, was er gerade machte. Sich auszumalen, wie seine Wohnung wohl aussah. Sich vorzustellen, wie er auf seinem Bett lag. Er hatte zwar nicht eine so starke körperliche Ausstrahlung wie der Mann in der Einfahrt, und so bedrohlich war er auch nicht. Jedenfalls konnte sie sich nicht vorstellen, daß Adam jemanden eine «dumme Pute» nannte.

Das Telefon klingelte. «Hast du Lust, *Die Reifeprüfung* zu sehen?»

«Ich... ja, gerne.»

«Dann treffen wir uns in fünf Minuten in der Eingangshalle.»

«Oh... du meinst heute nachmittag.» Ryder schluckte die Vorstellung von einem romantischen Abend hinunter und eilte ins Schlafzimmer, um sich umzuziehen. Im rosa Rock sah sie aus wie ein Baby, im gelben Kleid wirkte sie krank, im weißen zu dick, und die roten Shorts waren zu knallig. Sie entschied sich schließlich für ein blaues T-Shirt und ihre engsten Jeans. Aber trotz der Diät mußte sie sich immer noch auf den Boden legen, um den Reißverschluß zuzukriegen.

Adam lief in der Eingangshalle schon unruhig hin und her. «Los, Beeilung, sonst verpassen wir den Anfang.» Er rannte die Stufen zu seinem Mini hinunter und zog den Kopf zum Schutz vor dem Regen ein. Ryder lief hinterher. Das Auto war klein, feucht und von innen beschlagen. Ihr nasses Haar hing herunter wie Rattenschwänze. Die Kordelsohlen ihrer Espadrilles waren durchweicht.

Der Film hatte bereits angefangen. Als sie sich setzten, wurde Dustin Hoffman gerade von Mrs. Robinson verführt. Die Szene auf der Leinwand machte Ryder ihre körperliche Nähe zu Adam peinlich bewußt. Sie fragte sich, ob er wohl ihre Hand nehmen würde. Diese Vorstellung machte sie so nervös, daß sie sich kaum noch auf den Film konzentrieren konnte. Aber Adams Aufmerksamkeit blieb auf die Leinwand gerichtet, bis der Nachspann lief. «Das ist jetzt das dritte Mal, daß ich den Film gesehen habe», sagte er und musterte ein Mädchen in einem ultrakurzen Rock. «Das letzte Mal war ich mit Alix hier. Wir hatten sogar die gleichen Plätze.»

Sie wußte nicht, was sie sagen sollte. Schweigend fuhren sie nach Hause. «Hast du noch Lust auf einen Drink?» fragte er sie, direkt vor der Haustür.

«Nein, ich glaube nicht. Aber danke, daß du mich mitgenommen hast.»

Er ging in seine Wohnung und schloß die Tür auf. Sie stieg die Treppen hinauf. Die Wohnung war leer. Sie schleuderte die nassen Schuhe von den Füßen, wand sich dankbar aus ihrer Jeans und legte sich aufs Bett. Die Abdrücke des Reißverschlusses liefen wie die Narbe einer schrecklichen Operation über ihren Bauch. Was auch immer sie bei ihrer ersten Verabredung hätte sagen oder tun sollen, sie hatte es offensichtlich versäumt. Aber natürlich hatte Adam auch kein romantisches Interesse an ihr. Wenn Alix zu Hause gewesen wäre, hätte er sie an Ryders Stelle mitgenommen. Und wenn er das Mädchen im ultrakurzen Rock gekannt hätte, dann wäre er mit ihm gegangen.

Den Rest der Woche regnete es, und Ryder bekam Adam nicht zu Gesicht. Sie wußte, daß er unterwegs war, weil Imogen ihr in ihrer arglosen Unschuld eröffnet hatte: «Ich habe Adam kaum gesehen, seit er zurück ist. Er geht jede Nacht aus. Aber um so besser, dann ist es weniger wahrscheinlich, daß er das mit Tony rauskriegt.»

Alix war endlich als Model gebucht worden. «Es geht um einen Katalog für Damenunterwäsche», gestand sie Ryder. «Nicht gerade die Erfüllung meiner Träume, aber immerhin ein Anfang.»

Sie zeigte einen unerwarteten Anflug von Verletzlichkeit. «Zumindest kann ich nun mit Fug und Recht sagen, daß ich Model bin. Wie steht's mit dir? Langweilt es dich nicht langsam, nur in der Wohnung herumzuschleichen?»

«Nein, gar nicht. Ich genieße es eher.» Jetzt war eigentlich der Moment gekommen, Alix zu sagen, daß sie mit Adam im Kino gewesen war, aber sie fand einfach nicht die richtigen Worte.

Wegen ihrer Stelle ging Ryder noch einmal zur Syd's; diesmal in ihren seriösesten Kleidern, einem Faltenrock und einer cremefarbenen Bluse. Mrs. Brocklebank sah die Karteikarten mit freien Stellen durch, schüttelte den Kopf und murmelte: «Sekretärin bei einem Anwalt? Nein, dazu schreibt sie nicht schnell genug. Persönliche Assistentin? Völlig ausgeschlossen. Sekretärin in einer Künstleragentur?»

«Das klingt interessant.» Ryder setzte sich auf. «Meine Wohngenossin ist Schauspielerin.» Sie sah sich schon, wie sie Imogen half und damit einen weiteren Beitrag zu ihrer aufkeimenden Freundschaft leistete.

«Dafür sind Sie zu provinziell. Jeremy Heythorp ist sehr eigen. Ich habe ihm schon zwanzig Mädchen geschickt, und er hat sie alle abgelehnt.»

«Bitte!»

«Na, schön.» Mrs. Brocklebank machte einen Termin für den folgenden Nachmittag.

Als Ryder auf dem Heimweg an einem Frisiersalon vorbeikam, blieb sie stehen und betrachtete ihr Spiegelbild im Schaufenster. Mrs. Brocklebank hatte recht: Sie sah zu spießig aus. Schüchtern öffnete sie die Tür und trat ein.

Drei Stunden später starrte Ryder im Spiegel auf ihr neues Ich. Feine, blonde Strähnen hatten ihre Haarfarbe aufgehellt. Ein Stufenschnitt ließ ihre Wangenknochen ausdrucksvoller erscheinen. Irgendwie sah ihr Haar gleichzeitig ungezähmt und doch frisiert aus.

«Gefällt es Ihnen so?» fragte der junge Mann.

«Ja.» Sie kicherte nervös. «Aber bin das wirklich ich?»

Auf der Straße hatte sie das Gefühl, jeder würde sie anstarren. Sobald sie außer Sichtweite des Frisiersalons war, fuhr sie mit den Händen durch ihr Haar. Dann bereute sie es und zupfte alles wieder in Form.

Plötzlich erblickte sie ein vertrautes Paar rotweißgeblümte Knickerbocker. «Alix!» rief sie.

«Du lieber Himmel!»

«Wie gefällt es dir?»

«Ich bin sprachlos.»

«So schlimm?»

«Du siehst toll aus.»

Ryder wurde rot. «Wirklich?»

«Was willst du? Eine schriftliche Erklärung mit Unterschrift und Siegel?»

Adam stand vor der Haustür. Er winkte, als sie näher kamen. «Ihr kommt wie gerufen. Ich habe mich selbst ausgeschlossen. Hey, Ryder, du siehst sehr mondän aus. Wer ist der Glückliche?»

«Sie hat morgen ein Vorstellungsgespräch», sagte Alix.

«Das muß ja ein ganz schön wichtiger Job sein!»

Ryder wurde rot. «Nur eine Stelle als Sekretärin.»

«Also, wenn ich der Chef wäre, hätte ich dich ganz gerne auf meinem Schoß.»

Alix nahm ihn beim Arm. «Und wenn mir ein Drink angeboten würde, dann würde ich nicht nein sagen.»

Adam lächelte zu Ryder hinüber. «Ich glaube, dann sollten wir jetzt alle einen Drink nehmen.»

Ryder schüttelte den Kopf. Sie war vernünftig genug, sich keine großen Chancen auszurechnen, aber ihn mit Alix zusammen zu sehen war doch zuviel für sie.

Kapitel 5

Jeremy Heythorp wohnte in einem eleganten georgianischen Haus am Berkeley Square. Wie alle anderen Häuser der Straße war es weiß gestrichen und hatte eine glänzend schwarze Haustür mit einem auf Hochglanz polierten Messingtürklopfer. Ryder klopfte. Nach einem kurzen Moment rief eine Stimme durch die Sprechanlage: «Kommen Sie herein, und schließen Sie die Tür hinter sich.»

Sie gelangte in ein Büro im Erdgeschoß, wo eine Empfangsdame an einem riesigen Glastisch saß und eine Zeitschrift las. «Ryder Harding? Setzen Sie sich. Es wird nicht lange dauern.» Sie wies auf ein weißes Ledersofa und fügte hinzu: «Ich bin nur die Aushilfe. Ich würde nicht für alles in der Welt hier arbeiten. Er ist unmöglich. Ich denke, das liegt an seiner... tja... Sie wissen schon.»

«Was?»

«Veranlagung. Er ist vom anderen Ufer. Viele Schauspieler sind das. Aber glauben Sie nicht, daß Sie in diesem Job irgendwelche Stars treffen würden. Ihre Aufgabe besteht mehr oder weniger darin, mittags einen Tisch für zwei im *Le Caprice* zu buchen. Sie bekommen überhaupt niemanden zu Gesicht, nur Edith, die Putzfrau, und Lady Heythorp oben. Die alte Schabracke!»

Eine Tür öffnete sich, und herein trat ein großer, dünner Mann mit dem ausdruckslosen Gesicht einer Eidechse. «Miss Harding. Kommen Sie doch herein.» Sein Händedruck war erstaunlich fest, und sein Büro voller Bücherregale hatte eine asketische, maskuline Atmosphäre.

«Sie waren also noch nirgendwo beschäftigt?» sagte er nach der Lektüre ihres Lebenslaufs. «Also gut, schlechter als einige der Mädchen, die ich schon gesehen habe, können Sie nicht sein. Hat man Ihnen erklärt, was Ihre Aufgabe wäre? Ich will nicht nur jemanden, der tippt und telefoniert. Ich brauche eine rechte Hand. Jemanden, der mir den Routinekram vom Hals hält. Schauen Sie mal das da.» Er zeigte auf einen Stapel Briefe. «Ich bekomme am Tag zwanzig Briefe von hoffnungsvollen hoffnungslosen Schauspielern und Schauspielerinnen. Alle ohne Erfahrung. Alle ohne Mitgliedskarte der Schauspielergewerkschaft. Alle auf der Suche nach einem Agenten.»

«Treffen Sie sich mit ihnen?»

«So gut wie nie. Dann hätte ich für nichts anderes mehr Zeit.»

Ryder dachte an Imogen. «Aber sie könnten Talent haben.»

«Wenn das der Fall ist, dann sehe ich sie an der RADA oder woanders. Haben Sie eine Ahnung, wie die Arbeit eines Künstleragenten aussieht? Sie besteht nicht nur darin, einen Anteil ihrer Gagen einzustreichen, wissen Sie.» Er spreizte die Finger auf die Schreibtischplatte. «Agent zu sein heißt Berater, Kindermädchen, Kummerkasten, Diktator und Freund zu sein. Ich vertrete etwa vierzig Schauspieler aller Altersstufen. Sie nehmen jeden Tag meines Lebens in Anspruch, jeden Abend eines jeden Tages. Sie sind besessen, egozentrisch und selbstsüchtig. Ich teile mit ihnen ihre Erfolge und Niederlagen, ihre Hochzeiten und Scheidungen, ihre Seitensprünge und ihren Tod. Bis auf wenige Ausnahmen sind sie absolut verrückt. Ein anderes Leben als dieses kann ich mir nicht vorstellen. Ich liebe es.»

«Mr. Heythorp?»

«Ja.»

«Da tropft Wasser durch die Decke.»

«O Gott! Janet! Janet!»

Die Empfangsdame öffnete die Tür. «Ja, Mr. Heythorp?»

«Sagen Sie meiner verdammten Mutter, daß sie schon wieder das Wasser hat überlaufen lassen.» Er drehte sich zu Ryder um. «Der Job gehört Ihnen. Jemand, der beobachtet, wie die Decke tropft, ohne mich zu unterbrechen, kann auch mit Schauspielern umgehen.»

Ryder war sich nicht sicher, ob ihr der Job gefallen würde, aber sie nahm ihn, weil sie erleichtert war, daß überhaupt jemand sie einstellen wollte. Als sie Alix und Imogen erzählte, wo sie arbeiten würde, schnappten beide nach Luft. «Jeremy Heythorp! Super! Warum hast du das nicht früher gesagt?» Sie stürmten los, um eine Flasche Champagner zu kaufen.

Um neun Uhr am nächsten Morgen schloß sich Ryder den Heerscharen an, die aus der U-Bahn-Station Green Park auftauchten. Zwanzig Minuten verbrachte sie damit, sehr langsam zum Berkeley Square hinunterzuschlendern, möglichst viel Zeit totzuschlagen und gegen das flaue Gefühl im Magen anzukämpfen. Um Punkt halb zehn hob sie den Messingtürklopfer an der schwarz glänzenden Haustür.

Jeremy Heythorp öffnete. Er trug eine Sonnenbrille und einen burgunderfarbenen Morgenrock aus Seide. «Ich muß Ihnen einen Schlüssel geben», sagte er. «Vor zehn Uhr stehe ich nie auf.»

«Was... was soll ich jetzt machen, Mr. Heythorp?»

«Nennen Sie mich Jeremy, Schätzchen.»

«Was soll ich jetzt machen... Jeremy?»

«Alles! Einfach alles! Es gibt einen Berg Briefe zu beantworten. Ich habe auf jeden Brief unten eine Antwort hingekritzelt.» Er stieg die Treppe hinauf. «Ich glaube, es wäre gut, wenn Sie sich bei meiner Mutter vorstellen würden.»

«Soll ich das jetzt tun?»

«Um Gottes willen, nein! Am Nachmittag ist sie schon schlimm genug. Wenn Sie sie so früh wecken, wird sie das reinste Ungeheuer sein.»

Ryder setzte sich an den Glastisch. Neben der Schreibmaschine lag ein Haufen Briefe. An jedem befand sich quer über dem unteren Rand ein unleserlicher Schnörkel. Sie öffnete die Schreibtischschubladen. Dann machte sie die Schreibmaschine an. Nichts geschah. Sie versuchte es noch einmal. Sie sah nach, ob die Steckdose in Ordnung war. Immer noch nichts. Panik überkam sie. Die Tür öffnete sich, und ein winziges Mäuschen von einer Frau schaute herein. «Hallo, Liebes. Ich bin Edith. Möchten Sie eine Tasse Kaffee?»

«Danke.» Ryder schenkte ihr ein ängstliches Lächeln. «Ich krieg die Schreibmaschine nicht an.»

«Oh, die ist schon seit Donnerstag kaputt.»

«Und wie hat die Aushilfe die Post beantwortet?»

«Gar nicht. Sie hat sie in die Schublade gestopft, und er war zu beschäftigt, um es zu bemerken.»

Ryder sank auf ihrem Stuhl zusammen.

Gegen Mittag erschien Jeremy. «Haben Sie alles im Griff?»

«Die Schreibmaschine ist kaputt, und der Reparaturdienst kann erst morgen jemanden schicken.»

«Wie unachtsam von Ihnen!»

«Es ist schon letzte Woche passiert.»

«Die Aushilfe ist aber damit fertig geworden.»

«Ist sie nicht.» Ryder zeigte ihm die Schublade voller unbeantworteter Briefe.

«Oh. Oh. Tja, ich gehe jetzt zum Lunch. Haben Sie meinen Tisch bestellt?»

«Es tut mir leid. Sie haben mich nicht darum gebeten.»

«Haben Sie nicht in meinen Kalender geguckt? Ach, das ist ja nicht auszuhalten! Rufen Sie sofort an! Den üblichen Tisch.»

«Aber wo denn?» schrie sie fast.

«Im *Le Caprice* natürlich!»

Edith steckte ihren Kopf durch die Tür. «Er ist unmöglich. Hier bleibt niemand länger.»

Ryder dachte an ihren Großvater. «Es wird schon gehen, wenn ich erst mal weiß, wie hier alles läuft.»

Das Telefon klingelte. «Hier ist Letitia Bellevue. Ich *muß* dringend mit Jeremy sprechen.»

«Es tut mir leid, aber er ist ausgegangen.» Ryder fügte schüchtern hinzu: «Miss Bellevue, Ihr letzter Film hat mir sehr gefallen.»

«Beschaffen Sie mir sofort diese aufgedonnerte kleine Tunte!»

Ryder zitterte, als sie im *Le Caprice* anrief. Es dauerte fünf Minuten, bis Jeremy ans Telefon kam. «Ja!» fauchte er.

«Miss Bellevue sagt...»

«Ich esse mit einem Klienten.»

«Sie sagte, es sei dringend.»

«Ich sagte, ich esse mit einem Klienten. Adieu!»

Voller Angst erwartete sie seine Rückkehr. Als sie seine Schritte hörte, bohrte sie ihre Fingernägel in die Handfläche und hielt den Atem an.

Er stieß die Tür auf. «Stören Sie mich nie wieder bei einem Geschäftsessen», sagte er.

«Es tut mir schrecklich leid.»

«Letitia ist ein altes Miststück, und wenn sie nicht soviel Geld verdiente, würde ich sie zum Teufel schicken.» Er ging in sein Büro und wählte eine Nummer. «Letitia, mein Schatz...»

Ryder wartete, bis Jeremy gegangen war, dann rief sie in der Syd's an.

«Miss Harding», sagte Mrs. Brocklebank verärgert, «wenn Sie schon nach einem Tag Ihre erste Stelle verlassen, dann bekommen Sie nie wieder eine. Ich war sowieso erstaunt, daß Mr. Heythorp bereit war, Ihnen ein Vorstellungsgespräch einzuräumen.»

Ryder knallte den Hörer auf.

«Wollen Sie etwa schon wegrennen?»

Ryder entdeckte, daß sie von einer älteren Frau in einem Rollstuhl beobachtet wurde. Sie hatte die gleichen Eidechsenaugen wie Jeremy, ein spitzes Aristokratengesicht und weißes Haar, das in einer Nackenrolle eingeschlagen war. «Sie müssen Lady Heythorp sein», stammelte Ryder.

«Zumindest war ich es noch heute morgen beim Aufwachen.

Aber bevor Sie sich davonschleichen, würde es Ihnen etwas ausmachen, mich zum Aufzug zurückzuschieben?»

Ryder brachte Lady Heythorp in ihre Wohnung zurück, die im Gegensatz zu Jeremys kargem Ambiente aussah wie die Garderobe der *Folies-Bergère*. Jede Wand war mit Spiegeln bedeckt, jede Oberfläche mit silbern gerahmten Fotografien, Meißner Porzellanfiguren und Silbertabletts mit gefärbten Federn vollgestellt.

«Trollen Sie sich!» Lady Heythorp winkte mit ihrer ringgeschmückten Hand Richtung Tür. «Oder er ist zurück, und Sie müssen eine Ausrede erfinden. Ich bin sicher, in Ihrem früheren Leben waren Sie ein Dienstmädchen von der Sorte, das nie zugibt, wenn es eine Teetasse zerdeppert.»

«Wenn mir mein Job nicht gefällt, heißt das noch lange nicht, daß ich ein Feigling bin.»

«Aber wenn Sie weglaufen, heißt es genau das.»

Um Lady Heythorp das Gegenteil zu beweisen, harrte Ryder den Rest des Tages aus und kam am nächsten Morgen wieder. Die Schreibmaschine wurde repariert, sie entzifferte Jeremys Handschrift, sie bestellte seinen Tisch, sie beantwortete seine Anrufe.

«Also sind Sie noch da.» Lady Heythorp erschien in der Tür.

«Ja.» Ryder tippte weiter.

«Sie sind widerspenstig. Die meisten laufen weg, wenn ich grob werde.» Sie drehte an den Rädern ihres Rollstuhls und fuhr zum Aufzug zurück.

Jeremys Leben drehte sich nur ums Geschäft. Jeden Tag aß er mit Klienten, Produzenten, Regisseuren und Journalisten zu Mittag. Oft nahm er auch seinen Tee im *Ritz* mit ihnen. Jeden Abend aß er mit weiteren nützlichen Leuten. Wenn er abends keinen Termin hatte, ging er ins Theater, wo er sich all seine Klienten in all ihren Rollen ansah. Ryder sah nur Edith und Lady Heythorp.

Als sie eines Freitags die Old Brompton Road entlang nach Hause ging, klopfte ihr Adam auf die Schulter. «Warum läßt du den Kopf so hängen?»

«Ich habe meinen Job satt. Nichts als Tippen und Tische bestellen. Ich bekomme keine Menschenseele zu Gesicht, außer der Putzfrau und der Mutter meines Chefs, die aussieht, als würde sie zum Abendessen Rattenblut trinken.»

Er lachte. «Dann reih dich ins Heer der Arbeitslosen ein. So wie ich.»

«Ich dachte, du würdest für einen Immobilienmakler arbeiten.»

«Habe ich auch. Aber in dieser Firma habe ich ohne Studienabschluß keine Aufstiegschancen, und ich bin nicht so scharf aufs Studieren. Ich will meinen Spaß haben. Man braucht keinen Abschluß, um Erfolg zu haben. Sieh dir nur deinen Vater an!»

Ryder erstarrte. «Woher weißt du von meinem Vater?»

«Von Alix. Ich würde ihn gerne mal kennenlernen. Risikofreudige Leute wie ihn bewundere ich.»

«Er ist ein Tyrann – und ich will nicht über ihn sprechen.»

«Okay!» Er hakte sich bei ihr unter, ohne zu merken, was seine Berührung bei ihr auslöste. Aber Ryder konnte hören, wie ihr Herz schlug. Das Geräusch war so laut, daß sie sicher war, er würde es mitbekommen. «Laß uns was trinken gehen.»

Sie dachte an Alix. «Nein, danke.»

Aber als sie in der Wohnung war, dehnte sich der Abend endlos in die Länge. Eine einsame Stunde nach der nächsten verstrich und wurde nur um so schlimmer durch das lebhafte Treiben auf den Londoner Straßen an diesem sommerlichen Freitagabend.

Um neun Uhr klopfte es an der Tür. Es war Adam.

«Alix ist nicht zu Hause», sagte sie.

«Oh, so ein Pech!» Er drehte sich zum Gehen um. Dann wirbelte er wieder zurück und lachte. «Sei nicht albern! Ich komme deinetwegen. Willst du morgen mit mir zu einer Party gehen?»

«Was ist... mit Alix?»

«Was hat sie damit zu tun?»

«Vielleicht hat sie was dagegen.»

«Jetzt hör mir mal zu.» Er schob sie in die Wohnung und schloß die Tür. «Deine Freundin Alix hat mehr Männer gehabt, als man sich nur vorstellen kann. Ich war nicht der erste und sicher auch nicht der letzte. Sie ist ein amüsantes Mädel – und amüsiert sich mit jedem. Mit mir. Mit Jonathan. Sogar mit Miles, und der ist verlobt.»

Die Tür ging auf, und Alix kam herein. «Hallo, ihr Süßen. Was macht ihr so ernste Gesichter?»

«Ich habe Ryder für morgen abend zu einer Party eingeladen, aber sie will nicht mitkommen, weil sie meint, du könntest etwas dagegen haben. Klär sie auf, Alix.»

«Ich! Etwas dagegen! Sei nicht albern! Ich habe doch selbst einen Neuen.» Sie ging ins Bad und durchstöberte das Schränkchen. «Was zum Teufel habe ich nur mit meiner Pille gemacht?» Sie erschien wieder und stopfte einen roten Schlüpfer in ihre Tasche. «Ich muß mich beeilen. Bis später.»

«Was habe ich dir gesagt?» sagte Adam.

«Ich fühle mich nicht wohl bei der Sache.»

«Acht Uhr morgen abend.»

In dieser Nacht konnte Ryder vor Nervosität kaum schlafen. Sie ging die ganze Skala aller nur denkbaren Ausreden durch, um die Verabredung abzusagen.

«Du siehst aus wie ein zum Tode Verurteilter kurz vor der Hinrichtung», sagte Imogen, als sie zusammen Corn-flakes aßen.

«Adam hat mich zu einer Party eingeladen.»

«Mein Bruder?» Imogen lehnte sich vor. «Magst du ihn?»

Ryder wurde rot. «Ja, aber ich mache mir Gedanken wegen Alix.»

«Aber die hat doch zehn an jedem Finger! Komm schon. Wir gehen einkaufen. Du brauchst ein paar neue Klamotten. Deine sind so ausgebeult und altmodisch.»

«Ich kann nicht aus der Wohnung. Ich könnte Adam im Treppenhaus treffen.»

«Ich dachte, du magst ihn.»

«Ich habe Angst. Ich wollte, ich hätte nicht ja gesagt.» Ryder schnappte sich die Zeitung. «Was gibt es heute abend im Fernsehen?»

Imogen entriß sie ihr. «Du wirst nicht meinen Bruder versetzen, um fernzusehen.»

Sie nahmen sich die Läden auf der King's Road vor und suchten die Kleiderstangen jeder Boutique von der Beaufort Street bis zum Sloane Square ab. Dann nahmen sie ein Taxi zur High Street Kensington. Bei Biba fand sie ein rosa Minikleid aus Wildleder mit Fransensaum. Er erinnerte sie an die Weiße Squaw vom Fox Lake. Im Gedränge der Umkleidekabinen wand sich Ryder in das Kleid, während Imogen auf dem Boden saß und sie beobachtete. «Ist es zu eng? Seh ich zu fett aus?»

«Es ist großartig.» Imogen glättete den Fransensaum. «Jeder trägt im Moment Ethno-Look.»

Sie kaufte das Kleid und dazu passende Stiefel. Dann überredete Imogen sie zu einem sehr kurzen Hosenrock und einem dazugehörenden schwarzweißgeblümten Hemd, das unter der Büste geknotet wurde und den Bauch freiließ. Im Trödelladen verliebte sich Ryder in einen rosa-grünen indischen Rock und ein grellrosa T-Shirt. In einer kleinen Boutique schließlich fand sie einen schwarzrosa Bikini. Als sie mit dem Bus nach Hause fuhren, rechnete Ryder nach, was sie ausgegeben hatte, und jammerte: «Wann soll ich das bloß alles anziehen?»

«Bei deiner zweiten Verabredung!»

Sie lachte und erschauerte dann vor lauter Nervosität.

Um fünf Uhr war Ryder fertig. Ihr Haar glänzte weich, ihre Augen waren vor lauter Aufregung riesengroß. In dem Wildlederkleid wirkte sie wild und ungebärdig wie eine indianische Braut, die ihren Bräutigam erwartet.

«Ich fühle mich immer noch unwohl wegen Alix.»

Imogen machte eine wegwerfende Handbewegung. «Vergiß sie doch einfach. Ich muß Tonys Frau auch vergessen. Sonst würde ich wahnsinnig.» Sie zögerte. «Erzähl Adam nicht von Tony.»

Die Klingel ertönte. Ryder öffnete. Adam sah sie von oben bis unten an. «Also, wenn das nicht Pocahontas ist!» Er küßte sie auf die Wange. «Du siehst wunderbar aus. Stimmt's, Schwesterchen?»

Ryder blickte über Adams Schulter zu Imogen und kicherte.

Die Party fand in einem großen, verfallenen Haus in North Kensington statt. Als sie ankamen, dröhnten gerade die Rolling Stones durch das offene Fenster, und neben den Mülltonnen im Vorgarten liebte sich ein Pärchen. Das lila Minikleid des Mädchens war bis über den Hintern hochgerutscht. Verlegen blickte Ryder beiseite. Adam lachte. Er nahm ihre Hand und führte sie durch die Küche, die gerammelt voll war mit Wein- und Biervorräten, Plastikbechern und vor allem Leuten, die ziemlich betrunken wirkten. Er holte Wein für sie, nahm sich ein Bier und steuerte sie dann in Richtung Tanzfläche. Unter der Treppe erhitzten drei Mädchen mit einer Kerze einen Klumpen Haschisch. Auf dem Boden des Wohnzimmers meditierte ein Mann im Kaftan. Im Erker des Eßzimmers drehte sich ein nacktes Mädchen im Kreis. Adam drückte Ryders Hand. Sie drückte zaghaft zurück.

Ein sehr hübsches Mädchen näherte sich ihnen. «Hi, Adam. Ich dachte schon, du seist tot.»

«Hi, Janey. Tut mir leid, daß ich nicht zurückgerufen habe.»

«Idiot!» Sie ging weiter.

«Guck nicht so ängstlich.» Adam berührte Ryders Gesicht. «Sie bedeutet mir nichts. Komm! Laß uns tanzen!»

Sie zögerte.

«Hast du keine Lust?»

«Ich kann nicht tanzen.»

«Es ist ganz leicht.» Er zog sie in die Mitte der Tanzfläche. Der Raum war brechend voll. Die Musik dröhnte. Es dauerte nicht lange, bis Ryder in den Rhythmus kam. Adam holte mehr Wein. Nach dem dritten Glas konnte sie so gut tanzen wie jeder andere auch. Eine andere Platte wurde aufgelegt, die Musik wurde langsamer, die Lichter gedämpft, und durch das heiße, verrauchte Gedränge dröhnte der schleppende Rhythmus von «By the Time I Get to Phoenix».

«Ich liebe diesen Song», sagte sie. «Er erinnert mich an einen Ort namens Prairieville.»

Er nahm sie in die Arme. «Frauen sind so sentimental. Sie denken immer an die Vergangenheit. Ich denke an heute.» Er zog sie näher zu sich heran. «An uns.» Er ließ seine Lippen ihren Nacken hinuntergleiten und küßte sie aufs Schlüsselbein. Sie schmiegte sich an ihn. Ihre Körper wiegten sich im Takt. Sie war betrunken, doch das war ihr egal. Nichts war wichtig, außer Adam. Er küßte sie. Zuerst behutsam, dann leidenschaftlich. Sie erwiderte seinen Kuß, öffnete sich ihm, hingebungsvoll, ihren Körper an seinen gepreßt.

«Laß uns gehen», sagte er.

«Wohin?»

«Nach Hause natürlich.» Er ließ seine Hand ihren Schenkel hochgleiten, bis unter den Saum ihres Kleides. «Hast du keine Lust?» flüsterte er heiser.

Sie wußte, sie sollte ihn bremsen, aber sie ließ es. Sie wollte ihn.

«Nimmst du die Pille?» fragte er. «Wenn nicht, dann passe ich auf.»

Der Song. Debbie. Schwanger. Sie machte sich los und stürzte aus dem Zimmer, drängte sich durch die Menge an der Haustür, bis sie die Sicherheit der Straße erreicht hatte.

Adam kam ihr nach und packte sie am Arm. «Was zum Teufel ist los?»

Sie wandte ihr Gesicht ab. «Ich will es nicht einfach nur… tun. Nicht mit jemandem, den ich kaum kenne. Ich habe es noch nie gemacht. Ich möchte, daß es etwas Besonderes ist.»

Er nahm ihr Gesicht in beide Hände und zwang sie, ihn anzusehen. «Alix sagte mir, daß du noch Jungfrau bist, aber als ich dich eben umarmte, dachte ich, sie hätte gelogen. Du küßt nicht, als wärst du noch unschuldig.»

Ryder errötete. Er küßte sie. Sie erwiderte seinen Kuß, doch dann wich er ihr aus. «Entweder du willst, oder du willst nicht.»

«Ich will nicht.»

Sie fuhren nach Hause. Im Radio plärrte Joe Cocker, und Adam trommelte gegen das Lenkrad. Ryder blickte zu ihm hinüber. Er schaute sie nicht einmal an. Sie drehte ihr Gesicht ab und betrachtete die vorbeifliegenden Häuser.

Vor der Tür tätschelte er ihr die Wange. «Gute Nacht.»

Sie fühlte sich vollkommen ernüchtert.

«Ich wußte nicht, daß er so sexbesessen ist», sagte Imogen, als sie am nächsten Morgen die Geschichte von Ryder erfuhr. «Ich habe ihn bis jetzt nur als meinen Bruder gesehen.»

Ryder öffnete das Fenster und sah hinunter in den Garten, wo gerade ein Tennisspiel im Gang war. «Ich weiß, ich hätte zu Hause bleiben und fernsehen sollen.»

«Oh, du wirst ihn bestimmt wiedersehen. Selbst, wenn er nicht raufkommt, triffst du ihn ganz sicher im Treppenhaus.»

«Ich lerne Fallschirmspringen, dann muß ich die Treppe nicht benutzen.»

«Und wie kommst du wieder hoch?»

«Ich werde Unterricht bei einem Fassadenkletterer nehmen.»

Die Sonne schien. Der Park lockte. Aber aus Angst, Adam zu treffen, weigerte sich Ryder, die Wohnung zu verlassen. Gegen Mittag hörte sie die Haustür ins Schloß fallen. Sie stürzte zum Fenster. «Das war er. Er geht weg. Schnell!» Sie schlüpfte in ihren neuen Bikini und ein Paar Shorts, während Imogen sich in ein Strandkleid warf und einen Schlapphut überstülpte. Dann packten sie eine Decke und Sonnencreme ein und rasten die Treppen hinunter, über die Straße in den Park.

«Ich hole mir jetzt den *Sunday Express*. Ich möchte die Filmkritiken lesen», sagte Imogen.

«Dann bring mir eine *News of the World* mit.» Ryder räkelte sich im Sonnenschein. «Wenn ich schon kein lasterhaftes Leben führe, dann will ich zumindest darüber lesen.»

Fünf Minuten später trat Imogen leicht gegen ihren Fuß. «Er ist zurück. Ich habe ihn im Zeitungsladen getroffen.»

«Was hat er gesagt?»

«Hallo.»

«Einfach so.»

«Nein. Eher so.» Imogen senkte ihre Stimme: «Hallo, Immy. Hast du heute morgen mit Mutter telefoniert?»

«Dumme Gans! Hat er nach mir gefragt?»

«Ja, ich habe ihm gesagt, daß du hier liegst, Sextechniken in der *News of the World* büffelst und auf ihn wartest.»

Ryder warf die Zeitung nach ihr.

In freundschaftlichem Schweigen lagen sie auf dem Rasen, Imogen im Schatten, um ihre weiße Haut zu schützen, Ryder in der Sonne, um braun zu werden. Sie schloß die Augen und dachte an Adam.

«Hallo, Adam», sagte Imogen.

Ryder sah auf. Kein Mensch zu sehen. «Scheusal!»

Eine Stunde später lag Ryder auf dem Bauch und las die Bekenntnisse eines Hollywoodstarlets. Die Sonne schien auf ihren nackten Rücken, und ihr Haar hing wie ein Vorhang um ihr Gesicht.

«Hallo, Adam», sagte Imogen.

Ryder lachte leise. «Zweimal legst du mich nicht rein. Das hier ist viel zu interessant.»

«Interessanter als ich?»

Sie drehte sich ruckartig um. Adam stand über ihr. Unter dem Baum lachte Imogen in ihren Schlapphut. «Ryder versucht, aus der Zeitung etwas über lasterhaftes Leben zu erfahren.» Sie sammelte kichernd ihre Habseligkeiten zusammen. «Und ich gehe jetzt meinen Text lernen. Wir haben ein Vorsprechen für eine Produktion, wo die Jeremy Heythorps dieser Welt Frischfleisch entdecken – und ich beabsichtige, entdeckt zu werden.»

Ryder war sich der Knappheit ihres Bikinis und der Anwesenheit Adams, der sich neben ihr ausgestreckt hatte, peinlich bewußt. «Willst du wirklich etwas über das lasterhafte Leben erfahren?» fragte er mit samtener Stimme.

«Natürlich nicht.»

«Lügnerin!» Er schob ihr Haar zurück, küßte sie auf die nackte Schulter und ließ seine Hand ihren Rücken hinuntergleiten. Ihr ganzer Körper erschauerte bei dieser Berührung. Instinktiv drängte sie sich an ihn. Er ließ seine Finger unter ihren Hüftknochen gleiten. «Komm mit in die Wohnung.» Er knabberte an ihrer Schulter. «Ich weiß, du willst es auch.»

«Adam, bitte!»

Er ließ seine Hand weiter und weiter nach unten gleiten, bis seine Finger schließlich unter ihr Bikinihöschen schlüpften. Ein kleiner Schauer durchfuhr sie. «Ich tu dir nicht weh», flüsterte er.

«Laß mich.» Sie drehte sich ab und sprang auf.

«Du kleines Miststück. Erst die Männer aufgeilen und dann die Prüde spielen!»« fauchte er. «Wenn du vergewaltigt wirst, bist du verdammt noch mal selbst schuld.»

Sie griff nach ihrer Tasche und der Sonnencreme, riß die Decke unter ihm weg und marschierte davon. Er holte sie an der Haustür ein. «Hier ist deine verdammte Zeitung!» Er knüllte sie zusammen und warf sie nach ihr. Sie traf sie am Hinterkopf und flog dann über das Geländer ins Kellergeschoß.

Irgendwie schaffte es Ryder in der folgenden Woche, sich zur Arbeit zu schleppen, und irgendwie gelang es ihr, Adam nicht auf der Treppe zu begegnen. Freitag abend fuhr sie direkt von der Arbeit nach Dingwall Court. Das ganze Wochenende nieselte es. Sie lag auf ihrem Bett und starrte an die Decke. Vor sieben Tagen waren Imogen und sie kichernd durch die Boutiquen gezogen. Am Montag nahm sie einen Frühzug nach London und stieß zum Gedränge der anderen Pendler, die sich zur Arbeit schoben. Sie ging geradewegs zum Büro. Jeremy hatte ihr eine Nachricht hinterlassen. Er war bis Mittwoch unterwegs. Seine Mutter ebenfalls. So verbrachte sie den Tag mit dem Kopf in den Händen und den Ellbogen auf der Schreibmaschine.

Um halb sechs schloß sie die Tür zur Agentur.

«Ryder!» Adam überquerte die Straße. «Wo warst du das ganze Wochenende!»

«Weg.» Sie lief los.

Er holte sie ein. «Bist du noch sauer?»

«Warum sollte ich?» Ihre Miene blieb gleichgültig.

«Es tut mir leid, daß ich dich angeschrien habe.» Er nahm ihre Hand. Sie versuchte, sie wegzuziehen, aber er ließ sie nicht los.

Dienstag holte er sie wieder ab. Mittwoch wartete er an der Wohnung. Donnerstag spielten sie zusammen Tennis. Ryder mußte sich selbst kneifen, um glauben zu können, daß sie von einem so attraktiven Mann wie Adam verfolgt wurde. Freitag tauchte er nicht auf. Ryder lief unruhig in der Wohnung umher. Sie nahm den Telefonhörer hoch, um zu sehen, ob es funktionierte. Sie stürzte zum Fenster, sobald sie Schritte hörte. Um elf Uhr sagte sie zu Imogen: «Er hat sich mit jemand anderem getroffen.»

Immy lächelte besorgt. «Adam ist nicht sehr zuverlässig. Das war er noch nie. Mutter hat ihn unheimlich verwöhnt. In seinem ganzen Leben hat er sich nur mit Hilfe seines Lächelns durchgebracht.»

Gegen Mitternacht erschien er, betrunken. Während Ryder ihm zum Ausnüchtern einen Kaffee machte, sagte er: «Ich wollte, ich könnte das ganze Wochenende mit dir verbringen, aber ich muß Mutter zu Onkel Algies Geburtstag begleiten. Dann wird er mich bestimmt wieder wegen meines Karriereknicks unter Druck setzen. Das macht er immer auf Familienfeiern.»

«Aber du hast doch einen Job.»

«Den habe ich geschmissen. Die Frau, die die Filiale leitete, war unmöglich. Also muß ich mir morgen die übliche Lektion über ‹Geld wächst nicht auf den Bäumen› anhören, wenn ich mir fünfzig Kröten von ihm leihen will.»

«Ich kann dir etwas Geld borgen. Ich habe noch zwanzig Pfund.»

«Das ist süß von dir, aber lieber nicht. Das könnte ich nicht.» Er zögerte. «Aber wenn du mir einen Fünfer leihen würdest, dann könnte ich dem alten Bussard wenigstens ein Geschenk kaufen. Ich geb's dir am Montag zurück.»

Es wurde Donnerstag, bis Adam ihr das Geld zurückzahlte, aber

Ryder war das egal. Es gab ihr ein warmes Gefühl, ihm helfen zu können. Sie beschloß, ihm etwas zu schenken. Sie verbrachte eine Mittagspause bei Simpsons und suchte einen Kaschmirpullover aus. Er war maßlos teuer. Sie konnte es kaum erwarten, ihn Adam zu geben.

«Ein Kaschmirpullover», sagte Lady Heythorp, die ihre wöchentliche Routinekontrolle im Büro absolvierte. «Für einen Typen, der Sie beschimpft hat. Sie sind noch dümmer, als ich dachte.»

Ryder wurde puterrot. Später gab sie den Pullover zurück.

Am Samstag abend führte Adam Ryder zum Essen aus. Sie trug ihr «Outfit für die zweite Verabredung», den kurzen, schwarzen Hosenrock aus Leinen und die schwarzweiße Bluse, die eng unter ihrer Brust verknotet wurde.

«Ich möchte für mich selbst bezahlen», sagte sie, als die Rechnung kam.

«Auf keinen Fall! Mutter hat mir dreißig Pfund zugesteckt, damit ich mich amüsiere. Laß uns noch einen Brandy bestellen.»

«Dann laß mich wenigstens den übernehmen.»

«Na, also... wenn du darauf bestehst.» Er drückte ihr die Hand. «Alix hätte das nie angeboten.»

Sie schluckte hart.

«Das mit Alix macht dir zu schaffen, was?»

«Ich kann's einfach nicht ändern.»

«Ich habe dir schon mal gesagt: Alix ist ein amüsantes Mädchen, das sich mit einer Menge Männer amüsiert. Es war nur Sex zwischen uns. Bei uns beiden ist das was anderes. Ich habe noch nie so viel Zeit mit jemandem verbracht wie mit dir.» Er tauchte einen Finger in sein Glas, lehnte sich dann über den Tisch und schob ihn ihr in den Mund. Sie leckte den Brandy ab.

«Tu das nicht, sonst...»

Sie blickte ihn unsicher an. Sie sehnte sich so sehr nach ihm, daß sie an nichts anderes mehr denken konnte. Aber sie hatte Angst. Angst, es zu tun. Nicht zu wissen, wie. Angst, schwanger zu werden. Einfach Angst vor allem.

Adam leerte seinen Brandy und stand auf. «Laß uns gehen.» Er führte sie aus dem Restaurant, die Straße hinunter, zu seiner Wohnung. Sie wollte sich aufs Sofa setzen, doch er steuerte sie in das Schlafzimmer. «Liebling, du siehst aus, als würdest du zu einer Beerdigung gehen.» Er fuhr mit seinen Händen über ihren verkrampften Körper. «Komm schon, entspann dich!»

«Ich könnte schwanger werden.»

«Ich werde ein Kondom benutzen.»

Sie setzte sich auf die Bettkante. «Ich... ich bin so nervös.»

«Es wird dir Spaß machen.» Seine Hand wanderte die zarte Innenseite ihrer Schenkel hinauf. «Sex macht Spaß, du wirst sehen.»

Er drückte sie aufs Bett und küßte sie sehr behutsam, während seine Hand höher und höher glitt. Sie erwiderte seinen Kuß, zunächst zaghaft, dann leidenschaftlich. Sie zog ihn zu sich heran. Er knüpfte ihr Hemd auf und streifte es ihr von den Schultern. Dann öffnete er ihren BH, küßte ihre Brüste und liebkoste ihre Brustwarzen mit seinen Lippen, bis sie leise vor Lust stöhnte. Sie fühlte, wie er ihren Hosenrock und ihr duftiges rosa Spitzenhöschen die Hüften hinunterzog. Dann drehte er sich ab, riß sich die Kleider vom Leib und öffnete eine Schublade im Nachtschränkchen.

Sie setzte sich auf. «Was machst du da?»

«Dafür sorgen, daß du nicht schwanger wirst.»

«Oh.» Sie sah ihn an, diesen halbfremden, nackten Mann. «Adam, ich bin nicht sicher, ob ich...»

«Himmelherrgott! Du kannst jetzt nicht deine Meinung ändern!» Er drückte sie zurück aufs Bett.

«Adam! Bitte! Warte!» Sie versuchte, sich wieder aufzurichten.

«Hör auf, dich zu wehren.» Er hielt ihr die Arme über ihrem Kopf fest.

«Tu's nicht, bitte, tu's nicht!»

Er zwängte seine Knie zwischen ihre Schenkel und manövrierte sie in die richtige Stellung. Sie flehte ihn an. Er überhörte das. Sie schluchzte. Er drängte sich nach vorn. Sie schrie auf. Dann war es vorbei, und er brach über ihr zusammen.

«Es tut mir leid.» Er berührte ihr nasses Gesicht.

Sie war wie betäubt.

«Es tut mir leid, daß ich dir weh getan habe. Ich wollte es wirklich nicht. Aber du kannst einen Mann nicht einfach so aufhalten. Nicht, wenn du nackt mit ihm im Bett liegst.»

Sie starrte auf die gegenüberliegende Wand. Sie fühlte sich verschwitzt und klebrig, sehnte sich danach, nach Hause zu gehen und sich in ein heißes Bad zu legen – und Adam abzuwaschen.

«Du bist meine erste Jungfrau. Ich hätte geduldiger sein müssen. Das weiß ich jetzt. Aber ich schätze, ich bin Mädchen wie Alix gewöhnt. Oh, jetzt sei doch nicht so kalt zu mir. Bitte!»

Sie setzte sich langsam auf.

«Willst du ins Badezimmer?» fragte er. «Ich meine, du könntest ganz...»

Sie schwang ihre Beine aus dem Bett und ging vorsichtig über den Fußboden. Im Badezimmerspiegel sah sie, daß ihre linke Gesichtshälfte rot und fleckig war.

«Wenn du meinen Bademantel willst, es ist der blaue an der Tür», rief Adam.

Nachdem sie sich gewaschen, das Haar gekämmt und seinen weichen Frotteemantel angezogen hatte, kam sie wieder heraus.

«Ich habe dir eine Tasse Tee gemacht.» Er zeigte auf den Nachttisch.

Sie ließ sich auf der Bettkante nieder. Er lehnte zusammengekauert am Kopfende.

«Alles klar?»

Stumm schüttelte sie den Kopf.

«Komm.» Er legte seine Arme um sie. «Beim ersten Mal tut es immer weh. Ich meine, es gehört einfach dazu, oder? Das mußt du doch gewußt haben. Aber das nächste Mal tue ich dir nicht weh. Dann wird es dir Spaß machen.»

«Ich möchte nach Hause.»

«Bitte nicht. Dann würde ich mich schrecklich fühlen. Bitte! Bleib heute nacht hier. Ich verspreche dir, dich nicht anzurühren.»

«Ich bin nicht verletzt, weil es weh getan hat. Damit habe ich gerechnet. Ich bin's, weil du mich gezwungen hast. Weil du mich übergangen hast.» Sie sah ihn durch tränenverhangene Wimpern an. «Du hast mich an meinen Vater erinnert.»

Er nahm ihre Hand in seine. «Hast du jemals etwas kaputtgemacht, was dir wirklich am Herzen lag, und dann gewünscht, du könntest es rückgängig machen?»

«Schon oft.»

«Dann gib mir noch eine Chance. Bitte!»

«Nur, wenn du versprichst, mich nicht anzufassen.»

«Ich verspreche es.»

Sie legte sich hin, sein Bademantel war fest um ihren Körper geschlungen. Adam machte das Licht aus.

«Du wirst es doch Immy nicht erzählen, oder?» fragte er in die Dunkelheit.

«Nein.»

Mit dem Gefühl, ihm sei verziehen worden, schlief er nach wenigen Minuten ein. Aber Ryder konnte nicht schlafen. Sie war nicht daran gewöhnt, jemanden in ihrem Bett atmen und schnaufen zu hören. In der Dunkelheit des fremden Zimmers wirbelten ihre Gedanken umher. Sie hatte sich ihre erste Nacht mit Adam liebevoll und romantisch vorgestellt, und nun war sie maßlos enttäuscht.

Am nächsten Morgen machte er Frühstück, während sie badete. Dann saßen sie nebeneinander auf dem Balkon und lasen die Sonntagszeitung. Ryder streckte ihre Beine in der Sonne aus, und als sich die Wärme langsam in ihr ausbreitete, sah sie zu Adam hinüber. Seit er in ihr Leben getreten war, war alles, sogar ihre Arbeit, reicher geworden. Sie liebte ihn. Er war Imogens Bruder. Nichts konnte vollkommener sein.

Er fing ihren Blick auf und lächelte. «Hast du mir verziehen?»

Sie wurde rot.

Er hob ihr Kinn und sah ihr tief in die Augen. «Wir sollten diesen Tag nicht zu Ende gehen lassen, ohne alles zwischen uns wieder in Ordnung zu bringen.» Er küßte sie äußerst zärtlich auf die Lippen.

«Ist das nicht schon viel besser?» Seine Finger zogen einen Kreis auf der weichen Innenseite ihres Schenkels. «Komm ins Bett. Ich möchte dich so behutsam und langsam lieben, wie ich es gestern hätte tun sollen.» Er stand auf und nahm ihre Hand.

Sie legten sich ins Bett. Er liebkoste und beruhigte sie, wartete, bis sie seine Liebkosungen erwiderte. Dann liebte er sie voller Zärtlichkeit, suchte in ihrem Gesicht nach dem leisesten Anflug von Furcht und hielt sich so lange wie möglich zurück. Zwar nicht lange genug für Ryder, doch er war sanft und vermittelte ihr das Gefühl, begehrenswert zu sein und geliebt zu werden.

Kapitel 6

Adam und Ryder wurden so unzertrennlich, daß Imogen Ryder, wenn sie allein waren, «Schwägerin» nannte. Ryder ihrerseits nannte Imogen «Immy», was nur Familienangehörigen und engen Freunden vorbehalten war. Welten lagen zwischen dem pummeligen, einsamen Mädchen des letzten Winters, das all seinen Mut hatte zusammennehmen müssen, um sich Strähnchen ins Haar machen zu lassen, und dem strahlenden Wesen, das die King's Road in weißen Hüfthosen und einem von Adams Hemden hinunterschritt, das sie unter der Brust verknotet hatte. Und doch waren beide dieselbe Person. Ryder wußte das. Es gab Momente, da schaute sie in den Spiegel und fragte sich, ob sie träumte.

Alix nahm die Neuigkeiten gelassen auf. Sie lächelte fröhlich, küßte sie beide auf die Wange, sagte dann, sie hätte auch einen neuen Freund, und verschwand für eine Woche.

«Siehst du, es macht ihr wirklich nichts aus», sagte Adam.

Ryder spürte, daß das nicht stimmte, aber sie wollte nicht über Alix nachdenken, so sehr war sie versunken in ihrem Glück.

Adam hatte einen neuen Job. Er arbeitete für einen heruntergekommenen, kleinen Immobilienmakler am hintersten Ende von

Fulham, einer Gegend, die darauf wartete, entdeckt zu werden. Als er seinen ersten Gehaltsscheck bekam, sagte er: «Laß uns am Wochenende nach Paris fahren.» Sie stürmten ins nächste Reisebüro und kamen mit einem ganzen Arm voller Reiseprospekte zurück, in denen Paris ausnahmslos als Stadt der Liebenden bezeichnet wurde. Als sie zu Hause ankamen, fanden sie Alix weinend im Badezimmer vor.

«Was ist schiefgelaufen?» fragte Ryder, die sich an der Badezimmertür herumdrückte.

«Nur das ganze Leben.»

«Bist du schwanger?»

Alix schüttelte den Kopf. «Erinnerst du dich, daß ich Geld für neue Fotos brauchte? Also, ich bin einfach losgezogen und hab Aufnahmen machen lassen, obwohl ich sie nicht bezahlen konnte. Ich wußte, daß der Fotograf eine Schwäche für mich hatte, und hab mich ein bißchen bei ihm beliebt gemacht. Er war einverstanden, mit der Bezahlung zu warten. Aber ich brauchte das Geld von meinem ersten Auftrag für andere Sachen. Ich habe mir neue Kleider gekauft. Ich muß schließlich gut aussehen. Als er das rauskriegte, fing er an, mich zu erpressen. Er sagte, wenn ich mit ihm schliefe, würde er die Sache mit den Fotos vergessen.» Sie verzog das Gesicht. «Das war mein neuer Freund. Und das ist noch nicht alles. Jetzt hat er eine andere und sagt, daß er mir die Schulden auf keinen Fall erlassen würde und daß ich mir nur einen Aufschub erkauft hätte. Wenn ich ihn nicht bezahle, dann macht er die Sache publik. Und ich kriege nie wieder einen Auftrag.»

«Wieviel schuldest du ihm?»

«Dreihundert.»

Ryder nahm ihr Scheckheft hervor. «Zahl's mir zurück, wenn du kannst.»

«Aber das ist unser Taschengeld für Paris», protestierte Adam. «Wir wollten doch schicke Klamotten kaufen und im *Moulin Rouge* essen gehen.»

«Was sind schon ein paar Fetzen Stoff und ein Essen.» Sie trug die Summe ein.

Adam sah ihr mürrisch zu. «Jeder findet dich so toll», fauchte er. «Aber du bist nicht besser als wir. Du gibst Alix nur das Geld, weil du ein schlechtes Gewissen hast, wegen der Sache mit uns beiden.»

«Das stimmt nicht!» Sie wurde rot und wandte sich ab, konnte Alix nicht ansehen. Doch obwohl sie es sich nicht eingestehen wollte, merkte sie später, daß ein Körnchen Wahrheit in dem steckte, was Adam gesagt hatte.

Den ersten größeren Krach mit Adam hatte sie wegen Imogen – oder besser wegen Tony. Jonathan, Adams Wohngenosse, hatte eine neue Freundin zu einem Candle-light-Dinner in die Wohnung eingeladen, und Ryder und Adam hatten sich freiwillig aus dem Staub gemacht. Erst gingen sie in Notting Hill ins Kino, dann wollten sie in einem indischen Restaurant ein Currygericht essen. Gegenüber der Tür saßen Imogen und Tony. Immy schmiegte ihr zartes Gesicht gegen Tonys Schulter.

Adam wurde bleich. «Imogen! Wer ist dieser Mann?»

«Mein Name ist Tony Daltry.» Tony stand auf und streckte seine Hand aus. «Wie geht's.»

Adam ignorierte ihn. «Imogen, wer ist das?»

«Das ist der Mann, den ich liebe.»

«Es tut mir leid, daß Sie es auf diese Weise erfahren haben», sagte Tony. «Ich weiß, was Sie fühlen. Wenn Immy meine Schwester wäre, ginge es mir genauso. Aber ich liebe sie. Das versichere ich Ihnen.»

«Sind Sie verheiratet?»

«Das bin ich.»

«Das ist ja widerlich. Wie konntest du nur, Imogen! Meine Schwester mit einem verheirateten Arbeiter, der doppelt so alt ist wie sie!» Adam marschierte aus dem Restaurant.

Ryder rannte hinter ihm her. «Adam! Bitte, warte doch!»

«Hast du das gewußt?»

«Ja.»

«Warum hast du es mir nicht gesagt?»

«Sie hat mich darum gebeten.»

«Ich bin dein Freund. Zunächst einmal bist du mir verpflichtet, nicht meiner Schwester.»

Sie waren am Auto angekommen. Schweigend fuhren sie heim. Ryder starrte aus dem Fenster. Manchmal war Adam so kindisch. Aber dieser Gedanke war unfair. Es war schließlich richtig von ihm, sich wegen Immy Sorgen zu machen. Sie griff nach seiner Hand. In dieser Nacht war sie besonders zärtlich zu Adam. Sie liebten sich so langsam, so verträumt, berührten sich so sacht und rasch mit ihren Fingerspitzen, daß ihre Berührung fast unwirklich schien. Am nächsten Morgen sagte er: «Was mich verletzt, ist, daß du mir etwas verschwiegen hast. Versprich mir, daß du mir ab jetzt immer alles sagen willst.»

Sie lag auf ihm, ihr Körper auf seinem ausgestreckt, ihr Kinn dicht unter seinem. «Ich verspreche es.»

Er ließ seine Hände über ihren nackten Rücken gleiten, ergriff ihr Gesäß und zog es zu sich heran. «Liebe mich», sagte er. «Ich will nichts anderes tun, als hier liegen und spüren, wie du mich liebst.»

Weil Ryder ängstlich darauf bedacht war, Adam in jede Seite ihres Lebens einzuweihen, zeigte sie ihm einen vertraulichen Brief von Debbie, in dem ihre Kusine davon sprach, Carl zu verlassen. Ihr gemeinsames Baby Rudy war zwei Monate alt, aber Carl zeigte kaum Interesse an ihm. Debbie hatte den Verdacht, daß er sich mit einer anderen traf. Sie wohnten zusammen mit seinem schweigsamen Vater über dem Eisenwarenladen. Debbie sehnte sich nach Scot's Farm, aber Carl erlaubte ihr nicht, das Auto zu benutzen.

Adam las den Brief und warf ihn zu Ryder zurück. «Noch so eine Bedürftige!»

«Debbie ist keine Bedürftige!» Ryder faltete den Brief zusammen.

«Ich wette, sie hat dich um Geld gebeten.»

«Ich habe ihr schon welches geschickt.»

«Wenn du Geld zum Fenster rauswerfen willst, warum wirfst du nicht mal was in meine Richtung und kaufst eine neue Batterie für mein Auto? Schließlich fährst du ja auch damit.»

«Es tut mir leid. Ich habe nicht daran gedacht.»

«Ach was, vergiß es!»

«Adam, du brauchst nicht so zu schreien. Ich weiß nicht, was in dich gefahren ist.»

«Ich brauche auch dein Mitgefühl. Es ist nicht sehr lustig, auf Arbeitssuche zu sein, weißt du.»

Sie hätte fast gesagt: «Du bist immer auf Arbeitssuche», aber sie konnte sich gerade noch rechtzeitig zurückhalten.

Schweigend saßen sie da. Sie fühlte sich erschlagen von seinem Ausbruch. Plötzlich ergriff er ihre Hand. «Mutter gibt eine Silvesterparty. Ich möchte, daß sie dich kennenlernt.»

Silvester um vier Uhr nachmittags lief Ryder unruhig im Salon von Dingwall Court umher und wartete auf Adam. Sie trug ein strahlend blaues, changierendes Seidenkleid. Das Oberteil war eng geschnitten, der Rock schwang in weichen Wellen zu Boden. Sie mußte beim Gehen die Arme ausstrecken, weil sie vor Nervosität feuchte Hände hatte und sie keine Flecken auf das Kleid machen wollte.

Ihre Eltern und Leo tranken vor dem Kamin Tee. Ihre Mutter war gerade damit beschäftigt, einen Klecks Extrasahne auf das Schokoladenéclair von Leo zu geben. Ryder wartete, daß sie eine Bemerkung über ihr Kleid machen würde.

«Was macht Adam noch mal?» fragte ihr Vater von seinem Sessel aus.

«Er... äh... ist auf Arbeitssuche.»

«Das ist mal wieder typisch für meine Tochter. Gibt sich mit einem Nichtsnutz ab.»

«Er ist sehr nett.» Sie wurde rot und drehte sich zu ihrer Mutter um. «Sehe ich gut aus?»

«Stör mich jetzt nicht, Ryder. Oh, Leo! Keine Schokolade auf mein schönes Sofa.»

Ihr Vater runzelte die Stirn. «Leo! Hör auf damit, oder du mußt zur Nanny. Und fang jetzt nicht an zu weinen. Sogar Ryder hat nicht soviel geweint wie du.» Er wandte sich wieder ihr zu. «Das Kleid ist nett – es ist dein Freund, der mir Sorgen macht.»

Es klingelte an der Tür. Ryder zuckte nervös zusammen. Sie versuchte, ungezwungen auszusehen, als Mrs. Trumpet Adam hereinführte. Mit ausgestreckter Hand und seinem respektvollsten Lächeln ging er geradewegs zu ihrem Vater. «Guten Abend, Sir. Entschuldigen Sie die Störung. Ich muß sagen, Sie haben ein prächtiges Heim.»

Ryder wußte nicht, ob sie stolz auf ihn sein oder ihm einen Tritt verpassen sollte.

Adams Mutter lebte in einem reizvollen Steincottage am Rande der Sussex Downs. Es hatte ein reetgedecktes Dach und kleine Fenster, die nach Süden über die Kreidehügel nach Glyndebourne hinausblickten. Jeden Sommer zog Mrs. Lydden nach Eastbourne in eine Pension und vermietete das Cottage an Opernfans. Das finanzierte den Unterhalt des Hauses. Immy, nicht Adam, hatte es Ryder erzählt.

«Das ist kaum das, was du von Dingwall Court gewohnt bist.» Adam öffnete die Tür, und Stimmen und Gelächter wurden laut.

«Das ist mir egal.» Ryder fragte sich nervös, ob sie Mrs. Lydden gefallen würde.

«Also, mir nicht. Ich würde meine Seele verkaufen, um in einem Haus wie eurem zu wohnen.»

Eine Stimme aus dem Wohnzimmer unterbrach sie. Sie gehörte einem riesigen Walroß von einem Mann, der im hintersten Winkel des Zimmers stand. «Irgend jemand, Kipling, glaube ich, hat gesagt, Polo sei der Sport der Könige und der König des Sports.»

Adam stöhnte auf. «O Gott! Onkel Algie ist hier. Arme Mutter! Ich weiß nicht, warum sie ihn eingeladen hat. Er konnte sie noch nie leiden. Niemand aus Vaters Familie kann sie leiden.»

«Warum nicht?»

«Weil ihre Familie sich keine eigenen Poloponys leisten konnte.»

«Liebling.» Joyce Lydden schwebte aus dem Salon. Sie war eine spröde Rothaarige mit einem enttäuschten Zug um den Mund. «Und Ryder! Also, du bist schon eine Veränderung zu Adams üblichen Freundinnen, das muß ich sagen.» Sie lachte kurz auf. «Imogen ist oben. Du teilst das Zimmer mit ihr. In meinem Haus gibt es getrennte Schlafzimmer.»

«Mutter!» rief Adam aus, während Ryder vor Verlegenheit dunkelrot wurde.

«Liebling, du kennst meine Grundsätze. Jetzt mach schon. Ich brauche deine Hilfe bei den Drinks.» Sie führte ihn energisch von Ryder weg.

«Hat Mutter Adam entführt?» Imogen erschien barfuß in einem weißen Angora-Minikleid auf dem Treppenabsatz.

«Ja.»

«Er erinnert sie an Daddy. Deshalb ist sie so besitzergreifend.»

Ryder machte sich auf einem der Betten Platz, während Imogen unter dem anderen nach einem Paar roter Schuhe fahndete. Ryder versuchte, etwas Nettes über Imogens Mutter zu sagen, aber es fiel ihr nichts ein. «Adam erzählte mir, daß deine Mutter Probleme mit der Familie deines Vaters hat», sagte sie schließlich.

«Er muß wirklich verliebt sein. Du bist die einzige, der er das erzählt hat.» Imogen schlüpfte in ihre hohen Schuhe. «Er macht immer ein solches Geheimnis daraus. Gerade als ob Mutter dazu gezwungen worden wäre. Vaters Familie wollte sogar, daß sie konvertiert.» Sie lächelte Ryder zu, die ratlos aussah. «Aber wenn meine Eltern sich lieben, ist es doch ihre Sache, daß er Katholik und sie Jüdin ist.»

Ryder sagte nicht, daß Adam ihr das nicht erzählt hatte.

Als sie am nächsten Morgen nach London zurückfuhren, fragte Adam: «Glaubst du, daß ich deinen Eltern gefallen habe?»

«Da bin ich ganz sicher.» Sie wartete darauf, daß er sagte, sie habe seiner Mutter auch gefallen.

«Wir sollten öfter mal das Wochenende auf Dingwall Court verbringen.»

«Lieber nicht.» Offensichtlich hatte sie Mrs. Lydden nicht gefallen. – «Aber ich muß deine Eltern besser kennenlernen.» Er griff nach ihrer Hand. «Weil ich ernsthaft an ihrer Tochter interessiert bin.»

Kapitel 7

1972

Adam und Ryder verbrachten viele Wochenenden auf Dingwall Court, etliche mehr, als ihr recht war.

«Warum laden wir nicht deine Wohngenossinnen ein und veranstalten eine Gesellschaft», schlug ihre Mutter beim Dinner vor. «Du weißt ja, daß ich gerne Leuten unser Heim zeige.»

Adam strahlte. «Oh, ja, gute Idee!»

Ryder zögerte. Sie sah zu ihrem Vater hinüber, weil sie erwartete, daß er nein sagen würde. Aber er lachte. «Ich möchte die Gesichter der Bassinghams sehen, wenn sie hören, daß ihre Tochter hier war. Haben sie etwa gedacht, ich würde ewig für sie bezahlen?» Er lächelte zu Adam hinüber. «Leute, die käuflich sind, verdienen es, fallengelassen zu werden.»

«Da bin ich ganz Ihrer Meinung, Sir.»

Ryder hatte wegen der Gesellschaft ein ungutes Gefühl. Sie wußte, wie schnell die Stimmung ihres Vaters umschlagen konnte. Aber an diesem Wochenende war er bezaubernd. So bezaubernd, daß sich in der Folge Alix und Immy häufig ins Auto zwängten und von London herüberfuhren, um Tennis zu spielen und zu schwimmen. Jonathan kam mit Charlotte. Miles brachte seine neue Frau mit, Hetty ihren Bruder. Manchmal waren es bis zu zwanzig Personen, die mit ihren Drinks auf der Terrasse herumstanden.

«Da jetzt die Polosaison begonnen hat, möchte ich mal rüber zu Smith's Lawn fahren», sagte ihr Vater beiläufig beim Abendessen. «Ich habe mir immer versprochen, damit anzufangen, wenn ich Zeit und Mittel dazu habe.»

«Kein Problem.» Adam legte Messer und Gabel beiseite. «Mein Onkel ist Mitglied des Guard's Club. Er ist jedes Wochenende drüben. Früher hat er für sein Regiment gespielt. Er weiß alles über Polo – und kennt jeden.»

«Aber du kannst doch gar nicht reiten, Paul», protestierte Carrie.

«Ich werde es lernen – so wie ich andere Dinge auch gelernt habe.» Er lächelte seiner Frau über den Tisch hinweg zu. «Als ich jung war, habe ich jeden Morgen vor der Schule die Ställe beim Gutsherrn im Dorf ausgemistet. Sein Sohn spielte Polo.»

«Und er hat Sie dazu ermuntert?» fragte Adam.

«Ich war der Stalljunge. Er hat nie ein Wort mit mir gesprochen.»

Ryder sah, wie die Augen ihres Vaters schmal wurden, aber sonst bemerkte es keiner. Sie wandten sich wieder dem Essen zu.

Sonntag nachmittag fuhren sie hinüber nach Windsor, kamen durch Blacknest Gate in das Parkgelände und folgten der Straße durch die üppigen Wäldchen und Rhododendren zum Breakhart Hill hinauf. Smith's Lawn, der Sitz des Guard's Club, war nach Barnard Smith benannt, einem Stallknecht des Duke of Cumberland im achtzehnten Jahrhundert. Ryder war das erste Mal hier. Als das Auto zum Clubhaus einbog, sah sie die wunderbar gepflegten Poloflächen, die sich bis zu den entfernt stehenden Bäumen erstreckten.

Plötzlich kamen acht Ponys in Sicht. Reiter lehnten sich vornüber, Schläger wurden in die Höhe gehalten, Oberschenkelmuskeln spannten sich unter engen, weißen Reiterhosen. Glänzende, braune Lederstiefel preßten sich in die Flanken der Ponys. Als sie auf ihre Höhe kamen, erhob sich ein Reiter aus seinem Sattel, drehte den

Körper seitwärts und ließ seinen Schläger nach hinten schwingen, um den Ball mit der ganzen Kraft der Muskeln und Geschwindigkeit nach hinten wegzuschlagen.

«Ich mag diesen Sport», murmelte Alix. Sie hatte ihre Augen auf die Spieler gerichtet, deren Gesäß- und Beinmuskeln unter den Reithosen zu sehen waren.

Major Algie Kelmscott wartete am Clubhaus auf sie. «Ah, da sind Sie ja. Adam, mein Junge, Mr. Harding, ich möchte Ihnen für die Freundlichkeit danken, die Sie meinem Neffen erweisen. Verdammt nett von Ihnen! Ich fand immer, daß er eine ziemliche Landplage ist, aber ich vermute, Ihre Tochter sieht das anders.»

Er führte sie am Clubhaus vorbei auf den Rasen, wo Adam in der Sonne Stühle um einen Tisch gruppierte. Der Club war voller Leute, die Ryder ganz schüchtern werden ließen. Sie hatten eine Aura der Exklusivität um sich, von Understatement und höchstem Selbstvertrauen. Die Frauen waren auf beiläufige Art elegant. Sie trugen Jeans zu Seidenhemden von Dior, Handtaschen von Gucci zu Schneiderkostümen, und alle hatten Sonnenbrillen auf. Alix setzte sich ihre ebenfalls auf.

Die Ponys donnerten den Platz rauf und runter, wirbelten Rasenstücke und roten Sand unter sich auf. Sie jagten hinter dem Ball her. Drängten sich mit der Schulter weg. Blieben stehen. Drehten sich. Machten kehrt.

«Sind diese Pferde nicht wundervoll!» sagte ihre Mutter lächelnd zu Major Kelmscott.

«Ponys, meine liebe Mrs. Harding! Ponys! Sie müssen schon die richtigen Begriffe verwenden.»

«Dann erzählen Sie uns besser mehr davon», sagte Ryders Vater. Aber bevor der alte Major den Mund öffnen konnte, fügte er hinzu: «Und ersparen Sie uns die geschichtlichen Hintergründe. Ich weiß, daß Polo ursprünglich aus Persien stammt. Die Bezeichnung kommt vom tibetischen *Pulu*. Das Spiel wurde 1869 in England eingeführt. Ich sehe, daß vier Spieler in jedem Team sind und daß es Ziel des Spiels ist, einen weißen Ball mit einem 1,20 Meter langen

Schläger durch die Torstangen zu schlagen, während man mit einem Pony über ein Spielfeld galoppiert. Wie sind die Regeln?»

Der Major sprach, ohne Luft zu holen, vielleicht, weil er fürchtete, unterbrochen zu werden. «Ein Team spielt nur gegen andere Teams, die dasselbe Handicap – oder dieselbe Toreinschätzung – haben wie das eigene. Diese Toreinschätzung ist die Summe aller Spielerhandicaps», erklärte er. «Ein Team mit einem hohen Handicap ist ein ‹22-Tore-Team›. Ein Team mit einem niedrigen Handicap ist ein ‹8-Tore-Team›. Das Handicap eines Anfängers liegt bei minus zwei. Ein brillanter Spieler kann in seinen Bestzeiten auf zehn kommen.»

«Könnte ich jemals ein Handicap von zehn erreichen?»

Der Major gluckste. «Nie und nimmer. Dazu müssen Sie im Sattel geboren sein. Diese Argentinier reiten durch die Pampa, bevor sie laufen können. Juan Carlos Harriott ist der beste Spieler seit dem Krieg. Er hat ein Handicap von zehn. Eduardo Moore hat hier ein Handicap von zehn, aber nicht in seiner Heimat. Hector Barrantes ist zwar kein Zehner, aber ein ausgezeichneter Spieler.»

«Wie hoch könnte ich kommen?»

«Das hängt davon ab, wie gut Sie reiten.»

«Ich kann nicht reiten – bis jetzt.»

Dem Major verschlug es den Atem. «Sie können nicht reiten und fragen, ob Sie ein Zehner-Handicap erreichen könnten? Sehen Sie mal da rüber.» Er zeigte auf zwei junge Männer, einer war blond, der andere dunkel. «Howard und Julian Hipwood. Unsere besten Spieler. Aber selbst sie erreichen keine zehn. Sie müssen sehr jung mit dem Spielen anfangen, Mr. Harding, und Sie müssen ein Profi sein. Der Schirmherr eines Teams hat noch anderes in seinem Leben zu tun.»

«Wie zum Beispiel Geld verdienen, um für all das zu bezahlen?»

«Wenn man es so direkt ausdrücken will... ja. Es gibt kein Preisgeld. Ein Schirmherr läßt nur für sein Vergnügen spielen. Und die Profis, die er anwirbt, um in seinem Team zu spielen, sorgen dafür, daß er sein Vergnügen bekommt.»

«Wenn ich mit Polo anfangen wollte, wie würde ich das anstellen?»

«Als Schirmherr?»

«Ich bin kein Mann, der in Teams von anderen spielen würde.»

«Dann brauchen Sie einen verdammt guten Profispieler. Vielleicht sogar zwei. Ich würde Sie gerne beraten. Ich kenne hier jeden, den man kennen muß.» Der Major lächelte. «Dies ist schließlich meine Welt.»

Das war der Beginn von Paul Hardings Leidenschaft für Polo. Bei ihrem nächsten Besuch sah Ryder, daß die alten Stallungen in Ordnung gebracht worden waren, um drei Pferde unterzubringen, und daß die Wiese zu einem kreisrunden Übungsplatz eingezäunt worden war, wo er täglich Reitunterricht hatte.

«Ihr zwei reitet morgen mit mir aus», teilte er Ryder und Adam beim Abendessen mit.

«Ich nicht.» Adam hob seine Hände mit gespieltem Entsetzen. «Ich bin schon Jahre nicht mehr geritten.»

«Und ich reite erst seit einem Monat.»

«Sie sind mutiger als ich, Sir.»

«Es scheint so. Also, Ryder, hast du auch Angst?»

«Natürlich nicht! Und Adam auch nicht. Er mag Pferde nur nicht besonders.»

Am nächsten Morgen fühlte sie sich nicht mehr so mutig. Sie war nicht mehr geritten, seit sie acht Jahre alt war, und sie konnte sich kaum noch daran erinnern, wie man aufstieg. Als sie auf den Hof trabten, fragte sie sich, wann sie das erste Mal herunterfallen würde. Ein kleines Stück weiter die Straße hoch bogen sie in eine Weide ein. An dem Torpfosten hätte sie beinahe ihre Kniescheibe zertrümmert. Sie klammerte sich an der Mähne des Pferdes fest und hüpfte im Sattel auf und ab, während sie durch das lange, taufeuchte Gras rauschten. Wenn sie hier herunterfiel, würde es wenigstens nicht so weh tun.

Als sie zum Fluß kamen, wurde ihr Vater langsamer und wartete, bis sie neben ihm war. «Ich wollte, der Sohn des Gutsherren könnte mich jetzt sehen», sagte er. «Ich wollte, meine Mutter könnte mich jetzt sehen. Hast du gewußt, daß sie einmal zu mir sagte, ich würde es nie zu etwas bringen?»

Ryder war fassungslos über sein plötzliches Vertrauen und konnte ihn nur anstarren, so sehr fürchtete sie, diesen Moment zu zerstören. Er ritt weiter. Sie folgte ihm.

Nach diesem Morgen ritt sie gern mit ihm aus. Jener Moment der Vertrautheit hatte ein Verlangen in ihr erzeugt. Sie sehnte sich nach mehr, als spürte sie ein unerschlossenes Potential zwischen ihnen. Sie galoppierten durch die weichen, grünen Wiesen des Themsetals, durch die hohen Gräser und Butterblumen. Er ritt gut und lernte schnell. Sie versuchte, es ihm gleichzutun.

«Wirst du Adam heiraten?» fragte er sie eines Tages, als er am Rand einer Wiese stehenblieb.

«Ich weiß nicht. Er hat mich noch nicht gefragt.»

«Wenn er es tut, dann ist es nur wegen meines Geldes.»

Sie war zutiefst getroffen. «Natürlich kannst du dir nicht vorstellen, daß mich irgend jemand um meiner selbst willen lieben könnte.»

«Sei kein verdammter Dummkopf!» Er galoppierte los.

Bei ihrem nächsten Besuch wollte sie nicht mit ihm ausreiten. Danach fragte er sie nie wieder.

Imogen hatte in einem der Stücke, in denen sich der Schauspielschul-Nachwuchs der Öffentlichkeit präsentierte, eine Nebenrolle bekommen. «Ich hätte die Hauptrolle bekommen sollen», vertraute sie Ryder an. «Das meint jeder. Aber ich bin zu nervös.» Sie ließ sich auf einen Stuhl fallen.

Ryder bügelte gerade eins von Adams Hemden. Sie hatte ihm einmal den Gefallen getan, und jetzt erwartete er es von ihr. Sie zog den Kragen unter dem Eisen straff und fragte sich, warum sie solche Angst hatte, ihn zu verlieren, daß sie es nicht über sich brachte, zu sagen: «Nein, ich möchte nicht deine Hemden waschen, deine

Drinks einschenken, deine Wäsche wegräumen und deine Wohnung putzen.»

«Es ist nicht das Stück, vor dem ich Angst habe.» Immy wickelte sich eine Haarsträhne um den Finger. «Um die Equity Card zu bekommen, brauche ich Erfahrung in einem Repertoiretheater, aber es gibt keins in London. Ich will Tony aber nicht verlassen. Ich liebe ihn. Ich brauche ihn.» Sie stand auf und begann, in der Wohnung hin und her zu laufen. «Wenn ich mich fühle wie jetzt, wenn ich Angst habe, dann möchte ich Tony heiraten, ein Baby von ihm bekommen und zu Hause bleiben – und nie wieder für mich selbst entscheiden müssen. Aber wenn es mir gutgeht, wenn ich auf der Bühne bin, dann will ich spielen. Ryder, wenn du Jeremy Heythorp dazu kriegen könntest, mich in dem Stück zu sehen, dann würde alles in Ordnung kommen.»

«Ich werde es versuchen. Aber er haßt es, um einen Gefallen gebeten zu werden.»

Sie konnte Jeremy erst einige Tage später darauf ansprechen. «Wenn sie so gut ist, werde ich noch von ihr hören» war alles, was er sagte.

Ryder wollte nicht auf die Party ihrer Eltern anläßlich der Henley-Regatta. Sie hatte seit jenem Morgen auf der Wiese kaum mit ihrem Vater gesprochen, und sie spürte, daß er ihre Freunde satt hatte. Aber ihre Mutter wollte nicht hören. Sie verschickte einzeln Einladungen an Adam, Immy und Alix. «Du mußt dich mehr um deine Freunde kümmern, sonst wirst du sie verlieren», sagte sie zu Ryder, als sie in der Halle warteten. «Vergiß nicht, daß du jahrelang niemanden hattest.»

Ryder rückte ihren Strohhut zurecht. «Wie könnte ich es vergessen, wenn du mich immer wieder daran erinnerst?»

Sie wurden von ihrem Vater unterbrochen. «Ich kann Leute nicht leiden, die sich ohne zu fragen von meinem Malt-Whisky bedienen.»

Ryder wurde rot. «Ich bezahle es.»

«Ich nehme an, das war dein kriecherischer Freund.»

Auf der Treppe ertönte das Klappern von hohen Schuhen. Türen wurden geöffnet. Alix erschien, gefolgt von Adam. Sie schwatzten und lachten. Ryder konnte kaum sprechen. Sie veranstalteten ein Picknick auf der Lion Meadow, bedienten sich aus Körben mit Räucherlachs, Kaviar, Leberpastete und Himbeeren. Alles war wunderschön von Mrs. Trumpet vorbereitet und in schwere, weiße Damastservietten gewickelt worden. Ryder aß nichts. Sie fühlte sich elend.

Als sie am Abend mit Adam zurück nach London fuhr, sagte sie: «Ich möchte die nächsten Monate nicht mehr nach Dingwall Court fahren. Vater hat sich über den Whisky geärgert. Ich mußte ihn bezahlen.»

«Aber er schwimmt doch in Geld.»

«Darum geht es nicht. Wir hätten uns nicht davon bedienen sollen.»

«Das ist das erste Mal, daß du ihn verteidigst.»

«Weil er recht hat.»

«Und ich nicht. Aber woher soll ich auch wissen, was richtig und falsch bei den Reichen ist.» Er biß die Zähne zusammen, daß seine Kieferknochen hervortraten. In dieser Nacht schlief Ryder in ihrem eigenen, schmalen Bett.

Den ganzen folgenden Tag rief Adam nicht an. Als sie von der Arbeit nach Hause kam, wartete keine Nachricht von ihm. Seine Wohnungstür starrte ihr mit boshaftem Schweigen entgegen. Der Abend schleppte sich dahin, ebenso der nächste Tag. Sie hörte die ganze Woche nichts von ihm. Die Einsamkeit ihrer ersten Londoner Monate kehrte zurück. Nachts lag sie unglücklich und verwirrt im Bett und lauschte auf die Schritte im Treppenhaus. Morgens versuchte sie, einen Blick von ihm zu erhaschen, wenn er zur Arbeit ging. Aber es gelang ihr nicht. Irgendwie hatte sie den Verdacht, daß er gar nicht zu Hause schlief. Sie war krank vor Eifersucht.

«Wenn wir uns wirklich trennen, muß ich hier ausziehen», sagte sie zu Imogen. «Ich könnte nicht weiter hier wohnen und ihn dauernd im Treppenhaus treffen.» Sie sah zu ihrer Wohnungsgenossin hinüber, die gerade ihren Gymnastikanzug ausbesserte. Wenn sie Adam verlor, hieß das auch, daß sie Immy und Alix verlor und das Leben, das sie sich aufgebaut hatte?

In der ganzen Aufregung um ihre erste Liebe hatte Ryder Monate damit verbracht, an Jeremys Schreibmaschine in den Tag hineinzuträumen, aber jetzt erschien ihr die Monotonie ihres Jobs unerträglich. «Ich möchte kündigen», teilte sie ihm mit.

«Aber, warum denn, Schätzchen? Warum?»

«Ich fühle mich unterfordert. Hier erreiche ich nichts.»

«Aber was willst du denn erreichen?»

«Ich wollte, ich wüßte das!»

Er seufzte. «Mutter wird äußerst aufgebracht sein. Bitte laß mich nicht einfach so Knall auf Fall im Stich, okay?» Er schenkte ihr ein dünnes Lächeln. «Ich habe eine junge Schauspielerin entdeckt. Frag sie doch bitte, ob sie mit mir essen gehen will.» Er händigte Ryder einen Zettel aus, auf dem *Imogen Lydden* stand.

Sie lehnte sich über den Schreibtisch und gab ihm einen Kuß auf die Wange. Im Laufe der Zeit war er ihr ans Herz gewachsen, soweit jemand, der nicht ganz von dieser Welt war, einem ans Herz wachsen konnte.

Imogen war von Jeremy Heythorp begeistert. «Ich weiß nicht, wieso du kündigen willst», sagte sie zu Ryder.

«Ich brauche eine Veränderung. Ich bin zwar kein Genie, aber es muß noch mehr für mich geben als die Tastatur einer Schreibmaschine. Und erzähl mir nicht, ich sei nur wegen Adam frustriert!»

Alix stieß die Wohnungstür auf. «Wenn du vorhast, dich von der Chelsea Bridge zu stürzen, dann warte auf mich. Ich arbeite nicht mehr als Model. Ich wollte auf dem Titelblatt der *Vogue* erscheinen und nicht in Unterwäsche posieren. Jetzt werde ich Agentin. Ich werde mich auf der geschäftlichen Seite des Ganzen viel besser machen. Wenn du deinen Job aufgibst, Ryder, dann nehme ich ihn.»

«Kannst du tippen?»

«Ich werde es lernen.»

«Du wirst dich langweilen.»

«Wahrscheinlich – aber ich werde mein Handwerk von der Pike auf lernen.»

Ryder sah Alix voller Respekt an. Imogen hingegen konnte nur daran denken, daß Alix' Traum zerbrochen war.

Erst drei Wochen später rief Adam Ryder an. Zu dem Zeitpunkt hatte sie bereits die Hoffnung aufgegeben, noch mal von ihm zu hören. «Du klingst nicht, als würdest du mich vermissen», sagte er spitz.

«Tu ich aber.» Sie schluckte, als sie die einsamen letzten Tage vor ihrem inneren Auge vorüberziehen sah.

«Ryder.» Er stockte. «Laß uns heiraten!»

Sie war so aufgeregt, daß sie sich nachher nicht mehr daran erinnern konnte, ‹ja› gesagt zu haben, aber sie nahm es zumindest an, denn Adam sagte: «Ich werde am Wochenende mit deinem Vater sprechen.»

«Muß das sein?»

«Natürlich. Das gehört sich so.»

Während Adam im Arbeitszimmer mit ihrem Vater sprach, lockte Ryder ihre Mutter in den Garten. Doch sie hatten kaum die Terrasse hinter sich gelassen, als ihr Vater schon rief: «Carrie, Adam will Ryder heiraten!»

«Wie aufregend!» Ihre Mutter eilte zu Adam und küßte ihn auf beide Wangen.

«Aber ich finde, daß Ryder zu jung ist», fuhr ihr Vater fort. «Natürlich können wir die beiden nicht aufhalten.» Er drehte sich zu Adam um. «Aber wenn ihr zwei eine große, prächtige Hochzeit hier in Dingwall Court haben wollt, auf meine Kosten, dann müßt ihr noch ein Jahr warten.»

«Wir brauchen keine große Hochzeit», sagte Ryder rasch. «Nicht wahr, Adam?»

Er nahm ihre Hand. «Nein.»

Sie blickte sich zu ihrem Vater um, als wollte sie sagen: ‹Siehst du?›

Doch ihre Mutter schrie bestürzt auf. «Aber ich will eine große Hochzeit. Ich möchte allen unser schönes Heim zeigen.»

«Nein!» unterbrach Ryder. «Ich hasse so was. Und Adam auch.»

«Es ist auch mein Tag.» Carrie drehte ihrer Tochter den Rücken zu und schlang die Arme um den Hals ihres Mannes. «Ich bin die Mutter der Braut. Ich weiß, daß du und Ryder vom gleichen Schlag sind, aber zähle ich denn gar nicht?»

«Ich denke, wir sollten die Wünsche deiner Mutter respektieren.» Adam drückte Ryders Hand. «Schließlich bist du ihre einzige Tochter. Wir sollten nicht so egoistisch sein.»

Paul und Carrie Harding gaben für Adam und Ryder ein Verlobungsfest. Sie luden fünfhundert Personen ein, davon waren vierhundertfünfzig ihre eigenen Freunde oder vielmehr Geschäftsfreunde von Paul. Drei Tage vor dem Fest wurde ein hellrosa Festzelt mit Bänder- und Rosenverzierung auf dem Rasen vor dem Court errichtet. Es war rosa, weil Ryders Mutter dies für eine Braut passend fand und Ryder nicht widersprach aus Angst, für egoistisch gehalten zu werden.

Alix trug ein leuchtend rotes Schlauchkleid aus Satin. Immy kam in grünem Musselin. Ryder hatte ein schulterfreies Volantkleid aus hellrosa Seide an, in genau demselben Farbton wie das Festzelt. Sie hatte sich eigentlich schwarze Seide gewünscht, aber ihre Mutter hatte protestiert und Adams Unterstützung bekommen. Als Ryder jetzt zu Alix hinüberblickte, spürte sie einen neidvollen Stich, daß jemand so viel Selbstvertrauen haben konnte, etwas so Exotisches, Sensationelles und wunderbar Ungehöriges zu tragen.

«Du siehst hübsch aus, Ryder.» Adams Mutter bot ihr eine kühle weiße Wange zum Kuß.

«Danke, Mrs. Lydden.» Sie wünschte, Adam hätte eine nettere Mutter.

«Für dich jetzt ‹Joyce›, Liebes.»

«Gefällt es dir, daß ich deine Schwester heirate?» fragte Adam Leo, der eine Stunde länger aufbleiben durfte.

«Wen heirate ich denn?»

«Du wirst schon ein nettes Mädchen finden, wenn du älter bist.»

«Ich will aber keine, die heult.»

«Richtig so, Sportsfreund.» Sein Vater fuhr ihm durch die blonden Locken, während die Umstehenden lächelten. «Jetzt aber ins Bett mit dir.»

Leos Gesicht verzog sich. «Mummy hat gesagt...»

«Ins Bett! Das ist Ryders Party.» Er drehte sich zu ihr um. «Ich reserviere mir den ersten Tanz mit meiner Tochter.» Er nahm Ryder in seine Arme. Sie umschlossen sie fest wie ein Stahlband. «Du machst einen Fehler», sagte er leise. «Adam ist zu schwach für dich.»

Sie erstarrte. «Mutter wundert sich, daß mich überhaupt jemand will.»

«Und du bist dumm genug, ihn zu heiraten, nur um sie vom Gegenteil zu überzeugen.»

«Natürlich nicht. Ich liebe ihn. Er gibt mir ein gutes Gefühl – was mehr ist, als du und Mutter mir je gegeben haben.»

Er lachte spöttisch auf. «Ich darf dann die Scheidungskosten tragen.»

«Es wird keine geben.» Sie ließ ihn mitten auf der Tanzfläche stehen und ging davon.

Es dämmerte fast, als die letzten Gäste verschwanden. «Laß uns zum Fluß runtergehen», flüsterte Adam, als ihre Eltern sich zurückzogen. Er nahm sie bei der Hand, und sie liefen über den Rasen an der Band vorbei, die ihre Instrumente zusammenpackte, hinunter zur Abgeschiedenheit der Rosenlaube. «Ich wollte schon den ganzen Abend mit dir schlafen.» Er küßte ihren Nacken und schob ihr Kleid herunter, so daß ihre nackten Brüste zum Vorschein kamen. «Du hast heute einen besonderen Zauber. Dazu diese Nacht, und dieses Kleid...» Er liebkoste ihre Brustwarzen mit seinen Lippen und sandte einen Schauer nach dem anderen durch ihren Körper.

Sie fuhr mit ihren Händen die Innenseite seiner Schenkel hoch.

Er stöhnte auf und legte sie behutsam auf den Boden.

«Ich kann nicht», flüsterte sie.

«Warum nicht?» Er zog den Reißverschluß seiner Hose auf.

«Mein Kleid. Es wird schmutzig. Mutter kriegt einen Anfall.»

«Dann zieh es aus.»

«Ich bin darin eingenäht.»

«Dann heb es hoch.» Er griff durch die Crêpe-de-Chine-Volants nach ihr. Der Stoff bedeckte ihren Kopf. Sie konnte ihn nicht sehen. Sie konnte ihn nur fühlen. Es hätte auch ein anderer sein können. Für einen kurzen Augenblick stellte sie sich vor, es sei der Mann in der Auffahrt.

Eine Woche später sagte Adam: «Ich habe heute mit deinem Vater zu Mittag gegessen. Er hat mir einen Job angeboten.»

Sie erinnerte sich an das Gespräch auf der Tanzfläche. «Aber du wirst ihn doch nicht annehmen?»

«Natürlich werde ich! Er zahlt mir zweimal soviel, wie ich jetzt verdiene.»

«Adam, bitte, nimm ihn nicht. Du weißt, wie ich zu meinem Vater stehe. Er bringt alles unter seine Kontrolle.»

«Sei doch nicht so dramatisch!» Er warf seine Aktentasche aufs Sofa. «Ich weiß, daß dein Vater früher ziemlich hart zu dir war, aber da warst du noch ein Kind. Werd endlich erwachsen. Wir müssen von etwas leben, und ich habe es satt, jeden Pfennig zweimal umzudrehen. Ich will reich sein. Ich will mit Reichen verkehren – mit Leuten wie deinem Vater.»

Ryder brach in Tränen aus.

Adam stürmte türknallend aus der Wohnung.

Eine halbe Stunde später kam er zurück. «Ich nehme den Job nur für ein paar Jahre. Nur bis wir aus dem Gröbsten raus sind.» Er nahm sie in seine Arme. «Ich verspreche es.»

Als Alix die Stelle bei Jeremy übernahm, hatte Ryder nur noch ihre Hochzeitsvorbereitungen. Zur gleichen Zeit fing Adam bei Harding-Broughton an, wo ihr Vater ihn bis spät in die Nacht arbeiten ließ.

«Er behält dich so lange da, um uns zu zeigen, daß du unter seiner Fuchtel stehst», sagte Ryder zu Adam.

«Er behält mich so lange da, weil wir so viel zu tun haben», fauchte er. «Die Immobilienpreise sind um 30 Prozent gestiegen und steigen weiter.» Er knallte ihr eine *Evening Standard* hin. «Es wird höchste Zeit, daß du die Vorurteile gegen deinen Vater ablegst.»

HARDING, DER KINDERFREUND
Paul Harding, der bislang nicht gerade als Menschenfreund bekannt war, hat seine Konkurrenten durch den Kauf mehrerer Abbruchhäuser in der Gegend von Victoria überrascht, die Gerüchten zufolge einem Kinderspielplatz weichen sollen. Als Harding zu seinem Kauf befragt wurde, sagte er gegenüber den Reportern: «Ich war ein armes Kind. Ich weiß, wie es ist, keinen Platz zum Spielen zu haben.»

«Ich kann's nicht glauben», sagte Ryder.

Adam stöhnte und schaltete den Fernseher ein. Sie schlug eine Zeitschrift auf, aber die Wörter verschwammen ihr vor den Augen.

Wenn Immy keine Vorsprechtermine hatte, verbrachten sie und Ryder den Tag zusammen. Manchmal nahmen sie die U-Bahn und fuhren zur Bond Street, um sich mit Alix zum Mittagessen zu treffen. Aber meistens grasten sie die Läden der King's Road ab und gingen danach auf einen Teller Spaghetti und ein Glas Wein zum Italiener.

Dann bekam Imogen eine Rolle in einem Film, der in Indien gedreht wurde: Die ursprünglich vorgesehene Schauspielerin war krank geworden. In einem Strudel aus Aufregung, Kofferpacken und Abschiedstränen wegen Tony war sie innerhalb einer Woche auf und davon. Erst Weihnachten würde sie zurückkommen. Ryder freute sich für sie. Zumindest versuchte sie es, aber nun dehnten sich die Tage wieder in unendlicher Einsamkeit vor ihr aus.

Kurze Zeit später kam Alix angetanzt und rief aufgeregt: «Ich bin befördert worden. Jetzt bin ich Jeremys Assistentin.»

In dieser Nacht lag Ryder neben Adam und fragte sich, ob es etwas gebe, was sie besser konnte als jeder andere.

HARDING-BROUGHTON VERWIRFT SPIELPLATZ
Der geschäftstüchtige Bauunternehmer Paul Harding, der billig brachliegendes Gelände aufkaufte, das Gerüchten zufolge für einen Spielplatz bestimmt war, konnte sich über die gute Nachricht freuen, daß der kommunale Flächennutzungsplan ein Einkaufszentrum mit hohen Renditen auf diesem Gelände vorsieht. Die Vorbesitzer schäumen vor Wut – und fragen sich, ob Paul Harding Insiderinformationen hatte.

«Da hast du's!» Ryder schob Adam die Zeitung unter die Nase.

Er schob sie beiseite. «Wenn dein Vater das Gelände nicht gekauft hätte, wäre es ein anderer gewesen. Er hat nur getan, was jeder Geschäftsmann tun würde. Das Harding Center wird Arbeitsplätze schaffen. Und ein paar preisgünstige Wohnungen. Jeder wird davon profitieren.»

Carrie Harding verbrachte ihre gesamte Zeit mit Vorbereitungen für die Hochzeit. Sie stellte Listen mit Verwandten auf, die eingeladen werden mußten. Dann Listen mit Freunden von Adam und Ryder. Und Listen mit Geschäftsfreunden von Paul Harding, der darauf bestand, sie einzuladen. Jeden Morgen nach dem Frühstück setzte sie sich in ihren gelben Salon und fügte mit ihrer runden Schulmädchenschrift noch mehr Namen hinzu.

«Wir müssen doch nicht die Podmores dabeihaben!» protestierte Ryder. «Er ist so ein alter, vertrockneter Langweiler.»

«Er ist der Anwalt von Harding-Broughton.»

«Und die Squareys! Er ist eine alte Kröte.»

«Er ist der Leiter der Kreditabteilung in der Bank, die das Harding Center finanziert. Er muß einfach kommen. Ich weiß, du willst keine aufwendige Hochzeit, aber ich schon.»

Ryder ließ sich aufs Sofa plumpsen. «Ich fühle mich, als wäre ich hirntot.»

«Am Hochzeitstag wirst du wieder in Ordnung sein.»

«Ich mache mir keine Sorgen wegen des Hochzeitstages. Ich mache mir Sorgen um die Tage danach. Um den Rest meines Lebens. Ich fühle mich wie eine absolute Null. Immy hat Erfolg. Alix hat Erfolg. Und ich habe noch nichts zustande gebracht. Ich habe noch nicht mal versucht, etwas zustande zu bringen.»

Ihre Mutter ließ die Liste mit den Brautjungfern sinken. «Ryder, du warst ein schwieriges Kind. Du hattest kaum Freunde. Ich hatte schon die Hoffnung aufgegeben, daß du jemals einen festen Freund haben würdest. Dann hast du Adam kennengelernt und bist aufgeblüht. Er ist beliebt, und er liebt dich. Aber vergiß nicht, daß die meisten deiner Freunde eigentlich seine Freunde sind. Wenn du ihn verlierst, wirst du auch sie verlieren. Und er möchte keine Karrierefrau heiraten.»

«Woher weißt du das?»

«Das ist doch offensichtlich.» Ihre Mutter wandte sich wieder ihren Listen zu. «Wenn er das wollte, würde er Alix heiraten.»

Kapitel 8

Ihre Mutter hätte nichts Schlimmeres sagen können, um Ryder noch unsicherer zu machen. Sie war mehr und mehr davon überzeugt, daß Adam sie verlassen würde. Der alte, nagende Zweifel, ob sie Adam überhaupt heiraten wollte, wurde beiseite geschoben durch das Gefühl der Unzulänglichkeit, das ihre Mutter erfolgreich in ihr geweckt hatte. Sie konnte von Glück sagen, Adam zu haben. Sie konnte sich glücklich schätzen, überhaupt jemanden zu haben. Harding-Broughton machte Schlagzeilen. Das Harding Center wurde in jeder Bauphase abgebildet. Aber als das Gerücht durchsickerte, daß die preisgünstigen Wohnungen durch Luxusappartements ersetzt werden sollten, demonstrierten wütende Anwohner vor Pauls Geschäftsräumen. In der Öffentlichkeit drückte er seine Sorge um ihr Wohl aus. «In Wahrheit sind sie ihm scheißegal», teilte Adam Ryder lachend mit.

«Aber solche Leute wissen doch nicht, wohin sie gehen sollen», protestierte sie.

«Wen kümmert das schon?»

«Mich kümmert es.» Sie fühlte sich allmählich selbst, als wüßte sie nicht, wohin.

Die Klatschkolumnen hatten einen großen Tag, als Paul Harding die schwindelerregenden gesellschaftlichen Höhen der exklusiven Gesellschaft des Guard's Polo Club erklomm. Ein Foto zeigte ihn händeschüttelnd mit einem weniger bedeutenden Mitglied der königlichen Familie. Die *Vogue* widmete seiner Frau einen Artikel. Er wurde der Schirmherr eines Poloteams. Im vorangegangenen Sommer hatte er Gatehouse Stables gekauft, ein georgianisches Gebäude mit Stallungen für vierzig Ponys, das direkt an der Straße nach Blacknest Gate lag.

An einem frischen Frühlingsnachmittag fuhren Ryder und Adam mit ihren Eltern und Major Kelmscott zu den Ställen, um mitzuerleben, wie die Ponys nach monatelanger Schiffsreise aus Argentinien in England eintrafen. Es war Ryders erster Besuch in Gatehouse, und sie mochte den Platz auf Anhieb. Die Stallungen leuchteten in einem warmen Ziegelrot und waren um einen Innenhof herum gruppiert. Das Haus schmiegte sich zwischen zwei alte Eichen.

Zwischen den beiden erhob sich ein Rundbogen, der üppig mit Geißblatt bewachsen war. In der leichten Brise bewegten sich die Ranken hin und her. Ryder setzte sich auf ein Mäuerchen, vor dem büschelweise Krokusse wuchsen.

Ihre Mutter gesellte sich zu ihr. «Du siehst hübsch aus in der blauen Jacke», sagte sie.

«Tatsächlich!»

«Kann ich überhaupt noch was sagen, ohne daß du mir dafür an die Gurgel gehst?»

«Vielleicht bin ich Nettigkeiten nicht gewohnt.»

Ihre Mutter bückte sich, um einen Krokus zu pflücken, dessen Gelb perfekt zur Farbe ihres Kostüms paßte.

Ein Mann kam durch den Rundbogen. Er war brünett, hatte einen dunklen Teint und einen festen, kompakten Körper. Ryder erkannte ihn sofort: Es war Rodolfo Martinez, der argentinische Profispieler, den ihr Vater für diese Saison engagiert hatte. Es gab noch einen zweiten Profispieler, doch der kam erst mit den Ponys.

«Ich liebe Gatehouse schon jetzt.» Rodolfo breitete mit südländischer Begeisterung seine Arme aus. «Es hat eine gute Atmosphäre.» Er wandte sich ihrem Vater zu. «Wir werden ein großartiges Team abgeben.»

Sie wurden unterbrochen durch die Ankunft der ersten Pferdebox. Sie rumpelte in den Hof, gefolgt von einer zweiten und dritten. Dann kam die vierte. Aus jeder Fahrerkabine sprang ein Stallmädchen. Rodolfo stellte sie vor. Es waren zähe, braungebrannte Mädchen mit kräftigem Händedruck.

«Ich fürchte, wir haben ein Pony verloren», sagte eines der Mädchen. «Es ist im Sturm in Panik geraten und hat sich ein Bein gebrochen.»

Paul Harding zog die Augen zusammen. «Wo war Brendan, als das passiert ist? Er hatte doch die Verantwortung.»

«Brendan? Oh, er war mit den Ponys an Deck wie wir alle. Die Ponys waren so verstört, daß wir sie keine Minute allein lassen konnten.»

Die letzte Pferdebox rumpelte in Sicht. Sie parkte auf der gegenüberliegenden Seite des Hofs. Die Tür öffnete sich, und ein Mann schwang sich heraus. Er sagte etwas zum Fahrer. Für Ryder klang es wie: «Vielleicht brauche ich jemanden, der mich zurückfährt.»

Sie starrte ihn an. Es war der Mann von der Auffahrt. Sie hätte ihn überall wiedererkannt. Diese heitere Sinnlichkeit. Dieser rebellische Ausdruck. Sie trat vor und lächelte unsicher. Aber er ging geradewegs an ihr vorbei. «Mr. Harding», sagte er, «es tut mir leid wegen des Ponys. Aber wenigstens war es nicht Bruja. Sie ist unser bestes Pony.»

Ihr Vater war bleich vor Wut, sagte aber keinen Ton. Ihre Mutter trat nervös einen Schritt nach vorn. «Ich bin Carrie Harding. Das sind meine Tochter Ryder und ihr Verlobter Adam Lydden.»

«Haben... haben wir uns nicht schon einmal getroffen?» fragte Ryder.

Er sah sie kaum an. «Das bezweifle ich.»

«Aber ja doch. Ich fuhr im Auto und Sie...»

«Halt den Mund, Ryder!» zischte ihr Vater. «Hören Sie, Brendan, Sie haben eins meiner Ponys verloren. Das nenne ich verdammt nachlässig.»

«Und ich nenne es verdammtes Glück, daß wir nicht noch mehr verloren haben. Wenn ich nicht an Bord gewesen wäre, wäre das mit Sicherheit passiert.»

«Er hat recht, Paul.» Major Kelmscott wirkte verlegen. «Die meisten Profis haben nicht die Zeit, mit den Ponys zu reisen.»

Patrick Brendan nickte ihm kurz zu. «Mr. Harding, haben Sie eine Ahnung, wie Ponys auf einem Schiff reisen müssen? Sie stehen die ganze Zeit in geschlossenen Boxen auf dem Deck. Sie können sich weder drehen noch hinlegen. Ihnen ist elend. Sie sind verschreckt. Sie verstehen nicht, was mit ihrer gewohnten Umgebung geschehen ist. Einen Monat lang ist ihre einzige Bewegung ein Gang um das Deck. Sie hassen das.» Er schwieg einen Moment. «Für einen Mann, der mir nicht vertraut, kann ich nicht reiten.»

Stille trat ein. Ryder sah, wie ihr Vater zögerte. Sie spürte, daß er das Verlangen hatte, diesen anmaßenden jungen Mann zu feuern, aber gleichzeitig wollte er, daß sein Team gewann. Schließlich streckte er die Hand aus. «Ich freue mich darauf, Sie für mich spielen zu sehen.»

Als sie von Gatehouse wegfuhren, sagte ihr Vater: «Ich mag diesen Brendan nicht. Wo kommt er her, was hat er bis jetzt gemacht, Algie?»

«Seine Mutter war Engländerin. Sie verlor ihren Mann in jungen Jahren und wurde dann auf einer dieser riesigen Schaffarmen im Norden von Australien Haushälterin bei einem Polofreund von mir. Sie war eine unglaubliche Schönheit! Jack verließ ihretwegen seine Frau. Aber bevor er sie heiraten konnte, kamen beide bei einem Autounfall ums Leben. Jacks Sohn erbte die Farm und warf Patrick hinaus.»

«Wie ist er dann nach Argentinien gekommen?»

«Rodolfo hatte Patrick Polo spielen sehen und ihm seine Adresse gegeben. Er tauchte aus heiterem Himmel bei ihm auf, hatte für die

Überfahrt auf dem Schiff gearbeitet. Er ist zwar arrogant, aber er hat Schneid – und er ist ein verteufelt guter Spieler.»

Ryder starrte aus dem Fenster. Wer war der Mann, der gesagt hatte: «Das sieht Paul Harding ähnlich: ein dummes Miststück von einer Tochter zu haben, die durch die Landschaft fährt, als würde sie ihr gehören.»

An diesem Abend ging Adam sie plötzlich an. «Warum hast du gesagt, du hättest den Mann schon mal getroffen?»

«Weil ich das geglaubt habe.»

«Ich glaube, du bist scharf auf ihn. Du hattest so eine komische Art, ihn anzusehen.» Er packte sie bei den Schultern. «Ich wette, du willst mit ihm ins Bett. Ich wette, du willst ihn in dir fühlen.»

«Natürlich nicht!»

«Weiß ich denn, was du machst, wenn ich bei der Arbeit bin? Mit wem du jetzt Tennis am Nachmittag spielst? Wen du in die Wohnung mitnimmst, wenn ich nicht da bin?»

«Adam, ich liebe dich!»

«Dann beweise es!»

Sie zog sich langsam aus. Verführerisch, so wie er es mochte. Behielt ihre Pumps an. Adam saß in einem Sessel und sah ihr zu. Sie knöpfte ihre Seidenbluse auf, die ihre Arme hinunterglitt. Sie schleuderte ihren Gürtel beiseite. Mit einem Rascheln glitt der Rock ihre Hüften hinab.

«Laß die Schuhe an!» befahl er, als sie sich bückte, um sie auszuziehen.

Sie stellte sich vor ihn. Er ließ seine Hände die Rückseite ihrer Schenkel hinuntergleiten. Sie kniete sich hin. Er umklammerte ihren Körper mit seinen Knien und rieb sich an ihren Brüsten.

«Los, besorg's mir, Ryder!» flüsterte er heiser, spielte mit seinen Fingern in ihrem Haar und stöhnte leise auf, als ihr Mund an seiner Brust hinunterwanderte, tiefer und tiefer. Sie war entschlossen, alle Grenzen zu überschreiten, denn sie wollte etwas so Intimes mit Adam teilen, daß Patrick Brendan ein für allemal aus ihrem Bewußtsein verschwand.

Ryders Vater sprach nur noch über Polo. Ihre Mutter sprach nur noch über die Hochzeit. Adam sprach über Geld. Alix sprach über die jungen Schauspieler, die sie entdeckte. Sie, nicht Jeremy, besuchte jetzt die Aufführungen der Schauspielschulen auf der Suche nach «Frischfleisch».

Ryder hatte niemanden, mit dem sie sprechen konnte. Sie blieb bis Mittag im Bett, lag dann stundenlang in einem duftenden Schaumbad, rubbelte sich die Hornhaut von den Füßen und wartete, daß die Zeit verging. Als sie davon sprach, sich einen Teilzeitjob zu suchen, sagte Adam: «Ich will nicht, daß meine Frau arbeitet», und sie dachte daran, was ihre Mutter über Alix gesagt hatte.

Imogen hatte ihren ersten Film abgedreht. Alle Besucher der Pressevorführung sprachen von ihrem Talent. Sie probte jetzt die Rolle der Cecily in *Bunbury*. Zwischen ihrem Beruf und Tony blieb ihr wenig freie Zeit. Manchmal traf Ryder sie in einem kleinen italienischen Restaurant im Covent Garden zum Mittagessen.

Eines Nachmittags ging sie mit ihrer Mutter zur Schneiderin, um das Hochzeitskleid auszusuchen. «Ich hasse Verspieltes.» Sie wies ein Stoffmuster aus weißer Lochstickerei zurück, das ihre Mutter beiseite gelegt hatte.

«Aber ich möchte, daß du weiße Spitze trägst», protestierte ihre Mutter. «Das Festzelt ist auch mit weißer Spitze verziert.»

«Ich werde nicht meinen Hochzeitstag damit verbringen, wie eine Kreuzung zwischen Barbiepuppe und Märchenfee auszusehen, nur um zum Festzelt zu passen.»

«Es ist aber auch mein Tag.»

«Dann zieh es selbst an!»

Sie trennten sich unversöhnt vor der Schneiderei, wo Griffiths mit dem Rolls wartete. Ihre Mutter war frostig, wie immer, wenn ihr ein Strich durch die Rechnung gemacht wurde. «Ich hätte den Milnes nicht erzählen sollen, daß Adams Mutter Jüdin ist», sagte sie und suchte in Ryders Gesicht nach Anzeichen von Besorgnis.

«Wieso? Sie sind doch keine Rassisten!»

«Ach, nein?» Ihre Mutter lachte spöttisch auf. «Ich bin in Prairieville aufgewachsen. Du hingegen warst nur für ein paar Ferienwochen da.»

Ryder glaubte ihr nicht, weil sie ihr nicht glauben wollte. Aber das hielt sie nicht davon ab, in dieser Nacht besonders zärtlich zu Adam zu sein.

«Dein Vater will, daß wir uns heute nachmittag sein Polospiel ansehen», sagte Adam an einem heißen Sonntag im August.

Sie dachte an Patrick Brendan. «Ich habe keine Lust.»

«Wir waren erst einmal in dieser Saison da. Letztes Jahr warst du verrückt danach.»

Alix sah von ihrer Zeitschrift auf. «Wer ist verrückt nach Polo? Oh, laßt uns hinfahren. Ich liebe es.»

«Du liebst vor allem die Spieler», sagte Adam.

«Ohne Spieler gibt es kein Polo. Immy! Hör auf, deine Sommersprossen zu zählen. Wir fahren nach Windsor.»

Ryder kam auch mit. Sie mußte, sonst hätte sie Adam den Tag verdorben und als Egoistin gegolten. Der Park zeigte die Auswirkungen des Sommers. Die Bäume sahen müde aus, der Boden war trocken. Zu viele Hufe hatten zuviel Gras losgetreten. Auf der Tribüne fächelten sich die Zuschauer mit ihren Programmen Luft zu. Neben der Anzeigetafel warteten die Schiedsrichter im Schatten. Zu Ryders Erleichterung war keine Spur von Patrick zu sehen, obwohl die Ponys ihres Vaters mit geschorenen Mähnen und geflochtenen Schwänzen in der Nähe standen.

«Ich würde gerne mal eins reiten», sagte Adam zu Ryder. «Nur für ein paar Minuten.»

«Dann müßtest du aber ein sehr guter Reiter sein, und du wolltest ja noch nicht mal mit Vater reiten.»

«Ich nehme an, du denkst, nur weil wir arm sind, haben wir nie die Dinge gelernt, die die Kinder der Reichen können.»

«Oh, halt den Mund, Adam!» zischte Alix. «Hör auf, Ryder Vorwürfe zu machen. Du willst doch nur auf dem Pony reiten, um uns zu beweisen, was du für ein toller Kerl bist.»

«Schrei mich nicht an! Du bist genauso neidisch auf ihr Geld wie ich.»

Ryder wandte sich zu Alix. «Du kannst unmöglich neidisch auf mich sein.»

«Wieso nicht?»

Adam rief eines der Stallmädchen. Sie kam mit einem schwarzen Pony zu ihnen herüber. «Ich bin Mr. Hardings zukünftiger Schwiegersohn», sagte er, «und ich möchte eines dieser Ponys reiten.»

«Sie werden gleich ein Chukker spielen. Sie könnten sie nervös machen.»

«Ich möchte nur einmal aufsitzen.»

«Dazu brauchen Sie Mr. Hardings Erlaubnis.»

«Die habe ich.»

«Hast du nicht!» mischte sich Ryder ein.

«Woher willst du das wissen?» Er griff nach den Zügeln.

«Adam, laß das!»

Er griff wieder danach. Das Tier sträubte sich. Es bäumte sich auf und schnaubte.

«Was zum Teufel machen Sie da?» Patrick packte die Zügel.

«Sie werden noch bereuen, so unhöflich zu mir gewesen zu sein, wenn Sie Ihren Job verlieren, Brendan», sagte Adam.

«Und Sie werden es noch bereuen, wenn Sie sich nicht von Bruja fernhalten.» Patrick führte das Pony weg.

Adam drehte sich zu Ryder um. «Du hast mich wie einen Trottel aussehen lassen.»

«Weil du ein Trottel bist.» Sie steuerte die Tribüne an und erwartete, daß er hinter ihr herschrie. Aber er folgte ihr schweigend.

Sieben Reiter erschienen auf dem Platz. Die zwei Schiedsrichter in schwarzweißen Hemden folgten ihnen. Da brach Bruja, heftig bockend, durch die Menge.

«Patrick Brendan, einer der vielversprechendsten Spieler, die wir in diesem Jahr in Smith's Lawn gesehen haben, scheint ein kleines Problem mit Bruja zu haben», tönte es aus dem Lautsprecher.

Die anderen Spieler umringten Patrick, als er versuchte, sein

Pferd unter Kontrolle zu bringen, bis er es mit einem Druck seiner Schenkel schließlich in sein Team einreihte. Dann gab er Rodolfo das Zeichen, daß alles in Ordnung sei.

Der Schiedsrichter warf den Ball zwischen die Teams. Kaum hatte der Ball seine Hand verlassen, da donnerten die Ponys schon vorwärts. Rodolfo schlug den Ball. Sie rasten hinterher. Ein Gegenspieler überholte ihn. Der Ball rollte zurück. Paul schlug ihn. Er schoß in die Menge. Ein Foul. Der Schiedsrichter warf ihn wieder aufs Spielfeld. Patrick schlug eine Rückhand. Er raste hinter dem Ball her. Schlug noch einmal. Tor! Die Menge jubelte.

Die Mannschaften wechselten die Seiten. Der Ball wurde eingeworfen. Dann wieder Patrick. Gestreckt das Feld hinunter. Wieder eine Rückhand. Niemand konnte ihn erwischen. Der Ball lag vor ihm. Er erhob sich im Sattel. Drehte den Oberkörper. Schwang seinen Schläger zurück. Doch in diesem Moment verfingen sich Brujas Zügel im Sattel eines vorpreschenden Ponys. Sie vergaß ihre Ausbildung und erinnerte sich nur noch daran, daß jemand nach ihr gegriffen hatte. In Panik bäumte sie sich auf. Ihre Hinterhufe rutschten auf dem trockenen Gras. Sie drehte sich in der Luft – und fiel rückwärts auf Patrick.

Kapitel 9

Der Schiedsrichter blies in seine Trillerpfeife. Die Spieler kamen schlitternd zum Stehen. Bruja rappelte sich auf und hinkte davon, aber Patrick blieb bewegungslos liegen. Ein Arzt rannte über den Platz. Er kniete sich neben Patrick. Einen Augenblick später winkte er nach einer Trage.

«Ladies and Gentlemen, wie Sie sehen, wurde Patrick Brendan verletzt. Zur Zeit wissen wir noch nicht, wie schwer seine Verletzung ist …»

Ein Mann, der vor Ryder stand, sagte: «Würde mich nicht wundern, wenn sein Rückgrat gebrochen wäre», und sein Nebenmann antwortete: «Verdammte Schande, wenn ein so junger Mann im Rollstuhl endet.»

Ryder bahnte sich ihren Weg die Tribüne hinunter. Als sie den Krankenwagen erreichte, wurde Patrick gerade hineingeschoben. Seine Augen waren geschlossen, und sein Gesicht hatte eine graue Färbung, doch das einzige äußere Zeichen einer Verletzung war eine Wunde über seiner Augenbraue. «Ist er schwer verletzt?» fragte sie voll Sorge und beobachtete, wie ein dünnes Rinnsal Blut an der einen Seite seines Gesichts hinunterfloß.

«Er wird im Krankenhaus geröntgt», gab der Rettungsfahrer zur Antwort.

Adam holte sie ein, als sie schon den Wagen zurücksetzte. «Wo zum Teufel fährst du jetzt hin?»

«Ins Krankenhaus.»

«Aber, warum denn?»

«Weil ich mich verantwortlich fühle. Ich hatte dir doch gesagt, du sollst das Pony nicht anfassen.»

Er griff nach der Autotür. «Wenn du dich nicht in diesen Patrick Brendan verguckt hättest, wäre es dir egal.»

Sie fuhr los und riß ihm dabei fast den Arm aus der Schulter.

Das Heatherwood Hospital erstreckte sich über eine Ecke des Kreisverkehrs in der Nähe der Rennbahn von Ascot. Es war eine bunte Zusammenstellung verschiedenster Gebäude, einige viktorianische Häuser aus rotem Backstein, daneben flache Wellblechbauten. Sie lagen etwas zurückgesetzt von der Straße in einem Kiefernwäldchen. Als Ryder auf der Unfallstation eintraf, wurde Patrick gerade vom Arzt untersucht.

«Sind Sie eine Verwandte?» fragte die Schwester am Empfang, mit der Karte in der Hand.

«Mein Vater ist der Schirmherr – sein Arbeitgeber.»

«Hat er irgendwelche Verwandte?»

«Das weiß ich nicht.»

Rodolfo gesellte sich zu ihr. «Ich habe nicht erwartet, Sie hier zu treffen», sagte er bissig und machte sich daran, die Fragen der Schwester zu beantworten.

Als er damit fertig war, sagte Ryder: «Sie haben allen Grund, wütend zu sein. Patrick ist Ihr Schützling. Aber Adam wollte nichts Böses. Er hat einfach nicht nachgedacht.»

«Das tun Leute wie er nie. Aber zumindest haben Sie den Anstand hierherzukommen. Wenn Sie mir helfen wollen, dann warten Sie, bis ich wiederkomme. Ich habe um vier ein Spiel. Ich bin gleich zurück. Ich möchte alles wissen, was der Arzt Ihnen sagt.» Und er ging weg.

Ryder wartete eine geschlagene Stunde. Ärzte kamen und gingen, Schwestern eilten vorbei. Auf der anderen Seite des Raums wartete eine Gruppe in angespannter Stille. Eine alte Frau in ihrer Mitte weinte in ihr Strickzeug.

«Komm jetzt, Grandma, wir gehen nach Hause und trinken eine schöne Tasse Tee», sagte ein junges Mädchen. «Und essen ein paar von den Vollkornkeksen. Du weißt doch, Grandpa hat Vollkornkekse immer sehr gemocht.»

Ryder sah beiseite.

Der Arzt tauchte schließlich genau in dem Moment auf, als Rodolfo durch die Schwingtür trat. «Mr. Brendan hatte einen sehr schlimmen Sturz», teilte er ihnen mit. «Abgesehen von der Gehirnerschütterung, hat er eine Verletzung am Rücken.»

«Wird er wieder Polo spielen können?» fragte Ryder.

«Bevor er irgend etwas kann, muß er sein Bewußtsein wiedererlangen.»

Rodolfo folgte dem Arzt, um Patrick zu sehen. Ryder blieb zurück. Es gab nichts mehr für sie zu tun. Als sie aus dem Krankenhaus trat, war sie überrascht, daß es bereits dunkel wurde. Ihr Auto, das vorher noch von anderen umgeben war, stand nun einsam im kalten Licht der Straßenlaterne. Sie fuhr nach London zurück, ihre Gedanken meilenweit entfernt von der Autobahn. Adam hatte recht. Sie fühlte sich zu Patrick hingezogen.

Als sie vor dem Haus hielt, wurde ihr bewußt, daß sie keine Ahnung hatte, ob Adam hier oder bei ihren Eltern war. Und daß es ihr egal war. Sie zog die Schuhe aus, um lautlos die Treppe hinaufzuschleichen. Erleichterung überkam sie, als sie endlich in den Flur zu ihrer Wohnung einbog. Aber plötzlich flog die Tür auf, und Adam kam auf sie zu. Er hob einen Arm. Sie zog instinktiv den Kopf ein. Doch er wollte sie nicht schlagen. Er fiel ihr fast um den Hals, umklammerte ihren Nacken und hüllte sie in eine Dunstwolke aus Whisky. «Ryder, verlaß mich nicht! Bitte!» stammelte er.

Wie konnte sie noch wütend sein, wenn er sich so unerwartet verletzlich zeigte?

Als Adam am nächsten Morgen zur Arbeit ging, rief sie im Krankenhaus an. Patrick war immer noch bewußtlos. Danach rief sie gewissenhaft alle paar Tage an, aber sein Zustand blieb unverändert.

Die Hochzeitsvorbereitungen schritten voran. Immer häufiger überkam Ryder das Gefühl, daß dieses Ereignis nichts mit ihr zu tun hatte. Sie ging einer erneuten Kraftprobe mit ihrer Mutter aus dem Weg, indem sie zu allem ja und amen sagte, außer zum Spitzenkleid. Oft, wenn sie bei der Schneiderin war und ihr schlichtes, cremefarbenes Seidenkleid anprobierte oder wenn sie ihre Mutter über die Gäste sprechen hörte, dachte sie an Patrick, der ohne Bewußtsein im Krankenhaus lag und vielleicht gelähmt war, und schämte sich der Oberflächlichkeit ihres Daseins.

Immys Film hatte im Odeon am Leicester Square Premiere. Jeremy lud sie alle ein. Als sie zusammen vorfuhren, drängte sich die Menge vor dem Kino nach vorn. Einzelne riefen: «Imogen Lydden!»

«Sie sieht göttlich aus», flüsterte Jeremy voller Stolz Alix zu. «Du hattest recht, sie im Stil des *Großen Gatsby* anzuziehen. Wir müssen ihr diesen Ethno-Puppenlook abgewöhnen.»

«Das hört sich an, als wäre meine Schwester ein Gebrauchsgegenstand», sagte Adam verärgert.

«Mein lieber Junge, das ist sie auch. Und als ihre Agenten haben wir die Aufgabe, sie zu vermarkten.»

«Aber verändern Sie sie nicht zu sehr», sagte Ryder, als sie ihre Plätze im Zuschauerraum einnahmen.

Als der Film begann, mußte sie immerzu denken: ‹Das da oben ist meine Freundin Imogen›, aber im Verlauf der Geschichte vergaß sie es. Beim Nachspann summte das Publikum voller Begeisterung mit. Selbst die Kritiker lächelten.

«Ich wünschte, ich hätte Tony einladen können, aber Jeremy wollte nichts davon hören», vertraute Imogen Ryder auf der Damentoilette an. «Er sagt, die Presse würde mich schlachten, weil Tony älter und verheiratet ist.» Einen Moment lang wirkte Immy traurig und verloren. Dann fügte sie hinzu: «Wenn ich mal richtig berühmt bin, werde ich verdammt noch mal einladen, wen ich will!»

Die erste Bauphase des Harding Centers war abgeschlossen. Zwanzig Luxusapartments mit «Panoramablick auf das Zentrum von London» erschienen auf dem Markt. Bei der Eröffnungsfeier nippten die Gäste in Tuchfühlung mit dem Wohnungsbauminister an ihrem rosa Champagner, während das Glanzstück der Penthousewohnungen für die Abendnachrichten im Fernsehen gefilmt wurde.

«Sind alle Wohnungen schon verkauft?» fragte Ryder Adam, als sie nach Hause fuhren.

«Nein, noch nicht. Aber ich wette, morgen sind alle weg.»

Zehn Tage später fragte der *Evening Standard:*

Luxusapartments ohne Käufer: Haben die Immobilienpreise die Schmerzgrenze überschritten?

Adam kam erschöpft nach Hause. «Dein Vater ist vor Wut über den Artikel fast verrückt geworden», sagte er und ließ sich aufs Sofa fallen, während Ryder ihm einen Gin Tonic mixte.

«Stimmt denn, was darin steht?»

«Nein, zum Teufel!» Er schwenkte sein Eis im Glas und leerte es dann in einem Zug. «Da hat nur ein Klugscheißer von einem Journalisten vorgebaut, falls es einen leichten Preisverfall gibt.» Er hielt ihr sein Glas hin. «Ich möchte noch einen.»

Aber die Zeitungen ließen nicht locker.

IST DAS HARDING CENTER EINE FEHLINVESTITION?
Die Wohnungspreise sind um 10 Prozent gefallen. Harding gesteht: Sie waren überteuert.

Ryder plante, ein besonderes Essen für Adam zu kochen, und er versprach ihr, gegen acht Uhr zu Hause zu sein. Sie verbrachte den Morgen damit, Rezepte herauszusuchen, und den Nachmittag mit

Einkäufen. Da sie keinen Mixer hatten, mußte sie den gekochten Lauch und die Kartoffeln für die Vichyssoise durchseihen. Als die Suppe zum Abkühlen fertig war, garnierte sie sie dekorativ mit Petersilie. Dann klopfte sie das Kalbfleisch für die Wiener Schnitzel, panierte sie und ließ sie im Kühlschrank, während sie den Tisch deckte. Sie nahm die Servietten aus Leinen und die letzten beiden schönen roten Kerzen und steckte sie in leere Champagnerflaschen.

Die Frühkartoffeln kochten. Das Wasser für den Brokkoli brodelte. Der Wein war im Kühlschrank. Sie lag in einem herrlich duftenden Bad. Gegen acht Uhr war alles bereit. Sie trug ein schwarzes Wickelkleid aus Seide, ihr goldenes Armband mit den Anhängern und war so dezent geschminkt, wie Adam es mochte. Die Kerzen brannten. Die gekühlte Suppe stand auf dem Tisch. Kartoffeln und Brokkoli wurden im Ofen warm gehalten. Die geschmolzene Butter in der Pfanne wartete auf das Fleisch. Als sie letzte Hand an das Tischarrangement legte, stellte sie sich die Dinnerparties vor, die sie veranstalten würde, wenn sie erst einmal verheiratet wäre. Sie würde am Ende eines langen Mahagonitisches sitzen, wie ihre Eltern einen besaßen, während die Gäste das Glas auf ihre Kochkunst hoben.

Um halb neun stellte sie die Suppe wieder in den Kühlschrank. Eine der Kerzen begann zu flackern. Sie blies sie aus. Um neun rief sie in seinem Büro an. Der Nachtportier sagte ihr, Adam sei gerade gegangen. Rasch zündete sie die Kerzen wieder an und stellte die Suppe auf den Tisch. Dann erhitzte sie von neuem das Fett und begann, die Schnitzel zu braten. Sie sahen herrlich golden aus. Ryder arrangierte sie auf einem Teller, dekorierte sie mit Zitronenscheiben und stellte sie in den Ofen.

Als Adam schließlich eintraf, war Ryder den Tränen nahe. Die Kerzen waren heruntergebrannt. Die Petersilie war in der Suppe versunken, die Schnitzel hatten sich in Schuhsohlen verwandelt, und die Zitronenscheiben waren verschrumpelt. Adam öffnete die Weinflasche. «Ich könnte jetzt nichts essen. Ich bin total erledigt. Wir mußten zehn Apartments 20 Prozent billiger verkaufen. Dein Vater tobt, aber dieser fette, kleine Scheißkerl Squarey schreit nach seinem Geld. Der Kredit wurde auf die verfrühte Prognose hin gewährt, daß die Immobilienpreise um 25 Prozent steigen. Ohne diese Zahlen hätte es das Harding Center nie gegeben.»

Sie aß eine verkochte Kartoffel. «Die Bank hat in der Vergangenheit ein Vermögen mit Harding-Broughton gemacht.»

«Stimmt.» Er leerte die Flasche Wein und öffnete die nächste. «Aber Squareys macht sich in die Hosen vor Angst, daß sich dein Vater übernommen haben könnte. Wir mußten uns einverstanden erklären, alle Einnahmen direkt zu überweisen. Das heißt, wenn wir gegen Mittag einen Verkauf abgeschlossen haben, hat Squarey sein Geld beim Mittagessen bar in der Hand.» Er griff nach Ryders Hand. «Es tut mir leid wegen des Essens.»

Ryder und Adam hatten vor, in der Dachwohnung zu bleiben, bis sie sich ein eigenes Haus leisten konnten. Durch einen glücklichen Zufall hatte sich Jonathan entschieden, bei seiner Freundin einzuziehen. Alix und Immy hatten vereinbart, nach unten zu ziehen und seinen Mietvertrag zu übernehmen. Ryder begann zu planen, wie sie die Wohnung neu gestalten würde. Sie maß gerade das Schlafzimmer aus, um zu sehen, wie man darin ein Doppelbett unterbringen konnte, da klingelte das Telefon. Das Heatherwood Hospital gab Bescheid, daß Patrick wieder bei Bewußtsein war.

Die Wohnungstür knallte, und Alix stürmte herein. «Hab meine Schlüssel vergessen. Hey, Ryder, du siehst so schuldbewußt aus. Was hast du gemacht?»

«Nichts!»

«Lügnerin! Ich hab dich doch den Hörer auflegen hören.»

«Das war nur das Krankenhaus. Der Polospieler ist wieder bei Bewußtsein.»

«Er gefällt dir, oder?» Alix stand vor ihr. «Keine Sorge. Ich erzähle es Adam nicht – oder Imogen. Aber du solltest noch mal ernsthaft über deine Heirat nachdenken. Du willst doch nicht wie meine Mutter enden: starke, aber unbefriedigte Frau an der Seite eines intellektuell unterlegenen Schwächlings.»

Ryder stand am Fenster und hörte, wie Alix die Treppe hinuntersauste. Sie sah in den Park, wo Adam und sie zum ersten Mal Tennis gespielt hatten. Alix lag falsch. Sie konnte das warme Gefühl, plötzlich begehrt zu sein, nicht verstehen. Alix war immer begehrt gewesen.

Ein Windstoß riß die letzten Blätter von den Bäumen. Es waren goldene Blätter. Wenn die Bäume im Frühling wieder grünten, war sie bereits eine verheiratete Frau. Sie drehte an ihrem Verlobungsring. Mrs. Adam Lydden. Die Blätter wirbelten über das Gras. Sie dachte an den Fox Lake und seine goldenen Flottillen. Schon lange war sie in Gedanken nicht mehr dort gewesen.

Das Telefon unterbrach sie. «Du kommst doch heute abend nach Dingwall Court, oder?» sagte ihre Mutter. «Wir müssen über deinen Brautstrauß reden.»

«Können wir das nicht jetzt am Telefon?»

Gekränkte Stille. Dann sagte ihre Mutter: «Ich dachte, es wäre nett, miteinander zu plaudern. Dein Vater kommt bestimmt spät zurück. Heute wird das Harding Center fertig, und es gibt eine Feier.»

«Du hast doch Leo!»

«Ach, Liebling, sei doch nicht so!»

Ryder blieb einen Moment am Fenster stehen, mit gerunzelter Stirn. Dann eilte sie in ihr Zimmer, warf ein paar Kleider in einen Koffer und lief hinunter zu ihrem Auto. Als sie die Cromwell Road Richtung Autobahn entlangraste, drehte sie das Radio an. Ein Sprecher sagte: *«Und nun die neuesten Nachrichten zur Krise im Mittleren Osten. Mehr als 20000 ägyptische Soldaten rücken über den Sinai nach Israel vor.»*

Die Orthopädie lag in einem einstöckigen Gebäude mitten in einem kleinen Wäldchen. Als sie die Tür öffnete, grummelte ein alter Mann: «Besuche erst nach dem Mittagessen.»

«Ich habe eine Genehmigung.»

Sie ignorierte seine ungläubige Miene und ging den Hauptgang hinunter. Männer in gestreiften Pyjamas lagen in ihren Betten.

Einige hatten an einem Gestell ein Bein hochgebunden, andere waren unter Bandagen verborgen. Patricks Zimmer war am Ende des Gangs. Er lag auf dem Rücken und starrte bewegungslos an die Decke.

Sie trat ans Fußende seines Bettes. «Ich weiß, daß Sie mich nicht sehen möchten.»

«So ist es.»

«Ich komme, um Ihnen zu sagen, wie leid es mir tut, was da passiert ist.»

Seine Augen wanderten zu ihr. «Hören Sie auf, Miss Harding! Der Anwalt Ihres Vaters hat mir gerade mitgeteilt, daß die mündliche Vereinbarung, im Harding-Team zu spielen, vor Gericht keinen Bestand hat. Ihr Vater hat seine Zahlungen am Tag meines Unfalls eingestellt. Er beabsichtigt, mir nichts mehr zu geben außer dem Geld für die Rückfahrt nach Buenos Aires. Ich könnte hier auf Kosten des staatlichen Gesundheitsdienstes verfaulen, und es wäre ihm scheißegal! Also, verschwinden Sie jetzt!»

«Sie brauchen nicht zu schreien.»

«Glauben Sie, ich will Ihre Entschuldigung, wenn ich meine Existenzgrundlage verloren habe?» Er verzog sein Gesicht vor Schmerz, als er versuchte, sich aufzusetzen. «Ihr Hardings seid doch alle gleich, aber eines Tages werde ich euch büßen lassen. Nicht nur für das, was Sie und Ihr idiotischer Freund mir angetan haben – sondern auch für das, was Ihr Vater George Broughton angetan hat.»

«George Broughton war der beste Freund meines Vaters. Sie haben zusammen Harding-Broughton aufgebaut.»

«George Brendan Broughton war mein Vater – und die unlauteren Machenschaften Ihres Vaters haben ihn in den Selbstmord getrieben.»

Kapitel 10

Die Freundschaft ihres Vaters mit George Broughton hatte Ryder durch ihre Kindheit begleitet. Sie hatte die Enge dieser Freundschaft beneidet, sich gefragt, warum sie selbst solche Schwierigkeiten hatte, Freunde zu finden, und die Intensität des Gefühls bewundert, die ein Mann wie ihr Vater nach all den Jahren noch immer hatte.

Sie fuhr geradewegs nach Dingwall Court. Als sie die Halle betrat, eilte ihre Mutter aus dem Salon. «Oh, du bist es. Ich hatte gehofft, es wäre Paul. Mr. Squarey hat versucht, ihn zu erreichen.»

«Vielleicht ist er in einer Sitzung.»

«Das Büro hat ihn schon seit heute früh nicht mehr zu Gesicht bekommen. Oh, Ryder, ich habe Angst, daß ihm etwas zugestoßen ist. Er war in letzter Zeit so angespannt. Ich habe die Polizei angerufen, aber er ist auf keiner Krankenhausliste.»

Ryder setzte ihren Koffer ab. «Warum bist du in Sorge? Es ist gerade mal drei Uhr.»

Die Augen ihrer Mutter füllten sich mit Tränen. «Weil er eine Million Pfund von Podmore abgeholt hat und bis jetzt nicht bei der Bank eingetroffen ist.»

Das Haus war still, nachdem ihre Mutter sich hingelegt hatte. Ryder stand auf der Schwelle zum Arbeitszimmer ihres Vaters und blickte auf seinen Schreibtisch und den leeren Stuhl. Der Raum lag im Halbdämmer. Die schweren, rostfarbenen Samtvorhänge waren halb vorgezogen, um die antiken Möbel vor dem Sonnenlicht zu schützen. Dies war das Allerheiligste, zu dem sie nur höchst selten Zutritt gehabt hatte.

Das Telefon auf dem Schreibtisch klingelte. Sie hob ab. «Adam! Gott sei Dank, du bist's. Wo ist mein Vater?»

«Das will Squarey auch wissen! Hier ist die Hölle los. Das Geld ist verschwunden. Ich rufe dich später noch mal an.»

Sie legte den Hörer auf und nahm das Foto von ihrem Vater und George Broughton in die Hand. Doch, es gab eine gewisse Ähnlichkeit zwischen Patrick und seinem Vater.

Sie hatte gerade das Foto wieder an seinen Platz gestellt, da hörte sie, wie sich die Flügeltür im Salon öffnete. Sie trat zurück in den Schatten. Leichte Schritte eilten über den Boden, näherten sich dem Arbeitszimmer. Zögerten. Dann huschte ihr Vater durch den Raum und hob ein Gemälde von der Wand. Dahinter befand sich ein Safe. Ryder hatte bisher keine Ahnung von seiner Existenz gehabt. Sie beobachtete, wie ihr Vater am Zahlenschloß drehte. Das Schloß klickte, und die Tür schwang auf. Er griff hinein, holte einen Stapel Papiere heraus und stopfte sie sich in die Jackentasche, dann schloß er den Safe und hängte das Bild an seinen Platz zurück.

Als er sich umdrehte, erblickte er Ryder. «Was zum Teufel machst du hier?»

«Ich warte auf deinen Anruf. Mutter ist außer sich vor Sorge. Jeder sucht dich, Squarey eingeschlossen.»

«Diese gierige, kleine Kröte. Hätte er nicht so viel Druck gemacht, hätte ich die Sache wahrscheinlich gut überstanden.» Er lief zur Tür hinüber.

Ryder folgte ihm. «Du mußt zu Mutter hinauf. Sie ist überzeugt, daß dir etwas zugestoßen ist.»

«Ich habe jetzt keine Zeit.» Er eilte durch den Salon. «Hat sie bei der Polizei angerufen?»

«Und in den Krankenhäusern.»

«Verdammt!»

«Was hast du erwartet?»

Er blieb direkt vor den Flügeltüren stehen und betrachtete Ryder, als würde er abwägen, wie vertrauenswürdig sie sei. «Ich bin in Schwierigkeiten. In ernsthaften Schwierigkeiten. Ich habe mich bei der Bank übernommen. Das Harding Center verkauft sich nicht. Die Preise sinken ins Bodenlose. Ich muß verschwinden, solange ich noch kann – und mit allem, was ich kriegen kann. Du mußt dich um Carrie kümmern. Ich verlasse mich auf dich.»

Sie geriet in Wut darüber, mit welcher Beiläufigkeit er über ihre Zukunft entschied. «Du kannst jetzt nicht weggehen. Mutter wird zusammenbrechen. Was ist mit Leo? Und meiner Hochzeit?»

«Ich muß gehen.» Sein Kinn trat entschlossen hervor. «Niemand kann mich aufhalten.» Er trat auf die Terrasse. «Auch du nicht.»

Oben flog ein Fenster auf. Ihre Mutter lehnte sich hinaus und umklammerte mit einer Hand ihr pfirsichfarbenes Negligé. «Paul! Liebling. Warte!»

Er blickte hinauf, zwang sich zu einem Lächeln. «Ich bin in Eile. Leg dich wieder hin.»

«Ist alles in Ordnung mit dir?»

«Natürlich.» Er winkte ihr fröhlich zu. «Ich rufe dich später an. Ich werde zum Abendessen nicht dasein.» Das Fenster schloß sich. Er drehte sich zu Ryder um und senkte die Stimme. «Ich gehe nach Spanien. Deine Mutter und Leo lasse ich nachkommen. In Johnson's Wörterbuch mit dem Ledereinband kleben tausend Pfund in der Rückseite. Nimm es für die Fahrkarten und behalte den Rest.» Er lief über den Rasen.

Sie schrie hinter ihm her: «Also überläßt du es Mutter, deine Suppe auszulöffeln. Wenn du einen Fehler gemacht hast, solltest du dich den Konsequenzen stellen. Weil es dein Fehler war. Nicht ihrer. Nicht unserer.»

Er wirbelte herum, sein Absatz bohrte sich in den Rasen. «Und alles verlieren, wofür ich gearbeitet habe? Um wieder arm zu sein? Nicht um alles in der Welt!»

Ryder saß am Fenster des Arbeitszimmers und sah, wie der Abendnebel über die Rasenfläche zog. Ihre Mutter schlief. Leo badete. Alles schien beunruhigend still. Selbst der Duft der weißen Chrysanthemen hatte etwas Seltsames.

Sie ging zu ihrer Mutter hinauf. Sie saß gegen ihre pfirsichfarbenen Seidenkissen gelehnt und war umgeben von der Aura weiblicher Hilflosigkeit.

«Es tut mir leid, daß ich so albern war», sagte sie. «Ich weiß nicht, warum ich mir solche Sorgen gemacht habe. Erzähl es bitte nicht deinem Vater. Sonst denkt er, ich hätte kein Vertrauen zu ihm.»

Ryder zuckte mit den Schultern. Wenn sie etwas gesagt hätte, wäre ihr ganzer Ärger zum Vorschein gekommen. So hielt sie den Mund und fühlte sich noch mehr von ihrem Vater manipuliert.

Ihre Mutter lächelte in seliger Unwissenheit. Sie schaltete mit der Fernbedienung den Fernseher ein und lehnte sich zurück, um die Nachrichten zu sehen.

Der Nachrichtensprecher sah gebührend grimmig aus.

«Der Konflikt zwischen Arabern und Israelis dauert an», sagte er. *«Die Wirtschaft der westlichen Länder ist schwer erschüttert.»*

Die Türglocke hallte durchs Haus. Carrie lächelte hoffnungsvoll. «Vielleicht ist das Paul.»

«Das glaube ich nicht.» Ryder wandte ihre Augen nicht vom Bildschirm ab, auf dem gerade ein verwüstetes Kriegsgebiet gezeigt wurde.

Dann kamen andere Nachrichten, schließlich das Wetter. Ryder gähnte.

«Und nun bringen wir Ihnen noch eine Kurzmeldung. Der Millionär und Bauunternehmer Paul Harding ist auf dem Flughafen von Heathrow verhaftet worden. Mr. Harding, der in Zusammen-

hang mit dem Verschwinden einer großen Summe Geldes befragt werden sollte, versuchte, an Bord einer Maschine nach Malaga zu gelangen.»

«Paul!» schrie ihre Mutter. «Das ist nicht wahr. Du würdest mich nicht verlassen.»

«Natürlich würde er das nicht.» Ryder packte ihre Mutter bei den Schultern. «Er wollte dich heute abend aus Spanien anrufen.»

«Du meinst, du wußtest, wohin er gehen würde? Er hat es dir gesagt und nicht mir?»

An der Tür klopfte es, und Mrs. Trumpet erschien.

«Madam... Miss Ryder, die Polizei ist unten. Sie haben einen Haussuchungsbefehl.»

Ryder stand auf. «Ich gehe hinunter, wenn Sie sich solange um Mutter kümmern. Sie hat ein paar Beruhigungsmittel im Badezimmer.»

Sie eilte aus dem Zimmer, ohne ihre Mutter noch einmal anzusehen, weil sie den Schmerz in ihren blauen Milnes-Augen nicht ertragen konnte. Sie konnte hören, wie die Polizei das Arbeitszimmer ihres Vaters durchsuchte. Sie ging hinunter, um mit ihnen zu sprechen.

Ein schwerer Mann mit Doppelkinn, in Trenchcoat und ausgelatschten Schuhen, der das Double für Walter Matthau hätte sein können, gab einem Dutzend anderer Männer Anweisungen. «Überprüft den Schreibtisch auf Geheimfächer. Kippt alles in schwarze Müllsäcke. Wenn wir den Safe nicht öffnen können, werden wir ihn sprengen.» Er blickte auf. «Miss Harding. Ich bin Detective Inspector Cargill. Ihr Vater ist verhaftet worden. Wir haben die Genehmigung, das Haus zu durchsuchen und alle wichtigen Papiere mitzunehmen. Ich würde gerne mit Ihrer Mutter sprechen.»

«Sie ist zu mitgenommen. Sie kann jetzt niemanden sehen.»

«Dann können Sie uns helfen. Wer ist noch im Haus außer Ihrer Mutter, der Haushälterin, einem Kindermädchen, einer Gouvernante, Ihrem Bruder und Ihnen?»

«Niemand.»

«Wann haben Sie Ihren Vater zuletzt gesehen?»

«Vor ungefähr zweieinhalb Stunden. Er kam hierher, aber nur für ein paar Minuten.»

«Haben Sie mit ihm gesprochen?»

«Nein. Ich meine, ja. Er sagte nur, daß er gehen und später anrufen würde.»

«Hat er irgend etwas mitgenommen?»

Sie zögerte.

«Miss Harding, Sie helfen weder Ihrem Vater noch sich selbst, wenn Sie nicht die Wahrheit sagen.»

«Er hat ein paar Papiere mitgenommen.» Warum sollte sie lügen, um einen Mann zu schützen, der sie seine Suppe auslöffeln ließ?

Die Polizei brach mit einem Dutzend Plastiksäcke voller Papiere auf. Draußen auf der Einfahrt hatten sich Journalisten und Kameramänner versammelt. Sie schrien den Polizisten Fragen entgegen. «Stimmt es, daß Harding nur die Hälfte des Geldes bei sich hatte? Was hat er Ihrer Meinung nach mit dem Rest getan? Werden Sie gegen eine Freilassung auf Kaution plädieren?» Sie hörten sich an wie ein Rudel Wölfe.

«Morgen früh wird Ihr Vater in der Bow Street dem Untersuchungsrichter vorgeführt», teilte ihr der Inspektor mit. Er schwieg, dann setzte er freundlich hinzu: «Das ist ein schwerer Schlag für die ganze Familie. Glauben Sie mir, ich weiß das.»

Sie sah zur Seite. Sie würde nicht weinen. Nicht in seiner Gegenwart.

Alix rief als erste an. Sie wollte ihre Verabredung zum Abendessen absagen und auf der Stelle kommen, aber Ryder sagte: «Mach dir keine Sorgen. Adam kommt bestimmt.»

Imogen rief zwischen zwei Akten an. «Was mußt du für eine Hölle durchmachen», sagte sie voller Mitgefühl.

Das Telefon läutete wieder. Es war Jeremy. Dann Lady Heythorp. Dann die *Daily Mail*, die *Daily Express* und die *News of the*

World. Als das Telefon für einen Augenblick schwieg, wählte sie Adams Nummer.

«Wann kommst du?» fragte sie ihn.

«Es tut mir leid, Liebling, aber ich bin so müde, daß ich am Steuer einschlafen würde.»

«Bitte!» Das Wort blieb ihr fast im Hals stecken. «Ich brauche dich.»

«Ich hatte einen höllischen Tag im Büro. Das kannst du dir nicht vorstellen.»

«Ich hatte hier auch einen höllischen Tag!»

«Ryder, nun komm mir nicht so. Ich weiß, daß ich zu dir fahren sollte, aber ... Schau mal, wir sehen uns morgen im Gericht. Das ist ein Versprechen.»

Sie blieb am Schreibtisch sitzen und vergrub den Kopf zwischen ihren Händen.

«Ich habe Ihnen etwas Suppe warm gemacht, meine Liebe.» Mrs. Trumpet stand mit einem Tablett in der Tür. «Sie werden Ihre Kräfte brauchen.»

Kurz vor halb elf fuhr der Rolls der Hardings vor dem Untersuchungsgericht in der Bow Street vor, einem Backsteingebäude an der Ecke, direkt gegenüber der Oper am Covent Garden. Eine Gruppe Reporter hielt sich auf dem Fußgängerweg in der Nähe der Telefonzellen auf. Sie stürzten auf sie zu. Als Carrie Harding sie sah, klammerte sie sich am Rücksitz fest, und ihre Augen füllten sich mit Tränen.

«Bleib im Auto», befahl Ryder, die wie wild nach Adam Ausschau hielt. «Griffiths wird dich herumfahren. Ich gehe hinein.»

«Das kann ich nicht tun. Paul braucht mich. Er hat mir nichts davon gesagt, daß er nach Spanien geht. Dir hat er es gesagt. Ich darf ihn nicht noch einmal enttäuschen.»

«Er wollte dich nicht beunruhigen.» Ryder nahm ihre Mutter beim Arm und führte sie durch die neugierige Menge.

Das Gebäude roch nach Heizungsluft und Linoleum. Es gab eine Bank an der Wand, wo die Anwälte sich mit ihren Klienten beraten konnten. Dorthin setzten sie sich. Neben ihnen steckte sich ein junger Mann provokativ eine Zigarette an, während eine mütterlich aussehende Anwältin versuchte, seine Antworten mit ihm vorzubereiten.

«Sehe ich gut aus?» Ihre Mutter knetete nervös ihre behandschuhten Hände. «Keine Ringe unter den Augen?»

«Überhaupt keine», log Ryder.

Mr. Podmore, ihr Anwalt, kam ins Gebäude geeilt. Er war ein hochgewachsener, knochiger Mann mit dünnen, gummiartigen Lippen. Ihm folgten zwei weitere Anwälte in Talaren. «Mrs. Harding», sagte er, «Sie wissen doch, daß das Gericht heute lediglich den Verhandlungstermin Ihres Mannes festlegen wird?»

«Werden Sie Paul nach Hause lassen?»

«Wir werden um Freilassung auf Kaution bitten.»

«Er ist unschuldig. Ich kenne meinen Mann.»

Podmore gab keine Antwort.

Der Gerichtssaal lag im Erdgeschoß. Er war holzgetäfelt und mit Teppich ausgelegt, hatte Holzbänke im hinteren Teil und eine Anklagebank in der Mitte, die mit einem grüngestrichenen Geländer umgeben war. Ryder und ihre Mutter nahmen auf einer Bank Platz. Ryder versuchte, ihrer Mutter zuzuhören, während ihre Augen den Gerichtssaal nach Adam absuchten. In diesem Moment haßte sie ihn, weil er sie allein ließ, und sie haßte ihren Vater, weil er ihre Mutter dieser Tortur aussetzte.

Der Richter nahm seinen Platz auf dem Richterstuhl ein. Eine Seitentür öffnete sich, und ihr Vater wurde auf die Anklagebank geführt. Er sah müde und abgekämpft aus. Ryders Wut verflog. Ihre Mutter lächelte und stand auf, als wollte sie zu ihm gehen, aber Ryder hielt sie zurück.

Der Protokollführer fragte: «Sind Sie Paul Harding?»

Er schwankte in der grünen Umzäunung. «Ja.»

«Setzen Sie sich, bitte.»

Der Staatsanwalt war ein riesiger Mann. Als er aufstand und sich an den Richter wandte, überragte er alle. «Dies ist ein äußerst ernster Fall. Nicht nur, daß der Beklagte bezichtigt wird, eine sehr große Summe Geldes gestohlen zu haben, nein, er wurde verhaftet, als er versuchte, das Land zu verlassen. Er ist angeklagt wegen Diebstahls. Weitere Delikte sind zu erwarten.» Er hielt inne. «Ich höre, daß ein Antrag auf Freilassung gegen Kaution gestellt wurde. Die Anklage protestiert mit allem Nachdruck dagegen. Erstens fehlt immer noch eine große Summe des Geldes. Zweitens hat der Angeklagte weltweite Verbindungen und finanzielle Mittel im Ausland. Drittens kann der Angeklagte auf freiem Fuß wichtiges Beweismaterial vernichten, dessen Aufbewahrungsort nur ihm bekannt ist. Schließlich besitzt der Beklagte eine Villa in Spanien – einem Land, das mit Großbritannien bislang keinen Auslieferungsvertrag hat.»

Ihre Mutter riß ihr Taschentuch in kleine Fetzen. Sie wandte sich zu Ryder: «Das ist alles gelogen.»

Der Rechtsanwalt ihres Vaters erhob sich. «Mein Mandant lief keineswegs vor einem Verbrechen davon», verkündete er mit donnernder Stimme. «Er hat in letzter Zeit sehr schwer gearbeitet und lediglich geplant, ein paar Tage in seiner Villa in Spanien zu verbringen. Sein Zuhause ist hier. Hier sind seine Frau und seine Familie.» Er wies in ihre Richtung. «Seine Tochter wird bald heiraten.» Ryder wurde rot, als sich alle Augen ihr zuwandten. «Mr. Harding hat keinerlei Absicht, das Land zu verlassen, und wird sich glücklich schätzen, seinen Paß auszuhändigen und sich bei den Behörden zu melden, sooft sie es verlangen.»

Der Richter zog seine Stirn in Falten. «Mr. Harding, ich habe mir die Argumente Ihres Anwalts angehört, aber ich stimme mit dem Staatsanwalt überein. Daher behalte ich Sie für eine Woche in Untersuchungshaft.»

Ihre Mutter schrie auf und glitt zur Seite. Ihr Vater wurde bleich. Als er aus dem Saal geführt wurde, rief er: «Kümmere dich um sie, Ryder! Bring sie nach Hause!»

Als Ryder ihre Mutter auf der Bank festhielt, kam ihr ein zweites Paar Hände zu Hilfe. Sie blickte auf. «Oh, Adam, Gott sei Dank bist du gekommen!»

Ihre Mutter wurde von Mrs. Trumpet liebevoll ins Bett gepackt. Das Telefon klingelte unaufhörlich. Alix, Immy, Hetty. Dann die endlosen Reporterhorden. Schließlich legte Ryder den Hörer daneben. Sie und Adam strichen unruhig im Haus umher. Leo folgte ihnen auf Schritt und Tritt, bis ihn das Kindermädchen holte. Sie gingen hinunter zum Gästezimmer, in dem die Hochzeitsgeschenke untergebracht waren: Schachteln mit Kristallglas, Porzellan, Tisch- und Bettwäsche, Vasen. Alle waren mit einem Anhänger versehen, auf dem vermerkt war, von wem das Geschenk stammte.

«Wir müssen die Hochzeit verschieben», sagte Ryder.

«Mutter wird einen Wutanfall bekommen. Sie hat sich schon einen neuen Hut gekauft.»

«Und ich habe ein Hochzeitskleid gekauft.»

Er legte seine Arme um sie. «Warum mußte uns das nur passieren? Es war doch alles so perfekt.»

Sie vergrub ihr Gesicht in seiner Schulter. «Laß uns ins Bett gehen. Ich möchte, daß du mich ganz fest hältst. Ich könnte heute nacht nicht alleine sein.»

Sie gingen in ihr Zimmer, mit forschen Schritten, nicht auf Zehenspitzen wie sonst immer. Sie machten sich auch keine Gedanken über knarrende Dielenbretter. Rasch zogen sie sich aus, stiegen in Ryders schmales Bett und kicherten über den Platzmangel.

«Glaubst du, die Missionare waren auf den Schiffen, die sie in die neue Welt brachten, auch so zusammengedrängt?» fragte sie.

«Weniger Platz hätten sie jedenfalls nicht haben können.» Er rollte sich auf sie. «Sonst hätte es noch nicht mal für die Missionarsstellung gereicht.»

Mr. Podmore traf am nächsten Morgen ein. Er umklammerte fest seine Aktentasche und glitt durch die Haustür wie ein Gespenst auf der Flucht. «Ich habe Ihren Vater vor einer Stunde getroffen», teilte er Ryder mit, als sie ihn in den Salon führte. «Er hält durch. Brixton ist kein freundlicher Ort, aber ich hoffe, daß wir Ihren Vater nächste Woche auf Kaution freikriegen.»

«Machen Sie meiner Mutter bloß keine Hoffnungen. Nicht, bis Sie ganz sicher sind.»

Er setzte sich auf das blaßgelbe Sofa und öffnete seine Aktentasche. «Ich habe hier einen Brief für Ihre Mutter.»

«Sie schläft. Ich werde ihn ihr später geben.»

«Oh, nein.» Mr. Podmores gummiartige Lippen zuckten. «Ich muß mit ihr sprechen. Sie wird sonst vielleicht den Brief Ihres Vaters nicht verstehen.»

«Sie hat ein Beruhigungsmittel genommen. Sie müssen schon mit mir sprechen.»

Er zögerte.

«Mr. Podmore, ich möchte nicht, daß Sie gegen Ihr Berufsethos verstoßen. Ich möchte lediglich meiner Mutter helfen.»

«Also gut.» Er seufzte. «Die Bank hat eine Zivilklage gegen Ihren Vater angestrengt, um das fehlende Geld zurückzubekommen.»

«Aber bis zum Beweis seiner Schuld ist er doch unschuldig?»

«Die Zivilklage hat nichts mit der Strafsache zu tun. Die Bank hat Harding-Broughton eine große Geldsumme geliehen. Die will sie zurück, ob Ihr Vater nun ein Verbrechen begangen hat oder nicht.»

«Warum verkauft er nicht das Center?»

«Es ist noch nicht fertig, und mit den gefallenen Immobilienpreisen deckt die Verkaufssumme nicht das Darlehen.»

«Was wollen Sie mir damit sagen, Mr. Podmore?»

«Daß dieses Haus, zusammen mit Gatehouse Stables, möglicherweise verkauft werden muß.»

«Aber was wird dann aus meiner Mutter? Wohin soll sie dann gehen, wovon soll sie leben?»

«Es tut mir leid.» Podmore zuckte mit den Schultern. «Natürlich wird es mindestens sechs Monate dauern, bis die Bank ein Urteil erhält.»

«Aber ich dachte immer, Männer wie mein Vater haben auch Vermögenswerte unter dem Namen ihrer Frau?»

«Mr. Harding konnte anderen nur schwer vertrauen.»

«Sie meinen, er hat ihr nichts überschrieben für den Fall, daß sie ihn verlassen würde?»

«Ich fürchte, so ist es.» Er schloß seine Aktentasche.

«Wie steht es mit Bargeld?»

«Ihr Vater hat seine Konten überzogen, um das Harding Center zu bauen. Oh, natürlich hat er irgendwo etwas. Es steht mir zwar nicht frei, Ihnen zu sagen, wieviel es ist, aber viel ist es jedenfalls nicht. Zumindest nicht für einen Mann mit seinen Verpflichtungen.» Er stand auf. «Nicht für einen Mann, der hochkarätigen juristischen Beistand braucht.»

Ihre Mutter döste vor sich hin. Als Ryder in ihr Schlafzimmer kam, setzte sie sich auf. «Wer ist da unten?»

«Podmore. Er hat dir dies hier mitgebracht.»

Ryder ging hinüber zum Fenster, während ihre Mutter fieberhaft den Umschlag aufriß.

«Er will noch nicht, daß ich ihn im Gefängnis besuche», sagte sie.

«Er hat recht. Das würde dich nur aufregen.»

«Aber, was ist das? Er schreibt, daß wir möglicherweise Dingwall Court verkaufen müssen. Das verstehe ich nicht.» Sie sah zu Ryder hinüber und weinte fast vor Verwirrung. «Er sagt, wir müßten sparen und das Personal entlassen. Aber ich kann doch dieses große Haus nicht allein in Ordnung halten. Und wer wird sich dann um Leo kümmern? Die Gouvernante wird ihn nicht baden, und das Kindermädchen kann ihn nicht unterrichten.»

«Er kann in die Schule gehen.»

«Oh, jetzt fang nicht damit an!»

«Das ist viel besser für ihn», sagte Ryder. «Für mich wäre es auch viel besser gewesen.»

Aber ihre Mutter hörte gar nicht zu. Sie weinte still in ihre Satinkissen. «Ich verstehe das nicht. Wie konnte das so schnell passieren? Was soll ich denn nur tun? Ich weiß gar nicht, wie man all diese Dinge macht. Das hat Paul immer für mich erledigt. Ich kann ohne ihn nicht leben. Warum ist bloß alles so schiefgegangen? Oh, mein Gott!»

«Mummy, wein doch nicht. Ich werde dir helfen.»

«Aber du hast doch Adam. Du wirst bald heiraten.»

«Wir haben die Hochzeit verschoben.»

«Du fährst nach London zurück. Ich werde ganz allein sein.»

«Ich bleibe bis Anfang nächster Woche. Wir werden alles miteinander organisieren.» Ryder ging zur Tür. «Ich werde Mrs. Trumpet jetzt von den Sparmaßnahmen erzählen.»

Ryder war ausgelaugt und erschöpft. Aber sie konnte noch nicht ins Bett gehen. Sie mußte auf Adam warten. Also streifte sie durchs Haus, hob verschiedene Gegenstände auf, stellte sie wieder auf ihren Platz zurück und nahm allen Mut zusammen, um ihre Großeltern anzurufen und ihnen die schlechten Neuigkeiten mitzuteilen.

Ihr Großvater nahm nach dem ersten Klingeln ab. «Ryder, Kleines, wir haben gerade über deine Hochzeit gesprochen.»

«Grandpa, Vater ist verhaftet worden.»

«Was, dieser unfähige Profitgeier! Warum? Ich wußte, daß er das Leben meines kleinen Mädchens ruinieren würde. Gib sie mir mal. Ich möchte mit ihr sprechen.»

«Sie schläft. Ich rufe an, weil ich nicht möchte, daß du diese Neuigkeiten von jemand anderem erfährst.»

«Ihr müßt nach Hause kommen, nach Prairieville, wohin ihr gehört. Du, Carrie und der kleine Leo.»

«Wir können jetzt nicht kommen. Vater wird nächste Woche vielleicht auf Kaution freigelassen.»

«Dieser gottverdammte Schurke. Zwangsarbeit, das ist es, was er verdient!»

Sie blieb anschließend am Schreibtisch sitzen und malte sich die Szene auf Scot's Farm aus. Ihr Großvater würde unruhig auf dem alten Holzfußboden im Wohnzimmer auf und ab laufen, während ihre Großmutter, die Hände im Teig vergraben, versuchen würde, ihn zu beruhigen.

Einem Impuls folgend, öffnete sie die oberste Schublade und nahm den Schlüssel zum Weinkeller heraus. Eine Kiste Château Latour stand am nächsten zur Treppe. Sie nahm sich zwei Flaschen.

Der Wein war dunkelrot und hatte ein warmes Aroma nach Johannisbeere und Zeder.

Sie war schon bei der zweiten Flasche, als das Telefon klingelte.

«Ryder», sagte Adam. «Du bist betrunken.»

«Das wärst du auch in meiner Situation. Adam, du kommst doch heute abend, oder?»

«Liebling, ich bin müde. Ich bin gerade erst nach Hause gekommen. Ich sehe dich ja morgen hier. Wir werden uns ein schönes Wochenende machen.»

«Ich habe Mutter versprochen, bis Sonntag in Dingwall Court zu bleiben.»

«Aber das sind ja noch vier Tage! Sie braucht dich doch gar nicht so lange, sie hat ja das Haus voller Angestellter.»

«Nicht mehr lange. Adam, du kommst doch morgen, oder?»

«Ich nehme es an. Aber es ist nicht sehr spaßig bei euch, oder?»

«Spaß! Ich weiß schon gar nicht mehr, was das Wort bedeutet.» Sie trank die Flasche leer und legte sich aufs Sofa.

«Miss Ryder!» Mrs. Trumpet rüttelte sie wach. «Lady Heythorp ist hier und will Sie sehen.»

«Was?» Sie lag vollständig angezogen auf dem Sofa. Ihr Kopf drohte zu zerspringen, und ihr Mund fühlte sich an wie das Innere eines Auspuffrohrs.

«Ich lade Sie zum Essen ein.» Die alte Lady fuhr mit ihrem Rollstuhl in die Mitte des Zimmers. «Das wird Ihnen guttun. Ich habe einen Tisch im *The Compleat Angler* gebucht.»

«Ich kann jetzt nichts essen.» Ryder zog sich mühsam hoch. «Und ich könnte mich auch nicht all diesen Leuten zeigen. Mein Vater ist oft dorthin gegangen.»

«Wofür sollten Sie sich schämen? Sie haben doch niemandem etwas getan. Genau das habe ich auch zu Jeremy gesagt, als die Zeitungen vor Jahren einen Liebesbrief an seinen Freund veröffentlichten. Ich zwang ihn, mit mir essen zu gehen. Treten Sie Ihren Anklägern entgegen, und sie werden sich aus dem Staub machen – vor allem, wenn Sie in Begleitung einer ehrenwerten, adligen alten Lady sind.» Sie rollte ihren Rollstuhl zum Sofa und stupste Ryder mit ihrem Gehstock an. «Los, Beeilung! Und hören Sie auf mit der Trinkerei.»

Ryder erhob sich schwankend vom Sofa. «Ein Vater im Gefängnis ist ein mildernder Umstand.» Sie wankte zur Tür. «Nehmen Sie es nicht persönlich, Lady Heythorp, aber ich glaube, mir wird übel.»

Kapitel 11

Ryder fuhr am Sonntag abend nicht mit Adam nach London zurück. Sie konnte ihre Mutter nicht allein lassen.

«Du hast es versprochen», sagte Adam, als er seinen Koffer in den Wagen warf.

«Ich weiß, es tut mir leid.»

«Wann kommst du also zurück?»

«Vater muß nächste Woche wieder vor dem Untersuchungsrichter erscheinen. Mutter richtet all ihre Hoffnung darauf, daß er auf Kaution freigelassen wird. Wenn nicht, dann bitte ich Grandpa und Grandma, zu uns zu kommen. Bis dahin müßten sie die Ernte eingefahren haben.»

«Das kann ja noch Wochen dauern!» Er seufzte.

«Ich muß am Donnerstag wegen des Umzugs nach London. Harding-Broughton will unsere Wohnung zurück. Dann bleibe ich für ein paar Tage.» Sie legte ihre Hand auf seinen Arm.

Er stieg ins Auto. «Ich brauche dich auch, Ryder. Vergiß das nicht.» Er fuhr mit aufheulendem Motor an, bevor sie antworten konnte. Seine Reifen spritzten Kies von der Auffahrt in die Rhododendren.

Die Rhododendren! Patrick Brendan würde jetzt sicher viel zu lachen haben.

Paul Harding wurde für weitere zwei Wochen in Haft gehalten. Ryder überbrachte die Neuigkeiten ihrer Mutter, die zu aufgeregt gewesen und deshalb in Dingwall Court geblieben war.

«Ich muß zu ihm», sagte sie unter Tränen.

«Er will keinen von uns sehen. Nicht im Gefängnis, noch nicht.»

Ryder mußte all ihre Kraft zusammennehmen, um nach London zurückzukehren. Ihre Mutter jammerte und klagte. «Du fährst doch nicht? Jetzt, da dein Vater nicht nach Hause kommt?»

«Ich muß meine Sachen in Adams Wohnung hinunterbringen. Ich habe dir doch gesagt, daß wir aus unserer ausziehen müssen.»

«Können Imogen und Alix das nicht machen?»

«Das haben sie schon. Aber ich muß noch mal nachsehen. Außerdem habe ich Adam versprochen, ein paar Tage bei ihm zu bleiben.» Sie fühlte sich so schuldig, daß sie es nicht über sich brachte, ihrer Mutter ins Gesicht zu sehen. Daher eilte sie hinaus und rief: «Ich rufe dich heute abend an.»

Ihr Londoner Wohnhaus war ruhig. Ryder stieg die vertrauten Stufen hinauf. Es schien eine Ewigkeit her zu sein, seit sie sie auf dem Weg zum Heatherwood Hospital hinuntergeeilt war. Alix und Immy hatten die Dachwohnung ausgeräumt. Die Regale waren leer, die Kleiderbügel schwangen ungenutzt hin und her. Der Staub senkte sich bereits auf die Möbel, und tote Fliegen übersäten die Fensterbänke. Diese Wohnung war nicht länger ihr Zuhause.

Auf dem Tisch lagen zwei Schlüsselringe und eine Notiz:

Liebe Ryder,
wir haben alles mitgenommen. Leg Deine Schlüssel zu unseren. Wir sehen uns unten.

Alles Liebe, Alix und Imogen.

Adams Wohnung stank nach schal gewordenem Wein und Zigaretten. Überall im Wohnzimmer standen leere Flaschen, schmutzige Gläser und überquellende Aschenbecher herum. Ihre Kleider waren auf Adams Bett aufgestapelt. Es sah aus, als hätte er auf ihnen geschlafen. Sie fing an, ihre Sommersachen wegzupacken.

Imogen stürmte in die Wohnung. «Hallo, Fremde! Entschuldige die Unordnung. Alix und Adam waren letzte Nacht sternhagelvoll.» Sie warf ihre Tasche auf einen Stuhl. «Sie haben ihre Sorgen hinuntergespült – zumindest Adam. Er vermißt deine ständige Zuwendung. Oh, Ryder, es tut mir so leid, was mit deinem Vater passiert ist. Für deine Mutter muß es scheußlich sein.» Sie hielt einen Moment inne. «Und für dich ist es auch hart. Sie alle sind so auf dich angewiesen, mein Bruder eingeschlossen. Gibt es irgend etwas, womit ich dir helfen könnte?»

«Laß uns zusammen essen gehen und über ganz normale Dinge reden.»

«Ich habe eine Matinée und bin nur vorbeigekommen, um hallo zu sagen. Aber wir können morgen zusammen frühstücken. Es gibt ein neues Café, wo man wunderbare Croissants bekommt. Oh, zum Teufel! Sieh nur, wie spät es schon ist!» Immy griff nach ihrer weißen Lederjacke. «Wenn ich für den Oscar nominiert werde, kommst du dann mit mir zur Verleihung?»

«Wenn ich kann.»

«Was meinst du damit?»

«Vielleicht habe ich kein Geld für das Ticket. Und dann ist da noch das Problem mit meinem Vater. Auf jeden Fall wird Alix mitkommen. Sie ist schließlich deine Agentin.»

«Ach, Alix – die macht mir in letzter Zeit angst. Sie ist so resolut geworden. Ich fürchte, ich muß mich von ihr trennen.» Imogen öffnete die Tür. «Ich habe dich vermißt, Ryder. Wir alle haben dich vermißt.»

Ryder ordnete ihre Sachen und räumte die Wohnung auf, während sie auf Adams Anruf wartete. Aber die Zeit verstrich. Schließlich rief sie in Adams Büro an.

Eine Sekretärin antwortete: «Adam Lydden arbeitet nicht mehr hier.»

«Wann ist er gegangen?»

«Heute morgen.»

Das Telefon klingelte, gleich nachdem sie den Hörer aufgelegt hatte.

«Adam?... Du bist's, Mummy. Ich weiß, daß ich gesagt habe, ich würde dich anrufen, aber ich meinte damit heute abend... Woher weißt du, daß die Kinder Leo geschlagen haben? Vielleicht ist er ja hingefallen... Nein, ich komme heute abend nicht zurück.»

Eine Stunde schleppte sich dahin, dann noch eine. Alix rief an. Imogen rief an. Es wurde dunkel. Sie machte Licht. Unruhig lief sie im Zimmer auf und ab und haderte mit ihrem Schicksal, ständig auf irgendeinen Anruf warten zu müssen. Um zehn Uhr schrieb sie einen Zettel:

Ich habe gewartet – aber du bist nicht gekommen.

Ihre Mutter war noch wach, als Ryder in Dingwall Court ankam. «Adam hat angerufen», sagte sie. «Oh, Liebling, ich wußte, daß du mich nicht im Stich lassen würdest. Ich wußte, du würdest mich die Nacht nicht allein hier verbringen lassen.»

«Ich muß morgen wieder zurück.»

«Aber da ist Mrs. Trumpets freier Tag.»

«Ich muß Adam sehen.»

«Du hast ihn heute gesehen.»

«Habe ich nicht.»

Sie ging hinunter ins Arbeitszimmer ihres Vaters und wählte die Nummer der Wohnung. «Adam... Ja, ich weiß, ich sagte, daß ich bleiben würde, aber ich habe bis zehn Uhr gewartet... Du hättest mich anrufen können... Ja, ich weiß, daß du Harding-Broughton verlassen hast. Du bist gefeuert worden? Oh, das tut mir leid... Weil sie Paul Hardings zukünftigen Schwiegersohn nicht behalten wollen? Ja, natürlich fühle ich mich schuldig, aber aus diesem

Grund hast du den Job doch erst bekommen. Was? Ich will nicht damit sagen, daß du ihn nicht verdient hättest... Aber ich kann doch jetzt nicht den ganzen Weg nach London zurückfahren! Ich bin gerade erst angekommen... Bitte! Ich bin total erschöpft. Ich bin nicht egoistisch... Was heißt das, morgen ist es zu spät? Adam! Adam!»

Sie ging zurück zu ihrer Mutter. «Ich fahre zurück nach London.»

«Aber es ist schon nach Mitternacht.»

«Wenn ich jetzt nicht fahre, will mich Adam nicht mehr sehen.»

Ryder fuhr schnell und unvorsichtig. Es war eine klare, kalte Nacht, der erste Frost in diesem Herbst. Das Haus lag still da, als sie vorfuhr, aber in Adams Zimmer brannte noch Licht. Sie erkannte es an dem weichen, rötlichen Schimmer. Rasch öffnete sie die Tasche, fuhr sich mit der Bürste durchs Haar und sprühte etwas Parfüm auf Handgelenke und Nacken.

Die Halle war dunkel. Ryder brauchte kein Licht zu machen, weil ihr das Treppenhaus so vertraut war. Das Schloß zu Adams Wohnung ließ sich leicht und geräuschlos öffnen. «The Sound of Silence» tönte aus dem Schlafzimmer. Ein roter Lichtstrahl floß unter der Tür hervor. Ryder schlich auf Zehenspitzen darauf zu und griff nach dem Türknauf.

Doch als sie die Tür öffnete, erstarrte sie. Adam lag ausgebreitet auf dem Bett, das Haar zerzaust, die Augen halb geschlossen. Alix saß auf ihm und bewegte sich langsam und rhythmisch. Ihre Schenkel hoben sich weiß gegen seine gebräunten, behaarten Beine ab.

«Ryder!» Adam stieß Alix zur Seite. «Ich... ich wußte nicht, daß du doch noch kommst.»

«Das sehe ich.»

«Es tut mir leid.» Er stand auf, sein nackter Körper leuchtete im Schein der Lampe.

«Faß mich nicht an!»

«Ich kann alles erklären.»

«Wie kannst du es wagen, mich als egoistisch zu bezeichnen! Wie kannst du es wagen, mir zu sagen, wenn ich heute nacht nicht käme, wäre alles aus zwischen uns. Und dann muß ich das hier sehen!» Sie schluckte. «Mit meiner Freundin!»

«Ich bin schuld», sagte Alix und schlang sich die Bettdecke um. «Wir haben was geraucht, tja, und dann führte eins zum anderen.»

«Du Miststück! Als du Geld brauchtest, Alix, habe ich es dir geliehen. Und jetzt, wo ich Unterstützung brauche, zahlst du es mir zurück, indem du mit meinem Mann schläfst.»

«Ryder, bitte!» Adam ging einen Schritt auf sie zu.

«Du Waschlappen! Wenn du mich anrührst, kratze ich dir die Augen aus.»

«Ich liebe dich.»

«Und ich hasse dich. Ich hasse euch beide. Ihr laßt mich im Stich, wenn es mir dreckig geht. Das werde ich euch nie verzeihen – und ich will nie wieder einen von euch sehen.»

Sie stürmte türknallend aus der Wohnung, rannte die Treppen hinunter und fuhr davon. Als sie um die Ecke bog, öffnete Adam die Haustür und schrie: «Ryder! Warte doch!» Aber sie fuhr weiter.

Der Morgen graute schon, als Ryder leise in die Einfahrt von Dingwall Court einbog. Sie war die ganze Nacht ziellos umhergefahren, zu betäubt zum Weinen, zu verletzt zum Nachdenken. Das Haus war ruhig. Voller Sehnsucht nach Schlaf und Vergessen schlich sie die Stufen hinauf. Als sie den Treppenabsatz überquerte, sah sie Leo vor der Schlafzimmertür ihrer Mutter.

«Mummy.» Er rüttelte am Türgriff.

«Schsch, Leo! Du wirst sie noch aufwecken. Geh zurück ins Bett.»

Er rüttelte wieder an der Tür.

«Hör auf!» Sie zog ihn weg und hatte das starke Bedürfnis, ihn zu schlagen. Das hatte ihr nach der letzten Nacht noch gefehlt!

«Nanny ist weg.» Er brach in Tränen aus.

Sofort überfielen sie Schuldgefühle. Auch seine Welt war zusammengebrochen, aber im Gegensatz zu ihr konnte er nicht verstehen, warum. «Ist ja gut, Leo», sagte sie. «Aber, bitte weine nicht. Das kann ich nicht ertragen.»

Mrs. Trumpet erschien in einem rosa Frotteebademantel auf dem Treppenabsatz. «Er ist fast die ganze Nacht wach gewesen», sagte sie. «Der arme Junge. Alle um ihn herum verschwinden, und er hat Angst, daß niemand zurückkommt. Aber Sie, meine Liebe, sehen völlig erledigt aus.»

«Das bin ich auch.» Ryders Augen füllten sich mit Tränen.

«Gehen Sie ins Bett.»

«Ich will nur noch rasch nach Mutter sehen. Sie muß inzwischen aufgewacht sein.» Ryder drehte am Türgriff. «Seltsam. Er klemmt.» Sie versuchte es noch einmal. «Ich glaube, die Tür ist verschlossen.»

«Das kann nicht sein.»

«Aber es ist so.» Sie rüttelte am Türgriff. «Mummy! Mummy!»

Keine Antwort. Sie bückte sich, um durch das Schlüsselloch zu spähen, aber es war verstopft. «In Vaters Arbeitszimmer ist ein Ersatzschlüssel.» Sie raste hinunter. Als sie zurückkam, hielt Mrs. Trumpet Leo von der Tür fern. Während Ryder den Schlüssel umdrehte und die Tür öffnete, lief ihr in furchtbarer Vorahnung eine Gänsehaut den Rücken hinunter.

Ihre Mutter lag gegen die pfirsichfarbenen Satinkissen gelehnt. Sie hatte die Augen geschlossen, den Mund geöffnet, und ihre rechte Hand umklammerte ein leeres Tablettenröhrchen. Hätte ihre Haut nicht so seltsam pergamenten ausgesehen, so hätte man meinen können, sie würde friedlich schlafen.

Carrie Hardings Selbstmord erschien in den Mittagsnachrichten. Er gab der Geschichte von Geld und Macht eine tragische Wendung. In Brixton wurde Paul Harding vom Gefängnisdirektor informiert, auf Dingwall Court telefonierte Ryder mit ihren Großeltern. Sie war völlig ruhig, bis sie sagen mußte: «Sie hat sich umgebracht.» Die Worte blieben ihr in der Kehle stecken, sie fühlte sich, als wollte sie jemand am Sprechen hindern. Am anderen Ende der Leitung hörte sie ihren Großvater rufen: «Was ist passiert?» Schließlich brachte sie es heraus: «Selbstmord.»

Ihre Mutter hatte drei Briefe hinterlassen, die am Spiegel ihres Schminktisches lehnten. Einen für ihren Mann, einen für Ryder. Den dritten sollte Leo bekommen, wenn er alt genug war, alles zu verstehen. In einem kurzen Moment der Ruhe, der ihr fast unwirklich erschien, las Ryder ihren Brief im Schlafzimmer ihrer Mutter. Gleich sollte der Bestattungsunternehmer kommen. Sie stand am Fußende des Bettes und konnte einfach nicht fassen, was geschehen war. Ihr Leben würde nie wieder sein, wie es war. Es sollte auch nie wieder so sein. Das Gesicht auf den Kissen hatte zwar die Züge ihrer Mutter, die feine Nase und das goldene Haar. Doch das war nicht ihre Mutter. Es war ohne Leben, es war nur eine Hülle.

«Es tut mir leid, daß ich dich allein gelassen habe», flüsterte Ryder, während die Worte des Briefes vor ihren Augen verschwammen.

Ryder, mein Liebling,
gib Dir nicht die Schuld an dem, was passiert ist. Ich weiß, Du wirst es tun. Aber das brauchst Du nicht. Du mußt Dein eigenes Leben leben. Das habe ich heute nacht erkannt – und auch, wie egoistisch ich gewesen bin. Ich habe kein Recht, Dein Glück zu zerstören, nur weil meines zerstört wurde.

Ohne Paul komme ich nicht zurecht. Ich liebe und brauche ihn. Er ist der beste Mann auf der Welt, und ich habe ihn enttäuscht. Er konnte mir nicht vertrauen.

Werde glücklich, mein Liebling. Ich bin glücklicher so. Kümmer dich um Leo, und behalte mich in liebender Erinnerung.

Mummy

Ryder bedeckte ihr Gesicht mit dem Brief, aber weinen konnte sie nicht. Die Gefühle für ihre Mutter waren so tief in ihr vergraben wie die ihrer Mutter für sie. Sie eilte hinunter, lief über die Wiese zur Rosenlaube, weil sie das Mitleid der anderen jetzt nicht ertragen hätte. In der Einsamkeit der Laube las sie den Brief noch einmal vor. Vor einer Woche noch hatte die runde Schulmädchenschrift, die ihr aus diesem Brief entgegensprang, glücklich eine Hochzeitsliste nach der anderen aufgestellt. Plötzlich kam ihr die andere Schulmädchenschrift in den Sinn, die aus dem Schrankkoffer auf Scot's Farm, Helens Schrift.

Am höchsten Zweig der Laube thronte strahlend die letzte Rose des Sommers. Ryder griff danach und verletzte sich die Hand an den Dornen. Der Stiel ließ sich leicht brechen. Geradewegs schleuderte sie die Rose mitten in den schnell dahinströmenden Fluß. Sie glitt davon wie die goldenen Flottillen vom Fox Lake, wie ihre Mutter.

In den Tagen vor dem Begräbnis flüchtete sich Ryder in die Laube, wann immer sie sich von Podmore, Mrs. Trumpet, dem Pfarrer und den unzähligen Vorkehrungen frei machen konnte, die sie wegen ihrer Belanglosigkeit fast erstickten. Adam rief an, doch sie weigerte sich, mit ihm zu sprechen. Alix schrieb, aber sie sandte den Brief ungeöffnet zurück. Adam schickte Blumen, doch sie wies den Floristen an, sie wieder mitzunehmen. Noch nicht mal mit Immy konnte sie sprechen. Sie brachte es einfach nicht fertig, über das Ereignis in der Wohnung zu reden, da es mit dem Tod ihrer Mutter verflochten war – und ihrer eigenen Schuld.

Sie holte ihre Großeltern auf dem Flughafen von Heathrow ab. Dies war ihr erster Besuch in England: Ihr Großvater hatte sich immer geweigert, Dingwall Court zu besuchen. Ryder sah sie zuerst. Ihr Großvater schob das Gepäck durch die Ankunftshalle und wirkte müde und verwirrt, doch fest entschlossen, es nicht zu zeigen. Sie eilte zu ihnen. Ihre Großeltern starrten sie an. Schließlich sagte ihr Großvater: «Das ist tatsächlich unsere Ryder. Wie du dich verändert hast. Du könntest ja fast deine Mutter sein.» Er schloß sie in seine Arme. Seine Jacke roch nach Tabak und Getreide, nach Scot's Farm. Die Erinnerung daran trieb Ryder die Tränen in die Augen. Sie wischte sie mit dem Handrücken weg. All die einsamen Tage hätte sie weinen können, doch ausgerechnet jetzt brachen die Dämme.

Als ihre Großeltern Griffiths und den Rolls sahen, wurden sie unruhig. Doch als sie Dingwall Court erblickten, waren sie sprachlos. Schließlich brachte ihre Großmutter heraus: «Carrie hat mir zwei Bilder geschickt, aber ich wußte nicht, daß es ein Schloß ist.»

«Bezahlt mit unehrenhaft verdientem Geld!» Ihr Großvater stieg aus dem Auto und wehrte Griffiths' Hilfe ab. «So alt bin ich nun auch wieder nicht, mein Sohn.»

Ryder machte sie mit Mrs. Trumpet bekannt, dann brachte sie sie eilig die Treppen hinauf und redete ununterbrochen, damit ihr Großvater keine Gelegenheit hatte, seine Meinung über ihren Vater zu verkünden. Nicht, solange ihr Vater auf seine kahlen Zellenwände starrte. «Wir haben euch in der blauen Suite untergebracht», sagte sie. «Sie hat einen schönen Blick über den Park auf die Themse.» Sie öffnete die Tür zu einem geräumigen Zimmer. Darin stand ein Himmelbett mit hellblauen Moirévorhängen, die zu den Vorhängen am Fenster paßten. Dahinter war der Balkon in blaßgoldenes Oktoberlicht getaucht.

«Hat Carrie das alles ausgesucht?» Ihre Großmutter ließ sich behutsam auf dem Fußende des Bettes nieder und rieb die Moiréseide zwischen ihren Fingern. «Das muß ein Vermögen gekostet haben.»

«Sie hatte einen wunderbaren Geschmack. Schau mal! Hier ist ein Exemplar von *Haus und Garten*. Darin ist ein Artikel über Dingwall Court. Hier ist sie, in diesem Zimmer.»

Sie starrten auf das Foto: Ihre Tochter saß am Fußende des Bettes, die schlanken Beine übergeschlagen, das goldene Haar hob sich wie eine Gloriole gegen die blauen Vorhänge ab.

«Ich würde gerne das Zimmer sehen, in dem sie gestorben ist», flüsterte ihre Großmutter.

Ryder führte sie den Flur hinab und öffnete die Tür. Ihre Großeltern blieben auf der Schwelle stehen und starrten in das pfirsichfarbene Boudoir. Es kam Ryder in den Sinn, daß sie noch nie ein solches Schlafzimmer gesehen hatten, außer im Film. Auf Scot's Farm waren Schlafzimmer Räume, in denen geschlafen wurde.

«Gehören die ihr?» Ihre Großmutter ging zum Schminktisch hinüber und berührte die Haarbürsten mit den Elfenbeingriffen. Sie hob eine an ihren Kopf, als wollte sie sie benutzen, doch dann ließ sie sie ehrfürchtig wieder sinken. «Ist Carrie in diesem Bett gestorben?» fragte sie.

«Ja.»

Sie nahm ein Satinkissen und weinte still hinein. «Kann ich eins davon haben?»

«Du kannst sie alle haben.»

«Nein. Nur eins. Zur Erinnerung.» Sie hob es an ihr runzliges, tränenverschmiertes Gesicht. «Meine Tochter ist jemand geworden, den ich nie kennengelernt habe, und nun ist es zu spät dafür.»

Das Begräbnis sollte in der nahe gelegenen Dorfkirche stattfinden, wo der freundliche Pfarrer sich bereit erklärt hatte, für Carrie Harding eine vollständige Trauerfeier abzuhalten. «Ich glaube, Ihre Mutter war nicht im Vollbesitz ihrer geistigen Kräfte, als sie sich das Leben nahm», versicherte er Ryder.

Die Kirche war winzig, und Ryder hatte bestimmt, daß die Beerdigung nur im kleinsten Kreis stattfinden sollte. Aber das hatte die Reporterscharen nicht von der Hoffnung abgebracht, Paul Harding in Handschellen zu Gesicht zu bekommen.

Es nieselte, als Ryder und ihre Großeltern eintrafen. Von den Eiben auf dem Friedhof fielen Tropfen herab. Die Grabsteine ragten dunkel und düster aus dem feuchten Gras. Ryder und ihre Großeltern folgten dem Sarg, der mit Rosen in Carrie Hardings Lieblingsfarben geschmückt war: gelb, weiß und rosa. Ryder bemerkte, daß die Kirche voller Leute war, aber sie konnte sie nicht im einzelnen erkennen. Die Gesichter verschwammen vor ihren Augen. Eine klauenartige Hand griff aus einem Rollstuhl nach ihr. Sie war Lady Heythorp so dankbar, daß ihr die Worte fehlten. Doch dann erstarrte sie. Im hinteren Teil der Kirche, halb verborgen von einer Säule, sah sie Immy, Adam und Alix.

Ihr Vater saß ganz vorn, war mit Handschellen an einen Officer gefesselt. Er hielt den Kopf gesenkt. Als Ryder bei ihm angekommen war, streckte sie die Hand aus, um ihn zu trösten, aber er sah nicht auf, obwohl er wissen mußte, daß sie es war. Sie fühlte, wie alle Blicke auf sie gerichtet waren, errötete und zog ihren Arm zurück. Seine Ablehnung war unmißverständlich und öffentlich gewesen.

Dann standen alle auf, um das erste Kirchenlied zu singen: «Alles Schöne hier auf Erden». Ryder hatte es ausgewählt, aber sie spürte die Mißbilligung ihres Vaters, weil das Lied solch kindliche Begeisterung verströmte. Unglücklich starrte sie auf den Sarg. Wieder einmal hatte sie bei ihrer Mutter etwas falsch gemacht. Sie hatte versagt, sogar jetzt, bei diesem letzten Dienst. Doch plötzlich wußte sie, warum sie gerade dieses Lied ausgesucht hatte. Ihre Mutter war strahlend und wunderschön gewesen und kindlich, trotz ihrer Kultiviertheit.

Die Totenmesse war schnell vorbei. Ryder wollte rufen: «Nein, noch nicht. Nehmt sie noch nicht fort», aber sie konnte nur schweigend zuschauen, wie der Sarg an ihr vorübergetragen wurde. Die frisch ausgehobene Grube im Friedhofsrasen wirkte auf Ryder wie eine Wunde. Der Nieselregen war zu einem richtigen Regen geworden, und kleine Bäche liefen die Erde hinunter in das gähnende Loch. Ihr Vater wurde auf die eine Seite des Grabes geführt, Ryder und ihre Großeltern standen auf der anderen.

«... Erde zu Erde, Asche zu Asche, Staub zu Staub ...»

Der Pfarrer schwieg und nickte ihrem Vater zu. Dieser bückte sich und nahm eine Handvoll Erde. Der Gefängniswärter war gezwungen, sich auch zu bücken. Ihr Vater hielt die feuchte Erde in seiner Hand und ließ sie dann durch seine Finger rinnen. Sie fiel mit kleinen, dumpfen Schlägen auf den Sarg. Einen Moment blieb Paul Harding stehen und starrte auf den Sarg seiner Frau, dann wandte er sich an Ryder: «Warum ist Leo nicht hier?»

«Er ist zu jung.»

«Und wer hat das entschieden?» fragte er höhnisch zu seinem Schwiegervater hinüber.

«Das war ich», sagte Ryder und trat zwischen sie. «Ich treffe jetzt die Entscheidungen für ihn. Ich bin die einzige, die er noch hat.»

Mr. Podmore kam am nächsten Morgen, während sie noch beim Frühstück saßen. Als Ryder sich erhob, um ihm in den Salon zu folgen, sagte ihr Großvater: «Setz dich! Ich werde mit dem Anwalt sprechen. Das haben deine Großmutter und ich gestern nacht beschlossen.»

«Aber du weißt nicht, wie das alles in England funktioniert.»

«Verhandlungen mit einem Anwalt sind keine Aufgabe für eine junge Lady», antwortete er in scharfem Ton.

«Ich wollte nicht undankbar klingen.» Ryder ging zur Tür. «Warum sprechen wir nicht alle mit ihm?»

Podmore stand am Fenster und putzte sich die Brille. «Ah, Miss Harding! Und Mr. und Mrs. Milne. Es tut mir leid, daß ich stören muß, aber ich dachte, Sie möchten wissen, woran Sie genau sind. Daher habe ich das Testament Ihrer Mutter mitgebracht.» Er setzte sich auf einen Stuhl mit hoher Lehne und öffnete die Aktentasche auf seinen knochigen Knien, während Ryder und ihre Großeltern ihm gegenüber auf dem Sofa Platz nahmen.

«Äh... nun... wo haben wir es denn?» Er runzelte die Stirn. «Meiner Tochter Ryder vermache ich alle restlichen Schmuckstücke, meine Kleider und den antiken Schrankkoffer aus Holz.»

«Den Schrankkoffer meiner Großmutter aus Norwegen!» rief ihre Großmutter aus. «Ich habe ihn nicht mehr gesehen, seit Carrie Prairieville verlassen hat. Ich kann nicht glauben, daß sie von uns gegangen ist.»

Ryder beeilte sich, die eintretende Stille zu überbrücken. «Warum schreibt sie ‹die *restlichen* Schmuckstücke›?»

«Ich fürchte, sie hat alle wertvollen Stücke Ihrem Vater vermacht. Den Diamantring, die Smaragde, ihren Verlobungsring, die Saphire, die Rubine und das antike Perlenkollier. Sie sollen verkauft werden, damit er seine Schulden bezahlen kann.»

«Was ist mit Leo?»

«Er bekommt die Standuhr.»

«Die hat sie von dem Geld gekauft, das wir ihr zur Hochzeit geschenkt haben.» Ihr Großvater schüttelte den Kopf. «Wir waren böse auf sie, weil sie sich geweigert hatte, etwas Praktisches zu kaufen. Sie heiratete einen Mann, der keinen Pfennig hatte, und kaufte sich eine Uhr. Aber das war typisch für Carrie. So hübsch, aber so unpraktisch.» Er blickte auf die luxuriösen Einrichtungsgegenstände des gelben Salons. «Was ist mit all den Sachen hier? Mit diesen Bildern, den Möbeln, dem Silber im Eßzimmer? Ich denke nicht an mich, junger Mann, sondern an meine Enkel.»

Mr. Podmore wurde rot, weil ihn jemand ‹junger Mann› genannt hatte. «Ich bedaure, aber dieses Haus gehört mit allem, was sich darin befindet, zu den Vermögenswerten von Paul Harding, es sei denn, Sie können das Gegenteil beweisen.»

«Wie sieht es mit Bargeld aus? Die Kinder werden etwas brauchen.»

«Mrs. Harding hatte tausend Pfund auf ihrem Bankkonto.»

«Aber ihr verdammter Ehemann war doch Millionär!»

«Mr. Milne, Ihre Tochter benutzte Girokonten und Kreditkarten. Sie brauchte kein Bargeld.»

«Er hatte Angst, ihr welches zu geben, falls sie weglaufen würde. Carrie war mein Lieblingskind, Herr Anwalt. Ein Teil von mir starb, als sie diesen... diesen Knastbruder heiratete.»

Podmore konnte gar nicht schnell genug das Haus wieder verlassen. Er war es nicht gewohnt, mit ungeschminkten Gefühlen umzugehen. Als ihn Ryder zur Tür begleitete, sagte er: «Ihr Vater hat Sie zum Vormund von Leo bestimmt.»

«Aber mein Großvater wäre doch viel besser dafür geeignet.»

«Eher hätte Ihr Vater den Jungen in ein Waisenhaus gesteckt.»

«Dann muß ich wohl zustimmen. Was bleibt mir anderes übrig?» Ryder blieb auf der obersten Stufe stehen, während der Anwalt zu seinem Wagen eilte. «Aber ich habe keine Ahnung, wie ich für ihn sorgen soll.»

Podmore gab keine Antwort.

Am selben Abend sagten die Großeltern zu Ryder: «Wir möchten euch mit nach Prairieville zurücknehmen. Debbie und Frankie sind auch dafür. Ihr beide, du und Leo, gehört auf Scot's Farm.»

Sie willigte ein. Es schien ihr die Lösung all ihrer Probleme zu sein. In dieser Nacht träumte sie vom Fox Lake. Doch da waren keine goldenen Flottillen. Der See war zugefroren.

In den darauffolgenden Tagen kamen sich Mrs. Trumpet und Greta Milne näher. Gemeinsam ordneten sie Carries Kleider. Ryder ließ sie dabei allein. Sie spürte, daß ihre Großmutter mit Carries Tod ins reine kommen mußte und daß ihr dies nur gelang, wenn sie jede Einzelheit über ihre Tochter von jemandem erfuhr, der sie als Erwachsene gekannt hatte.

Ryder räumte den Schreibtisch ihrer Mutter auf. Sie fand Rechnungen von Harrods, auf denen in roter Schrift «bezahlt» stand. Dann gab es weiße Karten aus steifem Papier, auf denen exklusive Boutiquen Carrie Harding mitteilten: *Sehr geehrte Mrs. Harding, wir haben ein phantastisches kleines Kostüm hereinbekommen, das Ihnen sicherlich sehr gefallen würde*, und ganze Stapel alter Geburtstagskarten. Ryder fand sogar eine von sich:

Für Mummy
in Liebe von
ihrer Ryder (fünf Jahre)

Sie schloß die Augen und hörte für einen Augenblick ihre Mutter rufen: «Ryder!» Dann klopfte jemand an das Flügelfenster, und Imogen trat ins Zimmer. «Ich mußte kommen», sagte sie. «Ich konnte nicht wegfahren, ohne dich noch einmal gesprochen zu haben.»

Ryder verbarg das Gesicht in ihren Händen und weinte. Sie hatte nicht gemerkt, wie sehr sie ihre Freunde vermißt hatte, obwohl sie es nicht über sich bringen konnte, über Adam und Alix zu sprechen.

Imogen blieb den ganzen Tag. Sie verzauberte Ryders Großeltern, die sie schon einmal im Fernsehen gesehen hatten. «Hast du deinen Vater besucht?» fragte sie Ryder, als sie allein waren.

«Nein. Zuerst wollte er uns nicht sehen. Jetzt will ich ihn nicht sehen.» Sie schwieg einen Moment. «Danke, daß du mich nicht gebeten hast, Adam und Alix zu verzeihen.»

Immy lächelte traurig. «Versuche, dich daran zu erinnern, wieviel Spaß wir zusammen hatten. Errichte nicht eine Mauer um dich herum. Es ist so schwer, sie wieder niederzureißen.»

Ryder zuckte mit den Schultern. Für Immy lief ja alles gut. Sie war nicht so verletzt worden.

Die unteren Schubladen im Schreibtisch ihrer Mutter waren voll mit Briefen und Fotografien, alle in einem heillosen Durcheinander. Hier ein Foto von Leo mit einem Monat, da eins von Ryder und Leo. Paul 1951, dem Jahr, in dem sie geheiratet hatten. Paul und George auf Capri. Ihre Mutter in einem taillierten Hochzeitskleid aus Brokat mit Brautjungfer und einem kleinen Jungen, der sich an ihren Rocksaum klammerte. Das war Patrick Broughton, 1951. Er trug einen Matrosenanzug. Sein dunkles Haar war zerzaust, und seine dunklen Augen blickten verschmitzt in die Kamera. Sie fühlte ein dringendes Bedürfnis, ihm das Bild zuzusenden, mit der Bemerkung: «Sie haben sich nicht verändert.»

Irgend etwas hinderte sie daran, die Schublade richtig zu schließen. Sie zog sie ganz heraus und bemerkte, daß ein Stück Papier sich an einer Ecke festgeklemmt hatte. Es war eine halbe Seite vom Basildon-Bond-Briefpapier ihres Vaters, der Teil eines Briefes in seiner Schrift.

Es tut mir leid, daß Du das mit Sonia Bassingham herausgefunden hast, aber Du hast keinen Grund zur Eifersucht. Ich habe mit ihr Schluß gemacht, als ich Dich kennenlernte. Ich verspreche Dir, daß ich nie untreu war. Du bist mal wieder grundlos eifersüchtig. Ich liebe Dich, Carrie. Du bist meine Frau. Bitte, komm nach Hause.

Ryder starrte aus dem Flügelfenster zur Rosenlaube hinunter. War Eifersucht der Schlüssel, um ihre Mutter zu verstehen?

Kapitel 12

Ihr Grossvater sass auf dem Platz ihres Vaters am Kopf des Tisches, als Ryder zum Frühstück erschien. «Du hast dich ja so feingemacht. Wo willst du hin?» fragte er.

«Ich besuche Vater», sagte sie so beiläufig wie möglich.

Er ließ seinen Löffel mit den Cornflakes sinken. «Dazu hast du keine Zeit. Wir reisen morgen ab.»

«Ich muß ihn sehen.»

«Ryder, wir hatten uns doch geeinigt: kein Kontakt mit ihm!»

«Ich habe meine Meinung geändert.» Sie langte nach einem Stück Toast.

«Warum, zum Teufel?»

«Weil er mein Vater ist. Mutter hätte es so gewollt.» Sie schwieg einen Moment. «Und ich will es auch!»

Die Fahrt nach London ließ Ryder an Adam denken. Wie oft waren sie durch den Sonntagabendverkehr im Schneckentempo Richtung Innenstadt gekrochen, seine Hand hatte zärtlich auf ihrem Schenkel gelegen – und die ganze Zeit hatte er gewünscht, sie wäre Alix! Sie drehte das Radio an, um sich abzulenken. Ein Mann sagte gerade:

«Ich bin sechzig, und meine liebe, alte Mutter ist jetzt neunzig...» Sie drehte es wieder aus. Wie konnte dieser Mann mit sechzig noch eine Mutter haben, wenn ihre schon tot war?

Sie folgte der südlichen Umgehungsstraße durch Clapham nach Brixton, fuhr durch Straßen mit roten, viktorianischen Backsteinhäusern, die von staubigen Ligusterhecken umgeben waren. Das Gefängnis lag ein wenig zurückgesetzt von der Straße und war verdeckt durch eine Ansammlung Wohnhäuser, Garagen und Cafés. Sie parkte auf der gegenüberliegenden Seite von Brixton Hill, in einer friedlichen Vorortstraße. Ein Mann führte seinen Hund spazieren, zwei andere hielten ein Schwätzchen. Ein Mädchen in ihrem Alter kam aus einem Haus und rief: «Mum!»

Ryder eilte weiter.

Sie sah ein Schild, auf dem *Staatsgefängnis. Keine Durchfahrt* stand. Es fröstelte sie. Das Gefühl verstärkte sich, als sie die lange, gerade Straße neben der Mauer mit dem Stacheldraht hinaufging. Neben dem Haupteingang lungerten ein paar Leute herum. Drei Gefängniswärter mit Bomberjacken über der Uniform klimperten mit den Schlüsseln in ihren Hosentaschen. Eine kleine, alte Dame weinte still in einen Teebecher vom Imbißstand vor dem Gefängnis. Neben dem Besuchereingang zog eine stark geschminkte, junge Frau nervös an einer Zigarette, während ihre Begleiterin einen Knutschfleck mit Abdeckstift übermalte. Mit geübtem Straßenmarktblick taxierten sie Ryders Stiefel und Mantel aus Leder. Ryder wünschte, sie hätte etwas weniger Teures angezogen.

Am Besuchereingang nahm ein Officer ihren Namen auf. «Ich kann ihn doch sehen, oder?» fragte sie.

«Das hängt von ihm ab. Einer der wenigen Vorteile hinter Schloß und Riegel ist der, keine Verwandten sehen zu müssen.»

Ryder drückte sich in der Eingangskabine herum. Fünf Minuten vergingen. Zehn Minuten. Eine Frau trat ein und zog einen kleinen Jungen hinter sich her. Als er näher kam, konnte Ryder sehen, wie Läuse über seine Kopfhaut liefen. Eilig trat sie vor die Tür. Das Mädchen mit dem Knutschfleck rieb immer noch seinen Hals.

«Acht Jahre sind acht Jahre, und ich bin doch keine gottverdammte Nonne.» Sie holte ihren Besucherschein hervor und ging hinein. Noch mehr Frauen trafen ein, einige mit Kindern, viele allein. Ein trauriger Zug bewegte sich da rasch die Gefängnismauer entlang: jämmerliche Gestalten mit schwarzen, engen Röcken, die sich die Schenkel hinaufzogen, mit neuen, hochhackigen Schuhen, die die Füße malträtierten, und billigem Parfüm, das die feuchte Morgenluft schwängerte.

«Harding! Ihr Passierschein.»

Ryder trat durch eine Reihe verriegelter Türen. Ein Geruch von Schweiß und heißen Radiatoren und das billige Parfüm des Mädchens mit dem Knutschfleck hingen in der Luft. In einem Vorraum fragte man sie, ob sie etwas zu essen oder zu trinken mitgebracht habe. Sie schüttelte den Kopf. Der Wärter winkte sie in den Besucherraum durch. Am Eingang blieb sie stehen und wischte sich nervös die Hände am Mantel ab. Sie sah lange Tische mit Stühlen an zwei Seiten: die eine Seite für die Besucher, die andere für die Häftlinge. Einen Moment lang konnte sie ihren Vater nicht sehen, zu sehr war ihr Blick gefesselt von den vergitterten Fenstern und den Wache stehenden Wärtern. Dann hob ihr Vater die Hand und winkte.

«Das ist aber eine Überraschung!» Er wies auf einen Stuhl. «Ich dachte, dein ausbleibender Besuch sei darauf zurückzuführen, daß du in den Flitterwochen bist und erleichtert, nicht mehr den Namen Harding zu tragen.»

«Ich werde nicht heiraten. Und das weißt du auch.» Steif ließ sie sich auf dem Stuhl nieder. «Ich werde mit Leo nach Prairieville gehen.»

«Natürlich!» Er lachte kurz auf. «Ich nehme an, Adam war nicht begeistert von der Idee, Korn zu dreschen, wo er doch geplant hatte, die Tochter eines reichen Mannes zu heiraten.»

Ryder umklammerte den Griff ihrer Tasche so fest, daß ihre Fingerknöchel weiß wurden. «Adam hat mich nicht fallengelassen, weil ich kein Geld mehr habe. Er hat mich mit Alix betrogen. Jetzt weißt du es und kannst spotten, soviel du willst.»

Er griff nach ihrer Hand. «Es tut mir leid. Das war grausam von mir. Aber ich bin hier eingesperrt, werde vor Langeweile fast verrückt, frage mich, warum du nicht kommst, und sage mir, daß es für dich nicht den geringsten Grund gibt zu kommen.»

Sie erzählte ihm, wie es auf Dingwall Court lief und wie sie die Hinterlassenschaft ihrer Mutter geordnet und zusammengepackt hatten.

«Wie geht es Leo?» fragte er.

«Er kann nicht verstehen, was passiert ist.»

«Ich bin sicher, dieser alte Eiferer Dan Milne wird ihn aufklären. «Nun, mein Sohn, du weißt ja, daß die Guten immer über die Bösen siegen? Also, dein Vater ist im Gefängnis, weil er ein Böser ist.»

Die Nachahmung ihres Großvaters war so gelungen, daß sie wider Willen lachen mußte.

Die Gefängniswärter blickten zu ihr hinüber. Eine Frau am Nebentisch begann zu weinen. Ryder lehnte sich vor. «Was ist zwischen dir und George Broughton vorgefallen?» fragte sie.

«Warum fragst du?»

«Patrick Brendan ist sein Sohn.»

«Der Polospieler.» Er ließ seine Fingergelenke knacken. «Ich wußte, daß irgend etwas mit ihm nicht stimmte.» Er dachte einen Moment nach, dann blickte er Ryder in die Augen. «George war ein Idealist, genau wie ich – früher! Wir glaubten, für eine bessere Welt zu kämpfen. Aber das Leben nach dem Krieg war einfach nur mörderisch. Ich überredete ihn, mit mir zusammen eine Option auf eine kriegsbeschädigte Immobilie zu erwerben. Dann klagten wir auf Schadensersatz. So liefen die Dinge damals. Unser Plan war, das Gebäude zu sanieren, zu verkaufen und dann das nächste zu kaufen. Aber unser Prozeß dauerte und dauerte. Der Kauftermin rückte näher. Wir riskierten, unsere Anzahlung zu verlieren. Also nahm ich Georges Kriegsversehrtenentschädigung und trieb den Prozeß mit Bestechungsgeldern voran. Das tat ich für uns beide, für ihn und mich. Nicht nur für mich. Drei Jahre später fand er es heraus. Er sagte, daß er lieber arm als unehrenhaft wäre und mich nie wiedersehen wolle. Eine Stunde später fuhr er gegen eine Brücke. Ich habe ihn nicht umgebracht. Das Leben war es.» Er schwieg und runzelte die Stirn. «Als er starb, habe ich Bailing Airfield auf deinen Namen überschrieben. Es ist überhaupt nichts wert, aber wenn du nach England zurückkommst, dann fahr mal hin und sieh dir an, wo George und ich stationiert waren.»

Sie saßen schweigend da, bis Ryder hervorstieß: «Was ist mit Mutter? Hat das Leben auch sie umgebracht? Du… hast gar nicht nach ihr gefragt. Willst du denn überhaupt nichts wissen?»

«Nein! Sie hat mir nicht zugetraut, aus diesem Schlamassel herauszukommen. Sie konnte nicht warten.» Seine Stimme hob sich. «Ich hätte auf sie gewartet.»

«Du hast kein Recht, wütend zu sein. Sie war verzweifelt.»

«Ich bin wütend auf mich selbst.» Er stand abrupt auf. «Ich nehme an, du bist nur ihretwegen gekommen.»

«Nein», flüsterte sie, und die Worte blieben ihr vor hilflosem Schmerz fast in der Kehle stecken. «Nicht nur ihretwegen.»

Kapitel 13

Minnesota

Debbie holte sie vom St.-Paul-Flughafen in Minneapolis ab. Sie stürzte über den Terminal auf sie zu, immer noch dasselbe fröhliche Mädchen mit den blonden Haaren und dem strahlenden Lächeln. Als sie Ryder erblickte, blieb sie abrupt stehen. «Bist du's, oder bist du's nicht?»

«Du siehst doch: Ich bin ein Geist!»

«Du wirkst so großstädtisch.» Debbie sah an ihr hoch und runter, erfaßte ihre enge, cremefarbene Cordhose, die in Lederstiefeln steckte, und ihren leger über die Schultern geworfenen Trenchcoat. «Ich hätte mich auch zurechtmachen sollen, aber ich mußte Rudy noch bei Mom vorbeibringen. Es ist das erste Mal, daß sie mir angeboten hat, auf ihn aufzupassen, und ich wollte nicht zu spät kommen.»

Ryder nahm sie bei den Schultern und zog sie an sich. «Morgen erscheine ich auch in Jeans.»

Um zu Scot's Farm zu gelangen, mußten sie eine dreiviertel Stunde Richtung Süden fahren. Ihre Großeltern und Leo saßen auf dem Rücksitz, so daß Debbie und Ryder vorne ungestört miteinander schwatzen konnten.

«Es tut mir leid wegen deiner Eltern», sagte Debbie. «Es muß hart für dich gewesen sein.»

«Aber du hast auch keine leichte Zeit hinter dir.»

«Am schlimmsten war es, als ich Carl verließ. Mom wollte mich nicht zu Hause haben und behauptete, unsere Großeltern seien gegen eine Scheidung. Das war eine glatte Lüge! Also suchte ich mir ein Zimmer am Stadtrand. Etwas anderes konnte ich mir nicht leisten. Ich hatte kein Telefon und kein warmes Wasser. Eines Tages tauchte Grandpa auf. Er war so schockiert, daß er mich auf der Stelle die Koffer packen ließ und mich zu Scot's Farm zurückbrachte. Wir haben die kleine Scheune zu einer Wohnung für Rudy und mich umfunktioniert. Du wirst sie mögen. Ich jedenfalls liebe sie.»

Ryder preßte die Nase ans Fenster und suchte die Landschaft nach vertrauten Merkmalen ab. Sie war so flach, so karg. Sie hatte tatsächlich vergessen, wie karg das Land war, oder lag es daran, daß sie die Zeitspanne von Frühling bis Herbst hier erlebt hatte und nicht diese Wintermonate mit allen Nachwirkungen der Erntezeit?

Kurz vor Prairieville verließen sie die asphaltierte Straße und bogen in den Schotterweg ein, den Ryder vom Fox Lake zurückgeradelt war. Sie hielten vor der Farm, die Debbies Eltern gehörte. Debbies Mutter watschelte grimmig über die Veranda. Sie hatte den schlafenden Rudy auf dem Arm. Debbies Vater folgte. Er war ein liebenswerter Mann mit den markanten Gesichtszügen von Dan Milne, aber leider hatte er keinerlei Persönlichkeit.

«Hallo, ihr beiden.» Er kam zu Ryders Seite des Wagens. «Es tut mir leid wegen deiner Eltern.»

Sie lächelte. «Danke.»

«Was sind wir nur für eine Familie!» Ihre Tante schürzte mißbilligend die Lippen, als sie Debbie ihren Sohn übergab. «Gott weiß, welche Schande wir als nächstes ertragen müssen.»

Debbie fuhr an, bevor Ryder antworten konnte. «Es lohnt sich nicht», sagte sie. «Du kannst ihre Ansichten doch nicht ändern.»

Scot's Farm war kleiner, als Ryder in Erinnerung hatte. Die

Scheune und der Silo schienen näher am Haus zu stehen. Der Schutzwall der Pappeln war nicht ganz so großzügig. Sie dachte an ihre Mutter, die jedes Jahr hierhergekommen, das Ganze wiedergesehen und mit Dingwall Court verglichen hatte. Der Gedanke schnürte ihr die Kehle so sehr zu, daß sie kaum noch Luft bekam.

«Ich weiß, es ist nicht das, was du gewohnt bist.» Ihr Großvater stieg aus dem Wagen und streckte seine Beine. «Zum Teufel, es sieht ja sogar für mich aus, als wäre es geschrumpft.»

«Ich habe Scot's Farm immer geliebt.» Der Rauhreif knirschte unter ihren Schuhen.

«Wir werden die Fassade neu streichen», fuhr er beim Anblick der abblätternden Farbe vom Verandageländer verlegen fort. «Dann sieht es gleich viel besser aus.»

Die Wärme des alten Farmhauses hüllte sie ein. Der Geruch von frischgebackenem Brot drang ihr in die Nase. Sie stand in der Mitte des Wohnzimmers. Sie hatte die Holztäfelung nicht so dunkel und die Möbel nicht so klobig in Erinnerung gehabt. Sie hatte auch vergessen, wie viele Spitzendeckchen überall herumlagen. Es wirkte alles so vollgestopft. Nicht, daß es sie störte. Es fiel ihr jetzt nur auf.

«Wir haben dich in deinem alten Zimmer untergebracht.» Ihre Großmutter lächelte besorgt. «Leo schläft in dem kleinen Zimmer nebenan.»

Ihr Schlafzimmer war so weiß und einfach wie immer, nur lag auf dem alten Eisenbett eine neue, rote Decke, und das Bettgestell, das vormals schon rostige Stellen hatte, schimmerte nun in frischem Rot.

«Grandma hat die Decke im letzten Jahr gemacht.» Debbie schleppte das Gepäck ins Zimmer. «Und ich habe das Bettgestell gestrichen. Ein Foto von einem Haus in Frankreich war meine Vorlage. Das Streichen war das erste positive Erlebnis nach der Trennung von Carl.» Sie ging zum Fenster. «Das ist meine Scheune, und da ist mein Fenster.» Sie drehte sich um. «Ich bin froh, daß du wieder da bist, Ryder. Ich hoffe, du bleibst bei uns.»

«Natürlich bleibe ich.» Ryder starrte auf die kahlen Äste der Pappeln. «Es war immer mein einziger Wunsch, hier zu leben.»

Als Ryder am nächsten Morgen aufwachte, dachte sie einen Moment lang, sie würde träumen. Sie lag ganz still da und ließ ihre Augen im Zimmer umherschweifen, begutachtete alle vertrauten Ecken und Winkel. Dann bewegte sie sich. Sie hatte ein Wimmern gehört, das vom Fußboden vor ihrem Bett zu kommen schien.

Leo lag nur im Schlafanzug auf ihrem Bettvorleger, die nackten Füße hatte er unter seinem Körper verborgen. Er zitterte so stark, daß seine Lippen schon blau angelaufen waren. «Du wirst erfrieren.» Sie zog ihn aufs Bett und wickelte ihn in die Decke. «Du wirst krank werden. Dann kannst du nicht in deine neue Schule gehen und all die netten Jungs treffen, die deine Freunde werden.»

Er starrte sie mit den gleichen blauen Augen, dem gleichen anklagenden Blick wie ihre Mutter an. «Ich will Trumpet.»

«Mrs. Trumpet ist in England.»

«Ich will Mummy.» Er begann zu weinen. «Ich will nach Hause.»

«Mummy ist im Himmel.» Sie zog ihn fester an sich. Er klammerte sich an sie, und sein ganzer Körper zitterte. «Weine nicht», sagte sie. «Bitte!»

Ihre Großmutter öffnete die Tür. Bei ihrem Anblick begann Leo zu schreien. «Aber Leo, Schätzchen, ich bin deine Grandma. Deine Mutter war mein kleines Mädchen.» Sie kam näher. Er schrie lauter.

«Sei still!» rief Ryder. Er hörte auf zu schreien. Sie stand auf, doch er hing wimmernd an ihr. «Ich nehme jetzt ein Bad», sagte sie zu ihm und nahm ihr Handtuch und den Kulturbeutel. «Wenn du mitkommen und mit mir reden willst, dann mußt du versprechen, nicht mehr zu weinen.»

«Aber Ryder, er ist ein Junge.» Ihre Großmutter blickte entsetzt. «Du wirst dich doch nicht vor ihm... ausziehen!»

«Er ist mein kleiner Bruder. Er hat mich schon öfter in der Badewanne gesehen. Er hat auch Mutter im Bad gesehen.»

«Also... wenn er das gewohnt ist, aber... wir sind hier in Prairieville. Hier sind die Leute leicht zu schockieren.»

Debbie kam ins Haus, als sie gerade das Frühstück beendeten. Sie stürmte mit hochroten Wangen vom eisigen Wind herein, das Haar zerzaust, die Jeans zum Zerreißen eng. Sie bediente sich selbst, nahm eine Scheibe Toastbrot, bestrich sie dick mit Butter und Marmelade und schwatzte in einer Tour. «Ja, ja, ich weiß, ich sollte abnehmen. Aber ich bin so hungrig. Ryder, wie bist du so schlank geworden? Du warst früher dicker als ich. Hey, sieht Leo nicht genau aus wie Tante Carrie?» Sie lehnte sich vor. Leo verbarg sein Gesicht in Ryders Armbeuge. «Okay. Dann sprichst du eben nicht mit mir.» Sie wandte sich zu Ryder. «Ich habe heute einen freien Tag. Habe ich dir schon erzählt, daß ich bei *Wise's Wayside* arbeite? Du erinnerst dich doch noch an Susans Vater? Er hat letzten Sommer wieder geheiratet, Mrs. Macdonald. Ihr erster Mann war Besitzer des Flugplatzes. Jetzt schmeißt sein Sohn Teddy das Ganze. Frankie ist jedes Wochenende draußen. Er ist ganz versessen darauf, Pilot zu werden.»

«Was ist mit Susan?» fragte Ryder, als Debbie Luft holen mußte.

«Sie unterrichtet in Minneapolis.»

«Seid ihr noch befreundet?»

«Wir haben uns ein bißchen auseinandergelebt. Ich war im letzten Herbst viel mit ihr zusammen. Jetzt geht sie mit einem Typen, der dichtet. Seine Gedichte werden aber nicht veröffentlicht. Alle Freunde von Susan sind solche Dichter. Ein ganzes Rudel von unveröffentlichten Dichtern! Komm! Ich zeige dir jetzt die Scheune.»

Als Ryder aufstand, umklammerte Leo ihr Bein. «Zeig ihm, wohin ihr geht», sagte ihre Großmutter. «Und dann sag ihm, daß er zurückkommen soll.»

Sie nahmen Leo mit zur Scheune und zeigten ihm die Tiere. Alfie versetzte noch immer das Hühnerhaus in Angst und Schrecken. Das Pony Nancy war mittlerweile im Ruhestand. Zwei Kühe sorgten für Milch, Butter und Käse. Zahlreiche Katzen durchstreiften die Scheunen, zwei davon waren fast noch Kätzchen. «Das rotgetigerte ist Rudys», sagte Debbie und fing ein schwarzes Kätzchen. «Dieses hier kannst du haben.» Sie übergab es Leo.

Er hielt es mit einer Mischung aus Furcht und Faszination im Arm. «Mummy erlaubt mir keine Tiere, weil sie schmutzig sind.» Er ließ das Kätzchen fallen und eilte zum Farmhaus zurück. Dabei rieb er die Hände aneinander, als wären sie voller Staub.

«Dieses Kind braucht mal ein Schlammbad», sagte Debbie und führte Ryder in die Scheune.

Sie bestand aus einem großen Raum, der als Wohnbereich und Küche diente. Eine alte Leiter führte zum Heuboden, wo sich zwei Schlafzimmer befanden. Die Möbel waren aus dem Haupthaus aussortiert worden. Die Betten waren mit Kissen bedeckt und dienten gleichzeitig als Sofas. Das Ganze erinnerte Ryder an die Londoner Wohnung.

«Ich schlafe hier unten», sagte Debbie. «Rudy schläft oben. Das andere Schlafzimmer ist noch ein Chaos. Ich wollte es immer schon mal aufräumen. Tja, es ist zwar nicht elegant, aber mein Zuhause.» Sie glühte vor Stolz.

Am Nachmittag fuhr Debbie mit Ryder nach Prairieville hinein. Es war bitterkalt, und die Straßen waren wie ausgestorben. Ryder dachte an das kleine, belebte Städtchen von ihrem letzten Aufenthalt, das vor Leuten geradezu gewimmelt hatte. Sie hielten vor *Wise's Wayside*. Der Laden war wiederhergerichtet und auf Hochglanz gebracht worden. Dasselbe galt für Mr. Wise. Er bediente hinter der Theke, während Mrs. Wise, eine erbitterte Abstinenzlerin, ihn nicht aus den Augen ließ. Als Debbie und Ryder wieder wegfuhren, mußten sie über die ölige Eiscreme lachen, die im Müllcontainer vor sich hin geschmolzen war.

Sie fuhren zum Fox Lake. Ryder hatte Angst, auch dort alles geschrumpft vorzufinden. Aber der See und seine Insel besaßen immer noch ihre magische Schönheit. Immer noch führte der Holzsteg aufs Wasser hinaus, und die Schindelhäuser am Seeufer zeigten durch die Bäume ihr vertrautes Gesicht. Der einzige Unterschied bestand darin, daß nun Winter war. Die Häuser waren geschlossen, die Bäume kahl, und die Insel, auf der sie sich damals schlank und schön in einem Rehlederkleid gesehen hatte, lag nun öde da und war den Winden ausgesetzt.

Am selben Abend kam Frankie zum Essen. Als Ryder damals nach England zurückkehrte, war er noch ein Junge gewesen. Jetzt besuchte er die letzte Klasse auf der High-School. Mit seinen feingeschnittenen Gesichtszügen und den behenden Bewegungen erinnerte er Ryder so sehr an ihre Mutter, daß sie ihn am Anfang kaum ansehen konnte.

In den folgenden Tagen lebte sich Ryder auf der Farm ein. Sie half ihrer Großmutter im Haus, brachte Leo bei, sich nicht vor den Hühnern zu fürchten, schrieb an Imogen, Mrs. Trumpet und ihren Vater und übernahm mit Leo den Wocheneinkauf im Supermarkt. War sie in London von Regal zu Regal gehetzt, so wandte sie in Prairieville den ganzen Morgen zum Einkaufen auf, denn etwas anderes hatte sie nicht zu tun.

Am ersten Tag der Weihnachtsferien kam Frankie zu ihnen, um die Fassaden aller Gebäude zu streichen. «Laß mich dir helfen», bot Ryder ihm an.

Er lachte von der Höhe der Leiter herunter. «Hast du schon mal ein Haus angestrichen?»

«Nein, aber ich kann es doch lernen. Und ich muß etwas tun, ich kann nicht den ganzen Tag im Haus herumsitzen.»

Er stellte eine zweite Leiter auf und sagte: «Du mußt von einer Seite zur anderen streichen, sonst deckt es nicht anständig.» Er sah zu, wie sie mit der Farbdose in der Hand die Leiter hinaufstieg. «So ist es richtig. Stell sie oben ab. Und jetzt von einer Seite zur anderen.»

Es war kalt draußen, aber sehr belebend. Nach einer halben Stunde mußte sie ihren Pullover ausziehen. Zur Essenszeit war sie erschöpft.

«Hast du genug?» Frankie grinste sie über einem Teller mit dampfendem Eintopf an.

Sie schüttelte den Kopf. Aber am nächsten Morgen waren ihre

Glieder so steif, daß sie kaum aus dem Bett kam. Ihr ganzer Körper von den Schultern bis zum Becken schmerzte. Als sie die Treppe hinunterkam, lachte ihr Großvater leise in seine Kaffeetasse. «Vielleicht solltest du lieber ein bißchen in der Küche beim Backen helfen.»

«Nein danke!» Sie ließ sich umständlich auf ihrem Stuhl nieder und machte sich über die gebratenen Eier mit Speck her.

Als sie gerade fertig war, erschien ihre Großmutter mit mehlbedeckten Händen in der Küchentür und schüttelte mißbilligend den Kopf. «Du wirst nie einen Ehemann abkriegen, wenn du nur Häuser anstreichen kannst», sagte sie.

«Ich will auch keinen Ehemann.» Ryder stürzte ihren Kaffee hinunter. «Von Männern habe ich genug.» Sie zog sich vom Stuhl hoch und humpelte hinaus zum Streichen. Hinter ihrem Rücken hörte sie Leo schüchtern sagen: «Ich helf dir beim Backen.»

Sie brauchten zwei Wochen, um das Haus und die Scheunen zu streichen. Am Tag darauf überraschte sie beim Aufwachen der erste schwere Schneefall, und sie fragte sich, was sie wohl als nächstes tun konnte.

Ryder bekam einen Brief von ihrem Vater. Viel stand nicht darin, außer, daß sein Prozeß wahrscheinlich im Mai stattfinden würde. Aber Ryder war das egal. Für sie zählte nur, daß sie zum ersten Mal in ihrem Leben einen Brief von ihm bekommen hatte.

Beim Abendessen fragte ihr Großvater sie, was in dem Brief stünde. «Nicht viel», antwortete sie und gab die Schüssel mit den Kartoffeln weiter an Debbie.

Er ließ Messer und Gabel sinken. «Meinst du nicht, du solltest ihn mir zeigen?»

Sie starrte ihn an. «Nein!»

Ryder saß vor dem Kamin, ihre Beine hatte sie über die Lehne des Sessels geschwungen. Sie studierte gerade die *Prairieville Gazette*, als ihr Großvater die Treppe hinunterkam. «Wonach suchst du?» fragte er und spähte ihr über die Schulter.

«Ich versuche, einen Job zu finden.»

«Was ist falsch daran, deiner Grandma zu helfen?»

«Ich möchte einen richtigen Job. Ich brauche eine Beschäftigung. Ich kann doch nicht den ganzen Tag hier im Haus herumhängen. In England habe ich auch nicht bei meinen Eltern gelebt, sondern mit Freunden eine Wohnung geteilt. Ich habe gearbeitet und mein eigenes Leben geführt.»

Er ließ sich schwer in den Sessel fallen. «Du hörst dich genau an wie Carrie. Ich schätze, wir müssen uns damit zufriedengeben, daß wir dich diese Wochen bei uns hatten.»

«Ich habe doch nicht gesagt, daß ich weggehe! Zumindest jetzt noch nicht.» Heulend vor Wut stürmte sie die Treppe hinauf.

Debbie lud sie zum Abendessen in die Scheune ein. Beim Kaffee sagte sie: «Warum räumen wir nicht das zweite Schlafzimmer auf, damit du zu uns in die Scheune ziehen kannst?»

«Hat Grandpa mit dir gesprochen?»

«Sie versuchen, die Nähe zu dir zu finden, die ihnen bei deiner Mutter gefehlt hat.»

«Ich weiß.» Ryder seufzte. «Aber sie erdrücken mich. Zum ersten Mal verstehe ich, warum sie gegangen ist.»

Als Leo sah, daß Ryder die rote Decke in die Scheune trug, warf er sich auf den Boden und schrie.

«Hör auf damit!» sagte sie.

Er schrie lauter und traktierte die Holzdielen mit Fäusten und Füßen. Dann nahm er ihren Koffer und kippte den Inhalt auf den Boden.

«Laß das sein!» Sie schlug sein Bein. Er heulte auf.

«Ignorier ihn einfach», rief ihre Großmutter. «Das ist der einzige Weg.»

Leo war mittlerweile dunkelrot im Gesicht und trat gegen die Möbel. Ryder hatte wieder das Verlangen, ihn zu schlagen, aber sie eilte zur Scheune und schloß die Tür hinter sich. Einen Moment später hörte sie ein kratzendes Geräusch. «Rye-rye!»

Sie öffnete die Tür. Dort stand er, mit tränenverschmiertem Gesicht. «Du darfst nur reinkommen, wenn du nicht mehr weinst», sagte sie und gab ihm aus purem Schuldgefühl einen Schokoladenkeks.

«Immer noch keinen Job gefunden?» fragte Debbie, als sie mit Rudy nach Hause kam.

«Kellnern im Seven/Eleven oder halbtags Flaschenabfüllen in der Molkerei.»

Debbie lachte, als sie Ryders gequälten Gesichtsausdruck sah. «Wir sind hier in Prairieville. Hier gibt es keine Möglichkeiten für hochqualifizierte Chefsekretärinnen.»

«Ich will auch keine Sekretärin sein.» Ryder sah zu, wie der Wind den Schnee aufpeitschte, über den Hof blies und ihn gegen das Farmhaus türmte. «Ich will mehr.»

Kapitel 14

Es schneite so heftig an Heiligabend, daß sie nicht zur Christmette gehen konnten. Also sangen sie auf Scot's Farm ihre Lieder vor dem Weihnachtsbaum. Das Zimmer glühte vor Wärme, die Kerzen flackerten, und draußen hatte der heulende Winter die Prärie fest in seinen Klauen.

Ryder wachte vor dem Morgengrauen auf. Sie lag im Bett und beobachtete, wie der Schnee die Fensterscheibe hinunterglitt, weiße Kristalle gegen einen noch dunklen Himmel. Dies war das erste Weihnachten ohne ihre Mutter. Das erste von vielen Weihnachten. Traurigkeit überkam sie. Sie stieg aus dem Bett und öffnete das Fenster. Der Schneesturm schlug ihr ins Gesicht, aber sie schloß das Fenster nicht. Sie streckte ihre Hand hinaus, so weit und hoch, als wollte sie ihre Mutter berühren, die irgendwo da draußen war.

Da stürmte Debbie ins Zimmer. «Was machst du da? Unter deiner Tür kommt der Schnee durch.»

«Tut mir leid.»

«Du weinst ja.»

«Ich wollte, ich wäre in jener Nacht nicht zu Adam gefahren.» Sie lief in die Dusche und hielt ihr Gesicht unter das Wasser.

Debbie und Ryder kochten in der Scheune ein Weihnachtsessen für die ganze Familie, Debbies Eltern eingeschlossen. Sie verbrachten den ganzen Tag damit, den Truthahn vorzubereiten und das Gemüse kleinzuschneiden. Aber das war nicht wichtig. Es gab sowieso nichts anderes zu tun, außer noch einen Tunnel über den Farmhof zu graben, damit ihre Gäste überhaupt zur Scheune gelangen konnten.

Der Sturm flaute am Neujahrstag ab. Die Straße wurde geräumt, Debbie ging wieder arbeiten. Ryder lag mit Imogens letztem Brief voller Tratsch und Klatsch auf den Knien und starrte an die Decke. Mit Immys Karriere ging es steil bergauf. Sie hatte sich ein altes Kutscherhaus hinter Harrods gekauft. Adam war auch eingezogen. Er sprach oft von Ryder. Tony war eifersüchtig. Hetty würde heiraten. Die einzige Person, die Immy nie erwähnte, war Alix, und obwohl Ryder es nie zugegeben hätte, sehnte sie sich danach, etwas von ihr zu hören. Sie haßte sie – aber sie vermißte sie immer noch.

Ryder wartete an der Tür, als Debbie von der Arbeit nach Hause kam. «Kann ich mir dein Auto leihen?» fragte sie. «Nur für eine Stunde.»

«Natürlich – aber wofür denn?»

«Guck dir das mal an!» Ryder wedelte mit der Zeitung vor ihrer Nase. «Prairieville Airfield sucht Verwalter. Persönliche Vorstellung erbeten.»

«Das ist Teddy Macdonald. Seine Mom hat Mr. Wise geheiratet. Teddy ist nett. Als ich schwanger war, war er einer der wenigen, die noch mit mir gesprochen haben. Du brauchst dich nicht persönlich vorzustellen.» Debbie griff nach dem Telefon. «Ich werde ihn anrufen.»

«Nein!» Ryder zog ihr die Hand weg. «Ich möchte das selbst tun.»

«Dann komme ich mit. Schließlich bist du noch nie in den USA Auto gefahren.»

«Wenn du mir dein Auto nicht leihen willst, laufe ich eben.» Ryder ging die Treppen hinauf. Dann wandte sie sich um. Debbie sah sie an und versuchte erst gar nicht zu verbergen, wie gekränkt sie war. «Du hast mir gesagt, daß das erste positive Erlebnis nach deiner Trennung von Carl war, das Bettgestell zu streichen», sagte Ryder. «Wenn ich nicht irgend etwas selbst zuwege bringe, und zwar bald, dann werde ich nie wieder den Mut dazu haben.»

Als sie mit einem engen, schwarzen Rock, geschminkten Lippen und zurückgekämmten Haaren in den Wohnbereich hinunterkam, händigte Debbie ihr die Schlüssel aus. «Ich schätze, ich bin einfach eifersüchtig», sagte sie. «Du wirst neue Freunde finden und mich dann nicht mehr brauchen.»

«Die neuen Freunde können auch deine Freunde sein.»

«Das hat Susan auch gesagt.»

«Mach dir keine Sorgen, ich steh nicht auf verkannte Dichter.»

Sie schaffte es mit einigen Schwierigkeiten, den Wagen in Gang zu bringen. Schwerfällig bewegte er sich über den Farmhof, die Hinterreifen drehten auf dem Eis durch. Als sie am Hühnerhaus vorbeifuhr, ertönte ein furchtbares Krähen. Sie fragte sich, ob sie Alfie erwischt hatte, wagte aber nicht anzuhalten.

Der Flugplatz lag im Süden von Prairieville. Sie brauchte eine Stunde dorthin. Die Schneeketten bissen sich ins Eis, der Wind lud den Schnee so schwer gegen ihre Windschutzscheibe, daß ihre Scheibenwischer nur mit Mühe funktionierten. Sie war verrückt, schlicht und einfach verrückt! Aber in Hochstimmung. Sie parkte neben dem einzigen Terminal. Er lag im Schatten des Hangars und war kaum mehr als eine Baracke. Drinnen brannte Licht. Sie zog die Schultern hoch und kämpfte sich durch den Wind bis zur Schwingtür.

«Hallo!» Ein großer, junger Mann mit hellem Haar saß auf einem Schreibtisch und baumelte mit den Beinen. «Was kann ich für Sie tun?» Er hatte ein pausbäckiges, freundliches Gesicht und ein verbindliches Lächeln.

«Ich komme wegen des Jobs.»

«Sie müssen Debbies Cousine sein. Ich erkenne Sie am englischen Akzent. Teddy Macdonald.» Er stand auf und streckte seine Hand aus. «Aber warum haben Sie nicht angerufen?»

«Ryder Harding.» Sie schüttelte seine Hand. «In der Zeitung stand: persönliche Vorstellung.»

«Okay, der Job gehört Ihnen. Es kommt eh sonst niemand vorbei. Kaffee?»

«Ja, danke.» Sie folgte ihm zur Küchenzeile im hinteren Teil. Dort herrschte das Chaos. Halbvolle Milchbehälter, dreckige Kaffeebecher, Lieferscheine und Rechnungen besetzten jede freie Stelle. «Warum kommt sonst niemand?»

«Weil ich nicht viel bezahlen kann. Zumindest zur Zeit nicht. Ich muß erst den Flugplatz wiederherrichten. Außerdem brauche ich jemanden, der auch an den Wochenenden arbeitet. Da haben wir nämlich am meisten zu tun. Montags ist hier geschlossen.» Er goß kochendes Wasser über den Instantkaffee. «Und normalerweise wollen Mädchen da arbeiten, wo andere Mädchen sind, damit sie über Jungens und Kochrezepte reden können.»

Ryder lachte. «Ich nicht.»

Zwei Tage später fing sie an. Ihr Großvater lieh ihr den alten Kleinlaster, und so bog sie röhrend mit höchstens zehn Meilen die Stunde und schwarzem Rauch, der aus ihrem Auspuff quoll, auf den Flugplatz ab.

Teddy erschien in der Tür. «Ich dachte, jemand würde auf dem Terminal landen.»

Weil Debbie sie vorgewarnt hatte, trug sie warme Kleidung, ihre cremefarbene Cordhose und einen schweren, irischen Wollpullover. Als sie an Teddy vorbeiging, sah er sie von der Seite an, doch sie gab vor, es nicht zu bemerken.

«Was sind meine Aufgaben?» fragte sie, nachdem er sie zu einem Schreibtisch geführt hatte, auf dem sich eine kleine Telefonanlage und haufenweise Papiere befanden.

«Das Telefon bedienen, auf Anfrage den Wetterbericht durchgeben. Du kannst ihn vom Fernschreiber ablesen. Wir sind der einzige Flugplatz im Umkreis, der ständig den aktuellen Wetterbericht hat. Daher fragen viele bei uns an.»

«Was ist mit all den Papieren hier?»

«Räum sie auf, wenn du Lust hast.»

«Schön. Soll ich zuerst ein bißchen Kaffee machen?»

Er schenkte ihr sein breites, unbedarftes Lächeln. «Tu, was immer du willst. Von dem Papierkram habe ich keine Ahnung. Ich kenn mich nur mit dem Fliegen aus.»

Ryder ging zur Küche. Sie sah aus, als hätte sie ein Wirbelsturm heimgesucht. Sie krempelte die Ärmel auf und begann mit der Arbeit, schaufelte alle leeren Kartons und Dosen in Plastiksäcke, schrubbte die Spüle sauber und spülte Unmengen von schmutzigen Bechern. Teddy kam zur Küchentür, als sie gerade den Kühlschrank auswischte. «Du brauchst das nicht alles zu machen!» sagte er. «Lisa hat das nie getan.»

«Wer ist Lisa?»

«Oh...» Er wurde rot. «Sie hat hier bis Weihnachten gearbeitet.»

In der obersten Schublade von Ryders Schreibtisch befanden sich drei Exemplare von *Wahre Liebe* und ein halb fertiggestrickter rosa Flauschpullover mit kleinen Pailletten rund um den Halsausschnitt. Sie verfrachtete alles in die unterste Schublade.

Das Telefon läutete. Sie meldete sich: «Flugplatz Prairieville, guten Morgen.»

«Wie ist das Wetter nordöstlich der Zwillingsstädte?»

«Oh... meinen Sie Minneapolis und St. Paul?»

«Sie müssen Dan Milnes Enkelin sein.»

Teddy sah auf den Fernschreiber und übernahm. «Es ist besser, du lernst, wie man ihn liest», sagte er danach.

Die Maschine spuckte unablässig meteorologische Informationen direkt aus Minneapolis aus. Er zeigte auf verschiedene Symbole. «Temperatur, Schneehöhe, Prognose, Windgeschwindigkeit und Windrichtung. Hier haben wir eine Warmluftfront. Die wird uns noch mehr Schnee bringen. Und hier ist immer der neueste Bericht über den Zustand aller Flugplätze der Region.»

Das Telefon läutete wieder. Teddy nickte Ryder zu. Sie nahm ab.

«Ich will einen Patienten nach Rochester fliegen», sagte eine

Männerstimme. «Er läßt sich in der Mayo-Klinik durchchecken. Ist deren Flugplatz geräumt?»

Sie sah auf den Fernschreiber. «Die Start- und Landebahn in Rochester ist vor einer Stunde geräumt worden.»

«Sie müssen Carries Tochter sein. Ich bin Dr. Jeff. Wir haben uns kennengelernt, als Sie in den Ferien hier waren. Die Sache mit Ihrer Mutter tut mir sehr leid.» In seiner Stimme war ein besonderer Unterton. Ryder erinnerte sich daran, daß er früher ihre Mutter geliebt hatte.

Sie verbrachte den restlichen Tag damit, Teddys unbezahlte Rechnungen und die Rechnungen des Flugplatzes für Benutzung der Landebahn, Auftanken und Warten – seine Einkünfte – auseinanderzusortieren.

«Kein Wunder, daß du knapp bei Kasse bist», teilte sie ihm schließlich mit. «Du hast noch nie eine Rechnung geschrieben.»

«Wie war's?» fragte Debbie, die gerade das Abendessen für Rudy und Leo kochte, als Ryder nach Hause kam.

«Interessant.» Sie ließ sich aufs Sofa fallen. «Aber anstrengend.»

«Ich kann nicht glauben, daß Teddy dich derartig rannimmt.»

«Das Ganze ist ein Chaos. Diese Lisa, die bis Weihnachten dort gearbeitet hat, muß ihre ganze Zeit mit Stricken zugebracht haben.»

«Sie ist Teddys Freundin. Sie gehen seit der High-School miteinander.» Debbie trat näher an Ryder heran und senkte die Stimme, so daß die Jungen sie nicht hören konnten. «Sie ist nicht gerade meine beste Freundin. Aber Teddy ist irgendwie süß, findest du nicht?»

«Zu unbedarft.»

«Magst du sie lieber schmutzig und verkommen?»

Patrick Brendan kam Ryder in den Sinn. «Nicht schmutzig. Aber ein bißchen verrucht.»

Am Wochenende hörte es auf zu schneien. Die Sonne strahlte aus einem tiefblauen Himmel, und der beißende Wind flaute ab. Teddy räumte mit dem Schneepflug die Landebahn, während Frankie den Streudienst übernahm. Ryder beobachtete die beiden von der Treppe des Terminals, mit einem Becher Kaffee in ihren behandschuhten Händen. Das Telefon ging. Widerstrebend tauschte sie den strahlenden Morgen gegen das stickige Innere des Terminals ein.

«Wo ist Teddy?» fragte eine trotzige Mädchenstimme.

«Er ist draußen mit dem Schneepflug zugange.»

«Hier ist Lisa. Ich will mit ihm sprechen.»

Sie ging hinaus. Teddy parkte gerade den Schneepflug. «Lisa ist am Telefon», rief sie.

Er sprang aus dem Fahrerhäuschen. «Frauen!»

Sie lachte. «Männer!»

«Das klang aber verbittert», sagte er und trampelte sich die Schneereste von den Stiefeln.

«Nicht verbittert – aber bedient.»

Ein Dutzend kleiner Flugzeuge landete an diesem Tag in Prairieville. Frankie hielt die Landebahn frei von Schnee, Teddy redete mit den Piloten übers Fliegen, Ryder trug die Landungen und Tankfüllungen in ihr Rechnungsbuch. Es machte Spaß. Sie lernte runzlige, alte Farmer kennen und weniger runzlige junge, die zum Auftanken hier eine Zwischenlandung machten, bevor sie wegen ein paar Ersatzteilen nach Minneapolis flogen oder nach Rochester, um einen Freund zu besuchen, oder zu einer Hochzeit nach Sioux Falls. Dies war ein Fliegerland, teilte Teddy ihr mit. Charles Lindbergh stammte aus Little Falls.

Montag war ihr freier Tag und Leos erster Schultag. Still, mit bleichem Gesicht saß er mit Rudy im Fond, während Debbie sie zur Schule fuhr. Ryder versuchte, sich mit ihm zu unterhalten, aber er gab keine Antwort. Beim Eingang rannte Rudy zu seiner Klasse, aber Leo klammerte sich an Ryder und verbarg sein Gesicht an ihren Beinen.

«Hier kommt deine Lehrerin», sagte Debbie in dem Versuch, ihn abzulenken. Sie stellte Ryder Miss Edge vor, eine freundliche, aber humorlose Frau Ende Fünfzig. Miss Edge war die Stütze der Grundschule.

Sie nahm Leo fest bei der Hand. «Du hast doch keine Angst vor mir, oder? Natürlich nicht! Du bist doch schon ein großer Junge.» Sie führte ihn zu seinem Klassenzimmer.

Debbie packte Ryders Hand. «Schnell!»

Sie sprangen ins Auto und fuhren Richtung Innenstadt.

«Armer Leo», seufzte Ryder. «Ich bin wirklich kein guter Vormund. Wenn er seine Trotzanfälle bekommt, würde ich ihn am liebsten schlagen.»

«Mir geht es genauso.» Debbie hielt vor dem Einkaufszentrum an. «Er ist so verzogen.»

«Nichts, was ich jemals gesagt habe, war für meine Mutter auch nur annähernd so interessant wie ein, zwei Laute von Leo. Das habe ich ihm übelgenommen, und heute nehme ich ihm übel, daß ich ihn am Hals habe. Trotzdem tut er mir leid.» Sie öffnete die Wagentür. «Ich werde ihm einen Pullover kaufen. Einen schönen, dicken.»

«Hör doch auf mit diesen Schuldgefühlen.»

«Einen blauen. Er mag Blau.»

In dieser Nacht schlief Leo mit seinem neuen, blauen Pullover unter dem Kopfkissen.

Als Ryder zum Flugplatz kam, traf sie auf eine Kleinstadtblondine, die den Inhalt ihres Schreibtischs unter die Lupe nahm.

Sie blickte auf. «Hi. Ich bin Lisa.»

«Ich bin Ryder. Kann ich dir helfen?»

«Ich warte auf Teddy.»

«Ich meine – in meinem Schreibtisch.»

«Das war mal mein Schreibtisch.» Sie schnippte ein Kaugummi in den Papierkorb und erhob sich. Ryder setzte sich und begann zu tippen.

«Teddy und ich werden heiraten», sagte Lisa. «Hat er dir das gesagt?»

«Nein.» Ryder ließ sich nicht unterbrechen.

«Nun, dann tue ich es jetzt – nur, damit du nicht auf dumme Gedanken kommst.»

«Keine Sorge.» Ryder spannte einen Umschlag in die Maschine ein.

«Oh, ich mach mir keine Sorgen.» Lisa zündete sich eine Zigarette an. «Nur schätze ich, du könntest schon mal anfangen, dir einen neuen Job zu suchen.»

Teddy fuhr aufheulend auf den Terminal, schlug die Wagentür zu und stürmte durch die Tür. «Was gibt's denn so Dringendes?» fragte er Lisa.

«Nichts.» Sie schlang ihre Arme um seine Taille. «Ich dachte, wir könnten zusammen Mittag essen. Schließlich habe ich heute Geburtstag.»

Sie verließen das Büro. Teddy kam den ganzen Tag nicht zurück. Das war das erste Mal, daß Ryder allein auf dem Flugplatz war. Die Gebäude und die Landebahn lagen still und verlassen da. Ryder stand am Fenster, das nach vorne hinausging, und betrachtete das Gelände. Der meiste Schnee war schon geschmolzen. So weit sie auch blickte, sah sie nur noch eine dünne Schicht, die den schlammigen Boden bedeckte. Sie war froh, als sie nach Hause gehen konnte.

Teddy meldete sich krank. Wieder verbrachte Ryder den ganzen Tag allein. Am späten Nachmittag traf Frankie ein, und zusammen verbuchten sie die Gebühren für die Benutzung der Landebahn und das Auftanken.

«Sie haben den Laden endlich auf Vordermann gebracht», sagte ein alter Farmer zu Ryder, als er ins Cockpit seiner Cessna stieg.

«Wie kommen Sie darauf?»

«Ich habe heute morgen meine Rechnung bekommen.»

Teddy kehrte bleich und in gedämpfter Stimmung zurück. «Hier sieht es großartig aus.» Er zwang sich zu einem Lächeln.

«Danke. Aber du siehst schrecklich aus. Kann ich etwas für dich tun?»

Er ließ sich auf seinen Schreibtisch fallen. «Lisa und ich haben uns getrennt. Deshalb hat sie kurz vor Weihnachten aufgehört.»

«Tut mir leid», sagte sie und dachte, daß Teddy froh sein konnte, noch mal davongekommen zu sein.

«Ich war es, der Schluß machen wollte.» Er stand auf und ging zum Fenster. «Ich fühle mich nur schlecht, weil ich ihr weh tun muß. Wir sind seit der High-School zusammen. Unsere Mütter sind Busenfreundinnen. Jeder dachte, wir würden heiraten. Ich auch, bis Dad starb und ich den Flugplatz übernahm. Ich bin sehr gerne hier draußen. Lisa nimmt mir das übel.» Er lächelte traurig. «Ich habe nicht nur Lisa verletzt. Jetzt spricht ihre Mutter nicht mehr mit meiner, ihr Dad kauft kein Benzin mehr bei Doug Wise. Die Luft hier ist zum Schneiden dick. Das Ganze ist so schlimm wie damals die Entdeckung, daß Susan mit einem Dichter zusammenlebte.»

Ein Flugzeug, das die Landebahn anflog, unterbrach Teddy. Er warf seine Jacke über und ging zur Tür. Mit der Hand auf dem Türgriff blieb er stehen und sah Ryder an. «Lisa hat mir vorgeworfen, ich würde dich mögen. Sie hat recht. Ich mag dich.»

Er öffnete die Tür und trat hinaus in den Wind.

Teddy konnte Ryder kaum noch in die Augen sehen, aber sie tat so, als bemerkte sie es nicht, und beschäftigte sich angelegentlich mit ihrer Arbeit. «Die Erträge für Auftanken und Benutzung des Hangars sind in diesem Monat um 30 Prozent gestiegen.» Sie zeigte ihm die Bücher.

«Das ist alles dir zu verdanken.» Er lächelte zaghaft.

Sie kehrte zu ihrem Schreibtisch zurück. «Du könntest noch mehr verdienen, wenn du den zweiten Hangar fertigmachen und die Fläche dann vermieten würdest.»

«Dafür ist keine Nachfrage.»

«Dann schaff sie! Du könntest schnell den ganzen Hangar vollkriegen – und je mehr Flugzeuge den Platz in Prairieville nutzen, desto mehr Kraftstoff wird auch verkauft.»

«Ich werde darüber nachdenken.» Er setzte sich wieder auf seinen Stuhl. «Hättest du Lust, am Samstag mit mir ins Kino zu gehen? Es gibt *Die Reifeprüfung*.»

«Hab ich schon gesehen.» Die Erinnerung an Adam und den

feuchten Nachmittag in London ließ ihre Antwort schroffer klingen, als sie gemeint war.

Er ging hinaus und verbrachte den Rest des Tages im Hangar mit der Wartung seiner zweisitzigen Piper.

Die Arbeit auf dem Flugplatz ließ Ryder wenig Zeit für Leo. Sie war selten vor dem Abendessen zu Hause, am Wochenende sogar häufig noch später. Montag und Dienstag hatte sie frei und brachte die Kinder zur Schule. Aber selbst dann war sie nicht allein mit Leo, denn Rudy fuhr auch mit. Sie spürte, daß Leo unglücklich war, und verabredete sich mit seiner Lehrerin.

«Miss Edge glaubt, daß er in der Klasse den Mund nicht aufmacht, weil die anderen Kinder ihn wegen seines Akzents aufziehen», erzählte sie ihrer Großmutter, als sie aus der Schule zurückkehrte.

«Dann muß er lernen, so wie wir zu sprechen.»

«Oder ich versuche, eine Schule zu finden, die eine internationale Ausrichtung hat und sich besser für ihn eignet.»

«Du bist genau wie Carrie. Die Prairieville High School war ihr auch nicht gut genug.»

«Ich habe nicht gesagt, daß die Schule nicht gut genug ist. Sie eignet sich nur nicht für Leo.»

Der Prozeß ihres Vaters sollte im Mai stattfinden. Als der Termin näher rückte, schrieb er ihr häufiger. Ein Käufer für Dingwall Court war gefunden, aber bis Mai würde der Verkauf nicht über die Bühne gegangen sein. Mrs. Trumpet plante, zu ihrem Bruder zu ziehen, der in der Nähe ein Häuschen hatte. In ihren Antwortbriefen beschrieb Ryder den Flugplatz und schickte ihm Fotos von ihr und Leo. Er bat sie niemals, zu seinem Prozeß zurückzukommen, aber manchmal hielt sie bei dem inne, was sie gerade tat, weil das Bild seiner Zelle vor ihr inneres Auge trat.

Ein Reporter von der *Prairieville Gazette* tauchte am Flugplatz auf, als Teddy gerade nicht da war. Er war klein und stämmig wie ein überfütterter Terrier. «Ich komme wegen Ihnen», sagte er zu Ryder und zog einen Stuhl an ihren Schreibtisch heran.

«Warum?»

«Och... äh... ich wollte über Sie schreiben. *Ehepaar aus Prairieville bietet dem Kind der Tochter ein Heim.* Etwas in der Art.»

Sie öffnete die Tür. «Raus!»

Drei Tage später erschien der Artikel.

KINDER EINES BETRÜGERS IN PRAIRIEVILLE AUFGENOMMEN

Nach dem Selbstmord ihrer Mutter Carrie Milne und der Inhaftierung ihres Vaters haben Ryder und Leo Harding Frieden und Glück bei ihren Großeltern Dan und Greta Milne gefunden.

«Das war mein Fehler», gestand Teddy, als Ryder in den Terminal stürmte. «Der Reporter ist ein Freund von mir. Ich habe ihm erzählt, daß du hier arbeitest.»

«Warum zum Teufel hast du das getan?»

«Ich wußte nicht, daß er der Sache nachgehen würde.»

«Aber das war doch klar! Er ist Journalist. Meinst du nicht, daß wir schon genug gejagt worden sind? Okay, ich bin also Paul Hardings Tochter, und mein Vater ist im Gefängnis.» Sie hob die Hände vor ihr Gesicht. «Was wollen die Leute denn noch von mir?»

«Wein doch nicht! Bitte!»

«Es ist nur so... so unfair. Ich werde damit fertig, aber Leo nicht. Er wird in der Schule schon genug gehänselt.»

«Ryder.» Er legte seine Arme um sie. Zaghaft, unsicher über ihre Reaktion. Er nahm sie in die Arme, und sie lehnte ihren Kopf an seine Schulter. Seine Arme hielten sie ganz fest und gaben ihr Wärme und das Gefühl von Geborgenheit. «So wollte ich dich schon am ersten Tag halten, als du im Schnee hier aufgekreuzt bist», sagte er. «Niemand wäre an einem solchen Tag hier rausgekommen.»

«Teddy, ich... bin dir sehr dankbar, aber...»

«Lisa weiß Bescheid. Sie wußte es schon vor mir.»

«Ich meine nicht, daß wir... ich will sagen, ich glaube, wir sollten einfach nur Freunde bleiben. Wir sind zu verschieden.»

«Aber ich habe noch nie jemanden getroffen, der mir so ähnlich ist. Du liebst Prairieville, du liebst den Flugplatz.» Er strich ihr Haar zurück und schaute ihr in die Augen. Dann berührte er zaghaft ihren Mund mit seinem und küßte sie zärtlich.

Sie merkte, daß sie seinen Kuß erwiderte. Eigentlich wollte sie das nicht, aber sie brauchte das Gefühl, daß jemand sie wundervoll fand. Er strich mit seinen Händen durch ihr zerzaustes Haar, hielt ihren Kopf und flüsterte gegen die Weichheit ihrer Lippen, daß er sie liebe. Ihre Lippen öffneten sich ihm, und ihr Körper preßte sich an seinen. Sie schlang ihre Arme um seinen Nacken, während seine Hände tiefer und tiefer ihren Rücken hinunterglitten.

«Laß uns nach hinten gehen», flüsterte er.

«Es könnte jemand kommen.»

«Wir schließen ab.»

«Teddy, es geht nicht. Ich nehme nicht die Pille.»

«Ich passe schon auf.» Er öffnete die Tür von dem kleinen rückwärtigen Lagerraum. «Ich würde nie zulassen, daß dir etwas zustößt.»

Sie standen im Halbdämmer, umgeben von leeren Kartons. Er warf eine alte Decke auf den Boden und zog sie hinunter. Der Boden war hart, der Raum kalt. Er zog den Reißverschluß ihrer Hose auf und streifte sie ihre Hüften hinunter. Sie erwiderte seine Zärtlichkeiten und küßte ihn. Sie wünschte sich, daß er sie langsam und zärtlich lieben, ihre Sehnsucht nach Zuneigung in Leidenschaft verwandeln würde.

Er knöpfte ihre Bluse auf und barg sein Gesicht in ihrem Nacken. Die Schnalle seines Gürtels grub sich in ihren Bauch. Sie griff danach. Er nahm ihre Hand. «Oh, Ryder, das ist wundervoll.» Er konnte nicht länger warten, drückte sie gegen die Kartons und ließ sich auf sie niedersinken. «Oh, das ist das Beste.» Er keuchte. «Das Beste!»

Den ganzen Nachmittag küßte und streichelte er sie, flüsterte ihr zu, wie wundervoll sie sei. Er schien nicht zu bemerken, daß sie unbefriedigt geblieben war. Es war schon dunkel, als sie den Terminal verließen. Er zog sie im Schatten des Gebäudes an sich. «Laß uns ins Auto gehen», murmelte er und fuhr mit der Hand die Innenseite ihres Schenkels hoch. «Komm! Das ist bequemer.»

Sie lachte leise. «Weniger bequem könnte es wohl kaum sein.»

Sie stiegen in den Fond des Wagens und ließen sich, zitternd vor Kälte und Verlangen, aufeinander fallen. «Ich liebe es, Frauenbrüste zu sehen.» Er knöpfte ihr Hemd auf. «Ich liebe es, sie zu halten.» Sie schnappte nach Luft, als seine eisigen Hände sie berührten. Er versuchte, sie gleichzeitig zu bedecken und auszuziehen. Die Fenster beschlugen. Ihre Kleider gerieten durcheinander. Die Unbequemlichkeit erregte sie zusätzlich, die Angst vor Entdeckung verstärkte die Dringlichkeit. Er schob sie so, daß sie breitbeinig auf ihm saß. «Ich will dein Gesicht sehen, wenn ich dich liebe.» Er küßte sie zärtlich. Sie bewegte sich langsam und rhythmisch, bis sie vor Lust aufschrie.

Ryder tat ihr Möglichstes, um die Beziehung zu Teddy geheim zu halten, weil sie nicht wollte, daß sie durch den Klatsch in Prairieville zerstört wurde. Wenn Teddy also mit ihr ins Kino ging, sagte sie Debbie, daß sie zufälligerweise denselben Film hätten sehen wollen. Wenn sie zusammen essen gingen, dann behauptete sie, er habe ein schlechtes Gewissen, weil er sie so lange arbeiten lasse. Als sie nach Minneapolis fuhren, gab sie an, sie wollten sich neue Scheinwerfer für die Landebahn ansehen.

«Und warum nimmst du dann nicht Leo mit?» fragte Debbie und zwinkerte ihr wissend zu.

Ryder antwortete mit Unschuldsmiene: «Weil er unter der Woche in die Schule muß.»

Der Frühling kam plötzlich und ohne Vorwarnung. Die Sonne schien, die Prärie verwandelte sich in einen Teppich aus wilden Blumen. Sie wuchsen direkt bis zum Rand der Landebahn. Auf Scot's Farm tauschte ihr Großvater die Sturmblenden gegen Fliegengitter aus, während ihre Großmutter den Frühjahrsputz veranstaltete. Im Hühnerhaus schlüpften die Küken, und neben der Scheune spielte ein neuer Wurf junger Kätzchen.

Der Flugplatz lief auf Hochtouren. Jeden Tag benutzte ein Dutzend Flugzeuge die Landebahn. Manchmal mußten sie warten, bis sie aufsteigen konnten. Als es abends länger hell blieb, wurde der Terminal später geschlossen. Piloten hingen herum und sprachen übers Fliegen, ohne zu merken, daß Teddy und Ryder allein sein wollten.

«Hast du noch mal über den ungenutzten Hangar nachgedacht?» fragte sie ihn.

«Wir brauchen ihn nicht. Es läuft doch alles prima.»

«Wir könnten die Fläche in einer Woche vermieten.»

«Ryder, dies ist keine Großstadt, sondern Prairieville.»

Sie wandte sich ab. Er sah, wie ihr Gesicht sich verhärtete und ihre Augen den Horizont betrachteten. «Sollen wir zum Fox Lake gehen?» fragte er besorgt. «Ich weiß, daß du diesen Ort sehr magst.»

Der See war in frühlingshaften Glanz getaucht. Die Bäume, die im Winter so kahl gewesen waren, strotzten vor Knospen und frischen, noch weichen Blättern. Die kleinen Schindelhäuser waren wieder voller Leben. Auf ihren hinteren Veranden hing Wäsche, und steile Rauchfahnen stiegen aus den Schornsteinen.

Teddy mietete ein Boot. Es war an dem Holzsteg vertäut, wo Ryder ihre Füße ins Wasser hatte baumeln lassen. Sie saß im Bug, während er sie hinüber zur Insel ruderte, und beobachtete, wie der schmale Landstreifen näher kam. Blumen blühten im Uferschilf. Das alte Präriegras des Herbstes war durch frisches verdrängt worden. Die Bäume schienen auf der anderen Seite noch schöner zu sein, als ob ihre Unberührtheit ihnen zusätzliche Frische verlieh. Ryder war bezaubert von dieser Magie.

«Ich frage mich, wie die Weiße Squaw ihre Liebe so schnell vom Soldaten auf den Indianer hat übertragen können», sagte sie und tauchte ihre Finger ins eisige Wasser.

Teddy drehte das Boot für die Heimfahrt. «Das ist doch nur eine Legende.»

Eines frühen Morgens brachte Debbie Ryder den Kaffee ans Bett. «So…»! Sie ließ sich am Fußende nieder. «Ich schätze, ich spreche also mit der zukünftigen Mrs. Macdonald.»

«Teddy und ich sind nur Freunde.»

«Da hat er seiner Mutter aber was anderes erzählt.»

Wütend traf Ryder auf der Arbeit ein. «Ich wollte, du würdest den Mund halten», sagte sie. «Ich kann diesen Klatsch nicht ertragen.»

«Aber ich bin stolz auf dich.» Er schloß sie in seine Arme. «Ich bin stolz darauf, mit dir zusammenzusein. Und ich möchte, daß jeder es weiß.»

Sie entzog sich ihm. «Wenn auf dich so viel mit Fingern gezeigt worden wäre wie auf mich, dann würdest du mich verstehen.»

Er verbrachte den Tag mit gekränktem Schweigen, sie mit Schuldgefühlen. Am Abend war sie besonders zärtlich zu ihm. Aber am nächsten Morgen war sie wütend auf sich, ohne zu wissen, warum.

Sie bat Teddy, ihr das Fliegen beizubringen, und dachte, er würde hoch erfreut sein.

«Das brauchst du nicht zu lernen», sagte er. «Ich nehme dich mit, wann immer du willst.»

«Schön – aber ich will es trotzdem lernen.»

Er spielte mit den Papieren auf seinem Schreibtisch herum. «Fliegen ist was für Männer.»

«Was ist mit Amy Johnson und Amelia Erhart?»

«Ich werde es dir nicht beibringen, und damit basta.»

«Dann lerne ich es eben woanders.» Sie spannte ein Blatt Papier in die Schreibmaschine ein und hämmerte wütend auf die Tasten, während Teddy sie mit jämmerlicher Miene betrachtete.

«Wir machen morgen einen Flug», sagte er schließlich. «Ich fliege dich nach Fort Ridgley und zeige dir was von der Geschichte Minnesotas. Wir haben uns einen freien Tag verdient.» Er schwieg einen Moment. «Du hast doch Lust mitzukommen, oder?»

Er lächelte sie so voller Liebe an, daß sie nicht nein sagen konnte.

Sie stiegen früh am nächsten Morgen in seine alte, zweisitzige Piper, Teddy saß am Steuer, Ryder hinter ihm, mit den Beinen um seinen Sitz herum. Sie ließen sich zur Startbahn rollen und drehten sich zum Wind. Er öffnete die Drosselklappe. Dann fuhren sie langsam an, gewannen nach und nach an Geschwindigkeit, bis sie über die Bahn hüpften und der Boden unter ihnen zischte. Schließlich waren sie in der Luft. Unter ihnen erstreckte sich das Farmland in viereckigen Feldern ohne Heckenumrandung, mit schnurgeraden Rillen, die die sechsspurige Interstate 90 durchschnitt wie ein silbernes Band.

Sie flogen nordwärts über winzige Seen, die wie Tautropfen in der Sonne glitzerten, und über kleine Städte mit sprechenden Namen wie Sleepy Eye. Dann flogen sie das waldige Minnesota Valley entlang.

«Fort Ridgley!» Teddy zeigte nach unten, als sie im Sturzflug einen Hügel hinabflogen, wo die Steinfundamente verschiedener Gebäude sich scharf umrissen aus dem kurzen Gras erhoben.

«Hier hat Little Crow das Fort angegriffen.» Sie schwenkten herum und flogen den gewundenen Minnesota River entlang. Als sie einen Hügel erreichten, legte Teddy das Flugzeug in eine Kurve, die so tief war, daß das Präriegras vom Propellerwind flachgedrückt wurde. «Einige Sioux griffen aus dem Unterholz an», schrie er. «Sie schossen brennende Pfeile auf das Fort. Die anderen warteten auf ihren Ponys. Little Crow hatte ein schwarzes. Acht Tage später kam die Kavallerie, und die Belagerung war vorbei.»

«Was geschah mit Little Crow?»

«Er wurde verwundet.» Teddy ließ sie noch einmal in die Tiefe stürzen, dann steuerte er zurück zum Valley. «Das war vor hundert Jahren!» rief er. «Alles längst Geschichte.»

Sie lachte. «Das war gestern.» Und sie drehte sich noch einmal zum Fort um. Der Hügel bot einen Schattenriß gegen die tiefstehende Nachmittagssonne. Ein Baum zeichnete sich besonders deutlich ab, seine obersten Zweige wirkten wie der Federschmuck eines Kriegers. Und einen Moment lang schien es, als wäre Häuptling Little Crow zurückgekehrt.

Als Ryder den Laster unter den Siedlerbäumen abstellte, rief ihre

Großmutter aus der Küche nach ihr. «Mrs. Wise hat uns Sonntag zum Mittagessen eingeladen.»

«Ich muß am Wochenende arbeiten.»

«An diesem Sonntag nicht.»

Ryder ging ins Farmhaus, die Jacke über die eine Schulter, die Tasche über die andere gehängt. Ihr Großvater saß in seinem Sessel und las die *Prairieville Gazette*. Er blickte kaum auf. Frankie hing vor dem Fernseher herum. Er zwinkerte ihr zu. Leo aß sein Abendessen und kicherte.

«Was ist los?» fragte sie. «Habe ich im Lotto gewonnen oder die Lepra?»

«Weder noch, Liebes.» Ihre Großmutter rannte geschäftig aus der Küche und wischte sich die Hände an ihrer Schürze ab. «Es ist sehr freundlich von Mrs. Wise. Teddy wird auch dasein.»

«Grandma!»

«Es ist doch nur natürlich, das Mädchen kennenzulernen, das ihr Sohn heiraten will.»

«Teddy und ich sind nur … Freunde.»

Ihr Großvater ließ seine Zeitung sinken. «Wir sind vielleicht alt, aber dumm sind wir noch lange nicht. Niemand ist jeden Abend so lange nur mit einem Freund zusammen.»

«Oder kommt mit hochrotem Kopf nach Hause, wenn er nicht heiraten will.» Ihre Großmutter schürzte mißbilligend ihre Lippen. «Im Grunde», sie senkte ihre Stimme, damit Leo sie nicht hören konnte, «sollte es hochrote Köpfe überhaupt nicht geben, bis du verheiratet bist.»

«Grandma, ich bin erwachsen, und meine Beziehung zu Teddy ist ganz allein meine Angelegenheit.»

«Nicht in Prairieville. Wir haben schon eine Mußheirat in dieser Familie und wollen nicht noch eine.»

Ryder stürmte türenschlagend aus dem Haus und rannte in die Scheune.

«Sind sie über dich hergefallen?» fragte Debbie, die Rudy bei seinen Hausaufgaben half.

«Man könnte glatt meinen, ich sei erst vierzehn.»

«Die Leute reden eben.»

«Du meinst also, ich sei unmoralisch.» Ryder fing an zu lachen. «Mein Gott, sie sollten mal Alix kennenlernen.» Sie lachte noch, als sie zu ihrem Zimmer hinaufging, aber mit einer Art hysterischer Verzweiflung. Dann hörte sie unvermittelt damit auf, rief Teddy an und sagte: «Wir treffen uns am Fox Lake.»

Zwei Stunden später kehrte Ryder wieder auf Scot's Farm zurück. Die Lichter waren noch an. Ihr Schein strömte auf die Veranda hinaus und schimmerte auf dem nächtlich feuchten Gras. Sie stellte den Wagen unter den Pappeln ab. Einen Moment lang blieb sie mit den Händen auf dem Lenkrad sitzen und nahm die Geräusche der Nacht in sich auf. Das ferne Bellen eines Hundes, das Gakkern von Alfie im Hühnerhaus, das Rascheln der Bäume und das Knacken eines Zweiges, das sie einst mit wohligem Schaudern einem Mokassin zugeschrieben hatte.

Ihre Großeltern saßen vor dem Fernseher. Sie lächelten erwartungsvoll, als Ryder eintrat. «Ich muß euch etwas sagen», verkündete sie.

Ihre Gesichter leuchteten auf. «Du wirst Teddy heiraten?»

«Nein – ich werde nach England zurückkehren.»

Kapitel 15

England

Bei der Landung in Heathrow nieselte es. Der Flughafen wirkte grau und schmierig. Wasser tropfte vom Terminal auf die Rollbahn, der Geruch von Benzin hing in der feuchten Luft. Leo schlief. Ryder löste seinen Sicherheitsgurt und half ihm aus dem Flugzeug. Sie hätte ihn in Prairieville lassen sollen, bis der Prozeß ihres Vaters vorbei war und sie sich darauf konzentrieren konnte, eine Wohnung für sie zu finden. Ihr Großvater hatte recht. Er war erst fünf Jahre alt, zu jung, um durch die Welt zu ziehen. Aber wie konnte sie ihn an einem Ort lassen, an dem er so offensichtlich unglücklich war? Sie stapelte ihre Koffer auf einen Gepäckwagen, setzte Leo obendrauf und schob den Wagen dann durch die Schwingtüren zu den Absperrungen, wo Scharen von Leuten auf ihre Freunde und Verwandten warteten.

«Da ist sie!» Ein Blitzlicht explodierte vor ihrem Gesicht. Und noch eins. «Miss Harding, wissen Sie, daß Ihr Vater schuldig gesprochen wurde?»

«Wie denn, wenn ich gerade erst gelandet bin?» Fest entschlossen, keinerlei Gefühle zu zeigen, ging sie weiter.

«Werden Sie morgen zur Urteilsverkündung im Gericht sein?»

«Er ist mein Vater.» Sie schob den Gepäckwagen vorwärts. Die Reporter jagten hinter ihr her und brüllten ihre Fragen heraus. Ein Mann packte sie am Arm. Leo schrie. Ryder drehte sich um. «Hören Sie auf, mich zu verfolgen! Ist es mein Fehler, was mein Vater getan hat? Was können Sie... oder Sie für die Dinge, die Ihr Vater getan oder nicht getan hat? Wenn Hitler eine Tochter hätte, würden Sie sie für seine Taten verantwortlich machen? Jetzt laßt mich in Ruhe, ihr gefühllosen Hyänen!»

Sie fielen zurück, während Ryder weitereilte.

«Ryder, Liebes!»

«Oh, Mrs. Trumpet!» Vor Erleichterung hätten sie weinen mögen.

«Ich konnte Sie nicht ankommen lassen, ohne Sie abzuholen, mein Liebes. Nicht, wenn Ihr Vater gerade schuldig gesprochen wurde, Sie Arme! Und du auch, Leo.» Mrs. Trumpet fuhr ihm durch seinen Blondschopf, während er verzückt zu ihr hochblickte. «Du kommst ein paar Tage zu mir.»

«Ich bin Ihnen ja so dankbar. Ich weiß, daß Ihr Bruder ein schwaches Herz hat, und hoffe, daß Leo ihn nicht ermüden wird.» Für Mrs. Trumpet war sie nun «mein Liebes», nicht mehr «Miss Ryder», und das gefiel ihr viel besser.

Ryder nahm die U-Bahn nach London. Es nieselte immer noch, als sie aus der U-Bahn-Station hinaus in das schmutzige und hektische Chaos der Earls' Court Road kam, wo Laster von Norden nach Süden rasten und Abgase in die ohnehin schon stinkende Luft spuckten. Sie bog von der Hauptstraße in eine Seitenstraße mit heruntergekommenen Hotels ein und betrat das erste, an dem sie vorbeikam. Ein alter Mann schlurfte zur Rezeption... «Nur eine Nacht?» Er blickte verdrießlich auf. «Mag das nicht, Leute für eine Nacht.»

«Ich zahle im voraus.»

«Na gut. Aber keine Männerbesuche.» Er zeigte ihr ein Zimmer, das so klein und nichtssagend wie ein Schuhkarton war, aber Ryder machte das nichts aus, sie war zu müde. Sie legte sich auf das schmale Bett. Männer! Hier hätte noch nicht mal eine Fliege Platz gehabt. Sie dachte an Teddy, der am Fox Lake verbittert zu ihr gesagt hatte: «Wenn du uns nicht als festes Paar siehst, warum hast du mich dann erst angemacht?» Es wäre ein Trost für ihn, wenn er sie jetzt hier sehen könnte.

Als sie aufwachte, hatte der Regen aufgehört, und fahle Sonnenstrahlen bahnten sich einen Weg durch die gelbbraun verfärbten Gardinen. Sie stand auf, duschte und zog sich den roten Hosenrock und das weiße Sweatshirt an, die sie im vorherigen Sommer in London gekauft hatte. Vor einem Jahr. Vor einem ganzen Leben. *Yesterday*.

Der öffentliche Fernsprecher befand sich in der Eingangshalle. Sie wählte die Nummer von Imogens neuem Haus. Während das Freizeichen ertönte, stellte sie sich Imogen vor, ihren anmutigen Gang, die Fülle ihrer roten Locken, ihre Freude, wenn sie Ryders Stimme hören würde. In Gedanken sah sich Ryder schon in ihrem Schuhkarton die Koffer packen und danach zu Immy eilen.

Aber Adam nahm ab. Sie knallte den Hörer auf. Allein seine Stimme zu hören machte sie krank. Sie rief im Theater an. Ein Mädchen erklärte: «Miß Lydden hat das Ensemble letzte Woche verlassen. Sie ist in Hollywood.»

Ryder legte auf. Ihre Mutter hatte recht gehabt. Wenn sie sich von Adam trennte, würden ihre gemeinsamen Freunde seine Partei ergreifen. Und wer hatte mehr Grund dazu als Immy, seine Schwester?

Draußen schien die Sonne, auf den Straßen spazierten Menschen vergnügt umher: Menschen, die jemanden für sich hatten. Zwei Frauen gingen Arm in Arm vorbei. Man sah deutlich, daß sie Mutter und Tochter waren. Ryder sah ihnen nach. Wenn sie zu ihrer Mutter nur auch diese Nähe hätte empfinden können. Sie fühlte sich einsam in dieser Stadt, die einmal ihre Heimat gewesen war und nun nichts mehr von ihr wissen wollte. Sie sehnte sich nach einer Stimme, die sagte: «Wie schön, von dir zu hören. Treffen wir uns irgendwo! Wohnst du in einem Hotel? Aber du kannst doch bei uns wohnen.» Aber es gab niemanden. Sie konnte ja noch nicht mal Jeremy anrufen, da die Gefahr bestand, daß Alix antwortete.

Ohne darüber nachzudenken, wohin sie eigentlich ging, bemerkte sie plötzlich, daß sie auf der Old Brompton Road war, nicht weit von ihrer Wohnung. Sie hatte nicht vorgehabt, dorthin zu gehen, irgendein teuflischer Magnet hatte sie angezogen. Plötzlich fiel ihr eine Schlagzeile ins Auge:

HARDING SCHULDIG – URTEILSVERKÜNDUNG MORGEN

Sie kaufte sich eine *Evening Standard*. Auf der zweiten Seite fand sie ein Bild von sich selbst: Kopf zurückgeworfen, wilder Blick, zerzaustes Haar. *«Laßt mich in Ruhe, ihr gefühllosen Hyänen!» schreit die Tochter des Betrügers.»* Mit gesenktem Kopf eilte Ryder zurück in ihr Hotel, voll Furcht, daß irgend jemand auf der Straße sie erkennen würde.

Früh am nächsten Morgen verließ sie den Schuhkarton und nahm die U-Bahn nach Paddington. Dort frühstückte sie – oder versuchte es zumindest –, aber der Toast blieb ihr im Hals stecken, und den Kaffee bekam sie auch kaum hinunter. Auf der Toilette starrte sie ihr Spiegelbild an. Ihr Gesicht war verhärmt, die Haare hingen in Strähnen hinunter, ihre Augen blickten gehetzt und voller Mißtrauen. Sie rieb sich etwas Lippenstift auf die Wangen, um ihnen etwas Farbe zu verleihen, aber nun sah sie aus wie Frankensteins Tochter. Also wusch sie es wieder ab. Sie feuchtete ihr Haar an und band es zu einem kurzen Pferdeschwanz zurück. Jetzt sah sie streng, aber ordentlich aus. Sie tauschte Hosenrock und Sweatshirt gegen einen schwarzen Rock mit passender Jacke. Es war viel zu warm für die Jahreszeit, aber sie hatte nichts anderes. Sie hätte gleichzeitig lachen und weinen können, als sie sich vorstellte, wie sie bei Harrods eine Verkäuferin ansprach: «Ich suche ein Kostüm, passend zur Verurteilung meines Vaters.»

Die Rush-hour war auf ihrem Höhepunkt, als Ryder ein zweites

Mal die U-Bahn nahm. Kein Sitz war frei, kein Halteriemen, um sich festzuhalten, und irgend jemand blies ihr seinen Knoblauchatem ins Gesicht. Bei Notting Hill wechselte sie die Bahn. Wieder kein freier Platz. Als sie bei St. Paul's ausstieg, schnappte sie erleichtert nach Luft.

Die Reporter hatten sich vor dem Eingang von Old Bailey zusammengerottet. Jedesmal, wenn ein Taxi ankam, drängten sie sich an den Bürgersteig. Ryder blieb zögernd stehen. Sie wurde von zwei Anwältinnen in schwarzen Kostümen überholt. Sie gingen rasch und strömten Entschlossenheit aus. Die Menge teilte sich vor ihnen. Ryder reckte ihre Nase in die Höhe und marschierte hinter ihnen her. Auf jeder Stufe erwartete sie, daß jemand rief: «Da ist sie!» Aber die Presse blickte kaum in ihre Richtung – bis sie endlich den Eingangsbogen der Zuschauergalerie erreichte, hineinschlüpfte und die Treppen hinauf in die Geborgenheit des Sicherheitsbereichs stürmte.

Die Galerie war bereits voll. Ein Gerichtsdiener hielt Ryder an der Tür auf. «Keine freien Plätze mehr.»

«Aber ich bin Paul Hardings Tochter. Ich bin den ganzen Weg von Amerika gekommen.»

Daraufhin forderte er die Leute in der vordersten Reihe auf, Platz zu machen. Sie hätte die Anonymität der hintersten Bank vorgezogen. Der Tumult zog Podmores Aufmerksamkeit auf sich. Er warf Ryder einen erstaunten Blick zu. Genau eine Minute vor halb elf öffnete sich eine Seitentür, und ihr Vater wurde hereingeführt. Er wirkte gefaßt, obwohl er blaß war und seine Haare grauer wirkten, als sie sie in Erinnerung hatte. Ryder war froh, daß sie gekommen war. Sie sah, daß Podmore ihrem Vater eine Notiz zuschob. Er las sie und blickte hoch. «Danke», sagte er lautlos und zeigte ihr mit seinem Daumen das «Okay-Zeichen».

Sie wurde rot, als sie daraufhin jeder anstarrte.

Der Richter trat ein, und alle erhoben sich, bis er sich setzte.

«Angeklagter, stehen Sie bitte auf», sagte der Protokollführer.

Ihr Vater erhob sich und umklammerte so fest die Barriere, daß seine Knöchel weiß hervortraten.

«Paul Harding», sagte der Richter und runzelte die Stirn. «Ihr Anwalt hat viele Argumente zu Ihrer Verteidigung vorgebracht. Ich habe sie sorgfältig geprüft, doch ich finde keine mildernden Umstände. Sie sind eine Person von öffentlichem Interesse und haben einen großen Geldbetrag veruntreut. Ein beträchtlicher Teil davon ist bisher nicht aufgefunden worden. Ich verurteile Sie daher zu acht Jahren Haft.»

«Acht Jahre!» schrie ihr Vater. «Wo Straßenräuber mit Bewährung davonkommen!»

«Führen Sie den Gefangenen ab.»

«Acht Jahre, wo Männer, die alte Damen vergewaltigen, nur die Hälfte kriegen.»

Er wurde in den Gang zu den Zellen hinunter geschubst und verließ den Gerichtssaal, während in einem Riesentumult die Journalisten zu den Telefonen hetzten. Ryder vergrub ihr Gesicht in den Händen. Sie weinte nicht. Sie konnte es nicht, sie fühlte sich nur völlig ausgelaugt.

«Miss Harding!» Mr. Podmore berührte sie am Arm. «Wir werden natürlich Berufung einlegen.»

Sie stand auf. «Kann ich ihn sehen?»

«Jetzt nicht.»

«Aber er ist doch noch unten.»

«Miss Harding, dies ist ein Gerichtsgebäude.»

«Wo was praktiziert wird: Recht oder Gerechtigkeit? Es stimmt, was Vater gesagt hat: Er hätte sich als Straßenräuber oder Vergewaltiger betätigen sollen.» Sie marschierte aus dem Gerichtssaal. Podmore folgte ihr. Als sie die Treppen hinunterging, sagte eine Frau: «Da ist seine Tochter! Wie kann sie noch so stolz daherkommen?» Aber Ryder nahm keine Notiz davon. Niemand konnte sie mehr verletzen.

Vor dem Old Bailey faßte ein Reporter von den BBC-Mittagsnachrichten den Prozeß vor dem schwarzen Gesicht einer Kamera zusammen. Er drehte sich um, als Ryder erschien. Die Kamera schwenkte auf sie. Podmore nahm ihren Arm und steuerte sie zu einem Taxi, während das Rudel der Journalisten an ihren Fersen kläffte. Dankbar sank sie auf den Rücksitz. «Wohin werden sie ihn bringen?» fragte sie, als das Taxi anfuhr.

«Am Anfang nach Wandsworth. Dort können Sie ihn zweimal im Monat besuchen. Dann denke ich, daß er nach Ford kommt. Das ist ein offenes Gefängnis in der Nähe von Arundel. Aber dorthin wird er erst überstellt, wenn man sicher ist, daß er nicht fliehen wird.» Podmore schwieg und putzte seine Brille. «Er könnte auf Bewährung rauskommen, wenn er ein Drittel seiner Strafe abgesessen hat. Natürlich gibt es dafür keine Garantie. Einige bekommen Bewährung, andere nicht. Aber bei guter Führung hat er ein Recht auf Straferlaß, so daß er spätestens in ungefähr fünfeinhalb Jahren freikommen wird.»

Sie starrte aus dem Fenster auf die Büroangestellten, die um Sandwiches oder eine Suppe im Styroporbecher anstanden, und wunderte sich, daß das alltägliche Leben weiterging, während ihr Vater anfing, seine acht Jahre im Gefängnis abzusitzen. «Wie lang kann ich auf Dingwall Court bleiben?» fragte sie Podmore.

«Zwei Wochen.»

«Ah, ja.» Sie lehnte sich vor und klopfte an die Trennscheibe. «Halten Sie bitte hier an.» Sie hatte die Tür schon geöffnet, bevor das Taxi zum Stehen kam. «Ich wollte Sie noch etwas fragen», sagte sie beim Aussteigen. «Mein Vater hat mir erzählt, daß ich die Besitzerin von Bailing Airfield bin.»

Er schenkte ihr ein dünnes Lächeln. «Sie besitzen es nur zur Hälfte. Ich schicke Ihnen die Unterlagen. Es sind verschiedene Urkunden über ihre Besitzrechte und eine Landkarte.»

«Kann ich dort wohnen?»

«Meine liebe Miss Harding, es gibt dort kein Haus. Nur ein paar Hangars und einen Kontrollturm, alles in sehr schlechtem Zustand.»

«Kann ich es verkaufen?»

«Nur an den Mitbesitzer – an Miss Bronwen Brendan Broughton.»

Ryder ließ Leo bei Mrs. Trumpet und fuhr nach Bailing. Die Fahrt dauerte mit ihrem rappelnden Mini mehrere Stunden. Sie streifte Nordlondon und pflügte sich durch die Vororte von Hertfordshire, bis sie in nördlicher Richtung auf die Autobahn abbog und im Straßenrennen den Kampf gegen die Lastwagen aufnahm, deren Sog sie hin- und herriß. Hinter Ely hielt sie an und kaufte sich ein Sandwich. Sie aß es auf dem Parkplatz der Tankstelle und sah hinüber zu der großen Kathedrale, die bedrohlich vor sich hin brütete. Sie erinnerte Ryder an das Gefängnis und an ihren Vater.

Bailing war nicht auf Ryders Straßenkarte verzeichnet, aber Podmores Unterlagen zufolge lag es ungefähr sechs Meilen östlich von King's Lynn. Sie bog von der Hauptstraße in eine schmale, gewundene Landstraße ein. Die Kartoffelfelder des Sumpfgebiets waren welligem Ackerland gewichen, endlosen Feldern mit reifendem Korn unter einem gewaltigen, fahlen Himmel mit seltsamen Wolkenformationen.

Die Straße war so schmal, daß der Grassaum an ihrem Wagen vorbeistrich, und die Hecken waren so hoch, daß sie keine Häuser sehen konnte, bis sie plötzlich ein Schild mit der Aufschrift *BAILING* erblickte und eine scharfe Kurve sie unmittelbar ins Dorf führte. Es bestand aus einem Dutzend Steincottages, die um einen Ententeich herumgruppiert waren, einer normannischen Kirche mit viereckigem Turm, einem Laden, in dem Milch, Brot und die *Eastern Daily Press* verkauft wurde, einem Metzger, der nachmittags geschlossen hatte, und einem alten Hund, der vor dem Pub – dem *Bailing Arms* – schlief.

Sie überprüfte die Karte von Podmore und überquerte eine Steinbrücke, die einen Fluß namens Bailum überspannte. Sie fuhr langsamer und runzelte die Stirn. Dann sah sie es: einen Unterstand aus Kriegszeiten, halb verdeckt durch Erde und Bäume, neben einem Gittertor mit dem Schild:

BAILING AIRFIELD
Privatbesitz
Durchgang verboten

Sie öffnete das Tor und überquerte ein Stück verwittertes Rollfeld. Vor ihr lagen zwei rostige Hangars, den Elementen preisgegeben. Sie parkte ihr Auto und ging ein wenig umher. Hinter den Hangars befand sich die Hauptlandebahn. Daneben lag der Kontrollturm, ein zweistöckiger Klotz aus roten Backsteinen, dessen Fenster mit der Zeit alle gesprungen waren.

Ryder bahnte sich ihren Weg durch die Trümmer von dreißig Jahren Vernachlässigung und erkundete den Tower. Die untere Etage bestand aus einem großen Raum. Durch einen Bogen kam man in eine winzige Küche – oder etwas, was früher mal als Küche gegolten hatte. Es gab ein Steinbecken zum Spülen, ein Abtropfbrett und einen Hahn für kaltes Wasser. Als sie ihn aufdrehte, spritzte rostiges Wasser hinaus. Am hinteren Ende des Raums befand sich ein Badezimmer mit einer alten, klauenfüßigen Emaillebadewanne, einem zweiten Kaltwasserhahn und noch mehr rostigem Wasser. An der Wand hing neben einem zerborstenen Spiegel ein zerrissenes Poster von Betty Grable.

Eisenstufen, wie man sie in Provinzbahnhöfen findet, führten in den ersten Stock. Sie stieg vorsichtig hinauf, voll nervöser Erwartung, was sie oben vorfinden würde, voll Furcht, daß der Boden unter ihr einbrechen könnte. Oben war noch ein großer, offener Raum mit scheibenlosen Fenstern, die in alle Richtungen wiesen. Unaufhörlich klapperten sie im Wind. Neben dem Fenster mit der besten Aussicht auf die Start- und Landebahn befand sich eine Tafel. Sie war vom Wind leergefegt, bis auf eine kleine, unleserliche Kreidemarkierung: die letzte Erinnerung an die, die den finalen Bombenangriff von Bailing aus geflogen waren.

Die Rollbahnen waren in Form eines A angelegt, so daß man in alle Windrichtungen abheben konnte. Die Hauptbahn – der Linksstrich – verlief von Südwesten nach Nordosten. Ryder stellte sich die wartenden Piloten vor. Ihr Vater in Fliegerjacke lief auf und ab, die Schutzbrille auf die Stirn geschoben. Dann läutete das Telefon. Der Befehl: Soforteinsatz! Die Crews eilten zu ihren Flugzeugen, und eine Maschine nach der anderen hob Richtung Nordsee ab.

Dann kam die lange Wartezeit für die Männer im Kontrolltower. Sie verfolgten die Route der Bomber, tranken Kaffee, warteten und fragten sich, wie es lief. Bis sie schließlich das ferne Brummen einer Lancaster hörten. Die erste landete, dann die zweite und dritte. Eine angeschossen, eine mit Verwundeten. Dann die vierte und fünfte, danach eine lange Pause und ängstliches Warten. Die sechste machte eine Notlandung. Und dann nichts mehr. Nichts außer dem bleichen Norfolkhimmel und den Namen der Vermißten auf der Tafel.

Ein schwarzer Schäferhund rannte über das Rollfeld. Heftig bellend raste er in den Kontrollturm und die Treppe hinauf. Ryder preßte sich in eine Ecke, als er zum Sprung ansetzte. Seine Augen leuchteten gelb, die Zähne waren gebleckt.

«Wolf!» schrie eine Frau.

Er zögerte. Dann kauerte er sich auf den Boden.

«Bei Fuß!»

Er schlich die Treppe hinunter.

«Und Sie da oben, wer auch immer Sie sind. Zeigen Sie sich am Fenster, oder ich hetze den Hund auf Sie.»

Eine Frau mit ledriger Haut und Adlernase stand auf dem Rollfeld. Ihr graues Haar war unter einen schwarzen Filzhut gestopft. Und obwohl es Frühling war, trug sie eine Art schwarzes Reitkostüm aus Serge, in dem die Damen Anfang des Jahrhunderts im Damensattel geritten waren. «Dies ist Privatbesitz», rief sie, «und ich bin die Besitzerin.»

«Ich bin die andere Besitzerin.» Ryder lächelte höflich. «Sie müssen Miss Brendan Broughton sein.»

«Hardings Tochter! Ich hatte mich schon gefragt, wann Sie wohl kommen und hier herumschnüffeln würden.»

«Ich wollte Sie anrufen.»

«Ich habe kein Telefon.» Sie wandte sich zum Gehen.

«Miss Brendan Broughton. Bitte warten Sie!» Ryder rannte die Treppe hinunter. «Ich möchte mit Ihnen über den Flugplatz sprechen.»

«Ich würde ihn nicht an Ihren Vater verkaufen und an Sie auch nicht.»

«Ich will Sie nicht ausbezahlen. Das könnte ich mir gar nicht leisten. Schauen Sie, ich weiß, daß Sie sich wahrscheinlich mit meinem Vater nicht verstanden haben, aber...»

«Er hat George umgebracht.»

«Das hat Patrick zwar auch gesagt, aber ganz richtig ist das nicht.»

Miss Brendan Broughton schlug mit ihrem Jagdstock auf die Rollbahn. «Ich habe mit Ihrem Vater seit zwanzig Jahren nicht gesprochen, und ich beabsichtige nicht, etwas mit Ihnen zu tun zu haben. Also gehen Sie zurück nach London. Bailing will Sie nicht.» Mit dem Hund im Schlepptau ging sie fort.

«Ich habe das gleiche Recht, hierzusein, wie Sie», schrie Ryder hinter ihr her. Sie lief auf die Rollbahn. Dort wucherte das Gras auf beiden Seiten, und gelbes Kreuzkraut wuchs durch den rissigen Asphalt. Sie griff nach einem Büschel und zog daran. Es kam mit der gesamten Wurzel heraus. Sie schleuderte es auf eine Seite und griff nach dem nächsten und übernächsten. Geblendet von der Sonne, arbeitete sie sich langsam voran.

Kapitel 16

Es war schon nach Mitternacht, als Ryder in Dingwall Court ankam. Das Haus lag in völliger Dunkelheit. So hatte sie es noch nie gesehen. Sonst war immer die Beleuchtung an der Vorderfront eingeschaltet gewesen. Aber in dieser Nacht hob sich das Gebäude bedrohlich vor dem Nachthimmel ab, und das einzige Licht kam vom Widerschein des Flußnebels auf den Fensterscheiben. Ryder saß draußen im Wagen. Sie war verrückt gewesen, hierherzukommen, idiotisch, nicht in ein billiges Hotel gegangen zu sein. Hätte sie eine Decke gehabt, würde sie auf dem Rücksitz des Wagens schlafen können. Aber sie hatte keine, und es war kalt. Also stieg sie aus und erschauerte vor Furcht, als der Kies unter ihren Schuhen knirschte. Das Geräusch erinnerte sie an den Rauhreif bei ihrer Ankunft auf Scot's Farm.

Es gibt nichts, wovor man sich fürchten müßte. Sie schritt zögernd voran. *Ist hier noch jemand?* Nein. Aber die Stille war so unheimlich. Vielleicht sollte sie zu Mrs. Trumpet fahren. Dawn Cottage war nur eine Meile entfernt. Sie konnte neben Leo auf dem Boden schlafen, wie in der Nacht, bevor sie nach Norfolk hinaufgefahren war. Aber sie konnte unmöglich mitten in der Nacht an die

Tür hämmern! Wo Mrs. Trumpets Bruder ein so schwaches Herz hatte. Sicherlich würden sie Leo nicht länger behalten wollen, wenn sie das täte. Sie nahm den Schlüssel zur Hintertür und schritt in die bedrohliche Dunkelheit.

Die Tür ließ sich leicht öffnen. Sie tastete nach dem Lichtschalter, drehte daran, doch nichts geschah. Vorsichtig bewegte sie sich den Gang zur Küche entlang und fand einen weiteren Lichtschalter. Wieder nichts. Der Strom war abgestellt. Sie ertastete sich den Weg zur Küche und öffnete dort auf der Suche nach Streichhölzern einige Schubladen. Keine zu finden. Dann versuchte sie, den Ofen anzustellen, aber das Gas war ebenfalls abgestellt. Mit der Hand auf dem Geländer schlich sie die Hintertreppe hinauf und dann den Korridor entlang, der von den Unterkünften der Dienstboten zum Haupthaus führte. Die schwere Eichentür knarrte, als Ryder sie öffnete. An den Gästezimmern vorbei kam sie endlich zur Haupttreppe und dem Treppenabsatz vor dem Schlafzimmer ihrer Mutter, wo sie Leo weinend vorgefunden hatte.

Sie durfte jetzt nicht an ihre Mutter denken. Eines Tages würde sie sich damit auseinandersetzen, wenn sie stärker war. Sie würde das Ganze noch einmal langsam und bewußt durchleben und es dann abschließen. Oder es zumindest versuchen. Wenn sie jetzt begann, an die Vergangenheit zu denken, würde sie ihr niemals mehr entkommen.

Die Tür zu ihrem Schlafzimmer war offen. Sie blieb zögernd stehen. *Komm schon!* Sie straffte die Schultern. *Komm schon!* Sie ging durch den Raum hinüber zu dem antiken Schrankkoffer, wo Dekken und Kopfkissen untergebracht waren, nahm sie heraus und legte sie dorthin, wo früher ihr Bett gestanden hatte. Es war mit allem anderen verkauft worden. Nur den Schrankkoffer, die Standuhr und einen alten Kieferntisch mit ein paar Stühlen hatte Mrs. Trumpet für sie gerettet. Und Leos Kinderbett mit der passenden Truhe – beide mit Abbildungen von Donald Duck und Mickymaus. Die konnten schwerlich ihrem Vater gehören.

Ryder hatte mit einer schlaflosen Nacht gerechnet, aber das erwies sich als Irrtum. Sie war einfach zu erschöpft. Am nächsten Morgen wachte sie früh auf und war zunächst verwirrt über die Position des Fensters. Was früher auf gleicher Höhe gewesen war, lag nun über ihr. Einen Moment lang wußte sie nicht, wo sie sich befand. Dann richtete sie sich auf, die Glieder steif vom harten Boden, die Hände geschwollen und wund vom Unkrautzupfen, und taumelte ins Badezimmer. Sie drehte den Wasserhahn auf, ein dikker Strahl schoß heraus. Sie zog ihre schmutzigen Kleider aus, sprang in die Badewanne und setzte sich hin. Dann schrie sie auf. Das Wasser war eiskalt. Der Boiler funktionierte nicht. Mit klappernden Zähnen zwang sie sich, im Wasser zu bleiben, und schrubbte sich den Schmutz vom Körper und den zerschundenen Händen. Schließlich kippte sie sich Shampoo über ihren Kopf und drehte die Dusche an. Dann stieg sie fluchtartig aus der Wanne und hüllte sich in ein trockenes Badetuch ein.

Das Haus war leer bis auf einen Berg Koffer und Schachteln, die ihr und Leo gehörten. Sie waren in der Halle neben der Uhr aufgestapelt und mit einem Schild versehen: *Ryder Harding – Bestimmungsort erfragen.* Sie streifte durch die leeren Räume, ihr nasses Haar tropfte auf die staubigen Böden. Im Arbeitszimmer betrachtete sie die Spuren, die der Schreibtisch ihres Vaters auf dem Fußboden hinterlassen hatte. Im Salon stand sie am Fenster und erinnerte sich an den Moment, als ihr Vater gesagt hatte: «Ich bin in ernsthaften Schwierigkeiten.» Im Schlafzimmer ihrer Eltern schloß sie die Augen und konnte für einen Augenblick wieder das Parfüm ihrer Mutter riechen, blumig, anmutig, elegant.

Dort fand Mrs. Trumpet sie auch am späten Vormittag: zusammengesunken an einer Wand und fest eingeschlafen.

«Sie hätten nicht allein hierherkommen sollen.» Sie half Ryder auf die Beine. «Sie hätten ins Cottage kommen sollen, Liebes.»

«Ich wollte Sie nicht wecken. Ihr Bruder wird Leo schon ziemlich ermüdend finden.»

«Es liegt an seinen Wutanfällen. Die sind schlimmer als je zuvor. Das ist keine Überraschung nach all dem, was Sie beide erlebt haben, aber Sie müssen jetzt fest bleiben, sonst haben Sie eine schreckliche Zeit vor sich. Fest, aber freundlich.» Sie tätschelte Ryders Arm. «Mein Bruder übersteht die paar Tage schon. Aber, Liebes! Sie haben doch nicht gedacht, daß wir ihn länger behalten könnten?»

«Natürlich nicht.» Ryder rang sich ein Lächeln ab. *Dieser verdammte Leo! Warum konnte er sich nicht benehmen!*

Sie verbrachte den Morgen damit, die Koffer hinunterzuschaffen und sie in der Halle aufzustapeln, während Mrs. Trumpet die Küchengeräte einpackte, die bei der Auktion vergessen worden waren: ein paar Kochtöpfe, eine Pfanne, Teller und Gläser, die nicht zusammenpaßten. Als alles fertig war, befestigte Ryder den Pferdeanhänger am Landrover.

Mrs. Trumpet schüttelte den Kopf. «Sie können damit doch nicht nach Norfolk fahren.»

«Das ist billiger als mit einem Möbelwagen. Der Autohändler kauft den Landrover, also muß ich ihn zurückbringen. Ich werde den Mini so lange hierlassen.» Sie hob den Kieferntisch auf die Rampe der Pferdebox. «Wenigstens muß ich den Anhänger nicht auch noch zurückbringen.»

Die nächste Nacht verbrachte Ryder auf einer Matratze im Cottage. Am Morgen kehrte sie nach Dingwall Court zurück. Sie wollte sich allein verabschieden. Ein letztes Mal wanderte sie durch die Zimmer, überprüfte jeden Schrank, sah aus jedem Fenster. Erinnerte sich und verabschiedete sich. Dann schritt sie aus der Vordertür, verschloß sie, warf den Schlüssel in den Briefkasten – und fuhr ab.

Ryder hatte noch nie einen Anhänger gezogen, doch das behielt sie lieber für sich. Es gab auch niemanden, dem sie es hätte erzählen können, außer Leo, der still und ängstlich neben ihr saß. Das war eine der schlimmsten Seiten der ganzen Sache: die Einsamkeit. Sie hatte niemanden, an den sie sich wenden konnte, niemanden, der sie beschützte.

Das letzte, was sie jetzt wollte, war, Gatehouse Stables wiederzusehen. Aber Podmores Sekretärin, eine Frau, die früher vor Freundlichkeit geradezu troff, hatte ihr eine kurze Notiz geschickt, daß sie zwar den Anhänger behalten könne, die neuen Sättel aber zurückbringen müsse.

Alle Ponys waren verkauft worden, die Ställe wirkten wie ausgestorben. Die Tore standen weit offen, und Strohreste wehten über den Hof.

«Ist das unser neues Zuhause?» Leo schaute noch ängstlicher drein.

«Nein. Bleib im Wagen.»

Geißblatt schwang unter dem Bogen, der zum Haupthaus führte. Sie schob ihn beiseite und überquerte die Einfahrt zur Haustür. Noch bevor sie läutete, spürte sie, daß das Haus leer war. Sie kritzelte eine Nachricht auf einen Zettel: *Pferdegeschirr von Dingwall Court zurück. R. Harding.*

Die Sattelkammer war nicht verschlossen. Sie hob die Sättel auf ihre soliden Holzhaken. Als sie zurücktrat, wäre sie fast über Leo gefallen. «Ich hab dir doch gesagt, du sollst im Wagen bleiben», fauchte sie.

«Da ist ... ein ... Mann.»

Sie nahm seine Hand. «Du brauchst keine Angst zu haben.» Zu spät bemerkte sie ihren Fehler. Sie hätte ihm etwas über fremde Männer mit Süßigkeiten erzählen sollen, sonst würde er eines Tages erdrosselt in einem Straßengraben landen, und sie wäre schuld daran.

Am Wagen stand ein alter Gärtner auf seine Harke gestützt und kratzte sich am Kopf.

«Ich habe die Sättel zurückgebracht», teilte sie ihm mit. «Der Anwalt bat mich darum.»

«Damit hab ich nichts zu tun.» Er holte eine Tabakdose heraus und fing an, sich eine Zigarette zu drehen. «Ich warte nur darauf, daß das Pony abgeholt wird.» Er wies auf ein schwarzes Pony, das steifbeinig über die Koppel auf sie zukam.

«Aber das ist ja Bruja. Das beste aller Ponys.»

Er zuckte mit den Achseln. «Sie ist gefallen, also mußten sie die

Wunde am Bein ausbrennen, aber es hat nicht geklappt. Sie ist immer noch so lahm wie Long John Silver.» Er lachte meckernd. «Aber die Hunde werden ihren Spaß an ihr haben.»

«Was soll das heißen?»

«Der Hundezwinger zahlt zwanzig Pfund für sie. Es wäre mehr, wenn sie nicht verkrüppelt wäre.»

«Das erlaube ich nicht.»

«Erlaube ich nicht! Typisch Hardings Tochter! In meiner Familie ist wenigstens keiner im Gefängnis!»

Ryder hatte große Lust, ihm eine runterzuhauen, aber das wäre das Ende von Bruja gewesen. «Ich habe es nicht so gemeint.» Sie zwang sich zu einem entschuldigenden Tonfall. «Es ist nur... Sie wollen doch auch nicht, daß sie gefressen wird, oder?»

«Ich will nur meine zwanzig Pfund.»

«Ich gebe ihnen fünfzehn.»

«Zwanzig – oder sie kommt zu den Hunden.»

Ryder blickte auf das Pony. Was sollte sie mit ihm anfangen? Es war verrückt, auch nur daran zu denken. Aber Brujas große, braune Augen schauten sie anklagend an. «Okay. Zwanzig – aber mit dem Zaumzeug und allem, was sie braucht.»

«Nehmen Sie sich, was Sie wollen.» Er steckte das Geld ein und schlurfte davon.

Ryder brauchte eine Stunde, um den Landrover und den Pferdeanhänger neu zu packen und Platz für Bruja in der einen Hälfte der Box zu schaffen. Leo suchte inzwischen in den Ställen nach Heu und Hafer.

«Meinst du, sie weiß, daß wir sie gerettet haben?» Seine Augen leuchteten jedesmal auf, wenn er das Pony anblickte, das zwischen dem Kieferntisch und der Standuhr eingezwängt war.

«Ich weiß nicht – aber ich würde ihr raten, sich dankbar zu zeigen.»

Ein kalter Nordostwind fegte über die Rollbahn Richtung Bailing, als Ryder den Wagen neben dem Kontrolltower abstellte. «Komm,

Leo», rief sie und führte Bruja zum Fluß, der an die fünfzig Meter entfernt war. «Du mußt auf Bruja aufpassen, ich binde sie hier an diesen Baum, dann kann sie zum Wasser und gleichzeitig grasen. Aber du mußt darauf achten, daß sich das Seil nicht um ihre Beine verheddert.»

Leo zog sein Gesicht in Falten. «Wohin gehst du?»

«Nur dort vorne hin. Zum Tower.»

«Wo ist unser neues Zuhause?»

«Das ist unser neues Zuhause.»

«Aber die Fenster sind alle kaputt.» Er begann zu weinen.

«Ich werde sie reparieren. Jetzt sei still, sonst erschreckst du das Pony.»

Leo warf sich auf den Boden und schrie. Bruja legte die Ohren zurück und machte einen Satz.

«Wenn du nicht still bist, schicke ich dich zurück nach Prairieville.» Ryder lief los zum Tower. Leo rannte hinter ihr her und trat gegen ihre Knöchel. Sie drehte sich um, packte ihn und schlug ihn auf sein nacktes Bein. Er heulte auf. Sie warf ihn auf den Rasen und ging weiter. Sie würde ihn auf jeden Fall nach Prairieville zurückschicken, ob er wollte oder nicht.

Es war sinnlos, den Anhänger auszupacken, bevor im Tower geputzt worden war, aber es hatte auch keinen Sinn, ihn zu putzen, bevor die Fenster repariert waren. Und wenn sie erst mal den Landrover nach Henley zurückgebracht hatte, konnte sie den Anhänger nicht mehr ziehen. Sie ignorierte Leos Gebrüll und zählte die Fenster. Es waren zehn, und jedes Fenster brauchte zwei Scheiben. Im Tower vermaß sie die Wände und den Fußboden, um auszurechnen, wieviel Farbe und Fußbodenlack sie brauchen würde. Dann setzte sie sich in den Jeep und schrieb eine Einkaufsliste. Aus dem Augenwinkel heraus konnte sie sehen, daß Leo näher schlich. Sein Gesicht war bleich, und aus seinen Augen starrte die Angst.

«Leo», rief sie. «Wenn du Hunger hast, wasch dir die Hände.»

Er sauste in den Waschraum, war eine Sekunde später wieder zurück und kletterte neben ihr auf den Sitz.

«Wie zerzaust deine Haare sind.» Sie hob die Hand, um sie glattzustreichen. Er duckte sich. Sie hatte ein schlechtes Gewissen.

Zusammen fuhren sie nach King's Lynn. Sie versuchte, das häßliche Mal auf Leos Bein zu ignorieren, aber es starrte ihr vorwurfsvoll entgegen. Sie parkten auf dem Tuesday Market. Mißbilligend blickten die eleganten, georgianischen Häuser des Platzes auf ihren schlammbespritzten Landrover. Sie nahm Leo an die Hand, und er umklammerte ihre Finger, so fest er konnte.

In einer schmalen Seitenstraße fand sie ein Lokal und bestellte Fish und Chips. Auf unbequemen Stühlen saßen sie an einem resopalbeschichteten Tisch.

«Willst du kein Ketchup?» erkundigte sie sich.

«Mummy erlaubt mir das nicht.»

«Aber in Amerika hast du doch auch welchen gegessen.»

Verwirrt sah er sie an. Sie fragte sich, ob er ein Trauma davongetragen hatte und was sie dagegen tun konnte.

«Ich bin sicher, Mummy hätte nichts dagegen.» Sie lächelte, als sie ihm etwas Ketchup auf den Teller drückte.

Eine junge Mutter mit zwei kleinen Jungen setzte sich an den Nebentisch. Sie lachten und kreischten: «Mummy, ich will ein Eis. Mummy, ich will...» Ryder versuchte, nicht auf sie zu achten, schob ihren Teller beiseite und nahm einen Schluck Kaffee.

Leo verharrte mit Messer und Gabel in der Luft und beobachtete die beiden Jungen. «Mummy!» murmelte er. «Mummy!»

«Willst du ein Eis?» versuchte Ryder ihn abzulenken.

Sein Kinn zitterte. Tränen traten ihm in die Augen. Plötzlich mußte er sich übergeben und spuckte sich, den Stuhl und den Boden voll.

Ryder sprang auf, die Kellnerin rannte herbei, und die beiden Jungen riefen: «Der Junge muß spucken!» Ryder schnappte sich Leo und rannte mit ihm in die Damentoilette. Er weinte und schüttelte sich, war über und über mit Erbrochenem bedeckt. «Nicht schlagen. Bitte nicht schlagen!»

«Natürlich nicht.» *Sie war ein Ungeheuer. Er war erst fünf, und sie hatte ihm solche Angst eingejagt.* Sie ließ warmes Wasser in ein Waschbecken laufen und wischte ihm mit Seife und Papiertüchern Gesicht und Hände ab. Dann half sie ihm, den Mund auszuspülen. Sein Gesicht war heiß und fiebrig rot. Angenommen, er war ernsthaft krank? Angenommen, sie hatte ihn so fest geschlagen, daß er für immer physisch und psychisch gezeichnet war...

«Wirst du mich wegschicken?» flüsterte er.

«Ich war bloß sauer.» Sie umarmte ihn.

«Und jetzt bist du nicht mehr sauer?»

Sie küßte sein überhitztes Gesicht. «Du bist doch mein kleiner Bruder. Wir bleiben für immer zusammen. Aber du darfst nicht ständig schreien, wenn irgend etwas nicht so läuft, wie du es willst. Ich weine ja auch nicht.» Sie hob ihn hoch und trug ihn durch das Lokal zurück an ihren Platz.

Als sie neben dem Ausgang an einer Frau vorbeikamen, sagte sie laut: «Das arme Lämmchen. Wird mitgenommen, obwohl er krank ist. Diese jungen Mütter haben keinerlei Verantwortungsgefühl.»

Ryder fand in der High Street eine Bank, auf die sie sich setzen konnten. Die frische Luft brachte rasch Farbe in Leos Wangen zurück. Sie befühlte seine Stirn. Sie war kühl. «Kannst du laufen?»

Er nickte.

In einem Eisenwarenladen kaufte sie Nägel, einen Hammer, einen Schraubenzieher und ein Türschloß. Von da aus steuerten sie einen Discount-Baumarkt an, in dem sie Glas und Farbe erwarben. In einem Campingladen kaufte sie noch einen Gasbrenner, damit sie Leo wenigstens etwas Warmes kochen konnte.

Zurück am Flugplatz schien er zufrieden, einfach nur dazusitzen und ihr zuzusehen, wie sie den alten Kitt aus den Fensterrahmen kratzte. Am Nachmittag schlief er auf Brujas Pferdedecke, während sie die ersten beiden Scheiben anpaßte. Zu ihrer Erleichterung schien er vollständig erholt, als er aufwachte. An diesem Abend wuschen sie sich im Fluß, aßen Rührei und schliefen in Decken gehüllt auf dem Rücksitz des Landrovers. Am folgenden Tag reparierte sie weiter die Fenster, während Leo Brujas Schwanz flocht. Vom Tower aus konnte Ryder hören, wie er mit dem Pony sprach.

Am späten Nachmittag kam Miss Brendan Broughton über das Rollfeld gestapft. «Was tun Sie hier eigentlich?» rief sie mit schneidender Stimme.

«Ich mache den Platz bewohnbar.» Ryder ließ sich nicht unterbrechen und strich weiter neuen Kitt in die gesprungenen Fensterrahmen.

«Sie können hier nicht wohnen.»

«O doch! Das kann ich.»

«Mit einem Kind! Ich werde Sie den Behörden melden!»

Ryder stellte den Becher mit dem Kitt ab. «Ich werde den Flugplatz sanieren und die Hangarfläche vermieten. Ich werde Bailing auf Vordermann bringen und rentabel machen – und Sie werden mich nicht daran hindern!»

Bis zum Wochenende hatte Ryder alle Fenster repariert, den Tower ausgefegt und dabei den Staub von Jahrzehnten geschluckt, der wie ein Atompilz in ihr Gesicht wirbelte. Als er sich wieder gelegt hatte, begann sie mit dem Streichen. Während sie die weiße Dispersionsfarbe auf die Wände rollte, bemerkte sie eine Inschrift, die in die Rückseite der Tür eingeritzt war: *Hütet Euch vor dem Hunnen in der Sonne!* Sie strich darum herum. Später lackierte sie sie, genauso wie die Tafel. Beide erinnerten daran, was Bailing einmal gewesen war.

«Ist das mein Schlafzimmer?» fragte Leo, als sie sein Mickymaus-Bett die schmiedeeiserne Treppe hinaufschleppte.

«Wir werden es teilen. Dir gehört dieses Ende.» Sie schüttelte ihre Steppdecke aus. «Und ich bekomme dieses.» Sie zeigte auf ihre Matratze.

«Aber ich habe immer mein eigenes Zimmer gehabt.»

«Leo!»

Er zuckte zusammen.

Sie ging neben ihm in die Hocke. «Wenn wir alle Gebäude gestrichen haben und viele, viele Leute hier ihre Flugzeuge unterbringen, so daß wir Geld verdienen, dann ziehen wir eine Wand hoch. Aber jetzt müssen wir das bißchen Geld, das ich noch habe, für einen Elektriker aufbewahren. Wir können ohne Licht oder warmes Wasser nicht über den Winter kommen. Ich weiß, daß du erst fünf Jahre alt bist, aber du mußt jetzt sehr erwachsen sein, wenn du mit mir zusammenbleiben willst.»

Die folgende Nacht war ihre erste Nacht im Tower. Er sah sehr kahl aus, war aber wenigstens sauber. Irgendwie erinnerte er Ryder an Debbies Scheune. Sie pflückte ein paar Fliederzweige von einem wuchernden, alten Busch neben dem Tor und arrangierte sie in einer Farbdose auf dem Tisch. Dann legte sie sorgfältig die Zutaten zum Abendessen darum herum. Leo setzte sich zu ihr, als sie die Würstchen und Pommes frites briet. Sie bemerkte, daß er sich dieses Mal ohne ihre Aufforderung die Hände gewaschen hatte. Als sie ihm seinen Teller gab, sagte er: «Es macht mir nichts aus, mein Zimmer mit dir zu teilen.»

Nachdem er zu Bett gegangen war, blieb Ryder am Tisch sitzen und genoß den herrlichen Maiabend, der durch die offene Tür zu ihr hineinströmte. Der Himmel hatte sich golden verfärbt, und die Luft duftete nach Flieder und Gras. Eine Ringeltaube zwitscherte aus den Bäumen neben dem Tor, die Kühe strichen auf der nahe gelegenen Wiese durchs Gras. Ryder ging zum Anhänger hinunter und sah nach Bruja. Ihr Wassereimer war aufgefüllt, Leo hatte daran gedacht. Zurück im Tower zündete sie eine Lampe an und versuchte, einen Brief an ihren Vater zu schreiben. Aber sie war unruhig. Es war ein so schöner Abend, und sie dachte an den Pub in der Nähe ihrer Londoner Wohnung, wo die Leute bis hinaus auf den Bürgersteig strömten. Sie erinnerte sich an die kleinen Restaurants in den Nebenstraßen, wo sie oft mit Adam zu Abend gegessen hatte. Dann stellte sie sich Immy vor, wie sie versuchte, ihre Sommersprossen zu bleichen, und Alix, die immer mit mehreren Männern gleichzeitig jonglierte. Sie fühlte sich so allein.

Fred Garratt, der Mann für alle anfallenden Arbeiten, erschien auf Empfehlung von Mrs. Dennshurst, die den Laden im Dorf führte. Er war klein und wettergegerbt, ging stark gekrümmt und hatte den starren Blick einer Schildkröte. «Klempnerarbeiten. Malerarbeiten. Elektroarbeiten. Alles, was Sie wollen. Zehn Pfund am Tag.»

«Es geht um den Strom. Ich brauche Licht im Tower und in den Hangars.»

Er drückte sich an ihr vorbei in den Tower. «Bißchen wenig Möbel.» Er ging hinüber zur Küche. «Sie kochen auf diesem Brenner? Ich werde mal rüber zur alten Müllkippe gehen. Da muß noch ein alter, ausrangierter Herd stehen. Und ein Kühlschrank.» Er ging in den Waschraum. «Und ein Boiler.»

«Mr. Garratt, ich kann mir nicht leisten, so viel Geld auszugeben.»

«Mein Name ist Fred. Sie bringen den alten Flugplatz wieder in Schuß?»

«Ich versuche es.»

«Neun Pfund am Tag.» Er schlurfte hinaus zu den Hangars. Ryder folgte ihm. «Was wollen Sie damit anstellen?» fragte er.

«Stellplätze vermieten. Auftanken. Warten.»

«Dafür brauchen Sie die Genehmigung der Luftfahrtbehörden.»

«Ich weiß.»

«Ich war in der Royal Air Force. Das war die beste Zeit meines Lebens. Ich denk oft daran, vor allem seit meine alte Lady tot ist.» Er stocherte sich mit einem Strohhalm in den Zähnen herum. «Acht Pfund am Tag.»

Von nun an kam Fred jeden Tag einschließlich Sonntag zum Flugplatz, und zwar für vierzig Pfund die Woche. Er hätte keinen Penny mehr angenommen. Bei Tagesanbruch kam er mit seinem alten Pick-up durch das Tor über die Rollbahn gezuckelt und hatte immer einen Kopfsalat oder einen Kürbis aus seinem Garten dabei. Wenn er kein Gemüse mitbrachte, dann war es eine Makrele, die einer seiner Freunde geangelt hatte, oder ein Laib Brot, von dem er angeblich zuviel gekauft hatte. «Aber Sie können unmöglich Avocados hier in Norfolk gezüchtet haben», protestierte Ryder und versuchte, ihm etwas Geld zu geben.

Er warf ihr nur seinen starren Blick zu: «Ich habe einen grünen Daumen.»

Das milde Wetter hielt an. Ryder und Leo wuschen sich weiterhin im Fluß. Das Flußbett war steinig und nicht sehr tief, der einzige Zugang zum Fluß allerdings ging eine schlammige Böschung hinunter, die Leo den «Schlitterbuckel» nannte. Aber letzten Endes war das Wasser nicht so kalt wie das aus dem rostigen Hahn an der alten Badewanne. Leicht fröstelnd saß Ryder also in ihrem Baumwollbikini im Fluß und spülte das Shampoo aus ihrem Haar, während Leo splitternackt wie ein unbehaarter Hundewelpe im Wasser herumpaddelte.

«Eines Tages haben wir fließend heißes Wasser», versprach sie ihm, während sie ihre schmutzigen Kleider auf einen flachen Felsen klatschte wie eine Bäuerin aus Kalabrien. «Dann liege ich stundenlang in einem duftenden Schaumbad.» Sie hängte die Wäsche zum Trocknen im Schilf auf. «Ich werde eine Waschmaschine haben und einen Trockenschrank mit ganzen Stapeln von dicken, warmen und flauschigen Handtüchern.» Sie ergriff Brujas Zugseil und rief dem Pony zu, es solle sie den «Schlitterbuckel» hochziehen. Dabei sickerte ihr der Schlamm durch ihre nackten Zehen. «Und wir werden wunderschöne Kleider haben und neue Schuhe und passende Taschen.»

«Aber wo wird dann mein Zuhause sein?» fragte er besorgt.

«Bei mir natürlich.»

Sie ließ ihn bei Fred, als sie den Landrover nach Henley zurückbrachte, weil sie ihn nicht mit den Erinnerungen belasten wollte. Es war schlimm genug für sie: der steile Hügel mit den überhängenden Weiden, die Steinbrücke über dem Fluß, die Sonne auf dem Dach des Leander Clubs. Sie hielt an der Abzweigung, die nach Dingwall Court führte. Zwar hatte sie nicht die Absicht gehabt, dorthin zu fahren, doch jetzt wurde sie geradezu magnetisch angezogen.

Ihr schien, als wären in der einen Woche, seit sie das letzte Mal hiergewesen war, die Rhododendren noch buschiger geworden und der Garten sähe noch verwilderter und verlassener aus. Sie bog in die Einfahrt ein, brachte den Wagen zum Stehen und stützte ihr Kinn nachdenklich auf das Lenkrad.

Ein Mann erschien bei den Ställen. «Dies ist Privatbesitz», verkündete er.

«Ich weiß. Ich habe früher hier gewohnt.»

«Nun, jetzt wohnen Sie aber nicht mehr hier.»

«Nein.» Sie legte den Rückwärtsgang ein. «Jetzt nicht mehr.» Als sie zurücksetzte, warf sie einen letzten Blick auf den welligen Rasen und die Rosenlaube ihrer Mutter unten am Fluß.

Es war ein Fehler gewesen, hierherzukommen. Sie war aufgebracht, daß der Mann sie wie einen unbefugten Eindringling behandelt hatte. Beim Autohändler übergab sie den Landrover und holte ihren Mini ab. Gott sei Dank hatte sie Leo bei Fred gelassen. Leo! Ihr drehte sich plötzlich der Magen um. Sie hatte ihren kleinen Bruder bei einem seltsamen, alten Mann gelassen, allein an einem Ort, wo er niemanden kannte und es kein Telefon gab.

Sie schaffte es in zwei Stunden nach Bailing. Während der ganzen Fahrt malte sie sich voller Panik aus, wie Leo von Fred zu Boden gedrückt wurde. Als sie endlich in das Tor einbog, hatte sich Fred in einen Kinderschänder mit einer langen Vorstrafenliste verwandelt.

Sie brauste über die Rollbahn zu den Hangars, stürzte aus dem Wagen und schrie gellend: «Leo! Leo!»

Keine Antwort.

«Leo!»

«Rye-Rye.» Leo stolperte mit tränenverschmiertem Gesicht aus dem Hangar.

«Oh, Gott!» Sie hob ihn in ihre Arme. «Ist alles okay mit dir? Bist du …»

«Ein Mann hat Bruja mitgenommen.»

«Hat er dir weh getan? Hat irgend jemand dir weh getan?»

«Er hat das Pony mitgenommen, hörst du nicht?»

«Das stimmt.» Fred kam mit einem Stück Draht in der ölverschmierten Hand aus dem Hangar. «Miss Bronwens Neffe. Hat gesagt, das Vieh gehöre ihm.»

Ryder konnte Fred nicht in die Augen sehen.

Die Mühle lag eine Meile flußaufwärts. Es war ein weißgestrichenes Schindelhaus, das direkt über dem Fluß lag und halb Haus, halb Fabrik war, ein seltsames, wild-schönes Zeugnis vergangener Industriezeiten. Weiter oben im Fluß Bailum schwammen wilde weiße Schwäne. Unter dem Gebäude rauschte das Wasser dröhnend durch die Schleusentore in den Mühlteich.

Ryder ließ den Wagen auf der Straße stehen und überquerte über den Schleusen die Brücke, die den einzigen Zugang zum Haus darstellte. Der Wind trieb Sprühnebel vom Mühlteich herüber. Kies knirschte unter ihren Schuhen. In der Tiefe des Hauses heulte ein Hund.

Bruja war in der Nähe der Hintertür festgebunden. Sie wieherte tief, als Ryder sich näherte. In diesem Augenblick schlenderte Patrick aus dem Haus. Er sah braungebrannt, gesund und ungeheuer attraktiv aus. Sie wurde sich schlagartig ihrer schmuddeligen Jeans bewußt und ihrer Haare, die dringend geschnitten werden mußten. «Was machen Sie da?» verlangte er zu wissen.

«Ich hole mein Eigentum zurück.»

«Das Pony gehört mir. Sie haben es aus Gatehouse gestohlen.»

«Ich habe zwanzig Pfund für sie bezahlt.» Ryder löste das Seil. «Wenn ich sie nicht gekauft hätte, wäre sie Hundefutter geworden.»

«Das ist gelogen!»

«Die Leute vom Hundezwinger hatten dem alten Mann zwanzig Pfund für sie versprochen. Sie haben ja keinen Gedanken an sie verschwendet, weil sie lahm ist.»

Er überquerte den Hof. Ihr fiel auf, daß seine Bewegungen ein wenig steif waren. «Hier sind Ihre zwanzig Pfund», sagte er. «Sie wissen, was das Pony für mich bedeutet.»

«Ich weiß, was es für meinen kleinen Bruder bedeutet. Er hat seine Mutter, seinen Vater und sein Zuhause verloren. Alles! Ich bin der einzige Mensch, der ihm geblieben ist. Und ich bin besorgt und beschäftigt und verliere oft die Geduld und…» Sie hielt inne und straffte ihre Schultern. «Er liebt Bruja.»

Einen Moment lang sahen sie einander schweigend an. Dann ging sie mit dem Pony davon.

Kapitel 17

Ryder erzählte Fred nicht, daß ihr Vater im Gefängnis war. Sie erzählte es niemandem in Bailing. Nur Miss Brendan Broughton wußte es, und die lebte glücklicherweise wie eine Einsiedlerin. Als ihr Vater ihr den Besucherschein sandte, bat sie Fred, auf Leo aufzupassen, weil sie etwas in London zu tun hätte.

Die Fahrt nach Wandsworth führte sie durch das East End und die Docks, durch Straßen mit einst blühenden Großmärkten, die sie früher, als sie noch in London lebte, nie besucht hatte. Es hätte auch eine ganz andere Stadt sein können. Sie parkte in der Nähe des Gefängnisses neben einer Reihe hübscher Steinhäuschen, die auf eine Gemeindewiese blickten. Es gab auch einen Pub dort, vor dem Menschen auf der Wiese im Sonnenschein lagen und Bier tranken. Alles wirkte sehr friedlich, bis auf das drohend aufragende Gefängnis mit seinen schmutziggelben Backsteinen und den schwarzen, viereckigen Dächern.

Ryder war zu früh, sie mußte noch eine Stunde totschlagen. Also ging sie in ein Gartencenter, das sich unpassenderweise direkt unter den Gefängnismauern befand. Ganz versunken in ihre städtische Gartenwelt, schlenderten die Kunden zwischen Geranien in Terrakottatöpfen umher, während von oben die Gefangenen neidisch und frustriert durch die Gitter auf sie hinunterstarrten.

Der Besuchsraum war ähnlich wie der in Brixton. Auch hier saß man an zwei Seiten des Tisches und wurde von uniformierten Wächtern beobachtet. Ihr Vater saß in der hintersten Ecke. Ryder bemerkte, daß sein Gesicht ausgezehrt war, als hätte er den ganzen Winter über im Freien verbracht. «Du hast Leo nicht mitgebracht», sagte er als erstes.

Sie versuchte, ihre Enttäuschung nicht zu zeigen. «Ich konnte nicht. Er ist so durcheinander. Aber ich habe Fotos dabei.» Sie öffnete ihre Tasche.

Der Wächter mußte die Bilder durchsehen, bevor sie sie ihm geben konnte. «Er sieht aus wie Carrie. Dasselbe Gesicht, dasselbe Haar, dieselben blauen Augen.» Ihr Vater schluckte hart, genau wie Ryder, wenn sie aufgebracht war. «Aber warum wascht ihr euch im Fluß?»

«Das ist in Bailing. Ich hab dir doch davon erzählt. Wir wohnen dort, im Tower. Ich könnte mir in London keine Wohnung für Leo und mich leisten, auch wenn ich arbeiten würde. Also bringe ich den Flugplatz wieder auf Vordermann. Ich werde daraus ein Geschäft machen.»

«Aber es gibt keinen Strom dort.»

«Deshalb waschen wir uns auch im Fluß. Aber bald haben wir Licht. Und ein Telefon.»

Er sah die Bilder noch einmal durch. «Was ist mit der alten Miss B. B.? Sie ist doch sicher nicht sehr erfreut.»

«Sie hat fast ihren Hund auf mich gehetzt. Aber sie kann mich nicht aufhalten, solange ich ihr die Hälfte des Profits gebe – wenn ich jemals welchen machen sollte.»

«Das wirst du, wenn du nur richtig rechnest.»

Sie sah ihn erstaunt an. «Dann hältst du mich also nicht für verrückt?»

Er lächelte und schüttelte den Kopf. «Ich hätte schon selber darauf kommen sollen.»

«Das Geld ist ein großes Problem», gestand sie. «Ich werde mein goldenes Armband verkaufen müssen und Mutters Opalring.» Sie schwieg kurz. «Ich hoffe, es macht dir nichts aus. Aber ich brauche eine gute Ausrüstung. Andernfalls hat das Ganze gar keinen Zweck.»

Er langte über den Tisch und legte seine Hand auf ihren Arm. «Laß mich dir helfen. Ich sage dir, wo etwas Geld ist.»

Sie erstarrte. «Nein, danke.»

«Geld ist Geld.»

«Nicht dieses!»

«Sei nicht dumm», sagte er in seinem altbekannten, spöttischen Ton. «Leute, die sich im Fluß waschen, werden kaum Erfolg haben.»

Sie stand auf. «Ich wasche mich lieber im Fluß, als dein schmutziges Geld zu benutzen. Ein Harding im Gefängnis reicht.»

Sie fuhr nach Norfolk zurück und schwor sich, ihn nie wieder zu besuchen.

Fred war ein Geschenk des Himmels. Er versah den Kontrolltower und die Hangars mit neuen Leitungen und trieb einen alten Herd auf, den er reparierte. Dann tauchte ein Kühlschrank auf, der zwar aus grauer Vorzeit stammte, aber besser war als gar nichts. Jetzt mußte Ryder nicht mehr jeden Tag einkaufen fahren. Schließlich brachte er einen Tauchsieder mit, und sie konnte ihr erstes heißes Bad genießen. Nach den Bädern im Fluß war das der reinste Luxus. Fred machte den Kamin frei, baute Regale und Schränke und legte aus zerbrochenen Backsteinen eine Terrasse an. Er zimmerte sogar eine Bank, so daß sie draußen vor dem Tower in der Sonne sitzen konnten.

«Ich würde Ihnen gerne geben, was ich Ihnen schulde», sagte Ryder zu ihm, als sie auf ihrer Bank die Abendstille genossen.

«Wollen Sie, daß ich gehe?»

«Ich will nicht in Ihrer Schuld stehen.»

«Und ich will nicht, daß Sie mich nicht mehr kommen lassen, bloß weil Sie kein Geld haben.»

«Ich hab schon welches. Aber ich muß einfach vorsichtig sein.»

Sie verkaufte den Opalring. Dabei fühlte sie sich zwar wie eine Grabschänderin, aber es mußte sein. Auf der Rückfahrt nach Bailing dachte sie an ihren Vater und stellte sich vor, daß er auf einem Stuhl am Fenster stünde und auf die Leute im Gartencenter hinunterstarrte. Sie hielt an, um eine rosa Kletterrose zu kaufen, so eine, wie ihre Mutter sie in der Rosenlaube gezogen hatte.

Allmählich begann sich die Neuigkeit herumzusprechen. Der Flugplatz wurde im *Bailing Arms* diskutiert. Der Briefträger fragte Ryder nach einem Ferienjob für seinen Sohn. Mrs. Dennshurst kaufte eine zweite Tiefkühltruhe für ihren Laden. Der Milchmann behauptete, neue Leute würden das Dorf verderben. Sie würden die Häuserpreise in die Höhe treiben, und Fremde würden in Scharen herbeiströmen.

«Ich muß die Bauern auf meine Seite bringen», sagte Ryder zu Fred. «Wir müssen schließlich über ihr Land fliegen.»

«Wegen denen würde ich mir keine Sorgen machen, sondern wegen der Zugezogenen. Die Londoner sehnen sich nach Ruhe und Frieden – mit einer Kuhherde auf der einen Seite und einem Hahn auf der anderen.»

«Sie meinen, so blöde Städter wie ich!» Sie öffnete eine Dose mit grüner Farbe und stieg die Leiter hinauf, die gegen die Wand eines Hangars gelehnt war. Sorgfältig begann sie, jeden winzigen Riß im Mauerwerk des riesigen Gebäudes auszumalen. Fred sah ihr dabei zu. «Sie werden Rente beziehen, bis Sie damit fertig sind», sagte er schließlich. «Es muß nicht alles immer perfekt sein, Ryder. Bailing liebt Sie für das, was Sie sind.»

Sie ließ den Pinsel sinken. «Mein Vater ist im Gefängnis. Ich weiß, daß ich es Ihnen früher hätte sagen sollen.»

«Und wenn Ihr Vater ein Affe wäre, das ist mir egal. Es ist ja nicht Ihr Fehler, was er getan hat – und Sie brauchen nicht doppelt so hart zu arbeiten, um das zu beweisen.»

Sie fühlte, wie ihr die Tränen in die Augen stiegen, und wischte sie mit dem Handrücken ab. «Ich möchte, daß Bailing gut aussieht, weil es mir gehört – und niemand mir je zugetraut hat, daß ich etwas auf die Beine stelle. Weder mein Vater noch meine Mutter, noch ich selbst. Aber ich werde allen das Gegenteil beweisen.» Sie pinselte weiter. «Ich werde mir selbst das Gegenteil beweisen.»

«Sie werden sich das Kreuz brechen, wenn Sie von dieser Leiter fallen», sagte Patrick Brendan.

Er trug seine weißen Polohosen, die in Lederstiefeln steckten, und ein weißes, am Hals halb aufgeknöpftes Hemd. Er sah makellos aus, tough, sexy und sehr selbstbewußt.

«Was wollen Sie hier?» fragte sie und drehte ihm den Rücken zu, als malte sie weiter.

«Sie können Bruja nicht unter einem Baum halten.»

«Ich führe sie spazieren.»

«Sie braucht eine Koppel.»

«Sie bekommt eine, wenn ich Zeit und Geld habe.»

«Wo wir gerade über Geld sprechen: Meine Tante hat mich gebeten, darauf hinzuweisen, daß jeglicher Profit, den Sie machen, mit ihr geteilt werden muß.»

«Ich weiß.» Wäre Ryder nicht so pleite gewesen, hätte sie den Zehn-Liter-Farbeimer über Patrick ausgeleert.

«Also wird es sich für Sie nicht lohnen», sprach er weiter.

Sie fixierte ihn. «Ich habe nichts außer meinem Anteil an Bailing. Ich muß mich, meinen Bruder und *unser* Pony ernähren. Wenn ich vierzig Pfund verdiene und Ihrer Tante zwanzig abgeben muß, bleiben mir immer noch zwanzig, was um einiges besser ist als nichts.»

Er ging weg und kam fürs erste nicht wieder. Sie widmete sich dem Anstreichen und war froh, daß er gegangen war. Sie mochte ihn nicht. Aber irgend etwas an ihm fand sie gleichzeitig abstoßend und anziehend.

Die Sonne brannte heiß, ein stetiger Wind blies. Ihre Arme schmerzten, der Geruch von Farbe stach ihr in Augen und Nase. Draußen auf der Rollbahn füllte Fred die Risse auf. Unten am Fluß sprach Leo mit Bruja. Dann fuhr ein Landrover auf den Flugplatz.

Er steuerte die Bäume an. Leo versteckte sich hinter Bruja. Die Wagentür öffnete sich, und Patrick stieg aus. Aus dem Kofferraum holte er einige Pfähle und Latten. Er begann, ein Stück Land auszumessen, das am Rand des Flugplatzes durch die Bäume bis zum Fluß hinab führte. Dann sah Ryder, wie Patrick sich zu Leo hinunterbeugte und mit ihm sprach. Sie malte weiter.

Gegen Mittag deckte sie den Terrassentisch: Baguettes, Käse, einen Salat und ein paar Dosen Bier. Dann wusch sie rasch ihr Gesicht, kämmte sich die Haare und tupfte sich etwas Parfüm auf.

«Mittagessen!» rief sie.

Leo kam herbeigerannt. Fred schlurfte von der Rollbahn zurück. Patrick aber hämmerte weiter.

«Frag ihn, ob er mit uns essen will», bat sie Leo und hantierte mit den Tellern, damit sie nicht aufsehen mußte, als Patrick auf sie zukam.

«Sind Sie sicher, daß Sie genug haben?» fragte er.

«Es ist doch nur Brot und Käse.»

«Darüber können wir schon froh sein.» Fred gab Patrick ein Bier. «Vor zwei Wochen noch hat sie im Fluß gebadet und aus Dosen gegessen.»

Sie ließen sich das knusprige Brot schmecken, bedeckten es mit Unmengen von cremiger Butter und Stücken von würzigem Bauerncheddar.

«Haben Sie schon das Gespenst gehört?» fragte Patrick, als Leo sich wieder getrollt hatte.

Ryder schluckte. «Was für ein Gespenst?»

«Stimmt», nickte Fred. «Diese alten Flugplätze sind alle bespukt. Bailings Gespenst war ein Pilot, der in der Luftschlacht um England abgeschossen wurde.»

«Fußspuren quer durch den Hangar.» Patrick rollte mit den Augen. «Nur ein paar Fußspuren. Dann ist er für immer verschwunden.»

Ryder kicherte. «Erzählen Sie das bloß nicht Leo!»

Plötzlich schnüffelte Fred hörbar. «Was ist das?» Er lehnte sich zu Ryder hinüber. «Sie tragen ja Parfüm. Es riecht wie beim Friseur.»

«Ich kann doch nicht immer nur nach Farbe riechen», sagte sie verärgert.

«Früher hat Ihnen das nichts ausgemacht.» Er zwinkerte ihr zu. Dann wandte er sich zu Patrick. «Und Sie reiten immer noch Poloponys?»

«Ja, aber nicht mehr als Profi. Ich hatte einen Unfall.» Von der Seite sah er Ryder an. «Mein Bein wird für immer ein wenig steif bleiben. Also bilde ich die Ponys jetzt aus.» Er hielt inne. «In Gatehouse.»

Ryder ließ ihre Tomate fallen. «Sie haben die Ställe gekauft?»

«Rodolfo und ich. Wir sind Partner.»

«Von meinem Vater?»

«Von der Bank – mit einem gewaltigen Kredit.»

Sie rief sich den Nachmittag in Erinnerung, an dem sie Gatehouse das erste Mal gesehen hatte. Sie sah ihre Mutter wieder auf der Mauer sitzen, während sie gemeinsam auf die Ankunft der Ponys warteten. Eine der wenigen Gelegenheiten, wo ihre Mutter sich ihrer nicht geschämt hatte. Aber die Erinnerung streute auch Salz in die Wunde. Ryder erhob sich abrupt und ging in den Tower. Hinter sich hörte sie Schritte. Es mußte Patrick sein. Ohne Aufforderung betrat Fred nie ihre Wohnung.

«Sie haben viel für diesen Ort getan», sagte er.

«Ja.» Sie wandte ihm weiterhin den Rücken zu.

«Es erinnert mich an die Gästehäuschen auf den Schaffarmen in Australien. Dieselbe Kargheit, dieselbe Weiße.» Er kam näher. «Wilde Blumen in einer Farbdose. Getrocknete Distelsträuße. Wer hätte das von Paul Hardings Tochter gedacht!»

«Lassen Sie mich in Ruhe!»

«Sie weinen ja. Warum?»

«Ich habe es satt, verspottet und verfolgt zu werden, nur weil mein Vater im Gefängnis ist. Wenn man von den Opfern eines Verbrechens spricht, meint man immer die, denen das Verbrechen zugefügt wurde, aber die wahren Opfer sind die Angehörigen des Täters. Sie bekommen kein Mitleid. Ihnen wird keinerlei Kummer zugestanden. Sie sind Geächtete.»

«Was machen Sie heute abend?»

Sie war sprachlos.

«Ich rufe Sie um acht Uhr an.»

«Nein!»

«Um sieben – wenn Sie Leo mitbringen müssen?»

Er war dominant, herausfordernd und attraktiv. Doch dann erinnerte sie sich an Adam, der so charmant gewesen war und sie doch im Stich gelassen hatte, als sie ihn brauchte. «Nein, danke.» Sie sah ihm direkt in die Augen. «Ich danke Ihnen für die Koppel. Aber ich meinte, was ich gesagt habe. Mir wäre lieber, Sie kämen nicht mehr hierher.»

Kapitel 18

Bailing Airfield ging seiner Vollendung entgegen. Zumindest, soweit Ryder es sich leisten konnte. Die Hangars waren gestrichen, die Tankvorrichtungen bestellt, die Landebahn war repariert, das Telefon installiert und die Feuerlöscheinrichtung durchgecheckt. Der alte Werkzeugraum war nun eine schicke Rezeption mit einem Fenster zum Eingang hin, und obwohl die Möblierung noch immer spärlich wirkte, verlieh ein Restposten Bastjalousien der Wohnung im Tower die nötige Privatsphäre. Jetzt mußte sich Ryder nicht mehr mit Sicht auf die Hangars ausziehen.

Die Kletterrose, die sie an der Tür gepflanzt hatte, zeigte ihre erste Blüte. Jedesmal, wenn Ryder sie sah, wurde sie von Gedanken an ihren Vater gequält. Je mehr der Flugplatz Gestalt annahm, desto weniger wollte sie, daß er etwas damit zu tun hatte. Dies war *ihr* Unternehmen. Aber das Bild, wie er hinter diesen hohen Backsteinwänden eingesperrt war, wollte ihr auch nicht aus dem Kopf. Nachts schrieb sie ihm lange Briefe, die sie am nächsten Morgen in den Papierkorb warf.

Statt dessen sandte sie Briefe an Debbie, Briefe, die voll waren von Bailing, Leo, ihren Zweifeln und Hoffnungen. Als Antwort erhielt sie die Neuigkeiten aus Prairieville. Teddy erwähnte nie ihren Namen, ihre Großeltern fanden sich langsam mit ihrer Abreise ab, die arme Susan war unerwartet nach Hause gekommen. Ihr Dichter hatte sich als Drogendealer entpuppt. Für Prairieville war das der Lohn der Sünde, und Susan wurde behandelt wie ein gefallenes Mädchen.

«Alles, was wir jetzt noch brauchen, sind ein paar Kunden», teilte Ryder Fred mit, als sie Debbies Brief zusammenfaltete. Sie warteten beide voller Sorge auf den Inspektor von der Luftfahrtbehörde, der CAA. «Ein Jammer, daß der Geist nicht täglich erscheint. Dann könnten wir ihn zu einer Zuschauerattraktion machen.»

«Da ist er.»

«Der Geist?»

«Nein», gluckste Fred. «Der Inspektor.»

Der Mann von der Civil Aviation Authority wirkte peinlich gepflegt, hatte einen kleinen Schnauzer und sprach abgehackt. «Guten Morgen, Miss Harding.»

«Guten Morgen. Dies ist Mr. Garratt.»

Stille. Der Inspektor runzelte die Stirn. Ryder sank das Herz. «Sergeant Garratt!» Der Inspektor streckte die Hand aus. «Sie werden sich nicht an mich erinnern. Ich kam erst gegen Kriegsende zur Royal Air Force. Ich war gerade achtzehn und konnte es kaum abwarten zu fliegen. Aber Sie werde ich nie vergessen. Sie waren der beste Mechaniker der Air Force.»

Erstaunt bemerkte Ryder, wie Fred sich zum ersten Mal zu voller Größe aufrichtete.

Der Inspektor ging äußerst genau seine Liste durch. Er überprüfte die Hangars und den Wartungsbereich, er vermaß die Rollbahn und prüfte ihre Solidität. Ein paar Punkte hatte er zu beanstanden, aber das meiste hieß er gut.

«Viel Glück, Miss Harding.» Er schüttelte ihr die Hand. «Sergeant Garratt.» Er stand stramm und salutierte militärisch. «Es hat mich sehr gefreut.»

Als sie beobachteten, wie er wegfuhr, sagte Fred: «Danke.»

«Wofür?»

«Daß Sie ihm nicht gesagt haben, daß ich hier nur der Gelegenheitsarbeiter bin.»

Sie feierten das Ganze im *Bailing Arms*, saßen mit einem Bier draußen in der Sonne, den alten Hund zu ihren Füßen.

«Wissen Sie, daß man sich in diesem Pub noch an Ihren Vater erinnert?» fragte Fred.

Ryder zuckte mit den Achseln.

«Sie kennen ihn noch als jungen Piloten, als einen der besten. Sie sollten so an ihn denken. Vergessen Sie doch Ihre Verbitterung.»

«Ich versuche es.» Sie trank ihr Bier aus. «Aber er hält mich auf Abstand.»

Sie gingen zurück zum Flugplatz. Die Sonne schien, die Enten paddelten auf dem Dorfteich, und Leo folgte zwei Kindern auf Fahrrädern.

Fred nickte zu ihm hinüber. «Der Junge braucht ein paar Freunde.»

«Ich hätte ihn schon seit unserer Ankunft in die Schule schicken sollen.»

«Schon wieder geben Sie sich die Schuld! Ich werde mal mit meiner Nichte Denise sprechen. Sie ist im nächsten Schuljahr Leos Lehrerin. Ihr kleiner Sohn Tommy ist in seinem Alter.»

«Sie meinen die Tochter von Mrs. Dennshurst? Ich wußte gar nicht, daß Sie Familie haben, Fred.»

«Ich bin mit halb Bailing verwandt. Hilda Dennshurst war Jennys Schwester. Sie war sehr gut zu mir, im Gegensatz zu anderen. Oh, es war schön, als wir frisch verheiratet waren. Ich war in der Royal Air Force. Aber vor zehn Jahren hab ich sie verlassen. Jenny wollte nach Bailing zurück, wir stammen beide von hier. Das Problem war nur, daß ich keinen anständigen Job finden konnte. Nicht in meinem Alter und bei all den vielen Arbeitslosen. Natürlich hätte ich die Air Force früher verlassen und mich hier ansiedeln sollen. Jenny, Gott segne ihr gutes Herz, hat sich nie beklagt, als ich nur ein paar Klempner- und Elektrojobs fand.» Er blickte Ryder an. «Aber Sie und Ihr alter Flugplatz haben den Funken in mein Leben zurückgebracht.» Er seufzte. «Wenn nur meine alte Jenny das noch erleben könnte. Sie wäre so stolz gewesen.»

Ryder lächelte traurig. Wenn nur ihre Mutter noch hätte sagen können: «Ich bin stolz auf dich.»

Das Telefon klingelte, als sie gerade Rührei für Leos Mittagessen machte. Sie griff nach dem Hörer, während sie weiter das Ei in der Pfanne umrührte. «Bailing Airfield, guten Tag.»

«Hier ist die *Eastern Daily Press*», ertönte eine geschäftsmäßige Stimme. «Wir haben erfahren, daß Sie den Flugplatz sanieren, und würden gerne einen Beitrag in unserem Lokalteil darüber bringen.»

«Ich werde mal in meinem Terminkalender nachschauen.» Schnell steckte Ryder den Telefonhörer unter ein Kissen, während sie das fester werdende Ei auf ein Stück Toast schaufelte und das Ganze Leo gab. Sie zischte ihm zu: «Sei ganz still. Hier soll es sich anhören wie in einem Büro.» Dann nahm sie wieder den Hörer hoch und sagte rasch: «Wie steht es mit nächstem Dienstag?»

Sie machten den Termin fest. Dann rannte sie zur Tür. «Fred! Das war die *Eastern Daily Press*. Wir haben unsere erste Publicity. Wo ist der *Daily Express*? Wenn wir East Anglia ein Foto wert sind, warum sollten wir dann nicht auch ein paar Zeilen in der überregionalen Presse bekommen?»

Für das Interview zog Ryder sich so sorgfältig wie möglich an, suchte das cremefarbene Safarikostüm heraus, das sie getragen hatte, als ihrem Vater das Gesuch auf Freilassung gegen Kaution abgeschlagen wurde. An all ihre Kleider waren Erinnerungen geknüpft. Da gab es den Trenchcoat vom ersten Gefängnisbesuch, das schwarze Kostüm der Urteilsverkündung, die weiße Jeans vom Krankenhausbesuch und den roten Hosenrock der einsamen Londoner Nachmittage.

Das Spiegelbild war entmutigend. Ihr Haar sah furchtbar aus. Sie schnitt sich den Pony, so gut sie konnte, aber das gab den Blick auf ihre Stirn frei, die vom Wind und der Sonne ziemlich ausgetrocknet war. Sie klatschte etwas Feuchtigkeitscreme darauf. Als sie die Hände zum Gesicht hob, sah sie, daß ihre Fingernägel gesprungen und von Farbe durchsetzt waren. Sie versuchte, sie zu feilen, aber sie brachen ab. Der Verzweiflung nahe versuchte sie es mit Lippenstift, doch auch ihre Lippen waren einfach zu trocken.

Der Fotograf stellte sie vor dem Haupthangar auf. Sie lächelte, bis sich ihr Gesicht anfühlte wie eine Totenmaske. Dann ging er los, um die Rollbahn zu fotografieren, dicht gefolgt von Leo, während sie dem Journalisten die einzelnen Stadien in der Entwicklung des Flugplatzes erzählte. «Wir wollen Fliegen zum Freizeitspaß machen», erklärte sie ihm. «Wir werden ein Clubhaus einrichten und Filmvorführungen und Grillpartys veranstalten.»

Ein roter Jaguar E-Typ bog auf den Flugplatz ein. Ryder versuchte sich den Anschein zu geben, als ob Wagen wie diese jeden Tag bei ihr aufkreuzten, und schaltete ihr Flugplatzbesitzerlächeln ein.

«Ryder!» Imogen stieg aus dem Auto, jeder Zoll ein Star in ihrem weißen Minikleid aus Schlangenleder.

«Immy!» Ryder schrie auf, vergaß ihre einstudierte Haltung und sprang vor Freude in die Luft.

Aber nun war der Journalist ehrlich beeindruckt. «Sie sind Imogen Lydden, meine Lieblingsschauspielerin.»

«Wie nett von Ihnen, daß Sie das sagen.» Immy fuhr sich mit ihren langen, schlanken Fingern durch die roten Lockenkaskaden. «Ich hoffe, Sie werden großartige Sachen über meine Freundin schreiben. Ryder, Darling, wann ist die Eröffnungsparty?»

«In drei Wochen. Wir lassen gerade die Einladungskarten drukken.» Ryder drehte sich zum Reporter. «Sie werden doch kommen, oder?»

Der Fotograf nahm ein Bild von ihnen beiden auf, wieder vor dem Hangar. Sie mußten fünf Minuten dort stehen, bis das Licht stimmte. Ryder staunte, daß Imogen so lange in derselben Pose verharren konnte, ohne sich zu bewegen.

Als die Männer verschwanden, sagte sie: «Du bist genial. Ich habe noch nicht mal an eine Party gedacht.»

«Wen kümmert's – solange sie über dich schreiben.»

«Aber jetzt wird es auch eine Party geben!»

«Laß uns was trinken. Ich sterbe vor Durst. Dies ist ein Anlaß zum Feiern. Ich habe eine Woche gebraucht, um dich aufzuspüren.» Imogen ließ sich auf die Bank vor dem Tower fallen und zündete sich eine Zigarette an. «Letzte Nacht habe ich mit einem neuen Mann verbracht.»

«Was ist denn mit Tony?» Ryder öffnete eine Flasche Weißwein.

«Das ist vorbei.» Immy leerte ihr Glas in einem Zug. «Er kritisierte die ganze Zeit an mir herum. Meckerte über meine Raucherei, rationierte meinen Wein und behandelte mich wie ein kleines Kind.»

«War es sehr schlimm für ihn?»

«*Er* hat Schluß gemacht.» Ihr Gesicht verdüsterte sich. «Er sagte, er könne es nicht mehr ertragen. Außerdem würden Alix und Jeremy mich gegen ihn aufbringen. Damit hatte er recht. Aber ich brauche Tony. Auf mich allein gestellt, komme ich nicht gut zurecht.»

Sie griff wieder nach der Flasche.

«Was ist mit diesem Neuen?»

«Ein Schauspieler. Immer noch besser, als allein zu sein.» Sie schwieg einen Moment. «Ich habe letzte Woche Alix getroffen.»

Ryder zuckte mit den Achseln.

«Jeremy hat sie zu seiner Partnerin gemacht, und sie hat sich eine Wohnung am Regent's Park gekauft. Sehr beeindruckend. Ich war erst einmal da, zu einer Party. Natürlich ist sie jeden Abend unterwegs, wie das bei Agenten so üblich ist. Du erinnerst dich ja noch, wie Jeremy war.» Immy spielte mit dem Band ihrer Uhr. «Sie würde dich gerne sehen.»

«Nein.» Ryder stand auf. «Auf keinen Fall.» Sie ging auf den unebenen Steinen der Terrasse hin und her.

Imogen lehnte sich gegen die Wand des Towers und streckte ihre blassen Arme mit den Sommersprossen zur Sonne aus. «Warum hast du mir nicht erzählt, daß du wieder in England bist? Ich habe es nur erfahren, weil Alix ein Foto von dir in der Zeitung gesehen hat. Ich war ziemlich gekränkt.»

«Ich habe dich angerufen, aber du warst in Hollywood.» Ryder setzte sich wieder hin. «Mutter hat mal gesagt, wenn ich mich von Adam trenne, würde ich auch meine Freunde verlieren.»

«Mit Sicherheit, wenn du uns nicht sagst, wo du steckst. Es war reines Glück, daß ich nach Smith's Lawn gefahren bin und Patrick Brendan getroffen habe. Er hat mir deine Adresse gegeben und gesagt, daß du in Bailing Wunder bewirktest.»

«Das hat Patrick gesagt!» Ryder lachte. «Ich kann's kaum glauben.»

«Er ist sehr attraktiv, nicht wahr?» Imogens Nase kräuselte sich unwiderstehlich. «Irgendwie gefährlich und bedrohlich... Läuft irgendwas zwischen euch?»

«Nein, gar nichts.» Ryder stellte sich Imogen vor, wie sie anmutig über den Rasen des Clubhauses auf Patrick zuschwebte. «Ich mag ihn noch nicht einmal.»

Ryder mußte nun tatsächlich ihr goldenes Armband mit den Anhängern opfern. Sie brauchte das Geld für die Party und hatte nur die Wahl zwischen dem Armband, der Cartier-Uhr ihrer Mutter oder den Perlenohrringen in Tropfenform, die sie von ihren Eltern zum achtzehnten Geburtstag bekommen hatte. Als sie die an ihre Ohren hielt, schimmerten sie so weich und feminin, daß sie sie auf keinen Fall weggeben wollte. Und die Uhr sah nicht nur sehr wertvoll aus, sondern gab auch exakt die Uhrzeit an.

Sie bestellte die Einladungen, zweihundert weiße Karten aus steifem Papier mit eleganter, schwarzer Schrift. Auf dem Heimweg kaufte sie alle Zeitschriften übers Fliegen und je ein Exemplar aller Tageszeitungen, sowohl der regionalen als auch der überregionalen. Auf der Titelseite der *Eastern Daily Press* prangte ein Bild von Imogen, die aussah wie ein Porzellanpüppchen, und ihr, deren Haar vom Kopf abstand, als sei es mit einer Heckenschere geschnitten worden.

«Werden Sie Ihrem Vater ein Exemplar schicken?»

«Nein.» Sie faltete die Zeitung zusammen.

«Er wäre sehr stolz auf Sie.»

«Halten Sie sich da raus, Fred. Wenn Sie mir helfen wollen, dann treiben Sie eine Schreibmaschine auf.»

«Jetzt sind wir also ein Schreibdienst.» Murrend schlurfte er davon und kam einige Stunden später mit einer alten Maschine wieder. «Hilda sagt, Sie könnten sie vorübergehend haben. Und sie bat mich, Sie zu fragen, ob Sie beleidigt wären, wenn Sie Ihnen ein Sofa anböte.»

«Ich wäre nicht beleidigt, sondern dankbar.»

Sie tippte eine Liste aller Zeitungen und Zeitschriften, samt Adressen und Telefonnummern. Dann machte sie Kaffee, sprach sich Mut zu und wählte die erste Nummer. «Ich würde gerne mit Ihrem Berichterstatter für Luftfahrt sprechen.»

«Haben wir hier nicht.»

«Dann... äh... mit Ihrem Motorjournalisten.»

«Name?»

«Ich weiß seinen Namen nicht.»

«Ihr Name!»

Ryder umkrallte den Hörer, als wäre es der Nacken der Telefonistin. Falls und wenn sie sich Personal leisten konnte, dann wären gute Manieren die oberste Einstellungsbedingung. Eine Männerstimme meldete sich. «Was wollen Sie?»

«Ich bin... ähm... Ryder Harding von Bailing Airfield.»

«Nie gehört.»

«Das können Sie auch nicht, weil wir gerade erst...»

«Wollen Sie mir irgend etwas verkaufen?»

«Nein, ich möchte Sie einladen zu...»

«Dann schicken Sie mir die Einladung, Schätzchen, aber verschwenden Sie nicht meine Zeit.»

Er knallte den Hörer auf.

Sie biß die Zähne zusammen und wählte die nächste Nummer. Am anderen Ende wurde sofort abgehoben. «Er ist zu Tisch.»

«Könnten Sie ihm ausrichten, mich zurückzurufen?»

«Das wird er nicht – Sie sind nicht wichtig genug.»

«Und woher wissen Sie das?»

«Sonst würde er Sie von sich aus anrufen.»

Ryder nahm sich noch eine Tasse Kaffee und fragte sich, ob diese Demütigungen eine höhere Telefonrechnung wert waren. Sie versuchte es bei einer weiteren Zeitschrift: *Aviation Argus*.

«Sie meinen bestimmt Michael Ashby, aber der ist beschäftigt», sagte die Frau in der Telefonzentrale.

«Nicht zu beschäftigt, um mit mir zu sprechen.»

«Wie, sagten Sie, ist Ihr Name?»

«Ich sagte noch gar nichts. Hier ist Ryder Harding von Bailing Airfield.»

Es klickte. Stille. Ryder fragte sich, ob sie zu forsch gewesen war, dann entschied sie, daß sie nichts zu verlieren hatte. Es klickte wieder.

«Miss Harding, das ist aber ein Zufall», sagte eine amüsierte Stimme, der man lange Nächte anhörte. «Ich war gestern in Norwich und habe Ihr Bild in der Zeitung gesehen.»

«Dann wissen Sie ja, daß ich Bailing Airfield wieder aufbaue. Wir haben bald unsere Einweihungsparty. Ich würde Sie gerne einladen.»

«Wird Imogen Lydden den Flugplatz eröffnen?»

«Ich habe mich bis jetzt noch nicht entschieden.»

«Das wäre eine gute Schlagzeile.»

«Dann macht sie es.»

Ryder rief Imogen an. Adam nahm ab. Dieses Mal ließ Ryder sich nicht aus der Bahn werfen. Sie war zu beschäftigt mit Bailing. «Na, das ist aber eine Überraschung», sagte er. «Ich dachte, du wolltest nicht mehr mit mir reden.»

«So ist es. Ich möchte mit Imogen sprechen.»

Immy hörte sich Ryders Anliegen an. «Ich würde ja gerne kommen, aber ich gehe schon zu der riesigen Eröffnungsparty eines neuen Modedesigners», sagte sie dann.

Ryder versuchte, nicht in Panik zu geraten. «Immy», setzte sie so ruhig wie möglich an, «erinnerst du dich an deine Bitte? Ich sollte Jeremy fragen, ob er dich kennenlernen will. Eigentlich hatte ich keine Lust dazu, habe es aber trotzdem getan...»

«Natürlich erinnere ich mich, und ich bin dir für immer dankbar.»

«Immy, du bist mein V. I. P.-Gast. Ich brauche dich.»

«Okay, Freunde vor Kleider! Perlen vor die Säue! Ich werde dasein.»

«Ich habe beschlossen, eine Grillparty zu veranstalten», unterrichtete sie Fred eines Morgens, als er zur Arbeit erschien.

«Es wird bestimmt regnen.»

«Wir werden Würstchen und Hühnchen servieren, Folienkartoffeln und Salate, und das alles auf Tapeziertischen.» Sie breitete enthusiastisch die Arme aus, als wollte sie das ganze Rollfeld umfassen.

«Für hundert Personen?»

«Mehr oder weniger.»

«Ich verstehe.» Er schlurfte zum Hangar hinüber. «Sie wollen lieber früher als später pleite gehen.»

«Sie sind ein schrecklicher, alter Pessimist!» rief sie ihm nach, doch er nahm keine Notiz davon.

Bronwen Brendan Broughton war nach ihren ersten beiden Besuchen nicht mehr aufgetaucht. «Ich denke, ich werde sie persönlich einladen müssen», teilte Ryder Fred beim Mittagessen mit. «Wir wollen doch nicht, daß sie Wolf auf die Gäste hetzt.»

«Sie gehen besser nachmittags hin.» Er starrte sie mit seinem Schildkrötenblick an. «Der Hund kriegt mittags sein Futter.»

Ryder wusch und bügelte das unglückselige Leinenkostüm von der Urteilsverkündung. Der Saum war ausgerissen. Sie flickte ihn. Ein Knopf hatte sich gelöst. Sie behalf sich mit einer Sicherheitsnadel.

Als sie herunterkam, kauerte Leo auf dem Rücksitz des Minis. «Ich kann dich nicht mitnehmen», sagte sie.

Sein Gesicht verzog sich. «Ich darf nie irgendwohin mitkommen. Du hast mir versprochen, daß ich Tommy sehen könnte.»

«Aber er hat doch die Masern. Also gut. Du kannst mitkommen. Aber du mußt ganz brav sein. Wir werden die Dame mit dem Hund besuchen, und wir müssen einen guten Eindruck auf sie machen.» Sie fragte sich, ob sie mit ihren eigenen Kindern besser umgehen würde als mit Leo.

Die Mühle wirkte verlassen. Schwäne trieben vorbei, ein Pfau stolzierte am Ufer entlang. Sie ließ Leo im Wagen und klingelte an der Haustür. Keine Antwort. Sie klingelte noch einmal. Nichts rührte sich. «Miss Brendan Broughton!» schrie sie.

Ein Hund schlug an. Sie ging zu einer anderen Tür und klopfte laut. Der Hund bellte ebenfalls lauter.

«Was wollen Sie», rief eine Stimme.

«Hier ist Ryder Harding. Ich würde gerne mit Ihnen sprechen.»

Ein Riegel wurde krachend aufgeschoben, dann öffnete sich die Tür. Miss Brendan Broughton stand in einem Blumenkimono und einem chinesischen Strohhut vor ihr. «Ja?»

«Wir feiern eine Einweihungsparty.»

«Ich mag keine Partys.»

«Ich habe Ihre Einladung mitgebracht.»

«Meine Eltern waren Missionare in China. Sie schätzten Partys nicht. Ich glaube zwar nicht an Gott, mag Partys aber ebenfalls nicht.» Damit schlug sie Ryder die Tür vor der Nase zu.

Die Einladungen wurden verschickt. Eine Woche verging. Keine Antwort. Dann brachte der Postbote einen weißen Briefumschlag aus steifem Papier. Sie öffnete ihn.

«Fred!» Sie raste zum Hangar hinüber. «Der Bürgermeister von Norwich hat die Einladung angenommen.»

«Dann wären es also Sie, ich, Leo, der Bürgermeister und einhundert Hühnchenschenkel!»

Sie gab beim Metzger die Bestellung auf. Er versprach ihr 15 Prozent Nachlaß. Dann sprach sie mit dem Pfarrer, der ihr die Tapeziertische der Kirche leihen wollte, und mit der Frau des Pfarrers, die ihr anbot, bei der Zubereitung des Essens zu helfen. Sie lud Mrs. Dennshurst, ihre Tochter und den kleinen Tommy ein. «Und jeden aus Bailing, der kommen möchte.» Eine Brauerei erklärte sich zu einem speziellen Handel bereit: Reklame für die Brauerei und im Gegenzug verbilligtes Bier vom Faß für sie. Daraufhin lud sie den Geschäftsführer ein, der ihr seinerseits zwei seiner Angestellten zum Bierzapfen zur Verfügung stellte. Sie sprach eine Wein- und Spirituosenhandlung an, von der sie acht Kisten Wein fast zum Selbstkostenpreis bekam. Auch hier lud sie den Geschäftsführer ein. Der seinerseits bot ihr kostenlos Gläser und Eis für die Getränke an: Sein Cousin war begeisterter Flieger und besaß eine Slingsby Firefly.

«Ich weiß nicht, wie Sie das machen», staunte Fred.

Ryder lachte. «Ich auch nicht.»

Drei Tage waren es noch, und sie hatte erst vierzig Antworten: siebzehn Absagen und dreiundzwanzig Zusagen.

«Die Leute sind so unhöflich», sagte Ryder zu Mrs. Dennshurst. «Jetzt werde ich die Würstchenbestellung senken müssen. Ich fühl mich wie eine Niete. Aber wir können doch nicht zweihundert Würstchen schlecht werden lassen.»

«Sie und eine Niete! Reden Sie doch nicht solchen Unsinn! Was Sie für den alten Fred getan haben, grenzt an ein Wunder. Und für Bailing ebenso.»

Zurück am Flugplatz schaltete Ryder die Wettervorhersage an. *«Eine Regenfront bewegt sich Richtung Osten über das Land.»* Sie steckte Wäsche in die Maschine und überlegte sich, daß sie immer noch als Putzfrau arbeiten könnte, wenn alles schiefging.

Einen Tag vor der Party stand sie schon im Morgengrauen auf, um das Haus zu putzen. Zumindest konnte man dann nicht behaupten, sie sei eine Schlampe. Während Leo frühstückte, bügelte sie seine Kleider. Er sah so einsam und traurig aus. Wenn er sich zum Frauenfeind entwickelte, wäre es ausschließlich ihr Fehler.

«Bevor die Schule anfängt, sehen wir uns mal die Seehunde am Blakeney Point an», sagte sie zu ihm. «Das ist die Belohnung dafür, daß du so ein braver Junge gewesen bist.»

«Und wann?»

Das Telefon rettete sie.

«Hier ist Michael Ashby.»

Ihr sank das Herz. Noch eine Absage.

«Ein Freund von mir hat eine alte Sopwith Pup wieder auf Vordermann gebracht, und wir dachten, es wäre ganz spaßig, wenn wir am Samstag damit auf Ihrem Flugplatz landen würden.»

«Das ist eine großartige Idee!» Vor Erleichterung, daß er nicht absagte, hätte sie fast geweint. «Imogen schneidet um zwei Uhr das Band durch. Könnte er landen, wenn sie damit fertig ist?»

«Ich sage ihm, daß er um zwei Uhr dreißig landen soll. Prominente sind notorisch unpünktlich.»

«Und ich rufe Anglia Television an. Das wird eine Spitzenstory für ihre Regionalnachrichten.»

Er lachte. «Ryder Harding, Sie sind eine unternehmungslustige Person, und ich kann es kaum erwarten, Sie kennenzulernen.»

Anglia sagte zu, ein Team für die Außenaufnahmen zu schikken. Der Briefträger brachte zehn weitere Zusagen. Ryder erzählte dem Pfarrer von dem Doppeldecker, während er die Tische aufbaute. Der Farmer lieferte die Kartoffeln. Sie hatte nicht daran gedacht, daß sie noch geschält werden mußten. Jemand ließ Brujas Koppel offen, woraufhin sie die Hälfte des Salatvorrats auffraß. Der Metzger rief an und teilte ihr mit, daß sie die Fleischbestellung nicht rechtzeitig geändert hätte und deshalb gerade alle zweihundert Würstchen eingetroffen seien. Die Brauerei lieferte das Bier, und ein Faß fiel ihnen aus den Händen und rollte in den Fluß. Wäre Ryder nicht fast wahnsinnig vor Angst gewesen, hätte sie gelacht.

Am späten Nachmittag ging sie zum Friseur in King's Lynn – zum ersten Mal seit dem Tod ihrer Mutter. Diese Erkenntnis überfiel sie, als sie ihr Haar zu Boden fallen sah. Sie hätte es gerne dem

Friseur erzählt, aber es ging nicht. Er wäre nur peinlich berührt gewesen, und das hätte wiederum ihre Gefühle beeinträchtigt.

Sie wählte eine lange Strecke zum Wagen zurück. Wenn ihre Mutter nur morgen hätte dasein können. Wie hätte sie die Aufregung genossen: all die vielen Menschen, das Fernsehen und der Bürgermeister! Und sie wäre so elegant gewesen. Ryder ging an einer Boutique vorbei. Im Schaufenster sah sie einen Seidenoverall in genau dem Sonnengelb, in dem der Salon auf Dingwall Court gestrichen war. Es war eine Farbe, die sie bei Kleidern vermied, vielleicht weil sie sie als Kind so oft hatte tragen müssen.

Sie betrat den Laden, nur um einmal den Stoff anzufassen, und konnte dann nicht widerstehen, den Fliegeroverall anzuprobieren. Er paßte perfekt. Ein breiter Gürtel schmeichelte ihrer noch schmaler gewordenen Taille. Aufgekrempelte Hosenbeine steckten in gelben Stiefeln aus Segeltuch und betonten ihre langen Beine. Das enge Oberteil mit dem schweren Reißverschluß aus Metall betonte ihr Dekolleté, von dem sie nicht einmal gewußt hatte, daß sie es besaß.

«Wieviel?» fragte sie knapp.

«Hundert – zusammen mit den Stiefeln.»

Voller Bedauern zog sie es wieder aus. Einhundert Pfund waren Freds Lohn für zwei Wochen. Sie wollte wieder zum Auto zurückgehen, als ihr in den Sinn kam, daß ihre Mutter Gelb immer besonders gemocht hatte.

Kapitel 19

Ryder erwachte bei Tagesanbruch. Der Regen prasselte in Bindfäden auf den Asphalt, der Nordostwind peitschte die Rollbahn hinunter und schleuderte Sprühnebel gegen die Tische des Pfarrers.

Leo setzte sich auf. «Ist es schon Zeit zum Frühstücken?»

«Wenn du möchtest. Aber mach jetzt erst mal die Augen zu! Ich habe dir ein Geschenk gekauft, weil du so brav warst.» Sie setzte einen kleinen, flauschigen Seehund auf seine ausgestreckten Hände.

Er war begeistert. «Wie soll ich meinen Seehund nennen?»

«Wie du willst.» Sie zog ihre Jeans an.

«Du entscheidest.»

Sie wühlte in ihrer Truhe nach einem sauberen Sweatshirt. «Wie wäre es mit Tubser, einer Mischung aus Tauchen und Schubsen? So spielen nämlich die Seehunde im Wasser. Du wirst es ja sehen, wenn wir zum Blakeney Point fahren.»

Gegen Ende ihres Frühstücks hatte der Regen aufgehört und nur einen feinen Nebel und eine Unmenge gefährlich tiefer Pfützen hinterlassen. Sie ging hinüber zum Hangar und vergewisserte sich, daß der Wein, die Gläser und Teller bereitstanden. In einer Kiste waren die geschrubbten Kartoffeln aufgehäuft, in einer anderen die Salate, die sie vor Bruja gerettet hatten.

Fred hatte in sicherer Entfernung vom Hangar einen Grill aus Ziegelsteinen aufgebaut. Der Rost tropfte trübsinnig vor sich hin. Das Loch, in dem sie die Kartoffeln hatten backen wollen, stand voller Wasser. Ryder fragte sich, welche versteckte masochistische Ader sie zu diesem ganzen Aufstand veranlaßt hatte.

Fred traf ein, als sie das Wasser von den Tischen wischte.

«Sagen Sie kein Wort!» fauchte sie.

«So dumm bin ich nicht.»

Die Frau des Pfarrers kam pünktlich mit zehn Schüsseln Reissalat. Mrs. Dennshurst folgte mit einem riesigen Behälter selbsteingelegter roter Beete und einem zweiten voller Eier mit Mayonnaise. Denise, die Lehrerin, brachte noch mehr Salat und den sommersprossigen Tommy mit, der sofort auf Leo zuraste. Sie alle drückten sich um Ryder herum, bis sie einen Geistesblitz hatte und sich an Mrs. Dennshurst wandte: «Sie dekorieren Ihren Laden doch immer so wunderbar. Könnten Sie nicht die Tische so arrangieren, daß das Essen genauso verlockend aussieht?»

Ein Strauß Blumen traf ein. Auf der beiliegenden Karte stand: *«Mit den besten Wünschen von Geraldine Heythorp»*. Ryder stutzte einen Moment – sie hatte sich Lady Heythorp immer nur mit ihrem Nachnamen vorgestellt. Dann kam ein zweiter Blumenstrauß: *«Schade, daß ich nicht kommen kann. Alles Liebe, Hetty.»* Der Briefträger brachte ein Telegramm. Darin stand: *«Viel Glück von Scot's Farm.»* Sie hätte weinen mögen. Dann kehrte der Blumenhändler mit einem phantastischen Bouquet roter Rosen zurück. Einen Moment lang dachte sie, es käme von Adam. Sie öffnete die Karte. *«Gut gemacht! Heythorp & Bassingham.»* Sie riß die Karte in kleine Fetzen. Wie konnte Alix es wagen, so herablassend zu sein!

Die Regenwolken verzogen sich, und die Sonne kam heraus. Sie ging in den Tower, um sich umzuziehen. Vom Fenster aus beobachtet sie Mrs. Dennshurst, die die anderen Frauen herumdirigierte wie ein Marschall seine Truppen. Tischdecken wurden aufgelegt, die

Teller neben dem Besteck aufgestapelt und die Gläser poliert. Delegieren hieß das Spiel, das sie gerade lernte. Sie ließ sich ein Bad einlaufen und fügte ein paar Tropfen Babyöl und reichlich Parfüm hinzu. Eines Tages würde sie eine riesige Flasche höllisch teures Badeöl besitzen, das sie genau wie ihre Mutter verschwenderisch in jedes Bad schütten würde.

Ihr sonnengelber Fliegeroverall sah noch besser aus als im Laden. Die Seide schmiegte sich an ihren Körper, der Reißverschluß betonte ihren Busen. Sie schlüpfte in die Stiefel und schritt vor dem Spiegel auf und ab, krempelte die Ärmel über die Ellbogen und schlug die Hosenbeine um, damit sie sportlich wirkte und ihre langen Glieder zu sehen waren.

Das Telefon klingelte, als sie sich gerade die Nägel lackierte. «Ryder, hier ist Adam. Imogen kann nicht kommen.»

«Was?!»

«Sie schafft es nicht.»

Ryder setzte das Fläschchen Nagellack ab, damit sie es nicht fallen ließ. «Ich habe den Bürgermeister von Norwich hier und Anglia Television, die Presse und etliche Gäste.»

«Sie ist betrunken.»

«Das ist mir egal. Sie kann mich nicht hängenlassen. Gib sie mir mal.»

Es folgte eine kurze Stille, dann hörte man gedämpfte Stimmen, und Imogen kam ans Telefon. «Ryder, es tut mir leid. Ich habe Angst bekommen und... o Gott! Ich komme einfach nicht allein zurecht.» Sie fing an zu weinen.

Ryder umklammerte den Hörer. «Immy, du bist meine Starfreundin. Alle freuen sich darauf, dich kennenzulernen. Ein Journalist kommt sogar nur deinetwegen.»

«Ich bin in einem fürchterlichen Zustand, und die Fahrt ist so lang.»

«Wenn ich dafür sorge, daß dich jemand abholt, kommst du dann?»

Stille.

«Immy, bitte. Ohne dich ist der Tag gelaufen.»

Wieder Stille, dann sagte Imogen: «Ich bin in zwei Stunden fertig.»

Adam kam in die Leitung. «Der Charme der Hardings in Reinkultur! Ich weiß nicht, wie du das geschafft hast.»

«Ich hasse es, dich darum bitten zu müssen», sagte sie mit zusammengebissenen Zähnen, «aber ich habe ihr versprochen, daß jemand sie fährt. Ich würde sie selbst abholen, aber ich muß hierbleiben. Also habe ich mich gefragt, ob du wohl so nett wärest...»

«Und jetzt bin ich kein Waschlappen mehr?»

«Adam, ich bin verzweifelt.»

«Mir gefällt es, dich betteln zu hören, Ryder.» Er lachte böse. «Aber du hast mir meinen kleinen Fehltritt mit Alix nicht verziehen. Du hast mich rausgeschmissen, als ich nach Dingwall Court kam. Dein Vater hat meine Karriere ruiniert. Seit Harding-Broughton pleite gegangen ist, habe ich keinen anständigen Job mehr gehabt.»

«Hattest du vorher auch nicht, du blöder Schwachkopf!» Sie knallte den Hörer auf.

Es war bald zehn Uhr. Die Party fing um eins an. Sie durchforstete ihr Gehirn nach jemandem, der ihr helfen konnte. Jemanden in London. Alix! Sie war Geschäftsfrau und hatte sicher Verständnis. Ryder rief die Auskunft an. Es schien ewig zu dauern. «Welche Adresse? Nähe Regent's Park... eine neue Nummer... einen Moment bitte.»

Schließlich hatte sie die Nummer. Sie wappnete sich und wählte die Nummer. Das Freizeichen ertönte. Sie stellte sich vor, wie Alix zum Telefon kam und ihre wunderschöne Hand ausstreckte. Dann ihr Erstaunen.

«Hier ist Alix Bassingham. Bis Dienstag bin ich in L. A.»

Ryder schloß sich im Badezimmer ein und weinte. Die Party war gelaufen. Sie wünschte, sie wäre in Prairieville geblieben. Sie hätte Teddy und die Sicherheit heiraten sollen... und die grenzenlose Langeweile.

In Gatehouse Stables wurde beim zweiten Klingeln abgenommen. «Kann ich mit Patrick Brendan sprechen?» fragte sie.

«Er ist in Norfolk. Heute abend kommt er zurück.»

Ryder warf den Hörer auf die Gabel, rannte zu ihrem Mini und rief: «Ich bin in einer Minute wieder da.» Pfützen spritzten, als sie über die Rollbahn brauste. Am Tor hätte sie fast den Briefträger erwischt. Schlitternd kam sie bei der Mühle zum Stehen, so daß Kieselsteine von der Auffahrt in den Fluß hüpften.

Sie läutete an der Türglocke. Der Hund heulte auf. Sie hämmerte gegen die Tür. Niemand kam. «Patrick!» schrie sie und kletterte über das Gartentörchen. Dahinter lag ein altmodischer Kräutergarten mit Kieswegen und umgeben von niedrigen Buchsbaumhecken, die einen scharfen Zundergeruch verströmten, vor allem, wenn sie naß waren. Sie rannte einen Weg entlang, sprang über eine Hecke, zwängte sich durch ein paar Sträucher und kam schließlich neben einer Laube heraus.

Patrick saß in einem Korbstuhl und hielt in der einen Hand eine Zeitung und in der anderen eine Tasse Kaffee. Er hob lakonisch eine Augenbraue. «Haben Sie das Gespenst gesehen?»

«Ich bin in einer verzweifelten Lage.» In ihrer gelben Kluft mit dem engen Oberteil und der geschwungenen Hüftlinie stand sie vor ihm. «Sie müssen mir helfen. Imogen Lydden sollte den Flugplatz eröffnen.»

«Ach, die Einweihungsparty, zu der ich nicht eingeladen bin.»

«Keine Scherze jetzt, bitte! Es geht um Leben und Tod. Sie kommt nicht, wenn nicht jemand sie abholt. Ich habe das Fernsehen, den Bürgermeister und viele Journalisten da. Ich habe so hart dafür gearbeitet.» Tränen stiegen ihr in die Augen. «Wenn Immy nicht kommt, wird es ein Reinfall.»

«Also bitten Sie mich, den Nachbarn, zu dem Sie so freundlich gewesen sind, nach London zu fahren und sie abzuholen?» Er legte seine Füße auf den Tisch, wippte mit dem Stuhl vor und zurück und musterte sie von oben bis unten. «Was bekomme ich, wenn ich es mache?»

«Ich habe kein Geld.»

Er nahm seine Zeitung wieder auf und las weiter.

«Aber ich tue alles für Sie, wenn Sie sie bis halb drei hierhergeschafft haben.»

Er sah auf. «Alles?»

«Alles, was Sie wollen.»

«Auch Sex?»

«Was?!»

Er hob eine Augenbraue.

«Also gut.» Sie kapitulierte. «Wenn's sein muß, auch Sex!»

Gegen Mittag schwirrte ein gelber Doppeldecker auf den Flugplatz zu. Er steuerte die Hangars an und tänzelte von Seite zu Seite wie ein gut geschultes Dressurpferd. Alle sahen sich das Spektakel an und winkten. Das Flugzeug wippte mit den Flügeln und zog einen Kreis, bis es genau über der Landebahn war. Aber es landete nicht, sondern flog in einer Höhe von etwa zwanzig Metern über sie hinweg, nahm dabei Geschwindigkeit auf, bis es steil nach oben stieg, die Nase senkrecht, und eine perfekte Rückwärtsrolle vollführte.

«Teufel auch!» rief Fred aus und reckte den Hals. «Das ist eine Curtiss Jennie. Eine der bevorzugten Maschinen von amerikanischen Kunstpiloten. Jetzt haben wir wenigstens jemanden hier, der weiß, wie man mit einem Flugzeug umgeht.»

Der Doppeldecker kam in der Nähe der Hangars zum Stehen. Ryder ging mit ihrem offiziellen Begrüßungslächeln darauf zu. Ein Mann schwang sich aus dem offenen Cockpit. Er trug eine Fliegerjacke aus Leder und eine Fliegerbrille, die er genau wie ihr Vater auf die Stirn geschoben hatte. Fröhlich lachend ergriff er mit beiden Händen Ryders ausgestreckte Hand. «Ich bin Michael Ashby.»

Er sah aus wie ein Mann, der Kontra geben konnte. Er war tough, daran gab es nichts zu deuteln. Zwar überragte er Ryder nur um weniges, doch strömte er eine solche Kraft aus, daß sie ihn anfangs für wesentlich größer gehalten hatte. Mit seinen pechschwarzen, glatten Haaren und den grimmigen, seltsam geraden Augenbrauen erinnerte er sie an ein Bild von einem Kosaken in einem ihrer alten Geschichtsbücher. Aber sein Lächeln ging auch von seinen Augen aus. Unter ihren schwarzen Wimpern blickten sie warm und sanft, ein merkwürdig femininer Zug in einem ansonsten sehr männlichen Gesicht.

«Ich bin gekommen, um meine Hilfe anzubieten», sagte er. «Ich dachte, Sie könnten sie vielleicht brauchen.»

«Und wie!» Sie bemerkte unwillkürlich, daß er einen breiten und sehr sinnlichen Mund hatte.

Fred mühte sich gerade damit ab, einen Tisch in der Nähe des Grills aufzustellen. Michael warf seine Jacke auf den Rasen, rief den Männern von der Brauerei zu, daß er helfen würde, und eilte hinüber. Ryder konnte ihn sich in einem schwarzen Bärenfell vorstellen, wie er an der Spitze seiner Kosakentruppe durch die verschneite Steppe ritt.

Die ersten Gäste trafen ein. Die Sonne schien, die Leute schüttelten Ryder die Hand, sie lächelte allen freundlich zu. Eine Slingsby Firefly setzte zur Landung an, gefolgt von einer Cessna. Die Maschinen ließen sich zum Hangar rollen und parkten neben Michaels Jennie.

«Schon siebzig Gäste!» zischte Fred ungläubig, als immer mehr Autos durchs Tor bogen. «Das Essen wird nicht reichen.»

«Dann bestellen Sie mehr Würstchen, Sie alter Pessimist!»

Ein schwarzer Roll-Royce schnurrte über den Asphalt. Der Bürgermeister von Norwich stieg aus. «Miss Harding», sagte er, «ich begrüße Ihren Unternehmungsgeist. Und meine Frau freut sich unheimlich darauf, Miss Lydden kennenzulernen.»

Köstliche Gerüche zogen vom Grill herüber. An den Bierfässern zapften die Männer von der Brauerei Bier um Bier. Hinter den Tischen teilten die Pfarrersfrau und ihr Team die Salate aus. Unter den Bäumen zeigte Leo Tommy, wie man Bruja mit Karotten fütterte. «Du mußt deine Hand ganz flach halten», drang seine Piepsstimme von der Koppel herüber. «Sonst frißt sie sie mit.»

Ryder fühlte, wie Hoffnung und Stolz in ihr aufwallten. Leo

hatte einen Freund gefunden. Jetzt würde er zumindest kein einsamer Frauenhasser werden.

Michael Ashby trat leise an ihre Seite. «Anglia TV ist hier. Wo ist unser Star?»

«Oh, nein! Sie wird frühestens in einer halben Stunde dasein. Was mache ich jetzt bloß?»

«Hören Sie auf, wie ein Kaninchen in der Falle zu gucken.» Er lächelte sie amüsiert an. «Ich werde Ihnen einen Drink besorgen, keine Panik. Sie machen das großartig.»

Gegen Viertel nach zwei schlenderten die Gäste zum Podium, um zwanzig nach zwei hörte man: «Haben Sie Ihren letzten Film gesehen? Sie ist schrecklich gut.» Um fünf Minuten vor halb drei wurden erwartungsvolle Blicke in die Runde geschickt, und um halb drei gab es das erste unruhige Murmeln: «Ich frage mich, wo sie bleibt?»

Ryder stand mit einzementiertem Lächeln neben dem Bürgermeister. Um fünf nach halb drei dachte sie, gleich würde ihr übel. Der Bürgermeister hüstelte höflich: «Miss Harding, wir haben noch eine weitere Verpflichtung.»

«Es tut mir schrecklich leid.»

«Möchten Sie, daß ich ein paar Worte sage?»

«Könnten Sie noch eine Minute damit warten? Bitte!» Sie drehte sich zu Michael um und flüsterte: «Ich kriege gleich einen Nervenzusammenbruch.»

Er antwortete kaum hörbar, indem er nur seine Lippen bewegte: «Stellen Sie sich vor, sie wären alle splitternackt und hätten eine Rosenblüte in jedem Nasenloch.»

Sie mußte lachen. In diesem Moment kam Imogens roter Sportwagen durch das Tor gebraust und fuhr zum Podium. Patrick stieg aus, ging zur Beifahrertür und öffnete sie mit einer schwungvollen Geste. Als Imogen ihre hübschen Beine aus dem Auto hob und Patrick ihr zulächelte, fühlte Ryder, wie sie ein eifersüchtiger Stich durchfuhr. Einen Augenblick lang war sie wieder das einsame, linkische Mädchen in London. Dann aber applaudierte die Menge, und Ryder schloß sich erleichtert an. Immy stöckelte auf teuflisch hohen Schuhen die Treppen hinauf. Ihre Zartheit wurde noch betont durch ein weißes Kostüm mit Lochstickerei. «Ryder, meine Süße, es tut mir leid, daß wir zu spät gekommen sind.» Sie warf ihre berühmten, roten Renaissancelocken zurück. «Sehr verehrter Herr Bürgermeister, Frau Bürgermeisterin, Ladies and Gentlemen, liebe Flugzeuge... ich bitte um Entschuldigung.»

Ryder bewunderte Immys Professionalität. Niemand hätte geglaubt, daß sie noch vor vier Stunden geschluchzt hatte, sie würde es nicht schaffen.

«Aber nun bin ich ja hier.» Imogen lächelte und neigte ihren Kopf. «Ich kann nur sagen, welches Vergnügen es für mich ist zu sehen, was meine beste Freundin, Ryder Harding, hier aufgebaut hat.» Sie nahm die Schere und hielt sie über das rote Band. «Bailing Airfield: Viel Glück!»

Wie aufs Stichwort tuckerte der Sopwith-Camel-Doppeldecker über den Hangar. Die Menge jubelte, der Pilot neigte einen Flügel, und alle erhoben ihr Glas: «Auf Bailing Airfield!»

Ryder sah auf – und direkt in Patrick Brendans Augen. Sie wurde rot und wandte sich ab, in der Hoffnung, es würde niemand bemerken. Wirklich nahm niemand Notiz davon. Mit Ausnahme von Michael Ashby.

Kapitel 20

Ryder stand mitten im leeren Hangar, um sie herum die Spuren des Festes, halb gegessene Würstchen und heruntergefallene Papierservietten. Vor einer Minute noch war der Flugplatz voller Menschen gewesen, in der nächsten schon waren sie in einer Wolke aus Abgasen und guten Wünschen davongebraust.

Schritte erklangen auf dem Asphalt. Ihr Magen zog sich zusammen. Aber es war nur Michael Ashby. «Lassen Sie das hier erst mal», sagte er. «Ich nehme Sie auf einen Ausflug in der Jennie mit.»

«Ein andermal.» Sie fühlte sich müde und erschöpft. Langsam begann sie, den Müll in einen schwarzen Plastiksack zu schaufeln. «Wer hat... Immy nach Hause gefahren?»

«Patrick Brendan.»

«Oh.» Sie wandte sich ab. Patrick mußte sich ja totlachen. Erst erklärte sie sich mit seiner Bedingung einverstanden, und dann wollte er sie noch nicht mal.

Michael nahm ihr den Sack ab. «Setzen Sie sich lieber hin, bevor Sie zusammenbrechen.»

Schnell räumte er das Schlimmste auf. Ryder lehnte an einer Wand und sah ihm zu.

«Irgendwelche Kunden?» fragte er.

«Nicht ein einziger.» Wenn er doch nur gehen würde!

Als hätte er ihre Gedanken gelesen, nahm er seine Fliegerjacke und ging zu seinem Flugzeug hinüber. «Bailing wird Sie nicht vergessen», rief er, als er sich ins Cockpit schwang.

«Aber wird man mich auch besuchen, wenn ich im Schuldturm sitze?»

«Ich zumindest werde es.» Er hob in den Abendhimmel ab und zog eine Schleife über ihrem Kopf. Sie winkte, und er wippte mit den Flügeln. Dann war er fort, Richtung Süden. Fast hätte sie gewünscht, er wäre geblieben. Der Flugplatz war jetzt so leer wie der Fox Lake im Winter. Oder die nackte Wand in der Zelle ihres Vaters. Sie steckte ihre Hände in die Hosentaschen und schritt langsam die Rollbahn hinunter.

Es dauerte bis zum nächsten Nachmittag, alles wieder in Ordnung zu bringen. Nicht, daß es irgend etwas ausgemacht hätte. Sie hatte ja sonst nichts zu tun. Als sie die Zigarettenstummel vom Asphalt kratzte, klingelte das Telefon.

«Ryder, hier ist Michael. Was machen Sie heute nachmittag?»

«Ich... äh... gehe mit Leo die Robben besichtigen. Das ist sein Trostpflaster, bevor die Schule anfängt.»

«Ich verstehe. Dann vielleicht ein andermal?»

«Vielleicht.» Sie war nicht in der Stimmung für fremde Menschen.

«Wir gehen heute die Robben besuchen?» Leo sprang auf.

«Nicht heute.»

«Aber du hast es versprochen!» Sein Gesicht strahlte voller Erwartung.

«Na gut. Aber dann müssen wir uns beeilen. Hol deinen blauen Pullover – und bring mir meinen roten mit.» Sie schrieb eine Notiz für Fred. *«Bin mit Leo zu den Seehunden gefahren. Gegen sieben zurück. R.»*

Sie fuhren nach Morston, in die Marschgebiete und zum Watt, wo Vögel über unsichtbarer Beute schwebten und herrlich rotgoldenes Riedgras sich im Nordostwind bog. Ein Dutzend Leute saßen schon im Motorboot am Kai. Der Bootsmann half Ryder und Leo hinein, dann tuckerten sie an Dingis vorbei, die in der Bucht vor Anker lagen und deren Flaggleinen unablässig gegen die Masten schlugen. Es produzierte ein herzzerreißendes Geräusch der Einsamkeit, wie die Glocke einer verlorengegangenen Kuh. Die offene See lockte, das Boot hüpfte von Welle zu Welle, der Wind wehte die Gischt in ihre Gesichter. Als sie sich Blakeney Point näherten, rief der Bootsmann: «Seehunde!»

Ein runder Kopf mit großen, leuchtenden Augen und einem Schnurrbart tauchte neben dem Boot auf, dicht gefolgt von einem zweiten. Sie duckten sich wieder und tauchten weg. Leo lachte und klatschte in die Hände.

Die Sonne ging schon unter, als sie nach Morston zurückkehrten. Der Wind war abgeflaut, und Abendstille lag über der Marsch. Es war jetzt Ebbe, und das Wasser wurde in rasch fließenden Prielen aus der Bucht gesogen. Draußen im Watt riefen sich die Wattfischer etwas zu. Über ihnen schrien die Seemöwen auf der Suche nach Nahrung. Von Blakeney Point her hörte man das ferne Bellen der Robben. Und auf einer Düne in der Nähe des Kais stand Patrick.

Sie tat so, als bemerkte sie ihn nicht, als sie dem Bootsmann dankte. Dann half sie angelegentlich dem erschöpften Leo, um ihn nicht ansehen zu müssen. «Woher wußten Sie, wo wir sind?» erkundigte sie sich.

«Von Ihrer Notiz.»

Sie stieg in ihr Auto. Also war er zum Flugplatz gekommen, um sich seine Belohnung zu holen.

«Ich fahre hinter Ihnen her», kündigte er an.

«Nein! Ich meine… das ist nicht notwendig.» Sie fuhr an. Nur ein Wilder konnte von ihr erwarten, sich an eine solche Abmachung zu halten.

Am Flugplatz war alles dunkel. Sie parkte direkt vor dem Kontrolltower. «Leo! Komm, leg die Arme um meinen Hals.» Sie trug ihn hinein.

«Ich habe Hunger. Ich will Würstchen und Milch.»

«Wenn du dir Gesicht und Hände wäschst, dann kannst du ein Würstchen und ein Glas Milch haben.»

«Zwei Würstchen mit einem Butterbrot.»

Sie ließ ihn oben, damit er seinen Schlafanzug anziehen konnte, und ging hinunter in die Küche. Die Bratpfanne wurde schnell heiß, und die Würstchen begannen zu zischen. Sie goß ein Glas Milch ein und fing an, eine Scheibe Brot mit Butter zu bestreichen.

Da öffnete sich die Eingangstür, und Patrick trat ein. «Dinner für zwei mit Würstchen?»

«Das ist Leos Abendessen.»

«Ah... und meins kommt später?»

«Hören Sie, Patrick!» Sie kam mit der Pfanne in der einen und dem Messer in der anderen Hand auf ihn zu. «Egal wie die Abmachung von gestern war, ich werde mich daran halten.»

«Warum versuchen Sie dann, mich abzuhängen?»

«Wegen Leo.»

«Glauben Sie, ich verlange meine Bezahlung vor seinen Augen?»

«Ein Mann, der fähig ist, solche Konditionen zu verlangen, ist zu allem fähig.»

«Würde es Ihnen etwas ausmachen, das Messer herunterzunehmen?»

«Würde es Ihnen etwas ausmachen zu gehen?»

«Ja.» Er nahm ihr die Bratpfanne ab, ließ die Würstchen auf einen Teller gleiten und rief: «Abendessen!»

Leo rannte die Treppe hinunter. Als er Patrick sah, blieb er zögernd stehen. «Essen wir alle zusammen?»

«Nein!»

«Ja.» Patrick setzte sich. «Ich hätte gerne vier Würstchen und ein Glas Rotwein.»

«Ich habe keinen.»

«Was für ein Glück, daß ich gekommen bin. Was bin ich doch für ein aufmerksamer und willkommener Gast!» Er ging hinaus zu seinem Landrover.

Sie stürzte durch den Raum und schlug die Tür zu, doch bevor sie den Riegel vorschieben konnte, war er schon zurück und zwang sie Zentimeter um Zentimeter, die Tür wieder zu öffnen.

«So eine charmante und freundliche Gastgeberin.» In aller Ruhe suchte er in den Küchenschubladen nach einem Flaschenöffner.

«Gehen Sie jetzt, bitte!»

«Ich habe noch nicht das, weswegen ich gekommen bin.» Er reichte ihr ein Glas Château Lafitte. «Meine vier Würstchen.»

Sie schäumte innerlich vor Wut, kochte ihm aber doch das Abendessen. Er saß da und schwatzte mit Leo, bis sie verkündete: «Es ist Zeit für ihn, ins Bett zu gehen.»

«Es ist wohl Zeit für uns alle!»

Sie schluckte. Er lachte. Sie brachte Leo hinauf. Als sie wieder hinunterkam, lümmelte er sich auf dem Sofa.

«Ich werde meinen Teil des Vertrages einhalten.» Sie stand vor ihm, die Hände in ihre Hüften gestemmt. «Aber ich möchte kein Damoklesschwert über mir hängen haben. Ich lasse nicht zu, daß Sie mich quälen. Wenn Sie Ihr Frischfleisch haben wollen, dann muß es jetzt sein.»

«Ziehen Sie sich aus.»

Sie streifte den Pullover über ihren Kopf.

«Alles.»

Ihre Finger zitterten, als sie begann, ihre Bluse aufzuknöpfen.

«Sehen Sie mich an!»

Seine Augen blickten hart. Ihre Bluse war halb geöffnet, darunter hob sich weiß die Spitze des Büstenhalters gegen ihren sonnengebräunten Körper ab.

«Lächeln Sie!»

«Sie haben meinen Körper erhandelt – nicht meine Seele!»

Er trat auf sie zu. Sie erstarrte. Er ergriff sie bei den Handgelenken. «Glauben Sie wirklich, ich hätte einen solchen Handel vorgeschlagen, wenn ich gewußt hätte, daß Sie das Ganze so ernst nehmen? Sex soll Spaß sein – und kein Menschenopfer.»

«Also haben Sie mich nur zu Ihrer Belustigung gedemütigt!» Sie entzog sich seinem Griff. «Wissen Sie, was es mich gekostet hat, Sie anzubetteln – ausgerechnet Sie?»

«Wissen Sie, was es mir bedeutet hat, einen Polonachmittag aufzugeben – ausgerechnet für Sie?»

Das Telefon klingelte. Sie nahm ab.

«Bailing Airfield?» fragte eine kultivierte, männliche Stimme. «Hier ist Rupert Atheldene von Atheldene Hall. Ich brauche einen Stellplatz für meine sechssitzige Piper Cherokee für ein halbes Jahr. Wie sind Ihre Tarife?»

«Vierzig Pfund im Monat plus Wartung und Pflege.» Ihre Stimme hob sich vor Aufregung. «Bis morgen dann.» Sie drehte sich zu Patrick um. «Rupert Atheldene. Mein erster Kunde.» Sie fing an zu lachen.

Er umarmte sie und schwang sie durch den Raum. «Meinen Glückwunsch. Sie haben es verdient. Und berechnen Sie Rupert nicht zuwenig. Ich kenne ihn gut, er schwimmt in Geld.» Er nahm seine Schlüssel und ging zur Tür.

«Wohin gehen Sie?»

«Zur Mühle.» Er hielt inne. «Oder wollen Sie nicht, daß ich gehe?»

«Doch... nein... ich meine...»

Er ließ seine Schlüssel wieder auf den Tisch fallen. «Wenn ich bleibe und Sie Ihre Bluse nicht schnell wieder zuknöpfen, falle ich über Sie her.»

Sie sah ihn an, bewegte sich aber nicht. Er strahlte eine ungeheure Anziehungskraft aus, gegen die sie machtlos war. Jetzt kam er auf sie zu, seine Augen versanken in ihren. «Sie sind die unberechenbarste –» Er nahm ihr Gesicht in seine Hände. «Faszinierendste –» Er küßte sie zärtlich, als er ihr die Bluse von den Schultern streifte. «Haben Sie ein Schlafzimmer?»

Sie fuhr mit ihren Fingern durch sein wunderschönes braunes Haar. «Ich teile es mit Leo!»

«Dann werden wir etwas daran ändern müssen.» Er zog sie an sich und ließ seine Hände ihren Rücken hinunterwandern, hielt sie fester und fester. Sie drängte sich gegen ihn, begehrte ihn, wie sie noch nie einen Mann zuvor begehrt hatte. Langsam öffnete er ihre Jeans, streifte sie ihr von den Hüften und küßte ihren Bauch und ihre Brüste. Er streichelte sie, bis sie sich stöhnend an ihn klammerte. Sie sank aufs Sofa, während er über ihr stand und seinen Gürtel löste. Fast schmerzhaft sehnte sie sich nach ihm, sehnte sich danach, daß er ihr unter die Haut ging, ein Teil von ihr wurde. Sie wollte fühlen, wie er sie umschloß – wie er in ihr war.

Nachher lagen sie auf Mrs. Dennshursts unbequemem Sofa und tranken seinen köstlichen Rotwein. «Du hast mir nicht gesagt, daß dein idiotischer Freund bei Imogen sein würde», bemerkte er.

«Tut mir leid, das habe ich vergessen. Und außerdem ist er ein Ex-Freund. Adam und ich haben Schluß gemacht nach der Nacht, in der meine Mutter... Selbstmord beging. Er hat mich angefleht, ich sollte nach London kommen. Als ich ankam, war er mit Alix im Bett.» Tränen sprangen ihr in die Augen. «Ich fuhr nach Dingwall zurück, und meine Mutter hatte... Sie tat es, während ich weg war... Ich habe sie allein gelassen, als sie mich brauchte.»

Patrick nahm sie in seine Arme und hielt sie fest umschlungen. «Wenn irgend jemand Schuld hat, dann dein Vater. Er ist zerstörerisch.»

«Aber er hat sie wirklich geliebt.»

«Du mußt das alles hinter dir lassen. Es ist Vergangenheit.» Patricks Finger zeichneten einen Kreis auf ihre Schenkel, zärtlich, sanft, fordernd.

Gegen fünf Uhr schlich sie nach oben. Kaum war sie eingeschlafen – so schien es ihr zumindest –, rüttelte Leo an ihrem Arm. «Patrick und ich wollen frühstücken.»

«Oh.» Sie war durchdrungen von einer herrlichen Erschöpfung. Ihre Haut schimmerte, ihre Augen glänzten. Sie streckte die Beine aus und lächelte frech. Dann schlüpfte sie in ihren chinesischen Morgenmantel aus Seide, den für besondere Anlässe, und ging die Treppe hinunter. Patrick machte gerade Kaffee. «Guten Morgen.» Er winkte ihr über Leos Kopf hinweg zu.

«Hallo.» Plötzlich überfiel sie Scheu, und sie blieb stehen. Unbeholfen verschränkte sie die Hände. Sie konnte ihn noch nicht einmal ansehen.

Ohne ein Wort durchquerte er den Raum, hob sie hoch und trug sie nach unten.

Kapitel 21

Patrick verliess sie früh. Ein Dutzend junger Ponys sollte in Gatehouse ankommen. «Ich rufe dich später an», sagte er und fuhr ihr durchs Haar.

Sie beobachtete, wie er wegfuhr, und versuchte, ihr Bedürfnis nach mehr Sicherheit zu zügeln. Dann kehrte sie zum Tower zurück, um sich anzuziehen.

Rupert Atheldene flog gegen Mittag auf Bailing Airfield ein. Er war hochgewachsen, blond und hatte ein Adlerprofil. Er schlenderte mit einem Selbstvertrauen über die Rollbahn, das nur viel Geld und eine Erziehung in Eton bescheren können. «Die Bank schickt mich für ein Jahr nach Hongkong.» Er überreichte ihr einen Umschlag. «Dies sollte die Unkosten und die Miete decken. Halten Sie sie gut in Schuß. Ab und zu will ich hier vorbeischauen.» Er blickte auf den frischgestrichenen Hangar. «Ich habe Ihre Eröffnung in den Anglia-Nachrichten gesehen. Es sah aus, als wäre es ein großer Spaß gewesen.» Er winkte einem Mädchen in einem Sportwagen zu, das ihn abholen kam. «Aber lassen Sie nicht die falschen Leute hier rein.»

«Keine falschen Leute!» brummte Fred, als sie ihn wegfahren

sahen. «Mehr Geld als Verstand, nicht so wie sein alter Vater. Der war wenigstens ein Gentleman.»

Ryder riß den Umschlag auf. Ein Scheck war drin. Sie wedelte mit ihm unter Freds Nase. «Gucken Sie sich das an, Sie alter Pessimist! Geld!» Sie hüpfte ins Büro und öffnete ihr brandneues Kassenbuch.

Das Telefon klingelte. «Wie geht es Mrs. Dennshursts Sofa?» fragte Patrick.

Sie wurde rot und kicherte. «Wie geht es den neuen Ponys?»

«Sie sind im Stall und lesen *Polospielen, schnell gelernt*. Wir sehen uns heute abend.»

«Bist du sicher? Ich meine, es ist eine ganz schöne Strecke.»

«Willst du nicht, daß ich komme?»

«Aber ja doch!»

Sie brachte den kostbaren Scheck zur Bank. Am liebsten hätte sie ihn eingerahmt, nur leider brauchte sie das Geld. Als sie zu Hause ankam, sah sie, daß Fred um den Hangar tänzelte, während Leo um Fred herumtänzelte. «Wir haben noch zwei Kunden», schrie Fred. «Einen Farmer aus der Gegend von Fakenham und einen Freund von Mr. Keine-falschen-Leute-Atheldene. Beide kommen am Donnerstag. Wir werden reich!»

«Reich!» Leo klatschte in die Hände.

Später, als sie Fischfrikadellen für sein Abendessen briet, erzählte er: «Tommy sagt, daß ich in der Schule neben ihm sitzen kann.»

«Du wirst bald noch andere Freunde finden.»

«Aber Tommy mag ich am liebsten.» Er nahm sich den Ketchup. Mittlerweile aß er nichts mehr ohne.

Dieses Mal ging er ohne Protest ins Bett. Als Ryder ihm gute Nacht sagen wollte, schlief er bereits. Die Stoffrobbe saß neben ihm auf dem Kopfkissen. Ryder stand an seinem Bett und betrachtete ihn. Und in diesem Augenblick wußte sie, daß sie trotz aller Probleme, die er ihr bereitete, froh war, ihn nicht in Prairieville gelassen zu haben.

Im Tower war es ganz still. Sie genoß den Frieden, ließ sich ein Bad einlaufen, verschwendete zwei weitere Tropfen des kostbaren Parfüms und legte sich nach dem Bad in ihrem chinesischen Bademantel aufs Sofa. Voller Erwartung verschränkte sie ihre Füße. Patrick kam eine halbe Stunde zu spät. Mittlerweile war sie mit der Vorstellung im Zimmer auf und ab gegangen, er läge zerquetscht unter einem LKW oder eingeklemmt in seinem brennenden Wagen. «Ich dachte, du hättest einen Unfall gehabt.» Sie warf sich um seinen Hals.

«So schnell wirst du mich nicht los.»

«Ich hatte solche Angst.» Sie küßte ihn, preßte ihren Körper, der unter dem Bademantel nackt war, gegen seinen und ließ ihm noch nicht mal die Zeit, seine Lederjacke auszuziehen.

Er fuhr mit der Hand ihre Wirbelsäule entlang. «Ich kann einen goldgestickten Drachen spüren, der um dich kämpft.» Mit den Fingerspitzen folgte er zärtlich dem Schwanz des Drachens. Der schlängelte sich um ihre Taille und endete an ihrem Schenkel.

Sie legte ihre Hände auf seinen Gürtel. Er küßte ihren Hals und ihre Arme, während er gleichzeitig den Seidenmantel von den Schultern streifte, bis sie ganz nackt war und ihre Brüste gegen den Metallreißverschluß seiner Jacke stießen. Er war kalt und hart, sogar unangenehm. Aber sie wollte diese Härte, wollte, daß er sie einfach nahm, erst leidenschaftlich, dann zärtlich. Sie wollte den köstlichen Schmerz, wollte in seiner Härte das bedingungslose Verlangen spüren, um sich seiner ganz sicher zu sein.

Am nächsten Morgen sagte er: «Kommst du am Sonntag zum Polospiel?»

«Ich kann hier nicht weg. Am Wochenende habe ich am meisten zu tun.»

«Du könntest Fred hierlassen und am späten Nachmittag kommen.»

«Ja schon, aber...» Sie wandte sich ab. «Ich möchte nicht all diese Leute sehen, die meinen Vater kennen. Ich könnte ihren Spott nicht ertragen.»

Er nahm sie in den Arm. «Je eher du dich dem stellst, desto besser. Schließlich ist Polo meine Welt.»

«Ich komme ein andermal.»

Michael Ashby sandte ihr alle Presseausschnitte, die von der Party zu kriegen waren. Sie hatten drei Zeilen in der *Daily Mail* bekommen, fünf im *Daily Express*, ein Bild und zwei Spalten in der *Eastern Daily Press* und eine halbe Seite in der *Lynn News & Advertiser*. «Hören Sie sich das an», rief sie zu Fred hinüber. «‹*Die attraktive und dynamische Ryder Harding*›, ‹*Glamour in Nordnorfolk*›.» Sie fotokopierte die Artikel für Scot's Farm, Immy, Lady Heythorp und Mrs.Trumpet. Nach kurzem Nachdenken schickte sie an ihren Vater auch einen Satz. Das war ihre Hälfte des Ölzweigs.

Als sie Michael anrief, um ihm zu danken, erkundigte er sich: «Wie war es bei den Robben?»

«Welche Robben?»

«Waren Sie Sonntag nicht bei den Robben?»

«Oh... ja... doch.» Sonntag war noch vor Patrick gewesen. In einem anderen Leben also.

«Darf ich Sie etwas fragen?» sagte er dann. «Sind Sie mit Patrick Brendan liiert?»

«Tja, also... hm...»

«Wieder mein sprichwörtliches Pech! Aber ich finde, daß Sie eine sehr unternehmungslustige Lady sind. Wenn Sie also jemals nach London kommen, rufen Sie mich an, dann essen wir zusammen.»

Bis Sonntag hatte der Flugplatz vier Kunden, die einen Stellplatz im Hangar gemietet hatten, zwei, die ihre Flugzeuge gewartet haben wollten, und ein halbes Dutzend Maschinen, die zum Auftanken kamen.

«Unter der Woche wird es ruhiger werden», sagte Ryder zu Fred, als sie ihre Einnahmen zählten.

«Dann zieh ich 'ne Wand hoch. Verschaff Leo und Ihnen getrennte Zimmer.»

«Eine gute Idee.»

«Ich wußte, das würde Ihnen gefallen.» Er lachte, als sie leuchtend rosa anlief.

Ryder war verliebt. Sie war so glücklich, daß sie zu platzen glaubte. Immer wieder stand sie vor dem Spiegel und umarmte sich selbst. Jede Nacht fuhr Patrick nach Bailing hoch, kam um neun Uhr an und fuhr bei Tagesanbruch wieder ab. Und sie trat morgens hinaus in die strahlende Septembersonne, erschöpft von der Liebesnacht, aber voll Energie und Optimismus.

Patrick brach gerade nach Gatehouse auf, als sie den Umschlag öffnete, der einen Besucherschein von ihrem Vater enthielt. «Einfach ignorieren!» riet er ihr und stieg in den Wagen. «Er ist zerstörerisch. Er wird dich nur manipulieren.»

«Ich muß hin.»

«Ryder, du bist mir ein Rätsel.» Er ließ den Motor an. «Einerseits bringst du den Mut auf, ins Gefängnis zu gehen, andererseits kannst du dich noch nicht mal mir zuliebe den Pololeuten stellen.»

«Er ist mein Vater, und dies ist seine Hälfte des Ölzweigs.» Sie sah zu, wie Patrick davonfuhr. Sie war wütend auf sich, weil sie ihnen den Morgen verdorben hatte – und auf eine unbestimmbare Weise war sie auch wütend auf ihn.

Das Gefängnis lag in warmes Sonnenlicht getaucht. Das machte es nur noch schlimmer. Sie konnte die Hitze und Unruhe im Innern fühlen, und dadurch wurde sie nervös.

Ihr Vater saß in der Nähe der Tür. Als sie eintrat, blickte er auf, sagte aber kein Wort. Steif setzte sie sich ihm gegenüber. Er legte einen Brief auf den Tisch, genau in die Mitte zwischen ihnen. «Ich habe die Artikel in der Zeitung gelesen», sagte er. «Ich hatte schon einen Brief an dich geschrieben. Als er fertig war, kam deiner an. Hier ist meiner.»

Sie blickte darauf. Er enthielt nur zwei Worte: *«Gut gemacht!»* Sie fühlte, wie ihr Tränen in die Augen stiegen, und wischte sie mit dem Handrücken weg.

«Jetzt möchte ich aber alles darüber wissen», sagte er mit einer

Stimme, die vor Rührung ganz rauh war. «Jedes kleinste Detail. Bailing ist der einzige Besitz, den ich jemals aus reiner Sentimentalität erworben habe, und es mußte erst meine Tochter kommen, um sein Potential auszuschöpfen.»

Als Ryder eine Stunde später ging, versprach sie, Leo mitzubringen, wenn er sich erst mal in der Schule eingewöhnt hatte.

Zu Hause erwartete sie eine Nachricht von Patrick, daß er diese Nacht nicht käme, weil er zuviel zu tun hätte. Sie rief ihn an. «Liegt es daran, daß ich meinen Vater besucht habe?»

«Dummchen! Du kannst doch machen, was du willst.»

«Natürlich.» Aber das war nicht die Antwort, nach der sie sich gesehnt hatte.

«Rodolfo und ich müssen mit einem arabischen Scheich essen», erklärte er. «Er will Ponys für die Saison in Florida. Aber ich bin nicht sicher, ob wir bis zu unserer Abreise noch genug Zeit haben, welche auszubilden.»

«Wann fahrt ihr denn hin?» Sie versuchte, ihre Angst nicht zu verraten.

«Im Dezember. Polo wird im Winter nach Florida verlagert.»

«Und für wie lange?»

«Bis März. Aber ich muß ein paar Wochen früher aufbrechen, weil ich noch etwas in Argentinien zu erledigen habe.» Er hielt inne. «Du bist verletzt, das tut mir leid. Ich hätte dich vorwarnen sollen, aber ich lebe schon so lange in dieser Polowelt; ich vergesse immer, daß andere Leute keine Ahnung davon haben.»

Von nun an begleitete sie ein flaues Gefühl in ihrem Magen, das ihrer Liebe zusätzliche Eindringlichkeit verlieh.

Das Ende der Polosaison bedeutete für Patrick mehr freie Zeit. Er bestellte einen Zimmermann, um Bruja einen anständigen Stall zu verschaffen. Er brachte Leo das Reiten bei. Und er tröstete ihn, wenn er eifersüchtig auf Tommys andere Schulfreunde war. Oft, wenn Patrick früh eintraf, bat Ryder ihn, mit ihr und Leo nach Morston zu fahren, wo sie über das salzige Marschland wanderten, dem fernen Bellen der Seehunde zuhörten und beobachteten, wie die Wandervögel nach Süden zogen. Sie liebte diesen Ort und Leo ebenfalls. Patrick hingegen mochte ihn nicht. Sie fragte ihn nach dem Grund.

«Er erinnert mich an die Pampa», sagte er.

«Liebst du Argentinien denn nicht?»

«Ich liebe das Land – aber auf die Erinnerungen daran könnte ich verzichten.» Sie hätte gerne mehr erfahren, aber sein Gesicht verschloß sich.

Ryder besuchte ihren Vater vor Patricks Abreise nicht mehr. Das war zwar selbstsüchtig, doch jeder Tag ihres gemeinsamen Herbstes war für Ryder ein sorgsam gehüteter Schatz. Manchmal träumte sie, daß Patrick schon weg war, und wenn sie dann plötzlich aufwachte, fand sie ihn neben sich schlafend.

Er wollte, daß sie ihn in Gatehouse besuchte. Sie zögerte wegen der Erinnerungen. «Ich kann es kaum erwarten, mit dir in einem echten Doppelbett zu schlafen», drängte er. «Ohne Leo nebenan.»

«Aber ich kann ihn nicht hier lassen.»

«Wenn das das Problem ist, bring ihn mit.»

«Er soll aber nicht wissen, daß wir zusammen schlafen.»

«Das wird er nicht. Er kriegt sein eigenes Zimmer. Und wir stehen vor ihm auf.» Er schwieg einen Moment. «Jetzt hast du keine Ausrede mehr.»

Für diese Gelegenheit hätte sie gerne ein schönes, enganliegendes Kleid getragen. Doch sie hatte keins, also zog sie ihren gelben Seidenoverall an. Die Dunkelheit war schon hereingebrochen, als sie in Gatehouse ankam. Von den Ställen her schien Licht. Das Stallpersonal redete lautstark miteinander, und die Ponys wieherten in die Nacht.

Patrick erschien, als sie den Wagen einparkte. Als sie sah, wie er den Hof überquerte, war sie aufs neue verblüfft, wie gut er aussah. Sie war so stolz – und zugleich so ängstlich. «Ich bin in ein paar Minuten bei dir.» Er berührte ihre Wange. «Wo ist Leo?»

«Schläft auf dem Rücksitz.»

Patrick brachte Leo direkt nach oben ins Bett. Dann verschwand er, um zu duschen, während Ryder durchs Haus streifte. Das Gebäude stammte aus der georgianischen Ära und hatte eine breite Freitreppe, edle, ionische Säulen und wundervolle Stuckverzierungen in den Ecken an der Decke. Verglichen mit Dingwall Court, war es nicht sehr groß, doch im Vergleich zum Kontrolltower erschien es Ryder wie ein Palast. «Ich habe dieses Haus immer geliebt», sagte sie zu Patrick, als er die Treppe hinunterkam.

«Ich wußte nicht, daß du es vorher schon mal von innen gesehen hast.»

«Habe ich auch nicht. Ich wußte einfach, daß ich es mögen würde.» Sie verschränkte ihre Hände hinter seinem Nacken.

«Ich bin froh, daß du es jetzt das erste Mal betrittst.» Er küßte sie sanft und zog sie zu sich hoch. Langsam führte er sie die Treppe hinauf und blieb auf jeder Stufe stehen, um sie zu liebkosen. In seinem Schlafzimmer zog er sie aus, streifte ihr die gelbe Seide vom Körper, küßte ihre Brüste und ihren Bauch. Sie erwiderte seine Zärtlichkeiten, bewegte sich über ihn, ließ ihre Zunge eine Spur über seinen Körper ziehen. Er streichelte sie, bis sie aufschrie. Sie streichelte ihn, bis er sich nicht länger zurückhalten konnte. Dann liebte er sie mit zärtlicher Eindringlichkeit.

Der Flugplatz entwickelte sich mit Riesenschritten. Mittlerweile hatten sieben Flugzeuge Dauerplätze im Hangar und vier neben dem Rollfeld. Der Treibstoff verkaufte sich gut, und Fred wartete so viele Maschinen, wie er schaffen konnte. Aber Ryder war immer noch knapp bei Kasse. Der Bunker wurde in ein Clubhaus umgebaut. Sie kaufte Tische, Stühle und alte Drucke von Doppeldeckern. Leo brauchte neue Kleider. Der Kontrolltower, der im Sommer karg und hell gewirkt hatte, sah kahl und deprimierend aus, als die Tage kürzer wurden. Sie kaufte Decken, Kissen und ein paar Lampen. Nichts Extravagantes, aber all das kostete ziemlich viel. Als Leo beim Spielen am Fluß seine Schuhe ruinierte, mußte sie die Uhr ihrer Mutter versetzen, um ihm neue zu kaufen.

Am ersten Todestag ihrer Mutter fuhr Ryder nach Morston hoch und wanderte über das Watt die Buchten entlang, wo die kleinen Segelboote, den Winter über verlassen, ruhig vor sich hin schaukelten. Sie mußte allein sein und nachdenken. Oder nicht nachdenken, ganz leer werden, den Nordostwind spüren, die goldenen Reetgräser rascheln hören und durch den harten, nur schwach duftenden Seelavendel streifen. Danach saß sie auf einer altersschwachen Holzbrücke, sah in den fahlen Oktoberhimmel und dachte an ihre Mutter.

Als sie zum Auto zurückkehrte, wartete Michael Ashby auf sie.

«Woher wußten Sie, daß ich hier bin?» fragte sie, ärgerlich über die Störung.

«Fred hat es mir erzählt.» Er streckte seine Hand aus. Auf seiner Handfläche lag ihre Cartier-Uhr.

Sie starrte ihn an. «Wo haben Sie die her?»

«Meine Mutter hat ein Alkoholproblem. Ich habe ihren Hochzeitsring aus der Pfandleihe in Norwich geholt. Es fiel mir auf, daß eine Uhr so ähnlich aussah wie ihre. Also habe ich den Pfandleiher gebeten, die Inschrift lesen zu dürfen.» Seine Stimme wurde noch sanfter. «Rentiert sich der Flugplatz nicht?»

«Wir brauchen noch mindestens zwanzig Kunden, aber ich habe so viel zu tun, daß ich keine Zeit habe, neue anzuwerben.»

«Stellen Sie einen Mitarbeiter ein.»

«Das kann ich mir nicht leisten.»

«Sie können es sich nicht leisten, keinen einzustellen.» Er öffnete die Wagentür für sie. «Arbeiten Sie eine Werbekampagne aus, und zeigen Sie sie mir.»

Sie zögerte. «Ich habe Ihnen noch gar nicht für die Uhr gedankt. Sobald ich kann, zahle ich Ihnen das Geld zurück.» Sie biß sich auf die Unterlippe. «Sie gehörte meiner Mutter, die heute genau vor einem Jahr starb.»

«Standen Sie ihr sehr nahe?» fragte er.

«Nein. Das macht es noch schlimmer. Ich wollte ihr immer gefallen. Aber es gelang mir nicht. Am Ende ließ ich sie im Stich, als sie mich einmal wirklich brauchte.»

Mit den Tränen kämpfend, fuhr Ryder davon. Michael sah ihr nach. Sie wünschte, es wäre Patrick gewesen. Dann hätte sie in seinen Armen weinen können. Aber Patrick war bei den Stallungen. Hätte er von der Uhr gewußt, hätte er sie natürlich auch eingelöst.

Die Tage vergingen immer schneller, und Patricks Abreise raste so bedrohlich auf Ryder zu wie eine Guillotine, die sie von dem Mann trennte, den sie liebte. Bei dem letzten Abendessen in Gatehouse mit Rodolfo und seiner Frau Antonella kam das Gespräch ständig auf Florida. Ryder versuchte zu lächeln, aber innerlich zerbrach sie.

Patrick lehnte sich über den Tisch und nahm ihre Hand. «Kommst du Weihnachten rüber?»

Sie konnte nicht antworten.

«Hast du etwa gedacht, ich würde dich für ganze drei Monate allein lassen?»

Sie schluckte hart, in ihren Augen glänzten Tränen. «Kann ich nicht mit dir nach Argentinien kommen? Es hört sich immer so romantisch an.»

Betretenes Schweigen. Ryder spürte es. Sie sah Patrick an. Der ging aus dem Zimmer. Sie drehte sich zu Rodolfo und Antonella. Aber die blickten krampfhaft auf ihre Teller.

Dann kehrte Patrick zurück. «Ich habe den Wein vergessen», sagte er.

Erleichtert lachte sie auf. Wie dumm von ihr, Probleme zu sehen, wo keine waren.

«Laßt uns auf Ryders Besuch in Florida trinken!» Patrick hob ihr sein Glas entgegen, und sie fragte sich, ob sie ihn jemals mehr lieben würde als in diesem Augenblick.

Kapitel 22

Sobald Patrick nach Florida aufgebrochen war, nahm Ryder Leo mit zu ihrem Vater.

«Aber warum ist Daddy denn im Gefängnis?» fragte Leo zum zigsten Mal, als sie bei den Cottages parkten.

«Weil er sich Geld geliehen hat, was er nicht zurückzahlen konnte. Und dann hat er Angst bekommen und ist weggelaufen, anstatt es einzugestehen.» Sie nahm ihn bei der Hand, und sie gingen zum Gefängnis. Als Leo die hohen Mauern sah, wurde sein Gesicht wieder ganz blaß vor Angst. Sie fragte sich, ob es ein Fehler gewesen war, ihn mitzunehmen.

Der Besucherraum war brechend voll, was alles irgendwie nur noch schlimmer machte. Leo klammerte sich an Ryder, als sie ihn zu ihrem Vater führte. «Hier ist Daddy», sagte sie.

Ihr Vater streckte die Arme aus. «Wie geht's meinem Jungen?»

Leo erstarrte. Sein Gesicht wurde noch weißer, seine Augen waren nur noch schwarze Löcher darin. «Wo ist Mummy?»

«Sie ist nicht hier.» Ryder setzte sich. «Aber Daddy ist hier.» Sie wandte sich ihrem Vater zu. «Er hat sich in einer Minute an dich gewöhnt.»

Ihr Vater ließ seine Hände auf den Tisch sinken. «Ich dachte, er würde hier hineinrennen und seine Arme um mich werfen, aber er weiß ja noch nicht einmal, wer ich bin.»

«Du hast ihm keine Chance gegeben.» Sie versuchte, ihren Bruder behutsam nach vorne zu schieben, aber er versteckte sein Gesicht an ihrer Schulter.

Da schob ihr Vater seinen Stuhl zurück und stand auf. «Nimm ihn weg! Ich will nicht, daß er mich haßt. Ich habe genug Haß in meinem Leben.»

Er sah Leo an, der sich an Ryder klammerte, voller Angst, sie würde ohne ihn gehen. «Ich hätte nie gedacht, daß er dich mir vorziehen könnte», sagte er verbittert.

«Was hast du erwartet? Ich bin doch alles, was ihm geblieben ist», antwortete sie. Wie grausam sich das anhörte!

Ohne Patrick konnte Ryder all ihre Energien auf Bailing richten. Ein Wort bei Mrs. Dennshurst zauberte Violet herbei, eine kinderlose Witwe in mittleren Jahren, die so tüchtig war, daß Ryder sich bald nicht mehr vorstellen konnte, wie der Flugplatz ohne sie ausgekommen war. Violet bot ihr auch an, auf Leo aufzupassen, wenn Ryder nicht da war, denn Leo kannte und mochte Violet bereits. Sie wohnte neben Tommy und hatte den Jungen erlaubt, in ihrem Garten zu spielen.

«Sie hatten recht mit der Mitarbeiterin», sagte Ryder zu Michael Ashby. «Ich habe vor, nach London zu fahren, und würde mich mit Ihnen gerne über geeignete Werbemaßnahmen unterhalten.»

«Wie geht's Ihrem Freund?»

«Gut.»

«Schade aber auch!» Er stieß einen übertriebenen Seufzer aus, der sie zum Kichern brachte.

Sie rief Immy an, eigentlich nur, um sie kurz zu sehen, aber da Adam nicht da war, akzeptierte sie freudig Immys Einladung, bei ihr zu übernachten. Ihr neues Haus war nicht weit vom Kaufhaus Harrods entfernt. Ryder parkte vor den Bogenfenstern, aus denen

Wärme und Licht üppig in den Abend strahlten. Die Haustür war kobaltblau und hatte einen Messingklopfer in Form eines Fisches: Imogens Sternzeichen. Noch bevor Ryder ihn betätigt hatte, flog schon die Tür auf.

«Ich habe am Fenster gestanden», sagte Immy, «weil ich deine Ankunft nicht abwarten konnte.» Sie schnatterte gutgelaunt, während sie Ryder hineinführte. Das ganze Haus war mit zarten Blumenmustern tapeziert. «Alix findet das gräßlich», vertraute Immy Ryder an, als sie sie die Treppe hochführte. «Ich weiß es, weil sie mir dauernd neue Innenarchitekten vorstellt. Aber ich möchte meine Einrichtung lieber selber aussuchen. Dann habe ich etwas, worüber ich nachdenken kann, jetzt, da Tony nicht mehr bei mir ist.»

«Liebst du ihn immer noch?» erkundigte sich Ryder, während sie sich auf das Fußende eines Rüschenbetts setzte.

«Er hat mir ein Gefühl von Sicherheit gegeben.»

«Triffst du dich noch mit ihm?»

«Er möchte nicht. Er sagt, ich hätte das Reservoir seiner Liebe für mich ausgeschöpft.» Sie lächelte Ryder traurig an. Dann sauste sie die Treppe hinunter und kehrte mit einer Flasche rosafarbenem Champagner zurück. «Jetzt will ich aber alles über dich erfahren. Wirklich alles!» Sie gab Ryder ein Glas. «Und das schließt Patrick Brendan mit ein.»

Am nächsten Morgen stimmte Ryder zu, eine weitere Nacht zu bleiben. «Aber ich muß noch einkaufen, bevor ich mich mit Michael treffe», wandte sie ein. «Ich muß ein Weihnachtsgeschenk für Patrick finden, und zwar etwas ganz Besonderes, etwas, was einfach wundervoll ist.»

Sie strichen durch das Erdgeschoß von Harrods und hörten von allen Seiten Gemurmel: «Schau mal! Imogen Lydden!» Nichts, was Ryder sich hätte leisten können, stach ihr wirklich ins Auge. «Ich nehme an, ich werde mehr Geld investieren müssen.» Sie begutachtete eine Pferdestatuette aus Silber. «Aber ich wollte Leo noch ein Fahrrad kaufen. Alle anderen Jungen haben auch eins. Und ich brauche noch ein schönes Winterkostüm, um für Bailing Werbung machen zu können.»

«Nur eins?!»

«Ich sehe doch jeden Ansprechpartner nur einmal. Also merken sie nicht, daß mein Kleiderschrank nicht mit Designermodellen vollgestopft ist.»

Sie fuhren mit dem Aufzug in die Modeabteilung, wo Ryder ein Kostüm in leuchtendem Rostrot entdeckte, einer Farbe, die den Herbst mit seinen Kartoffelfeuern und dem windgepeitschten Ried in Morston heraufbeschwor. Sie schwankte zwischen diesem und einem anderen, eleganteren Ensemble aus taubengrauem Crêpe de Chine mit einem hautengen Rock und einem blaßrosa Korsagenoberteil.

«Was meinst du», fragte sie Imogen. «Dies oder das andere – ich habe nur fünf Minuten, um mich zu entscheiden.»

«Wie sind deine Wintermäntel?»

«Mäntel? Immy, ich trage immer noch meinen alten Trenchcoat.»

«Dann nimm das rostrote. Das graue geht nur mit diesem schwarzen Kaschmirmantel.»

«Ich werde das rote heute zum Lunch anziehen.» Ryder steuerte auf die Umkleidekabine zu. «Dann haben sich meine Ausgaben wenigstens gleich gelohnt.»

Als sie zurückkam, packten Imogen und die Verkäuferin gerade mit verschwörerischem Lächeln das graue Ensemble und den schwarzen Mantel ein.

«Müßtest du nicht eine kleinere Größe nehmen?» bemerkte Ryder und versuchte, nicht neidisch zu klingen.

Immy nahm die Tragetaschen. «Komm schon!»

«Aber ich muß noch mein Kostüm bezahlen!»

«Das habe ich schon besorgt. Das ist alles für dich.» Imogen lächelte der Verkäuferin zu. «Und ich will keine Widerrede hören, ich kann es mir ohne Probleme leisten.»

«Wie kann ich dir das jemals zurückzahlen?» protestierte Ryder.

«Laß mich Bailing als Zuflucht benutzen, sollte ich jemals eine brauchen.»

«Jederzeit. Aber jetzt geh bitte nach Hause. Du hast eine Erkältung, und ich schleppe dich hier durch die Läden.»

«Ich habe keine Erkältung.» Imogen steckte ihr Taschentuch weg.

Michael sah so elegant aus, daß Ryder ihn kaum wiedererkannt hätte. Verschwunden war der marodierende Kosake in lederner Fliegerjacke. Statt dessen trug er einen perfekt geschnittenen dunkelgrauen Maßanzug, der seine kräftige Statur betonte. «Sie sehen ganz verändert aus», begrüßte sie ihn im Restaurant, wo er sich bereits an einem Ecktisch niedergelassen hatte.

«Sie aber auch.» Er stand auf, um ihr die Hand zu schütteln. «Sie sehen sehr schick aus. So schlecht können die Dinge nicht laufen.»

«Oh, das hier ist ein Geschenk.»

Er hob eine Augenbraue. Sie erkannte, daß er annahm, Patrick hätte das Kostüm für sie gekauft, aber sie sparte sich eine Erklärung. Mit einem leichten Gefühl der Freude kostete sie die Vorstellung aus, Patrick würde für sie sorgen – als seine Frau.

«Also, wie kann ich Ihnen helfen?» wollte Michael wissen.

«Ich brauche mehr Kunden.»

«Machen Sie Werbung.»

«Das kann ich mir nicht leisten.»

«Das haben Sie auch über Violet gesagt. Sie können es sich nicht leisten, darauf zu verzichten. Aber warten Sie bis zum Frühling, dann erinnern sich die Amateurflieger wieder daran, daß sie ein Flugzeug haben, und wollen es benutzen.» Er brach sich ein Stück Baguette ab und aß es mit gutem Appetit. «Oder eine andere Idee: Schließen Sie sich mit einem zweiten Flugplatz zusammen. Es muß einer sein, der weit genug entfernt ist, damit Sie keine Konkurrenten sind, aber auch nah genug, daß man an einem Tag hin- und zurückfliegen kann.»

«Daran habe ich ja noch gar nicht gedacht!» Sie nahm einen Spargel und stippte die zartgrüne Spitze in die geschmolzene Butter. «Natürlich wäre die beste Lösung, wenn ich den zweiten Flugplatz kaufen würde, um von beiden Seiten zu profitieren.»

«Jetzt reden Sie endlich vernünftig!»

«Sie meinen, ich träume!»

«Sie machen das schon.» Er nahm ein Notizbuch heraus und warf ein paar Namen aufs Papier. Sie bemerkte, daß er wunderschöne Hände mit langen, schlanken Fingern hatte, ein seltsamer Gegensatz zu seinem sehr kräftigen Körper. «Hier haben Sie zwei Flugplätze», sagte er. «Einer wird von einem meiner ehemaligen Kollegen geführt. Wir waren beide Piloten bei Colossus Air, bevor wir getrennte Wege gingen.»

«Warum?» Plötzlich wollte sie mehr über ihn wissen.

«Wir hatten es satt, nur die kleinen Rädchen im Getriebe einer großen Organisation zu sein. Ein zweiter ehemaliger Kollege ist der Herausgeber von *Aviation Argus*. So bin ich zum Journalismus gekommen. Aber ich vermisse den Flugbetrieb. Ich liebe die Aufregung und das geschäftige Treiben.»

Sie warf ihm ein unbewußt zweideutiges Lächeln zu. «Sie meinen, Sie sind ein Macher und kein Beobachter?»

Er sah sie aufmerksam über den Rand seines Glases an. «Haben Sie als Kind auch die Bücher über Biggles, den unerschrockenen Helden der Lüfte, gelesen?»

Sie nickte und fragte sich, was das amüsierte Funkeln in seinen Augen zu bedeuten hatte.

Er hob das Glas. «Spielen Sie keine Spielchen mit mir, Miss Biggles!»

Kapitel 23

Florida

Bei strahlendem Sonnenschein und azurblauem Himmel kam Ryder an. Als sie aus dem Flugzeug trat, streichelte warmer Wind ihr Gesicht. Das Sonnenlicht wurde von der Landebahn reflektiert, über fernen Palmen flirrte die Hitze. In der Schlange der Einreisenden nahm sie ungeduldig ihre Puderdose und überprüfte ihr Make-up. Rasch frischte sie Lippenstift und Parfüm auf. Dann zog sie ihr weißes Sweatshirt über den Schultern glatt, strich sich über den roten Hosenrock und wünschte, ihre Beine wären sonnengebräunt und nicht winterblaß.

Sie holte ihren Koffer und steuerte die Menge der Wartenden an, die Freunde und Verwandte abholen wollten. Mit jedem Schritt erwartete sie, ihn zu sehen, zu hören, zu berühren. Aber es waren so viele Leute da, daß sie ihn nirgendwo entdecken konnte. Sie trat auf eine Seite. Die Menge wälzte sich vorwärts. Sie schaute auf die Uhr. Er würde doch nicht zu spät kommen? Nicht heute!

«Ryder! Tut mir leid, daß ich dich habe warten lassen.»

«Rodolfo – wo ist Patrick?»

«In Argentinien. Hat er dir das nicht erzählt? Er ist letzte Woche hingefahren.»

«Aber... aber... wann kommt er denn zurück?»

«Gegen Mitternacht.» Rodolfo winkte nach einem Kofferträger. «Ich bin in Eile. Um vier habe ich ein Spiel.» Er führte sie hinaus in die Sonne.

«Wo werde ich wohnen?» Sie folgte ihm ängstlich zum Parkplatz.

«Im Breaker's Hotel in Palm Beach.» Er schloß den Kofferraum auf. «Patrick und ich teilen uns ein Haus, aber Antonella ist mit den Kindern und ihrer Mutter hier, also dachte er, das Breaker's wäre... privater.»

«Aber das verstehe ich nicht.» Vor Enttäuschung war ihr ganz schwindelig. «Patrick hat mich vor zwei Tagen angerufen und Argentinien mit keinem Wort erwähnt.»

Rodolfo zuckte mit südländischer Lässigkeit die Achseln. «Er ist heute nacht doch zurück. Dann wird er dir alles erklären.»

Sie verließen den Flughafen und die Betonsiedlungen von Miami und fuhren auf der Küstenstraße Richtung Norden. Riesige, weiße Hotelreihen mit palmengesäumten Swimmingpools wurden unterbrochen durch weite Aussichten auf den Ozean, der gegen schneeweiße Sandstrände brandete. Aber Ryder konnte das alles nicht genießen. Sie wünschte, sie wäre nicht gekommen.

«Boca Raton», sagte Rodolfo, nachdem sie fast eine Stunde gefahren waren. «Dort spielen wir Polo. Der Boden ist gut, aber der Club ist nicht wie der Guard's. Noch nicht. Es ist im Gespräch, einen Poloclub in Palm Beach zu eröffnen. Der soll dann größer und besser sein als jeder andere auf dieser Welt. Zumindest behaupten sie das.»

Ryder zwang sich zu lächeln, aber ihre Gedanken waren bei Patrick.

Sie näherten sich Palm Beach. Ryder sah weiße Villen im italienischen Stil, von Palmen umgeben, spanische Haciendas inmitten purpurfarbener Bougainvillea und noch mehr dunkelblaues Wasser, das gegen einen dunkelblauen Himmel stieß. Sie fuhren an einem Golfplatz vorbei, bogen in eine Einfahrt und fuhren durch üppige Parkanlagen auf einen Stuckpalast im Renaissancestil zu, der aussah wie die Vision eines heimwehkranken, venezianischen Grafen.

Rodolfo ließ sie in der Rezeption zurück. Als er wegfuhr, mußte sie den Wunsch unterdrücken, hinter ihm herzulaufen. Sie befahl sich, jetzt nicht kindisch zu werden, und ließ zu, daß die kostspielige Zeitlosigkeit des Hotels sie einhüllte: die vergoldeten Fresken an den Deckengewölben, die frischen Blumen überall, die anderen Gäste, welche sich mit der beiläufigen Eleganz der ganz Reichen bewegten – derselben beiläufigen Eleganz, die auch ihre Mutter besessen hatte.

Ihr Zimmer lag im fünften Stock. Es hatte einen Balkon mit Aussicht auf Palmen, weißen Strand und den unendlichen Ozean. War das wirklich noch derselbe Planet, auf dem auch das neblige, windgepeitschte Bailing lag?

Es klopfte an der Tür. Ein Page trat mit einem riesigen Strauß roter Rosen ein, die sich in blaßgrünes Farnkraut schmiegten. Auf einer beiliegenden Karte stand:

Es tut mir leid, daß ich mich verspäte.

In Liebe, Patrick

Ryder lächelte und fühlte sich gleich besser. Sie würde ein bißchen schwimmen und sonnenbaden, sich dann ausruhen und eine Dusche nehmen – und dann würde Patrick schon dasein.

Der Pool war herrlich. Sie schwamm fünf Längen, bevor sie der Versuchung einer Sonnenliege und eines Manhattan-Cocktails nachgab. Die Sonne zauberte Farbe auf ihre Arme und Beine. Der Schlafmangel – oder der Whisky und der Wermut – machte sie leicht benommen. Als sie den Pool verließ, blickten ihr mehrere Männer nach, doch sie kümmerte sich nicht darum. Heute war sie allein, aber morgen würde sie in Begleitung von Patrick kommen.

Es war schon dunkel, als sie, benommen und verwirrt von ihrer Umgebung, aufwachte. Die Balkontür stand offen. Musik vermischte sich mit der Brandung des Meeres. Sie tastete nach der Nachttischlampe. Elf Uhr. In einer Stunde würde Patrick landen. Sie duschte, legte einen Hauch Make-up auf und mehr als einen Hauch Parfüm. Mitternacht. Sie hatte Hunger. Da sie annahm, daß Patrick schon im Flugzeug gegessen haben würde, bestellte sie sich ein Sandwich und räumte das Zimmer auf. Im Fernsehen wurden zehn verschiedene Filme gezeigt. Während sie aß, zappte sie von Kanal zu Kanal.

Als sie wieder erwachte, lag sie vor Kälte erstarrt auf der Tagesdecke und hatte den Kopf auf dem Sandwichteller. Im Fernsehen lief ein Horrofilm. Ihre Uhr zeigte Viertel nach zwei. Sie griff nach dem Telefon.

«Ja, Ma'am, es ist zwei Uhr fünfzehn», antwortete die Frau in der Telefonvermittlung. «Nein, Ma'am, keine Anrufe, keine Nachrichten.»

«Ich erwarte einen Freund, der aus Buenos Aires kommt und gegen Mitternacht hier landen sollte. Können Sie das bitte überprüfen?»

Sie durchwanderte unruhig das Zimmer, hatte Visionen von einem Flugzeugabsturz über dem Amazonas. Sie sah Patrick, wie er sich als einziger Überlebender aus dem brennenden Wrack kämpfte. Verletzt, allein und dem Tode geweiht, rief er ihren Namen.

Die Vermittlung meldete sich. «Heute nacht gibt es keine Direktflüge aus Buenos Aires.»

«Aber ich weiß, daß er heute kommt.» Sie hörte selbst die Panik in ihrer Stimme, konnte sie aber nicht unterdrücken.

«Vielleicht fliegt er über Mexico City.»

«Ja, vielleicht. Danke.» Den Tränen nahe, legte sie sich wieder aufs Bett.

Sie lag noch immer vollständig angekleidet dort, als das Telefon sie am nächsten Morgen weckte. «Ryder?»

«Oh, Patrick! Wo bist du? Ich habe mir solche Sorgen gemacht.»

«Ich bin in Boca Raton und muß jetzt gleich ein paar Chukkers spielen.»

«Was ist letzte Nacht passiert?»

«Ich bin erst nach Mitternacht gelandet und dachte, du wärst schon müde.»

«Das hätte mir nichts ausgemacht. Schließlich», fügte sie mit sanfter Stimme hinzu, «bin ich nur vier Tage hier.»

«Ich hole dich gegen Mittag ab.»

Sie spürte ein flaues Gefühl im Magen und hatte ungute Vorahnungen. Dann rief sie sich zur Ordnung. Auf seiner Karte hatte doch «In Liebe» gestanden, und dann fürchtete sie schon beim kleinsten Problem, sie würde ihn verlieren. So verlor sie ihn ganz bestimmt!

Die Sonne brannte heiß. Sie ging hinunter zum Pool und legte sich ein wenig in die Sonne. Als sie noch eine Stunde hatte, kehrte sie auf ihr Zimmer zurück. Pünktlich um zwölf Uhr war sie fertig, das Haar umgab duftig ihr sonnenfrisches Gesicht, die Nägel waren rosa lackiert, ein eisblaues Strandkleid zeigte ihre Schultern. Um Viertel nach zwölf zog sie sich die Lippen nach. Um halb eins besprühte sie sich noch einmal mit Parfüm. Um ein Uhr rief sie in Patricks Villa an. Dort hob niemand ab. Sie legte sich aufs Bett und weinte.

Als sie aufwachte, sah sie ihn am Fußende stehen und mit wütender Verzweifung auf sie hinunterstarren.

«Was ist los?» flüsterte sie. «Bitte, sag's mir. Wenn du mich nicht hierhaben willst, dann fahre ich noch heute zurück.»

Er ging um das Bett herum. Sie schaute zu ihm auf und befürchtete das Schlimmste. «Ich will dich!» Ungestüm zog er sie in seine Arme. «Natürlich will ich dich!» Er küßte ihr Gesicht, ihren Nakken, ihre Augen, ihr Haar.

«Ich hatte solche Angst, daß...»

Aber er ließ sie nicht ausreden. Er küßte sie leidenschaftlich und zog sie fest an sich. Ihr Kleid schob sich an den Oberschenkeln hoch, und er streifte es ihr zärtlich und liebkosend über den Kopf. Sie knöpfte sein Hemd auf.

«Ich hatte nur Angst, daß...»

Aber wieder ließ er sie nicht ausreden. Er nahm ihre Brustwarzen zwischen seine Lippen und liebkoste sie, bis ihre Worte zu kleinen Schreien der Lust wurden. Er berührte sie rückhaltlos und zärtlich. Und sie öffnete sich ihm, gab sich ihm hin, begehrte ihn so sehr, daß sie sich rhythmisch mit ihm bewegte, als er sie liebte. Sie wurde so sehr ein Teil von ihm, daß jede Bewegung seines Körpers sich auf sie übertrug.

Nachher, als sie quer über dem riesigen Bett in seinen Armen lag, wollte sie ihn wieder fragen, ob irgend etwas nicht stimmte. Aber sie ließ es und redete sich ein, sie sehe Gespenster.

Er sah auf die Uhr. «Vier Uhr. Ich habe um fünf ein Spiel.»

«Kann ich zusehen?»

«Wenn du's nicht tust, grabe ich meine Zähne in deinen linken Busen.»

«Was stimmt nicht mit dem rechten?»

«Den spare ich mir für Weihnachten auf.» Er küßte sie. «Busen *à la Petite Marmite*.»

Sie lachte und schmiegte sich an ihn. «Was ist das *Petite Marmite*?»

«Das exklusivste, teuerste und romantischste Restaurant von Palm Beach – und heute abend führe ich dich dahin aus. Wenn du den anderen Gästen also keine Sensation bescheren willst, dann zieh dich rasch an, weil wir vorher nicht mehr hierherkommen werden. Du hast genau zehn Minuten...», er rollte sich auf sie, «wenn ich mit dir fertig bin.»

Sie trug einen schwarzweißen Zweiteiler aus Seide. Das Oberteil war gewickelt und hatte kurze, angeschnittene Ärmel. Der Rock war gerade und schmal mit einem Schlitz auf der einen Seite. Sie hatte ihn eine Woche vorher als Sonderangebot in der Boutique mit dem gelben Fliegeroverall gekauft. Mit «Das ist nichts für Norwich» hatte ihr die Verkäuferin den starken Preisnachlaß erklärt.

«Ist das gut so?» fragte sie schüchtern von der Badezimmertür her.

Er blickte sie von oben bis unten an. «Perfekt! Vor allem der Schlitz an der Seite.»

Er sang in der Dusche, und sie mußte lachen. «Wie geht es Leo?» fragte er, während er seine Haare abtrocknete.

«Er ist sauer, weil er nicht mitkonnte.» Sie stockte. «Vater ist auch verärgert. Er ist so frustriert und gelangweilt. Wenn er ein Drittel der Strafe abgesessen hat, könnte er auf Bewährung rauskommen, aber er zweifelt daran, daß es klappt. Ich habe ihm erzählt, daß ich nach Florida fliege. Es mußte sein, er wollte wissen, warum ich ihn nicht besuchen käme.»

Sie wartete auf einen Kommentar von Patrick, doch der blieb aus. Er fragte nur: «Wie läuft's in Bailing?»

«Ich habe eine Mitarbeiterin angestellt. Michael Ashby schlug das vor, und er hatte recht. Er hat mir auch ein paar Tips für Werbeaktionen gegeben.» Sie schlüpfte in ihre hochhackigen Goldsandalen. «Aber die neueste Ölpreiserhöhung könnte uns hart treffen.»

«Schaffst du es durch den Winter?»

«Ich will mehr, als es nur *schaffen*.» Sie sah ihn im Spiegel an. «Ich will einen zweiten Flugplatz kaufen und das Ganze als Betrieb mit zwei Stützpunkten führen.»

Patrick küßte sie auf ihren Nacken. «Stammt diese Idee auch von Michael Ashby?»

«Natürlich nicht!»

Er zog sie an sich. «Ich will nicht, daß dieser Typ um dich herumschwirrt. Nicht, solange ich weg bin.»

«Er ist nur ein Freund.» Sie lehnte sich an ihn und spürte seine Wärme. Er zog sie fester an sich. Sie bewegte sich provozierend gegen ihn. Ihre Augen trafen sich im Spiegel. Er ließ seine Hand an der Rückseite ihres Beines hinuntergleiten und schob ihren engen Seidenrock hoch.

Der Royal Palm Poloclub in Boca Raton war klein und hatte eine freundliche und entspannte Atmosphäre. Wie Rodolfo schon erwähnt hatte, war der Boden gut. Die Clubanlage bestand allerdings nur aus einer Tribüne und einem Restaurant mit einer Bar darüber. Dort saß Antonella Martinez mit ihrer Mutter und zwei sehr mondänen Frauen.

«Da sind Sie ja endlich!» rief Antonella ihnen zu. «Patrick, du mußt Ryder nicht im Hotel verstecken, das finde ich gar nicht nett. Mama möchte sie kennenlernen.» Sie klopfte auf einen Stuhl. «Ryder, setzen Sie sich zu uns. Dies ist meine Mutter und hier meine Freundinnen Octavia und Darlene. Octavias Mann Howard ist unser Schirmherr.»

«Ich bestelle Champagner für alle», sagte Octavia, eine zäh aussehende, zerzauste Blondine mit dem Gesicht einer Gangsterbraut, die es zu was gebracht hatte. «Verschwinden Sie, Patrick! Dies ist ein Damenkränzchen!»

Er ging – unter dem Gelächter der anderen.

Octavia winkte nach dem Kellner, daß ihre Diamantringe aufblitzten. «Champagner! Und Kaviar!» Sie wandte sich Ryder zu. «Sie verdienen eine Medaille dafür, daß Sie diesen Jungen gezähmt haben. Die ganze Saison lang hat er keine andere Frau angesehen.»

Die Ponys donnerten von einer Seite zur anderen, Champagnerkorken knallten vor dem Clubhaus, Eis klimperte in den Gläsern, und Patrick erhob sich im Sattel, drehte den Oberkörper und vollführte eine perfekte Seitenrückhand. Ryder dachte an ihren Vater in seiner Zelle, und der Champagner in ihrem Mund schmeckte nur noch sauer.

Howard Irving war ein distinguierter, weißhaariger Mann in den Sechzigern, was ihn dreißig Jahre älter machte als seine Frau. Seine vierte Frau, erriet Ryder aus den Gesprächsfetzen. «Sie zwei Turteltauben werden wir ja morgen abend zu Gesicht bekommen», teilte er Ryder mit. «Auf unserer Weihnachtsparty. Daß Weihnachten ist, weiß ich, weil meine Frau mich bei Martha's ruiniert hat.»

«Das ist der göttlichste und teuerste Modeladen in Palm Beach», ergänzte Octavia. «Patrick ist ein kluger Junge, daß er Sie nicht hier wohnen läßt. Klug, aber knauserig.» Sie sah ihren Mann voller Zuneigung an.

Patrick und Ryder entflohen und kehrten nach Palm Beach zurück, zu dem Haus, das er mit Rodolfo teilte. Es war eine moderne spanische Hacienda, die hinter einem Palmenhain lag.

«Ich möchte dein Zimmer sehen», sagte sie. «Ich möchte mir dich hier vorstellen können.» Er führte sie in ein Zimmer mit Aussicht auf den Pool. Sie legte sich auf sein Bett und starrte an die Decke. «Ich möchte wissen, welche Schattenmuster du nachts siehst.»

Er griff nach ihrem Fuß und streichelte ihren Knöchel. Seine Finger umkreisten ihn zärtlich. «Ich habe den ganzen Nachmittag mit dir im Bett verbracht – und will dich schon wieder.»

«Ich will dich auch. Ich habe die ganze Zeit an dich gedacht – an uns –, während du gespielt hast.» Langsam knotete sie ihr Oberteil auf und warf es zur Seite.

Während er sich duschte und umzog, saß sie am Fenster, lauschte auf das Rauschen der Palmen und spürte den warmen Wind über ihren Rücken streicheln. Sie prägte sich jede Einzelheit des Hauses und seiner Umgebung ein.

«Wenn ich zurück in Bailing bin, werde ich daran denken, wie du hier liegst und dem Rauschen der Palmen zuhörst.»

Er lächelte. «Es heißt, die Palmen sind die Folge eines Schiffes voller betrunkener Matrosen, das hier auf Grund lief.»

«Ich wäre sehr gerne hier gewesen, als es noch menschenleer war.»

«Ich wäre sehr gerne mit dir hier gewesen, als noch kein Mensch da war.» Er streckte seine Hand aus, die sie ergriff.

Dann veranstaltete Patrick mit ihr eine Führung durch Palm Beach. Er zeigte ihr die Haupteinkaufsstraße, die Worth Avenue. Mit ihren spanischen Gassen, die auf Brunnen zuliefen, den Bougainvilleen überall und den Geschäften von Gucci und Yves St. Laurent erinnerte sie Ryder an die Altstadt von Marbella. Sie machten für einen Drink im *Taboo* halt, wo der Pianospieler alle ankommenden Gäste mit einem Lächeln begrüßte. Dann zogen sie weiter zum

Petite Marmite. Patrick hatte den Arm um ihre Taille geschlungen und führte sie durch die kunstvoll geschmiedeten Florentiner Türen.

«Ich habe im Patio reserviert, weil mir die Fresken dort so gefallen», teilte Patrick ihr mit, als sie zu ihrem Tisch geführt wurden. Über ihnen ragten Bananengewächse in den Himmel, neben ihnen auf der Wand war die Insel Capri dargestellt.

Er griff nach ihrer Hand. «Eines Tages fahre ich mit dir nach Capri.»

«Wußtest du, daß unsere Eltern gemeinsam da waren? Ich habe ein paar Fotos und Briefe gesehen. Es gibt sogar ein Bild von dir, wo du als Page bei der Hochzeit meiner Eltern abgebildet bist!»

«Wie seltsam!» Er spielte mit ihren Fingern. «Und jetzt sitzen wir zusammen hier.»

Ihr Herz setzte für einen Takt aus. «Ja.»

Er nahm die Speisekarte. «Bei meinem Debüt in Florida, das gleichzeitig mein erstes Polojahr war, brachte mich Rodolfo das erste Mal ins *Petite Marmite*. Ich war tief beeindruckt – wollte es aber nicht zeigen.» Er lachte. «Seitdem bin ich sehr oft hier gewesen, aber ich habe nie wieder das Menü gegessen, das ich am ersten Abend hatte. Ich wollte es mir für eine ganz besondere Gelegenheit aufheben.» Er führte ihre Hand an seine Lippen und küßte zärtlich ihre Finger. «Sollen wir heute mein spezielles Menü wählen? Jakobsmuscheln und Chablis, Ente Bigarade und Mouton-Rothschild, Erdbeeren à la Romanoff und Krug Champagner.»

Die Jakobsmuscheln waren in der Schale überbacken und schmeckten köstlich sahnig. Sie löffelte das weiche Fleisch aus und hob es an ihren Mund. Patrick beobachtete, wie ihre Lippen sich teilten, um den Löffel aufzunehmen. Sie kostete von dem eiskalten Chablis, und ihre Augen trafen sich über dem Rand ihres Glases.

«Vier Tage sind viel zu kurz», sagte er.

«Ich versuche, nicht die Stunden zu zählen.»

«Wenn ich das nächste Mal mit Rodolfo hierhin komme, werde ich an dich denken.»

«Und ich werde im windumtosten Bailing auf meine sonnengebräunten Arme sehen und mich an dich, an die Sonne und die Palmen erinnern.»

«Wenn ich jemanden an unserem Tisch sehe, werde ich mich schwer beherrschen müssen, diesen Tisch nicht zum Privatbesitz zu erklären.»

Sie lächelte. Er sah sie eindringlich an. Sie hielt den Atem an, voller Gewißheit, er würde jetzt um ihre Hand anhalten.

Der Kellner nahm die Teller fort und kam mit der Ente zurück. Sie war mit einer köstlichen, heißen Sauce aus Orangen- und Grapefruitsaft bestrichen. Ryder wartete darauf, daß Patrick das Thema fortsetzen würde, aber er sprach vom Polo. Sie kamen mit der Ente zu Ende, und der Kellner brachte eine Flasche Champagner in einem Silberkühler.

Patrick hob sein Glas. «Auf uns.»

«Auf uns.» Sie wartete, daß er mehr sagte.

Aber sie wurden von den Erdbeeren unterbrochen, die mit Sahne, Sorbet, Brandy und Grand Marnier serviert wurden. Als Ryder schließlich den Löffel sinken ließ, griff Patrick nach ihrer Hand. «Ich gehe so gerne bei Nacht am Strand entlang. Hast du Lust?»

«Ja.» Sie verschränkte ihre Finger in seinen. Aber jetzt!

Der Mond glitzerte über dem Ozean, die Brandung rauschte an den Strand. Sie zogen ihre Schuhe aus, gingen am Wasser entlang, und ihre Schatten wiesen über den Strand bis zu den Palmen.

«Schau mal!» Patrick blieb stehen, um eine Muschel aufzuheben. «Für dich. Ein Andenken an Palm Beach.» Er schüttelte das Wasser hinaus. «Wenn du in Bailing bist, kannst du damit die Wellen hören.»

«Und du bist durch einen riesigen Ozean von mir getrennt.»

Er barg ihr Kinn in seinen Händen. «Ich liebe dich, Ryder.» Er küßte sie mit seltsamer Heftigkeit. «Denke immer daran – wenn du an deiner Muschel lauschst.»

Patrick liebte sie. Wenn er damit warten wollte, sie um ihre Hand zu bitten, würde sie es verstehen.

Früh am nächsten Morgen schlüpfte sie aus dem Bett und öffnete ihren Koffer. «Fröhliche Weihnachten!» Sie weckte ihn, indem sie ihm ihr Geschenk auf seine Brust legte. Es war flach und rechteckig, wie ein sehr großes Buch, und steckte in goldenem Papier mit einer riesigen schwarzgoldenen Schleife.

Er öffnete ein Auge. «Was ist es?»

«Sieh nach.»

Er entfernte das Band und legte es auf seinen nackten Bauch. Sie beobachtete sein Gesicht und wartete auf seine Reaktion. Er ließ das goldene Papier von seinem Inhalt gleiten. «Ein Porträt von Bruja!» Er hielt das Aquarell auf Armeslänge von sich entfernt. Bruja war in voller Polomontur, mit Sattel und Zaumzeug dargestellt. «Ihre dunklen Augen haben genau ihren typischen, aufsässigen Ausdruck», sagte er lächelnd.

«Ich erinnere mich gut daran. So sah sie immer kurz vor einem Spiel aus.»

«So sah sie aus, als sie meine Salatköpfe fraß.»

Er lachte und küßte sie. «Sie wird immer mein Liebling sein. Ryder, Liebes, das ist das schönste Geschenk, das ich je bekommen habe.»

Sie wartete darauf, daß er sagte: «Jetzt habe ich aber auch etwas für dich.» Vergebens. Er griff nach dem Telefon und wählte Rodolfos Nummer.

Sie sank in ihre Kissen zurück und redete sich ein, es machte ihr nichts aus. Etwas Kleines, Hartes bohrte sich ihr in den Rücken. Sie wand sich, aber das Hindernis blieb in ihren Kissen. Sie griff danach. Es war eine kleine rotsamtene Schachtel – groß genug für einen Ring. Sie stieß Patrick an, der immer noch telefonierte. Aber der zuckte übertrieben mit den Achseln, als hätte das Ganze mit ihm nichts zu tun.

Die Vorfreude war so köstlich, daß sie sich kaum überwinden konnte, die Schachtel zu öffnen. Schließlich tat sie es doch und schluckte hart. In der Schachtel lag ein Paar Tropfenohrringe aus Perlen, die genauso aussahen wie die, die sie hatte verkaufen müssen. Sie nahm sie heraus. Sie sahen wunderschön aus. Aber ein Ring waren sie nicht. Nicht, daß es ihr etwas ausgemacht hätte. Nicht wirklich. Sie hatten ja noch so viel Zeit – und er liebte sie doch.

Sie brachte die Ohrringe an ihren Ohren an, kniete sich vor Patrick hin und hob die Haare, so daß er das Geschenk an ihr begutachten konnte. Er legte den Hörer auf und lächelte. Sie küßte seinen Nacken und seine Brust, zeichnete eine Spur an seinem muskulösen Körper hinunter, während er von Polo und Ponys sprach.

Ryder verbrachte den Morgen am Pool. Ausgestreckt lag sie in der Sonne und war ganz erfüllt von Gedanken an Patrick. Sie hätte auf Scot's Farm anrufen müssen. Ihre Großeltern wären sehr gekränkt, wenn sie erführen, daß sie in den Staaten gewesen war und nicht angerufen hatte. Aber jedesmal, wenn sie nach dem Hörer griff, überlegte sie es sich anders. Sie konnte den Gedanken, Patricks Zauber zu brechen, nicht ertragen.

Für die Weihnachtsparty trug Ryder ein schlichtes, schwarzseidenes Hängerkleid, ihre einzige Abendgarderobe. Genauer gesagt war es kein Kleid, sondern Immys Weihnachtsgeschenk – ein Nachthemd aus Crêpe de Chine von Harrods, im Stil der dreißiger Jahre.

Howard und Octavia lebten in einem Haus, das aussah wie eine Miniaturausgabe von Versailles. Es war um einen prächtigen Innenhof herum gebaut, in dem es angestrahlte Brunnen und Marmorstatuen gab. Sogar die dreißig Meter lange Terrasse mit Aussicht auf den Pool und den Ozean dahinter wies eine gewisse Ähnlichkeit mit der *Galerie des Glaces* auf. Die Party war schon in vollem Gange, als Patrick und Ryder eintrafen. Auf der Terrasse wurde getanzt, eine Band spielte am Pool, und Kellner gingen mit Champagner und Kaviar herum.

«Da seid ihr ja!» Octavia glitt über die Terrasse auf sie zu. An ihrem Hals hingen genug Smaragde, um die gesamten Staatsschulden zu begleichen. «Ryder, du siehst so... elegant aus! Wie raffiniert von dir, Schwarz zu tragen.» Sie stellte die beiden einer endlosen Reihe mondäner Leute vor, deren Namen Ryder auf der Stelle wieder vergaß.

Die Band spielte «I'm Not In Love». Patrick nahm sie in die Arme. «Das ist das erste Mal, daß wir zusammen tanzen.»

«Ich weiß.» Sie schmiegte sich enger an ihn.

«Wenn wir uns gerade erst kennengelernt hätten, würde ich dich fragen: ‹Was machen Sie so? Wo kommen Sie her?›»

«Nicht ‹Sind Sie allein?›»

«Nicht als erstes.» Er zog sie noch fester an sich. «Zuerst würde ich dir schmeicheln: ‹Was für schöne Ohrringe Sie da haben.›»

«Ich würde geheimnisvoll antworten: ‹Ein Geschenk.›»

«Dann würde ich versuchen herauszubekommen, wer von den anwesenden Männern sie dir geschenkt haben könnte.»

«Und ich würde mich fragen, ob eines dieser Mädchen hier dir auf die Schulter tippen und sagen würde: ‹Schatz, hast du daran gedacht, die Katze rauszulassen?›»

Er lachte. «Ich liebe dich.» Er sagte es so unvermittelt, daß sie einen Moment lang dachte, sie hätte sich verhört. Dann berührte er ihre Wange. «Das ist die Wahrheit.» Er sah dabei fast traurig aus.

«Ich liebe dich auch», flüsterte sie ihm ins Ohr. Wieder wartete sie, aber er sagte nichts mehr.

Das Abendessen bestand aus einem üppigen Büffet mit Hummer, der am selben Morgen in Florida gefangen, Räucherlachs, der von Harrods eingeflogen worden war, und russischem Kaviar. Sie aßen in einer versteckten Nische, die sie durch einen Vorhang aus Bougainvilleen vor den anderen Gästen verbarg. Als er sie, den Arm um ihre Taille, zur Tanzfläche zurückführte, stürzte sich Octavia auf sie. «Patrick, ich werde deine Freundin jetzt mal ein paar alleinstehenden Männern vorstellen.»

Ryder lachte. «Danke – aber ich bin schon glücklich.»

«Jede Frau braucht einen reichen Ehemann.»

«Ich würde nur aus Liebe heiraten.»

«Honey, man weiß nie, was hinter der nächsten Ecke auf einen wartet.» Octavia winkte dem Kellner, ihr ein neues Glas Champagner zu bringen.

«Tatsache ist», Patrick zog Ryder enger an sich, «daß wir gerade gehen wollten. Ryder hat nur noch zwei Tage.»

«Du Scheißkerl!»

Ryder verschlug es die Sprache, Patrick erstarrte. Sie fühlte, wie sich seine Finger in ihren Arm gruben. Dann küßte Octavia sie auf beide Wangen. «Macht euch nichts draus», sagte sie. «Ich habe zuviel Champagner getrunken.»

Sie brachen sofort auf. Im Auto versuchte Ryder, ihn zu beschwichtigen. «Octavia hat es nicht so gemeint. Sie war betrunken. Vielleicht hatten sie und Howard ja auch einen Streit.» Aber sein Schweigen brachte sie zum Verstummen.

Sie fuhren durch die Nacht, die Palmen über ihnen wölbten sich in den tintenschwarzen Himmel. Im Aufzug des Hotels sah er sie kaum an. Als sie die Tür aufschloß, drängte er sich an ihr vorbei und ging geradewegs zum Balkon. Sie ließ ihre Tasche aufs Bett fallen und folgte ihm hinaus.

«Stimmt irgendwas nicht?» wollte sie wissen.

Er stand mit dem Rücken zu ihr, hatte die Hände auf dem Geländer aufgestützt. «Ich hätte dich nicht hierherholen sollen.»

«Was?!» Sie fühlte sich, als hätte man ihr gerade einen Schlag versetzt.

«Es war falsch von mir.»

«Warum?»

«Es war ein Fehler.»

«Das glaube ich nicht!» Sie streckte die Hand nach ihm aus. «Wir sind so glücklich gewesen. Wir lieben uns doch. Sieh mich an!»

Er drehte sich um, und sein Gesicht wies dieselbe wütende Verzweiflung auf, die sie schon einmal an ihm bemerkt hatte, vor zwei Tagen, als sie aufwachte und ihn am Fußende ihres Bettes stehen sah.

«Liebst du jemand anderen?» Sie mußte sich zwingen, diese Worte auszusprechen.

Er schüttelte den Kopf.

«Was stimmt denn dann nicht? Ich verdiene eine Antwort. Gestern hast du mich noch geliebt, heute sagst du, es war ein Fehler.»

«Flieg zurück nach England.» Seine Stimme klang heiser. Er drängte sich an ihr vorbei und ging auf die Zimmertür zu.

«Warte!» schrie sie.

Er ging weiter.

Sie rannte den Flur hinunter. «Patrick!»

Er stieg in den Aufzug.

Sie hämmerte auf den Knopf. «Du kannst nicht ohne jeden Grund vor mir weglaufen», schrie sie. «Du kannst mich nicht hierherholen, immer und immer wieder mit mir schlafen und mir dann verkünden, daß du gehst. Ich bin ein menschliches Wesen: Ich habe Gefühle, ich liebe dich. Du schuldest mir eine Erklärung.»

Er sah sie tieftraurig an, dieser Eindruck wurde durch die nostalgische Weihnachtsdekoration noch verstärkt. «Willst du es wirklich wissen?»

«Ja.»

«Ich habe in Argentinien eine Frau und ein Kind.»

Kapitel 24

England

Fred fragte Ryder nicht, was in Palm Beach geschehen war, genausowenig wie Violet. Das brauchten sie auch nicht. Das Unglück hatte sich in jeden Zug ihres Gesichts eingegraben und blieb dort die ganzen dunklen Wintertage, während der Nordostwind über die Rollbahn peitschte. Und niemand konnte sagen, ob es der Wind oder etwas anderes war, was Ryder die Tränen in die Augen trieb.

Der einzige Mensch, dem sie sich anvertraute, war Immy, mit der sie nächtelang telefonierte. «Ich werde nie wieder jemanden lieben», schwor sie. «Nie wieder werde ich jemandem vertrauen. Den ganzen Weg nach Hause habe ich mich an verräterische Begebenheiten erinnert. Da war der Abend in Gatehouse, dann die Bemerkungen von Octavia auf der Party. Alle wußten es – alle außer mir! Ich habe geglaubt, daß er mich liebt. Ich dachte, er würde mich heiraten.» Ihre Stimme brach. «Das mit Adam war schlimm, aber das mit Patrick hat mich innerlich zerrissen.»

«Du darfst dich nicht mehr mit Männern abgeben, bei denen du immer den liebenden und gebenden Part übernimmst», sagte Imogen.

«Aber Patrick hat mich geliebt!»

«Solange du nicht deinen Vater erwähnt hast. Jetzt wein doch nicht! Ich weiß, ich muß es gerade sagen. Aber wir alle sehen immer nur die Fehler der anderen. Komm nach London. Du mußt unter Leute. Wir gehen auf eine Party.»

«Immy, ich habe noch nicht mal genug Selbstvertrauen, um einen Liter Milch zu kaufen.»

Die Muschel, die Patrick Ryder am Strand gegeben hatte, blieb im Koffer. Manchmal, mitten in der Nacht, nahm sie sie heraus und legte sie an ihr Ohr. Doch hörte sie nicht seine Liebesschwüre am weißen Strand, sondern immer nur: «Ich habe in Argentinien eine Frau und ein Kind.»

Sie besuchte ihren Vater, sobald sie die Kraft fand, ihm gegenüberzutreten. «Du hast mir nicht erzählt, daß du Patrick Brendan besuchen würdest», warf er ihr vor, noch bevor sie sich gesetzt hatte.

Sie wurde rot. «Woher weißt du das?»

«Ich habe so meine Quellen.» Er studierte ihr Gesicht. «Die Idee, daß meine Tochter sich mit einem verheirateten Mann einläßt, gefällt mir nicht.»

«Deine Quelle ist nicht auf dem neuesten Stand. Patrick und ich sind nicht mehr zusammen.» Sie hob ihr Kinn. «Und ich will nicht darüber sprechen.»

Natürlich konnte sie Leo nicht davon abhalten, über Patrick zu sprechen. «Wo ist er denn? Wann kommt er uns besuchen?» fragte er immer und immer wieder.

«Er ist weggegangen», wiederholte Ryder zum hundertsten Mal.

Es war Abend, und sie saßen am Kieferntisch im Kontrolltower. Sie entwarf einen Prospekt für Bailing, und er malte in einem Malbuch, das Mrs. Dennshurst ihm gegeben hatte.

«Warum?» fragte er beharrlich weiter.

«Ich weiß es nicht! Das habe ich dir schon mal gesagt.» Sie stand auf. «Ich mache dir Abendessen. Bohnen in Tomatensauce?»

«Ich will keine doofen Bohnen.»

«Du brauchst nicht frech zu werden. Was willst du denn?»

«Rührei.»

«Sag bitte!»

«Bitte.»

Sie verquirlte ein Ei und röstete ein paar Scheiben Toast. «Hier, bitte.» Sie stellte den Teller vor ihn hin.

Er war einen Blick darauf. «Ich will kein doofes Rührei.»

«Dann mußt du eben hungrig ins Bett.» Sie schrieb weiter an ihrem Prospekt, damit ihre Hand etwas zu tun hatte und ihn nicht schlagen konnte.

«Ich hasse dich!»

«Und ich hasse dich», sagte sie ruhig.

«Ich will Patrick mein Fahrrad zeigen.»

«Ich kann ihn nicht zurückholen. Jetzt iß dein Abendbrot, und dann lese ich dir eine Geschichte vor.»

«Ich hasse Eier.» Er nahm seinen Teller und warf ihn auf den Boden.

Ryder zog Leo vom Stuhl und gab ihm eine Ohrfeige. Er schrie auf und trat nach ihr. Sie schleifte ihn die Treppe hoch und kugelte ihm dabei fast den Arm aus. Dann schloß sie ihn in seinem Zimmer ein. Er trat gegen die Tür und schrie. Sie ging hinein, packte ihn und schleuderte ihn auf sein Bett. «Sei still!»

Brüllend und um sich tretend, blieb er dort liegen.

Sie verließ das Zimmer und schloß die Tür, am ganzen Körper zitternd. Unten wurde auf dem Boden das Ei kalt, der Teller lag in drei Stücke zerbrochen daneben. Sie räumte alles weg und goß sich ein großes Glas mit einfachem Landwein ein. Er schmeckte wie Lösungsmittel, half aber, die Geräusche aus der oberen Etage zu ignorieren. Als sie sich ein zweites Glas eingoß, klingelte das Telefon. Sie zögerte, abzunehmen. Wenn es Immy wäre, würde sie sie eine Heuchlerin schelten, da Ryder sie schon häufig wegen ihres Alkoholkonsums ermahnt hatte. Wenn es Lady Heythorp wäre, würde sie von der alten Schabracke ordentlich was zu hören kriegen. Beim achten Klingeln aber konnte sie nicht länger widerstehen.

«Ryder!»

«Ach ... hallo, Michael.»

«Sie hören sich nicht sehr erfreut an.»

«Nein, es ist wegen Leo. Er hat gerade einen Trotzanfall.»

«Ignorieren sie ihn. Die Kinder meiner Schwester waren auch so, als sie zwei waren.»

«Leo ist aber schon sieben.»

«Vielleicht ist er in seiner Entwicklung zurückgeblieben.»

«Er ist nicht zurückgeblieben!»

«Okay! Tut mir leid.» Er schwieg einen Moment. «Ryder, ist alles in Ordnung bei Ihnen?»

Sie versuchte zu sprechen.

«Was läuft denn schief?» fragte er wieder.

«Alles.» Sie brach in Tränen aus. «Einfach alles!»

Am späten Vormittag kam Michael in den Tower, als Ryder gerade die Überschrift FLIEGEN MACHT SPASS – IN BAILING auf ihren Prospektentwurf klebte. «Ich führe Sie zum Essen aus. Sie brauchen das jetzt.»

«Ich muß Leo aber heute von der Schule abholen, weil Violet die Grippe hat.»

«Sie sehen auch nicht sehr gut aus.» Er nahm ihr Gesicht in seine Hände und wandte es zum Licht. «Entweder haben Sie geweint oder getrunken – oder beides.»

Sie entzog sich ihm. «Beides, wenn Sie es genau wissen wollen.»

Er nahm ihren Prospekt. «Die Überschrift gefällt mir, aber sie sollte größer sein.»

«Ich erhöhe die Stellplatzpreise ab Ostern.»

«Schreiben Sie ‹ab 1. März›, das klingt professioneller.»

Sie lehnte sich über seine Schulter und änderte das Datum. «Wollen Sie mal unser Clubhaus sehen? Wir eröffnen im Mai.»

Sie gingen zum alten Bunker hinüber. Er war ausgeräumt worden, und die Wände waren frisch getüncht. Am hinteren Ende hatte Fred in den Weihnachtsferien eine hölzerne Bar aufgebaut. Auf der einen Seite standen die Rohrstühle für die Terrasse, an der anderen stapelten sich gerahmte Drucke von alten Doppeldeckern, die an die Wände gehängt werden sollten.

«Sieht gut aus», nickte Michael. «Die Terrasse gefällt mir. Ich sehe mich schon hier in der Sonne sitzen und den Flugzeugen beim Starten zuschauen.»

«Hoffentlich sehen Sie nicht nur sich, sondern noch weitere fünfzig Mitglieder!»

Sie gingen zurück zum Tower. Als sie an seinem Auto ankamen, blieb er stehen. «Sie sehen aus, als bräuchten Sie einen Freund», sagte er sehr behutsam. «Sollte dies der Fall sein, dann kennen Sie ja meine Nummer.»

Sie wandte sich ab, um ihre Gefühle nicht zu zeigen. «Ich muß jetzt gehen. Ich habe vergessen, daß ich noch etwas einkaufen wollte, bevor die Schule aus ist.»

«Sollen wir nicht alle zusammen ins Kino gehen, Leo, Sie und ich?» Er stockte. «Als Freunde?»

«Nicht heute.» Sie wühlte in ihren Taschen nach dem Autoschlüssel. «Danke für das Angebot.» Sie zwang sich, ihn anzublikken. «Wissen Sie, einer der Gründe, warum Leo so aufgebracht war, ist der, daß er Patrick Brendan sehr liebgewonnen hat.»

«Und Sie?» wollte er wissen.

«Ich auch.» Sie sprang in ihren Wagen und fuhr davon.

Als sie eine halbe Stunde später zurückkehrte, fand sie eine Nachricht auf ihrem Tisch.

Als Sie mit Bailing anfingen, dachte ich, Sie seien mutig. Aber da wußte ich noch nichts von Ihrem Vater, Ihrer Mutter und Leo. Sie haben wirklich Mumm, Miss Biggles – und Patrick Brendan ist ein Trottel.

Ryder knüllte das Papier zusammen und warf es weg. Sie wollte Patrick und keinen anderen. Leo fütterte gerade Bruja. «Du mußt heute abend baden», rief sie ihm zu.

«Okay.» Normalerweise machte er deswegen Theater.

«Was willst du zum Abendessen?»

«Bohnen in Tomatensauce.» Er rannte den Weg zu ihr hinauf. «Ich mag Bohnen.»

Sie sandte ein stilles Gebet an den Heiligen, der für Geduld zuständig war. «Was hast du heute in der Schule gemacht?» wollte sie beim Essen von ihm wissen. Sie hatte ihre Arbeit unterbrochen, um ihm Gesellschaft zu leisten.

«Gemalt.»

«Und malst du gerne?»

«Ja.»

«Was machst du denn mit deinen Bildern?»

«Ich lasse sie in der Schule.» Er stürzte seine Milch hinunter. «Aber die Kinder, die Mummys und Daddys haben, nehmen sie mit nach Hause.»

«Du könntest deine zu mir nach Hause bringen», schlug sie vor. «Und ich bin sicher, Daddy hätte auch gerne eines. Ich könnte es ihm mitbringen.»

Leos Miene wurde verschlossen. «Nein.»

Am nächsten Tag stürmte er von Violets Auto direkt an Ryders Schreibtisch und schwenkte ein Blatt Papier.

«Hier!» Er legte es vor sie hin. «Das ist ein Zug. Hängen wir es irgendwo auf?»

«Natürlich.» Sie stand auf. «Violet, nehmen Sie bitte für eine halbe Stunde die Anrufe entgegen. Ich trinke mit Leo einen Tee.»

«Tee, nur mit mir?» Er rannte vor ihr her.

Sie folgte ihm mit seinem Meisterwerk in der Hand. «Wo sollen wir es hinhängen?»

«Tommys Mummy hängt die Bilder immer neben den Kühlschrank.»

«Dann werden wir deine auch dort anbringen.»

Der Frühling kam nach Norfolk und mit ihm die Gewißheit, daß Patrick für die kommende Polosaison nach England zurückgekehrt war. Sie stellte sich vor, wie er in Gatehouse dem Stallpersonal Anweisungen gab, sah ihn unter dem Torbogen durchgehen, während das Geißblatt im Wind schaukelte. Sie sah ihn in dem Bett, wo sie einander geliebt hatten, und quälte sich mit Vorstellungen von ihm und seiner Frau, er nackt, sie eine kurvenreiche, dunkelhaarige Südamerikanerin, die Mutter seines Kindes.

Die Luft wurde milder, das Flußufer verwandelte sich in ein Meer aus Schlüsselblumen. Die Waldböden waren mit Glockenblumen bedeckt, und die Zugvögel kehrten nach Morston zurück. Ryder folgte ihnen nicht. Sie konnte es nicht über sich bringen, diesen Ort wieder aufzusuchen.

Eines regenfeuchten Abends meinte sie, Patrick von der Mühle wegfahren zu sehen. Obwohl sie Angst hatte, ihn wiederzusehen, sehnte sie sich doch danach, und in derselben Nacht noch wählte sie seine Nummer in Gatehouse. Niemand hob ab. Sie versuchte es wieder und wieder, jede Nacht, zwei ganze Wochen lang. Und nie hob jemand ab. Schließlich mußte sie sich zwingen, damit aufzuhören.

Mit Beginn des Frühlings wurde Bailing der Mittelpunkt lebhafter Geschäftigkeit. Hobbypiloten brachten Freunde mit, die ihrerseits wieder Freunde mitbrachten. Man saß auf Decken in der Sonne und veranstaltete Picknicks. An den Wochenenden starteten und landeten bis zu vierzig Flugzeuge pro Tag. Die Nachfrage nach Treibstoff stieg ständig, ebenso die nach Wartung: Alle Flugzeuge mußten nach jedem Flug durchgecheckt und nach fünfzig Flugstunden gewartet werden. Ryder stellte zu Freds Entlastung zwei neue Mechaniker ein, dazu einen Hilfsarbeiter, der sich um Bruja kümmern und den Rasen mähen sollte, und eine Schreibkraft für Violet.

«Bestätigt Miss Brendan Broughton eigentlich jemals den Erhalt unserer monatlichen Abrechnungen?» erkundigte sich Ryder eines Morgens.

«Nein. Aber sie löst die Schecks ein.»

Michael kam am Wochenende meistens nach Bailing. Er war ein erstklassiger Pilot und demonstrierte, wenn er in der Stimmung dafür war, seine Fähigkeiten in der alten Curtiss Jennie. Am Abend warfen sie häufig den Grill an, saßen auf der Terrasse und sprachen übers Leben.

«Sind Sie schon über Patrick Brendan hinweg?» wollte er eines Abends wissen.

Sie starrte in die Dunkelheit. «Kommen Sie jemals über Menschen hinweg, die Sie verloren haben?»

Er berührte ihre Wange, sagte aber nichts.

Im Mai wurde das Clubhaus eingeweiht, an einem prächtigen Frühsommertag, der ein vages Versprechen auf warme Nachmittage und milde, helle Abende gab. Es kamen über hundert Personen. Michael hatte unter seinen Journalistenfreunden die Nachricht verbreitet. Radio Norfolk sendete ein Interview vom Ort des Geschehens, und die *Eastern Daily Press* hatte ihren Fotografen mitgeschickt.

«Wieder ein voller Erfolg.» Michael gesellte sich auf der Terrasse zu ihr, als der letzte Gast in der Dämmerung davonfuhr.

«Danke.» Sie lehnte sich in ihrem Rohrstuhl zurück und nippte an ihrer eisgekühlten Weinschorle.

«Ich bin weg.» Michael ging auf sein Auto zu. Das war das erste Mal, daß er nicht auf ein Schwätzchen blieb.

«Gute Nacht.» Plötzlich fühlte sie sich sehr allein. Der Abend schien sich unendlich vor ihr auszudehnen. Leo würde ins Bett gehen, und sie würde ganz allein unten im Tower sitzen und in die Stille des Flugplatzes lauschen.

Michael winkte und stieg in seinen Wagen. Als er ihn wendete, sah sie, daß neben ihm jemand saß, ein Mädchen mit geometrisch geschnittenen, blonden Haaren. Ryder hatte sie schon oft in Gesellschaft der Flieger gesehen. Sie lachte und zündete sich eine Zigarette an. Ryder fühlte unerklärlicherweise einen Stich von Eifersucht. Michael gehörte ihr. Sie goß sich ein neues Glas Wein ein, diesmal ohne Sprudel, wanderte über die unebenen Steine der Terrasse. Es konnte ihr wirklich egal sein. Wenn Patrick zurückkäme, würde sie sich keinen Deut darum scheren, was Michael tat.

Ihr Foto erschien in der *Times* unter der Überschrift: *Fliegender Start für Hardings Tochter.* Sie stellte sich vor, wie Patrick die Zeitung durchblätterte, innehielt, das Photo betrachtete und sich erinnerte. Den ganzen Tag saß sie auf glühenden Kohlen, überzeugt, er würde anrufen. Jedesmal wenn das Telefon klingelte, sprang sie auf. Am Abend ließ sie Leos Toast anbrennen und die Badewanne überlaufen. Als sie gerade die Überschwemmung aufwischte, läutete das Telefon.

Sie wartete bis zum vierten Klingeln, hob dann den Hörer ab und meldete sich mit ihrer samtigsten Stimme.

«Ryder, hier ist Immy. Was ist los, du klingst so sonderbar.»

«Ich warte auf einen Anruf von meiner Cousine Debbie.»

«Und warum hast du dann diese verruchte Stimme?»

«Ich habe Halsschmerzen, das ist alles. Ich rufe dich zurück.»

Ryder starrte das Telefon an. Das Telefon starrte zurück. Sie nahm den Hörer ab, um zu überprüfen, ob es noch funktionierte. Es funktionierte einwandfrei. Die Stunden schlichen dahin. Sie wartete. Gegen Mitternacht hatte sich die Wählscheibe in ein höhnisches Grinsen verwandelt. Sie ging nach oben, um sich hinzulegen, und ließ zu, daß die Tränen ihr unkontrolliert über die Wangen liefen und ihr Mund sich mit Salz und Bitterkeit füllte.

Am nächsten Morgen wachte sie wütend auf. Sie hatte Patrick geliebt, doch von heute an würde sie ihn nicht mehr lieben. Liebe machte einen nur fertig, drehte einem den Magen um und riß einen in kleine Stücke. Sie nahm die Muschel, fuhr nach Morston und schleuderte sie ins Meer.

Kapitel 25

In den vier Jahren, seit Bailing wieder in Betrieb war, hatte Ryder im Sommer ordentlichen Gewinn gemacht und im Winter die Unkosten decken können. Aber jetzt kam ein harter Winter. Obwohl der Ölpreis im Dezember stagnierte, veranlaßte die Sorge um eine weitere Erhöhung vier Kunden, ihre Flugzeuge zu verkaufen, und noch etliche andere, dies in Erwägung zu ziehen. Hinzu kam, daß das Wetter sehr rauh war. Schneestürme peitschten über die Hangars, der Schnee blockierte die Rollbahn, und das Clubhaus war geschlossen. Nicht, daß irgend jemand es hätte benutzen wollen. Ryder mußte, um ihr Personal weiterhin bezahlen zu können, ihre kostbaren Ersparnisse angreifen.

Bislang war es ihrem Vater nicht gelungen, auf Bewährung freizukommen. Zwar unternahm er weiterhin alle erdenklichen Anstrengungen, doch innerlich hatte er resigniert. Als das schlechte Wetter seinen Höhepunkt erreicht hatte, wurde er nach Sussex ins Ford-Gefängnis verlegt. Dies bedeutete eine längere Anreise für Ryder, doch auch mehr Freiheit für ihn. Die positiven Auswirkungen waren sofort zu spüren. Er unterhielt sie mit Geschichten über die anderen Insassen: windige Winkeladvokaten, zu gewitzte Buchhalter und Steuerinspektoren mit langen Fingern. «Ich habe schon fast erwartet, den alten Podmore hier wiederzutreffen», sagte er mit einem kurzen Auflachen.

Sie erzählte ihm über ihre Probleme mit Bailing. «Ich habe so eine gute Mannschaft, daß ich einfach niemanden gehen lassen will», erklärte sie ihm. Sie hatte eigentlich nicht vorgehabt, sich ihm anzuvertrauen, aber sie brauchte jemanden, mit dem sie reden konnte. «Außerdem ist es nicht fair, sie im Winter auf die Straße zu setzen.»

«Du führst doch kein Wohlfahrtsunternehmen!»

«Ich könnte sie schon bezahlen. Aber ich wollte eigentlich einen zweiten Flugplatz kaufen.»

«Dann nimm einen Kredit auf und setze Bailing als Sicherheit ein. Das wird bestimmt kein Problem.»

«Miss B. B. will nichts davon wissen. Du weißt ja, wie sie ist.»

«Dann mußt du den Wert deines eigenen Anteils erhöhen. Ich habe eine Idee.»

Er nahm ein Stück Papier aus der Hosentasche und warf ein paar Zahlen drauf. «Eröffne eine Flugschule. Das würde deinen Umsatz steigern und letztlich die Anzahl deiner Kunden erhöhen. Ich arbeite das Ganze aus und schreibe dir dann, was zu tun ist.»

«Danke – aber ich werde mir schon was einfallen lassen.» Sie stand auf. «Ich muß jetzt gehen. Ich treffe mich mit Lady Heythorp.»

«Keine Sorge!» Er knüllte das Papier zusammen und schlug mit der Faust auf den Tisch. «Ich werde deinen kostbaren Flugplatz schon nicht ruinieren. Aber vergiß bitte nicht, daß er ohne mich gar nicht dein Eigentum wäre!»

Sie ließ den langgestreckten Gefängniskomplex wieder einmal mit dem Schwur hinter sich, nicht mit ihm über Bailing zu sprechen.

Da der Flugplatz eingeschneit war, hatte Ryder endlich Zeit für verschiedene Arbeiten im und ums Haus. Während des vorangegangenen Sommers war der Kohlenschuppen vergrößert und mit dem

Tower verbunden worden, dazu hatte man das Dach angehoben, um ein weiteres Schlafzimmer zu schaffen: Mrs. Trumpet war ihr erster Gast gewesen. Die Küche war nun groß genug, um als Eßzimmer benutzt zu werden. Ein Torbogen führte in einen gemütlichen Wohnraum mit Glastüren, die auf einen mit Mauern umgebenen Privatgarten hinausgingen. Sie saß an ihrem Schreibtisch in der Nähe der Flügeltüren und beantwortete einen langen Brief von Debbie. Frankie war jetzt im College und immer noch fest entschlossen, Pilot zu werden. Teddy hatte eine neue Freundin, Susan war nach New York gezogen und hatte Schwierigkeiten, einen Job zu finden. Debbie schrieb, wie sie sprach, und als Ryder die Worte las, konnte sie Debbies Midwest-Singsang förmlich hören.

Das schlechte Wetter hielt an. Ryder holte ihre Nähmaschine hervor und wandte all ihre Aufmerksamkeit den Kissenbezügen zu, die sie im Herbst angefangen hatte.

«Ich langweile mich», sagte Leo und spielte mit den Garnrollen. «Wann bekomme ich einen Farbfernseher?»

«Du hast gerade erst ein neues Rennrad bekommen.»

«Alle meine Freunde haben Farbfernseher.»

Sie nähte weiter.

«Wenn doch Tommy bloß noch in Bailing wohnen würde!» sagte er mit klagender Stimme.

«Das wünschte ich auch! Aber sein Vater hat nun mal einen neuen Job in Norwich bekommen.»

«Er war mein bester Freund. Wenn ich auf ein Internat gehen würde, dann hätte ich *viele* Freunde. Die Jungen hier mag ich nicht, sie schlagen mich immer.»

«Schlag doch zurück, dann hören sie auf. Tommy hat auch niemand gehauen.» Sie hörte auf, die Maschine zu betätigen. «Ich weiß, daß es hart ist. In meiner Anfangszeit in London konnte mich auch niemand leiden.»

«Und, was ist passiert?»

«Ich habe durchgehalten und schließlich zwei gute Freundinnen gewonnen. Immy und... Alix.»

«Alix habe ich aber noch nie gesehen», entgegnete er. «Also kann sie gar nicht so eine gute Freundin sein.»

Am ersten Tag der großen Frühlingsschneeschmelze kam Michael aus London hochgefahren. «Ziehen Sie Ihren Mantel an», befahl er ihr. «Ich habe eine großartige Idee. Wir müssen beim Essen darüber sprechen.»

Sie gingen ins *Bailing Arms* und bestellten sich Shepherd's Pie. Im Pub herrschte lärmende Fröhlichkeit. Ein Feuer knisterte im Kamin, und der alte Hund machte davor sein Nickerchen. Ryder und Michael setzten sich an einen Ecktisch. «Ich bin seit Wochen nicht mehr zum Essen aus gewesen.» Ryder lächelte den umsitzenden Gästen zu. «Ich bemerke erst, wie mir die Leute fehlen, wenn ich sie wiedersehe.»

«Das könnte sich rasch ändern.» Er hob ihr sein Glas entgegen. «Ich habe eine Idee, mit der man Ihren Umsatz steigern und die Anzahl Ihrer Mitglieder erhöhen könnte.»

«Eine Flugschule?»

«Wie haben Sie das erraten?»

«Ach... es hat mir schon mal jemand diesen Vorschlag gemacht.»

«Ich möchte sie mit Ihnen aufbauen», fuhr Michael enthusiastisch fort. «Meine Fluglizenz als Berufspilot ist abgelaufen, als ich Colossus verließ, aber ich habe immer noch meine private Fluglizenz und den Fluglehrerschein. Außerdem hat mir Unterrichten immer schon Spaß gemacht.»

«Was ist mit Ihrer Arbeit?»

«Ich werde freier Mitarbeiter, die Bezahlung wäre ausreichend. Ich würde meine Wohnung in London verkaufen, mir hier etwas suchen und noch genug Geld für eine Cessna mit Doppelsteuerung haben.»

«Sie haben alles schon genau durchdacht.»

«Es ist eben ein Traum von mir. Ich habe Norfolk schon immer sehr gemocht. Ich sagte Ihnen ja, daß meine Mutter immer die

Pfandleihen von Norwich aufsuchte.» Er seufzte. «Half alles nichts. Schließlich hat das Trinken sie doch umgebracht.»

«Das tut mir leid.»

«Es war so unnötig. Es ist wirklich ein Jammer.» Er schwieg und schüttelte den Kopf, als wollte er die Erinnerung in den hintersten Winkel seines Kopfes vertreiben. «Also? Wie lautet Ihre Antwort?»

Sie aß ihre Pastete schweigend zu Ende. «Sie sind ein guter Freund, und ich schätze Ihren Rat», antwortete sie schließlich. «Aber Bailing gehört mir.»

«Und Sie möchten niemanden, der sich da hineindrängt?»

«Genau.»

«Vor allem keinen Mann, von dem Sie meinen, daß er Sie anziehend findet?»

Sie wurde rot. Michael hatte es geschafft, daß sie sich kindisch vorkam. «Wenn Sie mir ein schriftliches Angebot schicken», entschied sie, «werde ich darüber nachdenken.»

Sie hatte die Nase voll. Hatte den arktischen Wind satt und den ewigen Geruch von Benzin. Sie rief Immy an. «Was machst du gerade?»

«Ich liege auf meinem Sofa, esse After Eight und sehe mir *Casablanca* im Fernsehen an.»

«Also gibst du dich dekadenter, geschmackloser Ausschweifung hin!»

«Und ich spreche mit einer Lady, die genug hat vom windgepeitschten Norfolk?»

«So ist es!»

«Dann komm doch ins Sündenbabel! Los, schnell! Adam ist in Paris, und wir beide gehen heute abend auf drei Partys. Komm mir jetzt nicht mit der Ausrede, du hättest nichts anzuziehen.»

«Immy, ich bin so ausgehungert nach ein bißchen Spaß, daß ich auch nackt gehen würde.»

Sie traf Imogen in ihrem Salon an, unruhig auf und ab schreitend. Mit ihrem weißen Hängerkleid und den goldenen Reifen, die ihre

Arme halb bedeckten, sah sie aus wie eine tscherkessische Sklavin, die darauf wartet, auf einem türkischen Sklavenmarkt verkauft zu werden. «Du bist früh dran!» rief sie und umarmte Ryder. «Ich habe dich frühestens in einer halben Stunde erwartet. Komm, schnell! Ich lasse dir ein Bad einlaufen.»

«Kann ich erst mal eine Tasse Kaffee haben?»

«Ich bring sie dir hoch.» Als sie Ryder die Treppen hinauf- und ins Gästezimmer drängte, läutete es an der Tür. Imogen zuckte schuldbewußt zusammen, zumindest schien es Ryder so. «Ich bin in einer Minute zurück», sagte sie und stürzte hinunter, nachdem sie die Tür hinter sich geschlossen hatte.

Sie kam kurz danach zurück und sagte: «Das war nur jemand von der Agentur, mit einem neuen Drehbuch.»

«Ist es interessant?»

«Ich... äh... habe keine Ahnung.»

«Ich dachte, daß Alix immer die Drehbücher für dich liest.»

«Ich bin nicht mehr bei Heythorp & Bassingham. Ich habe um Weihnachten herum gewechselt.» Imogen nahm einen Kamm und fuhr sich durch ihr seidiges, rotes Haar. «Ich hatte es satt, herumkommandiert zu werden. Schließlich habe ich sechs Filme gedreht, bin für einen Oscar nominiert worden und hatte glänzende Kritiken. Da lasse ich mich doch nicht wie ein kleines Kind behandeln!» Sie hörte auf, sich zu kämmen. «Weißt du, ich will wirklich nicht darüber sprechen.»

«Entschuldige.»

«Trinken wir ein Glas Champagner! Wir werden heute viel Spaß haben.» Immy tanzte trällernd die Treppe hinunter: «Fun! Fun! Fun!»

Die erste Party fand in einer Kunstgalerie statt. Es handelte sich um eine Vernissage mit Bildern, die für Ryder aussahen wie ihr Abendessen vom Vortag: Spaghetti Bolognese auf einem Mülleimerdeckel. Als sie durch die Tür der Galerie traten, stürzte sich der Galerist sofort auf Imogen und schob sie zu dem Künstler, der eine winzige Brille trug. Ryder blieb sich selbst überlassen und lungerte an der Tür herum. Sie wünschte, sie wäre zu Hause geblieben. Sie kannte niemanden – und niemand machte Anstalten, sie anzusprechen. Alle drängten sich in kleinen Grüppchen zusammmen und unterhielten sich kreischend vor Lachen über Leute, die sie nicht kannte, und Partys, zu denen sie nicht eingeladen war.

Ein Tablett mit Wein wurde herumgereicht. Ryder nahm sich ein Glas, nippte daran und verzog das Gesicht. Der Wein schmeckte wie Essig. Sie griff nach ein paar Chips. Dabei wurde ihr bewußt, daß die Jacke aus schwarz-goldenem Brokat, die Immy ihr geliehen hatte, so eng war, daß sich ihre Brustwarzen darunter abzeichneten. Auf einmal blieb ihr Blick an einem Mann mit dunklem Haar hängen. Er stand zwar mit dem Rücken zu ihr, doch sie erkannte die schwarze Dichte seines Haars und die breiten Schultern. Erleichtert bahnte sie sich ihren Weg durch die Menge. «Michael!» Sie drückte seinen Arm.

Er drehte sich um. Es war nicht Michael.

«Oh, tut mir leid.» Sie wich zurück und kam sich lächerlich vor.

«Da bist du ja!» Imogen kam auf sie zu. Dann senkte sie ihre Stimme: «Laß uns verschwinden!»

Sie flüchteten zur Tür. Draußen auf der Straße brachen sie in lautes Gekicher aus.

«Entsetzliche Bilder», sagte Immy und winkte nach einem Taxi.

«Schreckliche Leute.» Ryder war erleichtert, daß Immy es genauso empfand wie sie.

Die nächste Party war am Covent Garden. «Hier wird es dir besser gefallen», sagte Immy, als sie die vier Treppen zu einer Dachwohnung hinaufstiegen, aus der laute Musik hinaus auf die Piazza schallte. Als sie die Wohnungstür erreichten, kam gerade ein weinendes Mädchen hinaus. Ein Mann folgte ihr. Beide waren betrunken, und er fing an, sich zu übergeben.

Ryder wandte sich angeekelt ab. «Das ist wirklich viel besser!»

«Das habe ich zumindest gedacht.» Imogen öffnete ihre Tasche und nahm eine elegante, weiße Einladungskarte heraus. «O nein! Wir sind im falschen Haus!»

Sie rannten die Treppen hinunter, vorbei an dem spuckenden Mann und dem weinenden Mädchen, und rasten hinüber zur anderen Seite der Piazza. Als ihre hohen Absätze auf dem Kopfsteinpflaster umknickten, mußten sie wieder kichern. Imogen hob den Messingklopfer an der eleganten, schwarzen Haustür. Nach dem ersten Klopfen öffnete ein Mann mittleren Alters, der einen violetten Chiffonkaftan trug. «Imogen, Darling! Komm herein!» Er führte sie die Treppe hinauf in ein Zimmer, das voll war mit herausgeputzten, schwatzenden Leuten.

Die erste Person, die Ryder erblickte, war Jeremy. Er umarmte sie behutsam. «Was für eine entzückende Überraschung.» Dann sah er Imogen und erstarrte. «Hallo.»

Immy sah bleich und ängstlich aus. «Hallo, Jeremy. Ich wußte nicht, daß du auch hier bist. Ist Alix da?»

«Nein.»

«Na, Gott sei Dank.» Sie nahm sich ein Glas Champagner und verschwand in der Menge.

«Ich bin so froh, daß du den Kontakt mit Mutter aufrechterhältst», erklärte Jeremy. «Sie genießt eure Teestunden im Ritz außerordentlich.»

«Ich auch.» Ryder lächelte. «Auch wenn sie mir Ratschläge gibt, die ich gar nicht hören will.»

«Ja, das ist typisch Mutter! Aber du bist ihr Liebling.» Er trat näher an Ryder heran und senkte die Stimme. «Hast du Alix mal wiedergesehen?»

«Nein – und ich lege auch keinen Wert darauf.»

«Du weißt aber, daß Imogen nicht mehr bei uns ist?»

«Das hat sie mir erzählt.»

«Was blieb Alix übrig? Sie wollte sie nicht loswerden, aber...»

«Habt ihr genug getratscht?» Imogen schob ihren Arm durch Ryders.

«Fast.» Ryder sah Jeremy an.

«Nun, ich fürchte, wir müssen jetzt gehen», verkündete Imogen. «Wir wollen noch auf eine andere Party. Komm, Ryder!» Als sie die

Treppe hinuntergingen, sagte sie: «Ich nehme an, er hat dir die Sache mit Alix erzählt?»

«Er fing gerade an.»

Sie blieb stehen. «Ich wollte dich nicht anlügen, aber... ich war so außer mir. Sie war doch angeblich meine Freundin.»

Die Haustür öffnete sich. Das Geräusch erweckte ihre Aufmerksamkeit, und sie blickten hinunter. Alix kam herein. Imogen schrie leise auf, Ryder umklammerte das Treppengeländer. Aber Alix zeigte keinerlei Gefühlsregung. Sie ließ ihren honigfarbenen Nerz auf einen Stuhl fallen und starrte zu ihnen hoch. Da stand sie in der Halle, das Licht vom Kronleuchter strahlte ihr rotseidenes Kostüm an, das ihr schwarzes Haar und die weiße Kamelienhaut betonte. Sie war ein wunderschönes Mädchen gewesen, doch als Frau war sie fast noch schöner. «Kommt ihr zwei jetzt runter, oder wollt ihr die ganze Nacht dort stehen?» fragte sie schließlich.

Imogen rannte auf sie zu. «Alix, ich muß dich sprechen.»

«Dann ruf im Büro an.»

«Du rufst mich ja nie zurück.»

«Wundert dich das?»

Ryder packte Imogen fest am Arm. «Komm, wir gehen!»

«Ryder!» Alix trat auf sie zu. «Ich möchte mit dir reden.»

«Ich habe dir nichts zu sagen.» Ryder schob Imogen hinaus auf die Piazza. «Ich will nicht mit dir reden, Alix, genausowenig wie du mit Immy reden willst.»

«Das verstehst du nicht.»

«Oh, doch! Du bist ein Miststück. Du warst schon immer ein Miststück, und du hast dich kein bißchen verändert.»

Alix Augen glitzerten. «Ich frage mich, ob Patrick Brendans Frau dich wohl für einen Engel hält.»

Kapitel 26

Die dritte Party, einen Empfang mit Büffet in einem eindrucksvollen Haus am Eaton Place, ließen sie sausen. Die Begegnung mit Alix hatte sie zuviel Nerven gekostet.

«Wie kann sie es wagen, meine Liebe zu Patrick mit ihren schmutzigen Affären zu vergleichen!» Ryder knallte ihre Tasche auf den Küchentisch. «Wie kann sie es wagen, mich eine Heuchlerin zu nennen!»

«Ich habe dir ja gesagt, wie sie ist», sagte Imogen mit einer Spur Selbstgefälligkeit. Sie öffnete eine Flasche Wein und goß zwei Gläser ein. «Komm, trink etwas. Vergiß Alix. Patrick hat dich geliebt. Was du mit ihm hattest, war wunderbar.»

«Das dachte ich auch.» Ryder starrte düster ins Leere.

«Alix ist noch nie in ihrem Leben verliebt gewesen. Sie hat eben keine Seele», fuhr Immy fort. «Deshalb bin ich ja auch gegangen.» Sie bemerkte Ryders Anflug von Überraschung und fügte hinzu: «Ich meine, wir hatten einen Streit, und sie sagte mir, ich solle gehen. Aber ich hätte sie sowieso verlassen, weil sie wollte, daß ich eine Nacktrolle übernehme. Ich weigerte mich, und sie war wütend, weil eine Menge Geld im Spiel war.»

«Und deswegen hat sie dich rausgeworfen?» Ryder fuhr mit dem Finger über den Rand ihres Glases.

«Du hast doch ihren Nerz gesehen. So etwas kostet.» Immy zog die Nase hoch und stand auf. «Ich muß mir ein Taschentuch holen.»

«Nimm doch die Küchenrolle.»

«Das Papier ist zu rauh.» Sie kam fünf Minuten später zurück, putzte sich die Nase und schnüffelte.

«Du kriegst eine Erkältung», sagte Ryder. «Geh ins Bett, ich mache dir einen Grog.»

«Morgen früh bin ich wieder okay.» Imogen schaltete ihre Musikanlage ein. «If You Leave Me Now» ertönte in voller Lautstärke. «Ja, ja!» Sie schüttelte ihr langes, rotes Haar. «Morgen wird's mir wieder gutgehen.»

Der Zwischenfall mit Alix wühlte Ryder mehr auf, als sie zugab. Betrachteten die Leute die große Liebe ihres Lebens etwa so, als etwas Heimliches und Schmutziges?

Als sie sich mit Lady Heythorp zum Tee traf, an ihrem üblichen Tisch im Ritz, war sie immer noch darüber beunruhigt. «Sie haben diesen verletzten Blick in Ihren Augen», sagte Lady Heythorp und winkte Ryder zu ihrem Platz. «Ich nehme an, Sie haben mal wieder Probleme mit einem der schwachen Männer, die Sie so mögen.»

«Patrick war nicht schwach! Er hatte nur Angst, mich zu verlieren.»

«Ein Mann, der einer Frau nicht erzählt, daß er verheiratet ist, ist entweder schwach oder unaufrichtig – oder beides.» Lady Heythorp nahm sich noch ein Gurkensandwich. «Und eine Frau, die das nicht sieht, macht sich selbst etwas vor.»

Es war eine Erlösung, nach Bailing zurückzukehren. Bei Ryders Ankunft trank Michael gerade eine Tasse Kaffee mit Violet und Fred. Sie zogen einen Stuhl für sie heran, dann wurde sie eingehüllt in ihre Zuneigung, in die Kleinigkeiten des Alltags in Bailing, den Geruch des Benzins und den sanften, kehligen Ton von Freds Stimme.

Als sie zum Tower hinüberging, folgte Michael ihr. «Sie sehen aus, als wären Sie froh, wieder hierzusein», bemerkte er.

«Ich mag Städte, aber es gibt dort zu viele Menschen.» Ihre Probleme würde sie nicht mit ihm besprechen. «Ich habe Neuigkeiten für Sie.» Sie wandte ihm ihr Gesicht zu und strahlte übertrieben fröhlich. «Ich bin einverstanden, mit Ihnen zusammen eine Flugschule zu eröffnen.»

Er nahm sie bei den Schultern und küßte sie auf die Wangen. «Na, das sind Neuigkeiten, auf die es sich zu warten lohnt!»

«Unser Anfangsvertrag gilt für fünf Jahre.»

«Was immer Sie möchten.»

«Alle Gebäude, alte und neue, gehören mir, und ich behalte die letztendliche Entscheidungsgewalt.»

«Hart, aber fair.»

«Der Ausbau der Rollbahn, die Feuerlöscheinheit, die Funkanlage und alles, was die CAA verlangt, wird gemeinsam bezahlt, obwohl es den Wert meines Eigentums steigert.»

«Wo waren Sie heute morgen? Haben Sie mit der Mafia gefrühstückt?»

«Nein – ich habe meinen Vater besucht!»

Als Ryder zum Hangar hinüberging, um Fred zu informieren, dachte sie daran, wie ihr Vater sich gefreut hatte, als sie sagte: «Was rätst du mir?»

Sie nahm Fred beiseite und unterrichtete ihn über die Schule. «Flugschüler», grummelte er. «Ich nehme an, das war Michaels Idee.»

«Nein, das ist meine.» Ryder zögerte. «Mögen Sie Michael nicht?»

«Er ist besser als die meisten.» Fred kratzte sich am Kopf. «Und die alte Violet hält große Stücke auf ihn. Aber es gab mal eine Zeit, da war *ich* der Mann hier.»

Ryder schob ihren Arm durch seinen. «Sie sind immer noch der wichtigste Mann. Ohne Sie würde alles hier auseinanderfallen.»

Michael ging die Gründung der Flugschule mit Volldampf an. Er gab seine Wohnung in London auf und zog nach Norfolk, wo er ein Haus mietete und sich nach einem Grundstück für ein eigenes umschaute. In der Zwischenzeit nahm Ryder Kontakt mit Oliver Offbach von Jones, Offbach & Littlejohn, Jeremys Londoner Anwaltsbüro, auf und bat ihn, einen Vertrag zu entwerfen. Michaels einzige Bedingung war, daß ihr Vater keinerlei Zugriff auf den Flugplatz hatte.

Offbach begrüßte dies. «Das wird auch Sie vor Ihrem Vater schützen», erklärte er Ryder.

Sie beantragten eine Baugenehmigung für die Schule. Es sollte ein einstöckiges Gebäude werden mit einem Kursraum, genügend Platz für die Verwaltung und einer Funkanlage. Dann legten sie ihre finanziellen Mittel zusammen und kauften eine Cessna 152, einen zweisitzigen Hochdecker mit Doppelsteuerung.

«Ich vergaß, noch eine weitere Bedingung zu erwähnen», teilte Ryder mit, als sie zusammen ihre Neuanschaffung auf der Landebahn betrachteten.

«Mein Gott! Was denn noch?»

«Sie bringen mir das Fliegen bei.»

«Ich hätte nichts dagegen. Aber nur unter der Bedingung, daß ich bestimme, wo es langgeht, wenn ich der Lehrer bin.»

Ryder vermißte Michael, als er zu seinem Ausbilderlehrgang fuhr. Sie hatte nicht damit gerechnet, aber mittlerweile war sie es gewohnt, alle Entscheidungen mit ihm gemeinsam zu treffen. Jeden Abend rief er an, um sich nach den Fortschritten zu erkundigen. Sie setzte alles daran, daß sie soviel wie möglich zu erzählen hatte. Jeden Tag schikanierte sie den Bauunternehmer, der wie der Blitz arbeitete, sobald Michael in der Nähe war, aber beträchtlich langsamer zu werden schien, wenn er es mit ihr zu tun hatte. Sie drängte die Telefongesellschaft, ihre neuen Telefonnummern herauszugeben, und trieb den Hilfsarbeiter an, den neuen Fertigrasen zu verlegen.

Es war schon dunkel, als Michael zurückkam. Ryder machte in

der Küche Tee für Leo. Sie hörte das Knirschen seiner Reifen und stieß die Tür auf. «Kommen Sie!» schrie sie. «Sie müssen sofort die Schule sehen!» Sie ergriff eine Taschenlampe und rannte über die Rollbahn. «Sehen Sie sich das an!»

Die Mauern standen bereits, nur das Dach fehlte noch. Die Dachsparren ragten in den Himmel. Ein Weg war vorhanden, die Pflastersteine waren teilweise schon gelegt. Die Grasplatten für den neuen Rasen stapelten sich auf einer Seite. Michael lächelte. «Gute Arbeit, Partner!»

Sie kehrten zum Büro zurück. «Ich habe aber auch nicht getrödelt», berichtete er. «Mit der Aufstellung der Kosten bin ich durch. Die Einschreibegebühr wird die Zulassung, die Versicherung, den Unterricht am Boden und die ersten sechs Flugstunden enthalten. Danach wird jede Stunde einzeln bezahlt.»

«Und ich habe beschlossen, daß wir eine Schulsekretärin brauchen», ergänzte Ryder. «Violet und die Mädels stecken bis zum Hals in Arbeit.»

«Einverstanden. Wir brauchen eine prächtige, devote Blondine, die nur Miniröcke trägt.»

«Sicher nicht! Es gibt schon genug Groupies von der Sorte hier.» Sie machte sich zurück auf den Weg zum Tower. «Ich muß Leos Tee fertigmachen.»

«Bin ich eingeladen?» rief er hinter ihr her.

Sie blieb stehen. «Das ist die einzige Zeit, die wir nur für uns haben.»

«Also gehöre ich noch nicht zur Familie wie Patrick Brendan?»

«Kommen Sie heute abend zum Essen. Violet hat mir frische Forellen mitgebracht.»

«Sie haben meine Frage noch nicht beantwortet.»

«Ich sehe Sie dann später.» Sie ging weiter.

Zu ihrer großen Erleichterung erwähnte Michael Patrick nicht mehr, sondern erzählte ihr amüsante Geschichten aus seiner Zeit als Pilot bei Colossus, während sie die Forellen mit Zitronenscheiben und Zwiebeln füllte und sie dann in Alufolie wickelte.

«Ich weiß jetzt, wie wir es mit der Clubmitgliedschaft halten», sagte sie, als sie sich zum Essen hinsetzten. «Die Schüler werden Ehrenmitglieder, dann können sie alle Einrichtungen nutzen.»

«Aber kein Alkohol vor dem Unterricht. Es gilt die Regel: ‹Acht Stunden vorher bleibt die Flasche zu.›»

«Wie steht's mit dem Gesundheitszeugnis?» Sie versuchte, ihre Forelle zu entgräten, ohne sie über die ganze Küche zu verteilen. «Bestehen wir darauf, daß sie schon bei der Anmeldung eins haben?»

«Wir müssen nicht, aber ohne geht's auch nicht.» Michael nahm ihr den Teller ab und entgrätete den Fisch mit der Routine eines Chirurgen. «Vertrackt!» sagte er, als er ihr den Teller zurückgab.

Sie zog ein Gesicht. «Lästig.»

«Meiner Meinung nach ist es fairer, gleich zu Anfang auf dem Gesundheitszeugnis zu bestehen», setzte er wieder an. «Wir wollen doch nicht, daß ein armer Bursche hier ein Vermögen für Unterrichtsstunden ausgibt, um dann zu erfahren, daß er keine Lizenz kriegen kann.»

«Er oder sie.» Ryder langte nach einer neuen Flasche Wein.

«Ja, Frau Präsidentin!» Er nahm ihr die Flasche ab. «Und die ‹acht Stunden› gelten auch für Sie.»

«Ich fliege morgen aber doch nicht.»

«Nein.» Er stellte die Flasche ins Regal zurück. «Aber Sie haben genug. Sie vergessen, daß ich gesehen habe, wie es mit meiner Mutter anfing. Sie trank, wenn sie aufgebracht war. Und Sie brauchen mir gar nicht zu sagen, daß irgend etwas in London Sie aufgewühlt hat.»

Ryder erzählte Michael nicht von Alix, dazu war sie zu verärgert über seinen Vorwurf, sie würde trinken. Sie fragte Immy: «Findest du, daß ich zuviel trinke?» Doch ihre Antwort «Natürlich nicht!» befriedigte sie nicht recht. Es war klar, daß Immy so antwortete. Sie trank ja selbst zuviel.

Seine Bemerkung wurmte sie immer noch, als sie ihre erste Flugstunde hatte. Aber die Stille des friedlichen Aprilmorgens und die Aufregung zu fliegen vertrieben ihren Ärger rasch. Sie sah zu, wie

Michael die Wetterlage prüfte und den Flug in die Unterlagen eintrug. Dabei mußte sie einfach an ihren letzten Flug mit Teddy denken und an seine Weigerung, ihr das Fliegen beizubringen.

«Sie müssen vor jedem Start Ihr Flugzeug genau inspizieren», teilte er ihr mit, als sie zur Cessna hinübergingen. «Überprüfen Sie es auf undichte Stellen. Stellen Sie sicher, daß alle Kontrollflächen schmutzfrei sind. Untersuchen Sie die Reifen auf Nägel. Sie wollen doch keinen Platten. Wenn Sie vernünftig sind, ist Fliegen eine sichere Sache.» Sie nahm auf dem rechten Sitz Platz, und er fuhr fort: «Sind die Luken und Sicherheitsgurte in Ordnung?» Er zog ihren Sicherheitsgurt straffer. «Wie heißt es so schön: ‹Es gibt zwei Sorten von Fliegern: gewagte und betagte. Aber nie gewagte und betagte in einer Person.›»

Sie rollten zum Ende der Landebahn. Dort blieben sie stehen. «Der Luftdruck am Boden ist höher als der in einer Höhe von, sagen wir mal, zwanzigtausend Fuß», schrie er. «Wissen Sie, warum?»

«Wegen des Gewichts der Luft darüber?»

«Auf Meereshöhe beträgt der Druck mehr als zwei Pfund pro Quadratzentimeter. Auf zwanzigtausend Fuß sind es weniger als ein Pfund.» Er wandte das Flugzeug gegen den Wind. «Um uns vom Boden zu lösen, brauchen wir Auftrieb und Schub. Beides erreichen wir durch die Beschleunigung und die Flügel. Schauen Sie genau die Tragflächen an. Die Wölbung der Oberseite ist größer als auf der Unterseite. Wenn wir uns vorwärts bewegen, wird die Luft durch die Vorderkante geteilt. Der Druck auf den Flügel nimmt ab. Und wir gehen nach oben!»

Er öffnete die Drosselklappe. Sie fuhren die Startbahn hinunter. Die Markierungen flitzten vorbei, wurden schneller. Ryder hielt den Atem an, als sie immer mehr beschleunigten und auf einmal an Höhe gewannen. Sie stiegen hoch in den Himmel, unter ihnen erstreckte sich Norfolk wie eine Patchworkdecke aus Feldern und Äckern, die mit Kirchturmspitzen gesprenkelt war.

«Dies ist nur eine Probestunde», schrie er ihr über den Lärm der

Maschine hinweg zu. «Damit Sie mal ein Gefühl fürs Fliegen bekommen. Das nächste Mal gehen wir ins Detail. Vom Betrieb unten am Flugplatz werden Sie schon viel aufgeschnappt haben – gute und schlechte Angewohnheiten, da bin ich sicher.»

Sie begutachtete das Panel mit den verschiedenen Anzeigen vor ihr. «Was ist der Unterschied zwischen Eigengeschwindigkeit und Grundgeschwindigkeit?»

«Wenn wir eine Stunde brauchen, um hundert Kilometer zu fliegen, dann haben wir eine Grundgeschwindigkeit von hundert Kilometern die Stunde. Aber wenn der Wind mit einer Geschwindigkeit von zehn Kilometern pro Stunde gegen unsere Flugrichtung bläst, dann rast die Luft mit einer Geschwindigkeit von wieviel Kilometern pro Stunde an unserem Flugzeug vorbei?»

«Einhundertzehn.»

«Kluges Mädchen! Und das ist unsere Eigengeschwindigkeit. Wir starten gegen den Wind, um zusätzlich Auftrieb zu bekommen. Die anderen Anzeigen sind der Höhenmesser – wir befinden uns auf eintausend Fuß und steigen weiter –, und die hier mit den kleinen Flügeln ist der künstliche Horizont. Darauf können Sie sehen, ob Sie waagerecht fliegen. Das ist wesentlich, wenn Sie schlechte Sichtbedingungen haben. Schauen Sie mal, wie sie sich neigt, wenn ich in die Kurve gehe.»

Als sie umdrehten, konnte Ryder fast bis nach Morston sehen. Plötzlich überkam sie das überwältigende Verlangen, dorthin zurückzukehren und den Pfaden durchs Watt zu folgen, wo sie und Patrick entlanggegangen waren.

«An eines müssen Sie immer denken», erklärte Michael gerade, «im Steigflug dürfen Sie niemals nur die Nase nach oben ziehen, sonst sacken Sie durch. Sie müssen auch gleichzeitig die Geschwindigkeit erhöhen.» Er lächelte ihr zu. «Wollen Sie sie mal fliegen?»

«Wir könnten abstürzen.»

«Das würde ich nicht zulassen, dazu kostet die Maschine zuviel.»

Übertrieben vorsichtig griff Ryder nach dem Steuerknüppel.

«Beim Fliegen läuft immer alles nach dem Frage-Antwort-Schema ab», erklärte er ihr. «Ich sage: ‹Sie übernehmen das Steuer›, und Sie antworten: ‹Ich habe das Steuer übernommen›.»

Sie hielt den Steuerknüppel fest umschlossen. «Ich habe das Steuer übernommen.»

«Fühlen Sie sich gut?»

«Als würde ich eine Libelle reiten.»

Er lächelte. «Ziehen Sie das Steuer zu sich heran. Vorsichtig!»

Sie gehorchte. Die Nase richtete sich nach oben. Ihre Fluggeschwindigkeit nahm ab.

«Jetzt schieben Sie es von sich weg, aber nur ein kleines bißchen.»

Wieder gehorchte sie. Das Flugzeug legte sich erneut in die Waagerechte, die Geschwindigkeit nahm zu.

«Jetzt ziehen Sie das Steuer nach rechts. Schauen Sie auf die Flügel auf dem künstlichen Horizont. Sie kippen. Um zu wenden, müssen Sie in die Kurve gehen. Langsam!»

«O Gott!» Ihre Hände waren vor Nervosität schweißnaß.

«Der wird Ihnen jetzt nicht helfen. Langsam! Jetzt zentrieren Sie das Steuer, dann bleibt das Flugzeug in dieser Kurvenlage.»

Sie wendeten mit dem Flugzeug links herum. Der Außenflügel lag ein bißchen zu steil, aber Michael sagte, für eine Anfängerin sei das Ganze nicht schlecht gewesen.

Als sie landeten, sagte sie: «Morgen kriege ich mein Gesundheitszeugnis.»

«Ich dachte, Sie hätten Angst bekommen?»

«Panik.»

«Aber Sie wollen es immer noch lernen?»

«Ich besitze einen Flugplatz. Meinen Sie, ich könnte Vertrauen erwecken, wenn ich zu feige bin, selbst zu fliegen?»

«Sie müssen aber nicht.»

«Müssen!» Sie warf ihren Kopf zurück und lachte voller Begeisterung. «Ich kann es kaum abwarten zu fliegen.»

In den sechs Wochen, bevor die Schule offiziell geöffnet wurde, hatte Ryder Michaels ungeteilte Aufmerksamkeit. Sie lernte schnell, und er war ein begeisterter Lehrer. Das Wetter und die Windstärke erlaubten, daß sie jeden Tag fliegen konnten. Sie flogen in der Frische des frühen Morgens, an friedlichen, feuchten Nachmittagen und in der kurzen Spanne samtener Stille, bevor die Sonne unterging. Das war Ryders Lieblingszeit.

Als sie einmal gelernt hatte, mit dem Flugzeug umzugehen, mußte sie es dazu bringen, dorthin zu fliegen, wohin sie wollte. Jeden Tag flogen sie ihre gemeinsame Platzrunde. Start, Steigflug, Aufrichten und Einpendeln, Sinkflug, Seitenwind, Landeanflug. Bei jeder Wende kam der Wind aus einer anderen Richtung – und jeden Tag wechselten Windrichtung und -stärke. Manchmal flog sie die ersten Etappen korrekt und legte sich dann zu steil in die Kurve. Ein anderes Mal brachte der Seitenwind sie vom Kurs ab. Einmal, als sie die gesamte Runde vollkommen geflogen war und nun glühend vor Stolz zur Landung ansetzte, vergaß sie, die Nase oben zu halten. Nur Michaels Doppelsteuerung verhinderte, daß sie die Cessna auf die Landebahn aufprallen ließ.

Als sie die Maschine parkten, erschien Fred im Eingang des Hangars. «Möchten Sie Ihre Beerdigung in Bailing oder ziehen Sie das Krematorium in Norwich vor», fragte er.

Sie schwang sich aus dem Cockpit. «Alter Pessimist!»

«Es ist Ihre Schuld: Sie haben sie dazu ermutigt.» Er warf Michael seinen Schildkrötenblick zu. «Frauen sind einfach nicht zum Fliegen bestimmt.»

Ryder ging zum Büro und rief über die Schulter zurück: «Und was ist mit Amy Johnson und Amelia Earhart?»

«Da sehen Sie, was ich meine. Beide sind bei Überseeflügen verschwunden.»

Im fertiggestellten Kursraum unterrichtete Michael Ryder in den die Fliegerei begleitenden Verfahren, in Navigation, Meteorologie und in Luftfahrtrecht. Sie lernte eine Karte zu lesen und Sperrgebiete, Militärzonen und Flugverkehrsrouten zu erkennen. Er brachte ihr bei, wie man von einem Windsack Windrichtung und -geschwindigkeit ablas, wie man mit einer Landkarte umging und einen Kurs darin einzeichnete. Sie lernte, wie man einen Kompaß benutzte und wieviel zusätzlicher Kraftstoff bei starkem Wind gebraucht wurde. Und er zeigte ihr, wie sie sich in einem Notfall verhalten mußte.

«Die Motoren fallen nach dem Start aus», sagte er. «Was tun Sie?»

«Umkehren.»

«Nein, dazu haben Sie nicht genügend Antrieb. Das würden Sie nicht schaffen. Sie bringen das Flugzeug in die beste Lage für einen Gleitflug. Suchen Sie nach einem Acker, senden Sie ein Mayday-Signal. Schalten Sie die Kraftstoffzufuhr und die Elektrik ab. Überprüfen Sie, ob Ihr Sicherheitsgurt straff sitzt. Bleiben Sie angeschnallt in der Maschine sitzen, bis sie steht. Dann erst steigen Sie aus – und rennen!»

Eines feuchten Morgens flog er mit ihr. «Jedes Flugzeug hat eine Minimalgeschwindigkeit, die es zum Fliegen braucht – die sogenannte Mindeststeuergeschwindigkeit», erklärte er ihr. «Wenn Sie die Nase zu hoch ziehen, wird der Anstellwinkel der Flügel so steil, daß der Luftstrom nicht länger ruhig fließen kann. Sie verlieren an Auftrieb und Geschwindigkeit, und wenn Sie nicht korrigieren, dann fallen Sie oder geraten ins Trudeln. Oder beides, verstanden?»

«Ja.»

«Sie müssen erkennen, wann Sie Gefahr laufen durchzusacken. So, ziehen Sie jetzt die Nase hoch. Noch ein bißchen.»

Die Cessna richtete sich auf. Ryder spürte, wie der Auftrieb unter den Flügeln verschwand.

«Noch mehr!» beharrte er.

Das Flugzeug schlingerte. Plötzlich fiel die Nase ab. Ryder wurde starr vor Angst. Aber Michael zuckte mit keiner Miene. «Verringern Sie den Druck auf das Steuer, und führen Sie mehr Antrieb zu», wies er sie ruhig an.

Ihre Geschwindigkeit nahm zu. Ryder fühlte sich vor Erleichterung ganz schwach.

«Vertrauen Sie mir?» wollte er wissen.

«Natürlich.»

«Gut. Dann das Ganze noch mal.»

Sie warben im *Aviation Argus* für die Schule. Als die Zeitschrift erschien, studierten sie beide ihre Anzeige. Sie sah so professionell aus. «Wir werden solchen Erfolg haben, daß Sie keine Zeit mehr haben, mich zu unterrichten», sagte Ryder.

«Tja, ich schiebe Sie dazwischen, wenn Sie nett zu mir sind.»

Als Ryder ihm über die Rollbahn zur Cessna folgte, fragte sie sich, wie sie jemals ohne Michael zurechtgekommen war.

Ihre Flugstunden schritten voran. Sie startete und sackte durch, wendete und sackte durch, navigierte und sackte durch, las eine Karte und sackte durch.

«Wann kann ich allein fliegen?» erkundigte sie sich bei Michael.

«Wenn Sie mehr Sicherheit beim Durchsacken haben. Jedesmal wenn die Maschine anfängt zu bocken, sehen Sie zu Tode erschrokken aus.»

Sie zog ein enttäuschtes Gesicht. «Ich wollte aber die erste in unserer Schule sein, die die Lizenz bekommt.»

«Wenn Sie einen Panikanfall bekommen, dann dauert es eine Weile, bis Sie sich wieder im Griff haben. In der Zeit sind Sie schon halb in Australien – auf dem Landweg.»

Ihre Flugstunden lenkten sie von einem entscheidenden Problem ab: Obwohl sie bereits etliche Nachfragen gehabt hatten, hatte sich doch bisher niemand definitiv für den Unterricht angemeldet.

«Noch zehn Tage bis zur Eröffnung und keine einzige Anmeldung», bemerkte sie, als sie im leeren Klassenraum standen.

«Und keine Sekretärin.» Michael sah ins leere Büro. «Irgend jemanden muß es doch in Bailing geben.»

«Wir können doch nicht irgend jemanden nehmen. Wenn wir einen Bekannten von Mrs. Dennshurst feuern, werden wir aus dem Laden verbannt. Dann müssen wir nach King's Lynn, um unsere

Zeitungen zu kaufen!» Ryder seufzte. «Wie auch immer, wenn wir keine Schüler haben, wozu brauchen wir dann Angestellte?»

Er nahm sie bei den Schultern und drehte sie zu sich um. «Verlieren Sie jetzt bloß nicht Ihren Kampfgeist, Miss Biggles», flüsterte er mit einer Stimme, die eigentlich für lange Nächte reserviert war. Dann hob er ihr Kinn und blickte ihr tief in die Augen. «Sie haben einen langen Weg hinter sich.» Sein Mund streifte ihre Lippen, seine kräftigen Arme umfaßten sie, sie fühlte sich in seine Umarmung gezogen. «Wir werden zum Mittagessen eine Flasche Champagner köpfen», sagte er. «Die haben wir uns verdient.»

Sie entzog sich ihm. «Damit Sie mich wieder eine Alkoholikerin nennen! Kommt gar nicht in Frage!»

Kapitel 27

Grandma Milne starb, als Ryder ihren ersten Alleinflug machen sollte. Sie und Michael waren im Kursraum und gingen die einzelnen Schritte durch, als Debbie anrief. «Es war ihr Herz», berichtete sie. «Als Dr. Jeff kam, war sie schon tot.»

Ryder ließ sich auf einen Stuhl fallen. «Wie nimmt Grandpa es auf?»

«Er hat seitdem nicht mehr gesprochen. Hat einen Schock. Wir alle haben einen.»

«Oh, Debbie, ich ...» Ryder barg ihr Gesicht in den Händen.

Michael nahm ihr den Hörer ab. «Gehen Sie ins Bett, und ruhen Sie sich aus.» Er legte ihr eine Hand auf die Schulter. Dies war das erste Mal seit jenem Tag, als er sie geküßt hatte, daß er sich nicht wie ein Geschäftspartner benahm. «Ich bringe Ihnen einen Brandy.»

«Nein!» Sie stand auf. «Ich brauche das nicht! Nichts tröstet über den Tod hinweg. Grandma ist tot, Mutter ist tot. Sie werden niemals zurückkommen, niemand wird je zurückkommen. Wie soll es besser werden, wenn jeder, an dem mir etwas liegt, mich verläßt und nichts jemals von Dauer ist?» Sie drängte sich an ihm vorbei und rannte zu ihrem Auto.

«Ryder», schrie er.

«Lassen Sie mich in Ruhe.»

«Sie werden sich umbringen.» Er griff nach ihrem Lenkrad.

«Und wenn schon. Wen kümmert's?» Sie setzte den Wagen zurück.

«Mich kümmert's.»

Aber sie hörte ihn nicht. Seine Worte gingen im Dröhnen des Motors unter, als sie über den Asphalt bretterte, Richtung Morston.

Eine Woche lang flog Ryder nicht. Ihr war einfach nicht danach. Jeden Tag fuhr sie hinauf zur Küste und wanderte übers Watt. Das Reetgras schlug ihr um die Beine, und das Öl, das aus einem Tanker gelaufen war, bildete Kaleidoskopmuster in den Pfützen der Buchten. Auf der wackeligen Holzbrücke hielt sie inne, setzte sich, stützte ihr Kinn auf und trauerte um ihre Großmutter.

In der Nacht nach der Beerdigung sprach sie mit Debbie. «Wie geht es Grandpa?» fragte sie.

«Er hat immer noch kein Wort gesagt. Aber die Beerdigung war wunderbar. Ganz Prairieville war da. Grandma wäre sehr stolz gewesen. Und deine Blumen waren wunderschön. Ich habe sie neben meine auf den Sarg gelegt.»

«Was machst du jetzt mit Scot's Farm?» wollte Ryder wissen und dachte an Frankie, der Pilot und nicht Farmer werden wollte.

«Grandpa hat mir in den letzten Jahren gezeigt, wie ich sie bewirtschafte. Das Land liegt mir im Blut, und ich liebe es.»

Am Tag, als die Flugschule öffnete, absolvierte Ryder ihren ersten Alleinflug. Sie startete früh am Morgen, bevor die ersten Schüler eintrafen. Sie ging die Checkliste durch, und Michael sah ihr dabei zu. Dann stieg sie ins Cockpit und legte den Sicherheitsgurt an. Es war seltsam, Michael nicht neben sich zu haben.

«Nervös?» fragte er und überprüfte ihren Gurt.

Sie versuchte zu schlucken. «Was meinen Sie?»

«Halten Sie nur Ihren Kopf oben.» Er stellte beide Daumen auf. «Viel Glück!»

Sie hielt den Atem an, als sie den Motor anschaltete. Die Maschine erwachte zum Leben. Sie sah sich um. Alles frei. Vorsichtig rollte sie zum Anfang der Rollbahn. Die Räder hüpften auf dem Asphalt. Sie spürte eine leichte Übelkeit.

Die Windgeschwindigkeit betrug acht Stundenkilometer. Das Flugzeug erhob sich, als sie in den Wind schwenkte. Diese Aufwärtsbewegung brachte ihr Herz zum Hämmern. Sie überprüfte Rollbahn und Himmel. Nichts in Sicht. Dann öffnete sie die Drosselklappe. Die Geschwindigkeit nahm zu. Sie umklammerte den Steuerknüppel, der Herzschlag dröhnte ihr in den Ohren. Die Cessna raste die Rollbahn hinunter, die Reifen hüpften auf dem Asphalt. Sie hob sich, fiel noch einmal zurück, hob sich wieder. Und stieg, stieg! Sie schob sich durch die Luft, während Ryder sie ruhig hielt.

Auf achthundert Fuß brachte sie das Flugzeug in die Waagerechte und flog ohne Umschweife die erste Etappe der Platzrunde ab. Es war nicht schwer, jetzt war sie ja oben. Nach eineinhalb Kilometern legte sie sich nach links in die Kurve. Als sie schon halb herumgeflogen war, bemerkte sie, daß sie den Himmel nicht auf andere Flugzeuge überprüft hatte. Mit der Vision eines Frontalzusammenstoßes suchte sie panisch den Himmel ab – und achtete nicht auf den Seitenwind. Kalter Schweiß lief ihr Gesicht hinunter, als sie krampfhaft versuchte, wieder auf den Kurs zu kommen. An der nächsten Wende ging sie parallel zur Rollbahn in die Kurve. Nun kam der Wind von hinten. Sie hielt das Flugzeug ruhig. Unten erstreckten sich die Felder von Norfolk in verschiedenen Grüntönen. Oben ritt Ryder Harding ihre Libelle.

Die Schule begann mit zwanzig Schülern. Als kleine Einführung ins Fliegen zeigte Michael ihnen einen Film über die Geschichte der Luftfahrt. Zuerst kam eine Radierung der Mongolfière, die 1783 über Paris flog. Es folgten einhundertzwanzig Jahre später die Gebrüder Wright, die vom Sand in North Carolina abhoben: der erste Motorflug. Dann der Brasilianer Santos-Dumont, dessen Luftschiff die Bäume im Bois de Bologne streifte. A. V. Roe in einem Flugzeug, dessen Flügel mit Packpapier bedeckt waren. Louis Blériot, der als erster über den Kanal flog und tausend Pfund gewann. Alcock und Brown mit der ersten Nonstopüberquerung des Atlantiks. Sie landeten in Irland. Danach Charles Lindbergh, der den Atlantik ohne Zwischenstop allein überflog und in Frankreich landete. Der Australier Charles Kingsford Smith, der den Pazifik bezwang und jedermanns Rekorde brach. Amy Johnson, die von London nach Brisbane flog, Amelia Earhart, die erste Frau, die allein den Atlantik überflog. Beryl Markham, die als erste die Ost-West-Route flog und in Neuschottland landete. Und schließlich Sheila Scott, die erste Frau, die die Eiswüsten des Nordpols überquerte.

Als der Film zu Ende war, hatte jeder vom Flugplatz sich in den Klassenraum geschlichen. Sogar Fred war da. Alle klatschten begeistert in die Hände, als der Nachspann über die Leinwand zog. Über den Köpfen des Publikums hinweg winkte Michael Ryder zu. Sie lächelte zurück. Grandma war tot, ihre Mutter war tot. Aber das Leben mußte weitergehen. Es war nicht fair gegenüber Michael, wenn sie so hart arbeiteten, um die Schule in Gang zu bringen, und sie den Kopf hängenließ. Es war auch nicht fair gegenüber Leo. Er war ihren Stimmungen so schutzlos ausgeliefert. Sie klatschte in die Hände und rief: «Grillparty am nächsten Samstag. Zwei Pfund pro Nase. Alle sind herzlich eingeladen.»

Als sie hinausging, hörte sie jemanden sagen: «Ich glaube, hier kriegen wir noch viel Spaß!»

Bei ihrem nächsten Besuch zeigte sie ihrem Vater den Schulprospekt. Er las ihn begierig von vorne bis hinten durch. «Aber du hast immer noch nicht den zweiten Flugplatz gekauft», sagte er.

«Ach, das machen wir noch.» Sie blieb betont unverbindlich.

«Jetzt heißt es also schon ‹wir›?» Seine Augen wurden schmal. «Du gestattest diesem Michael Ashby, sich in Bailing einzumischen, aber mich willst du nicht dabeihaben. Habe ich dir keine guten Ratschläge über eure Vereinbarung gegeben? Habe ich nicht die Idee mit der Schule gehabt?»

«Doch, und ich bin dir auch dankbar dafür.»

«Ich komme im Frühling raus», sagte er. «Sie können mir vielleicht die Bewährung verweigern, aber meinen Straferlaß können sie nicht verhindern. Was macht dieser Michael dann? Für uns beide ist kein Platz.»

«Michael ist mein Partner.» Sie mußte sich zwingen, ihm in die Augen zu sehen, damit er wußte, sie meinte es ernst. «Ich könnte dich nicht an meinem Geschäft beteiligen. Ich bewundere zwar deinen Geschäftssinn, aber deinen Methoden traue ich nicht.»

«Dann drängst du mich also deinem neuesten Freund zuliebe raus.» Er stand auf. «Bei Männern warst du schon immer ziemlich dumm, Ryder. Kein Wunder, daß keiner von ihnen dich heiraten wollte.»

Sie stürmte aus dem Besucherraum und fuhr mit 140 Stundenkilometern zurück nach Bailing. Jedes Fahrzeug, das ihr in die Quere kam, wurde mit Flüchen überschüttet. Als sie Leo von der Schule abholte, war sie immer noch wütend, obwohl sie ihr Möglichstes tat, ihre Gefühle zu verbergen. «Ich will jetzt nicht mehr in ein Internat», verkündete Leo im Wagen.

«Ach... na, dann ist ja gut.» Sie fragte sich, wie ihr Vater auf der einen Seite so charmant und auf der anderen so bösartig sein konnte.

«Ich hab zwei neue Freunde.»

«Wie nett.» Sie erinnerte sich, wie sie Teddy behandelt und ihm unverblümt mitgeteilt hatte, daß sie nach England zurückkehren würde.

«Aber ich hätte immer noch gerne einen Farbfernseher», plapperte Leo weiter.

«So, hättest du.» Er war ihrer Mutter manchmal so ähnlich, daß es sie fast körperlich schmerzte, wenn sie ihn ansah. Sie fuhr ihm durch seine blonden Locken. Jetzt zuckte er nicht mehr zurück, wenn sie die Hand hob.

Als die Grillparty in vollem Gange war, tauchten Frankie und Susan Wise auf Fahrrädern auf. Ryder traute ihren Augen nicht, als sie sie über die Rollbahn rufen hörte und mit ausgestreckten Beinen auf sie zufahren sah, als ritten sie ein bockendes Pferd. «Was... was... macht ihr denn hier?» stammelte sie.

«Wir wollen die Schule für dich leiten. Debbie hat uns erzählt, daß du Hilfe brauchst – und da sind wir.» Frankie stellte sein Fahrrad ab, und innerhalb einer Minute hatte er ein Bier in der einen und einen Hamburger in der anderen Hand und stellte sich in der ganzen Runde vor.

«Es ist dir doch recht?» Susan blickte Ryder an.

«Natürlich.» Sie war sich nicht sicher, ob die beiden «zusammen» waren.

«Wir werden dir keine Umstände machen.» Frankie beantwortete ihre stumme Frage, indem er einen Arm um Susan legte. «Wir haben ein Zelt dabei.»

Ryder sagte sich, daß ein Altersunterschied von sieben Jahren so gut wie nichts war. «Wie geht es Grandpa?»

«Er spricht immer noch nicht. Aber Debbie schafft das alles großartig.»

«Und was sagt Prairieville über euch zwei?»

«Bis auf Debbie weiß niemand in Prairieville über uns.»

Susan wurde die neue Schulsekretärin. Frankie half aus, wo immer Not am Mann war. Sie schlugen ihr Zelt in einer Grasmulde jenseits der Bäume außerhalb jeder Sicht- und Hörweite auf, nahmen ihre Mahlzeiten aber zusammen mit Ryder und Leo und häufig auch mit Michael ein.

«Bist du über diesen Polospieler hinweg?» fragte Susan Ryder eines Abends, als sie die Radieschen für den Salat kleinschnitten.

«Ich denke immer noch an ihn.» Ryder sah aus dem Fenster, wo Michael und Frankie den Grill anzündeten. «Ich kann einfach nicht glauben, was er mir angetan hat.»

Susans Miene war voller Mitgefühl. «Ich weiß, wie es ist, getreten zu werden. Erinnerst du dich noch an den Dichter, der sich als Drogendealer herausstellte? Ich dachte, er würde mich lieben, aber er benutzte mich nur als Tarnung.»

Ryder schnitt eine Tomate in Scheiben. «Ich bin nicht besonders geschickt bei der Auswahl von Männern. Vielleicht sollte ich mich nur an Flugzeuge halten.»

«Michael mag dich aber.»

Ryder dachte an den Morgen, als er sie geküßt hatte. «Ach, weißt du, wir sind nur gute Freunde.»

Als Ryder ihre Fluglizenz bekam, hatte sie sechsundvierzig Flugstunden hinter sich, von denen sie zwölf allein und fünf über Land geflogen war. An jenem Abend kochte Susan ein Festmahl. Alle Angestellten waren eingeladen: Fred, Violet, die Schreibkraft, das Mädchen vom Empfang, der Barkeeper aus dem Clubhaus, der Hilfsarbeiter und die Mechaniker. Ein langer Tapeziertisch wurde auf der Terrasse aufgestellt und mit einer schweren Damasttischdecke geschmückt, die Mrs. Trumpet von Dingwall Court gerettet hatte.

Als sie sich gerade zum Essen hinsetzten, klingelte das Telefon. Ryder sprang auf. Aus irgendeinem Grunde dachte sie, es könnte Patrick sein. Sie konnte sich nicht erklären, warum oder wie, aber plötzlich fühlte sie sich ihm nahe. Sie war nervös, aufgeregt und beunruhigt. Sie nahm den Hörer ab. «Hallo?»

«Ryder, ich bin am Bahnhof in King's Lynn.»

«Ach... ähm... hallo, Immy.» Eine Welle der Enttäuschung überflutete sie, gefolgt von einer Welle der Erleichterung.

«Entschuldige, daß ich hier so ohne Vorwarnung hereinplatze..., aber alles läuft schief, und ich brauchte unbedingt Tapetenwechsel. Kann ich zu dir kommen?»

«Schnapp dir ein Taxi! Wir feiern gerade, ich habe meine Fluglizenz bekommen.»

«Ich habe aber kein Geld.»

«Kein Problem.» Sie lehnte sich aus dem Fenster. «Frankie, könntest du Imogen vom Bahnhof abholen?»

«Imogen Lydden, meine Traumfrau!» Er rannte zu Ryders Auto. «Sag ihr, sie soll auf mich warten. Sag ihr, ich bin groß, dunkelhaarig, gutaussehend und schrecklich reich.»

«Du wirst bald schrecklich ohne Abendessen dastehen, wenn du mit anderen Frauen flirtest!» schrie Susan hinter ihm her.

Immy sah blaß und abgespannt aus, aber sie lebte auf, als sie die Party sah. Es war genau wie an dem Tag, als sie Bailing eröffnet hatte. Ryder beneidete sie um die Quelle strahlender Energie, die Imogen anzapfen konnte, sogar wenn sie an einem Tiefpunkt angelangt war. «Wenn ich niedergeschlagen bin, dann höre ich mich an wie ein Gewitter und sehe aus wie eine Todesanzeige», vertraute sie Susan an. «Immy ist da ganz anders. Deshalb ist sie auch eine so gute Schauspielerin.»

An diesem Abend wurde es zu spät zum Reden, und beim Frühstück bemerkte Immy lediglich: «Alle Schauspieler haben mal magere Zeiten. Jetzt bin ich eben dran. Meine letzten beiden Filme waren ein Reinfall. Noch ein Desaster, und ich kriege nicht mal mehr eine Komparsenrolle, die später herausgeschnitten wird.»

Ryder sah auf die Uhr. Sie hatte noch viel Arbeit vor sich. «Du kannst bleiben, solange du möchtest.» Sie stand auf. «Wir fliegen heute nach Lincolnshire hoch, um uns einen anderen Flugplatz anzusehen. Das wird bestimmt spaßig.»

Imogen spielte mit ihrem Teelöffel. «Ich wollte dich eigentlich gerade fragen, ob ich mir dein Auto leihen könnte. Ich möchte zur Bank in King's Lynn.»

«Dann könntest du die Löhne mitbringen.»

«Lieber nicht.»

«Bitte! Das würde Violet Zeit sparen – und King's Lynn ist wirklich vollkommen sicher.»

Ryder und Michael sahen sich vier Flugplätze an, bevor sie bei Fortune's Fen landeten. Er war während des Zweiten Weltkrieges auf Land gebaut worden, das man von einem Farmer beschlagnahmt hatte. Die Rollbahn war lang genug, die Hangars waren in gutem Zustand und hatten vorher als Kornspeicher gedient. Im hinteren Teil rostete eine alte de Havilland Tiger Moth vor sich hin. Sie lag auf ihrem Rumpf wie eine Fliege, deren Beine von einem grausamen kleinen Jungen ausgerissen worden waren.

«Dieser hier wäre der teuerste», sagte Ryder, als sie beim Mittagessen im Garten eines Pubs, das in einem alten Fachwerkhaus untergebracht war, über den Kauf sprachen. «Ich werde es der alten Miss B. B. mitteilen und meinen gesamten Anteil an Bailing als Sicherheit einsetzen müssen. Und selbst dann werde ich kaum genug haben.» Sie zuckte mit den Achseln. «Vater arbeitet die ganze Zeit komplizierte Verfahren für mich aus, noch mehr Geld zu bekommen, aber ich traue seinen Methoden nicht.»

Seine Augen wurden sanft. «Es muß hart sein, einen Vater im Gefängnis zu haben.»

«Das ist es. Im Moment sprechen wir kaum miteinander.» Sie bemerkte, daß sie ganz natürlich über ihren Vater gesprochen hatte: Sie hatte ihn weder verteufelt noch entschuldigt.

Sie sahen sich Fortune's Fen noch einmal an. «Warum beteilige ich mich nicht einfach an dem Kauf?» fragte er. «Wenn ich meine Londoner Wohnung verkaufe, könnten wir uns sogar zwei neue Flugplätze leisten.»

«Einen Betrieb mit drei Stützpunkten?»

«Oder vier?»

«Warum starten wir nicht eine Fluglinie? Bailing Air: tägliche Flüge nach London und Manchester.» Sie lachte. «Können Sie sich vorstellen, was Fred dazu sagen würde?»

«Aber das ist genau das, was die Gegend braucht», sagte er in vollem Ernst. «Ich bin in Norfolk aufgewachsen. Das letzte, was ich möchte, ist, daß es von Industrie und Menschen überschwemmt wird. Aber die Städte brauchen Verbindungen zueinander, um zu überleben. Sie brauchen Arbeitsplätze, sonst ziehen die jungen Leute weg.»

In der ruhigen Schönheit des frühen Abends flogen sie nach Hause, steuerten mit der untergehenden Sonne im Rücken über den Wash. Ohne sie zu fragen, flog Michael die Norfolker Küstenlinie bis nach Morston ab, wo er wendete und die Maschine so tief sinken ließ, daß sie die Seehunde sehen konnte. Sie lächelte ihm zu, er lächelte zurück. Dann wandte sie sich ab, um hinunter aufs Watt zu schauen. Es war nicht nötig, danke zu sagen.

Als sie zur Landung in Bailing ansetzten, bemerkte Ryder ein Polizeiauto, das vor Violets Büro parkte. Fred wartete im Hangar auf sie.

«Wollen sie dich verhaften?» fragte sie fröhlich und stieg aus dem Flugzeug.

«Ihre Freundin ist weg.»

«Was meinen Sie damit?»

«Sie ist in die Stadt gefahren, aber nicht zurückgekommen. Wir dachten erst, sie hätte einen Unfall gehabt.» Er stockte einen Moment und fügte dann behutsam hinzu: «Die Polizei hat Ihren Wagen auf dem Parkplatz am Bahnhof gefunden.» Er gab ihr ein Stück Papier. Darauf stand: *Ich hatte nicht vor King's Lynn Angst, sondern vor mir selbst.*

Ryder versuchte, so zu tun, als würde sie sich nicht aufregen. «Ich denke, sie mußte zu einem dringenden Vorsprechtermin», sagte sie.

«Sie verstehen mich nicht.» Fred warf ihr seinen Schildkrötenblick zu. «Sie hat unsere Löhne gestohlen.»

Ryder fuhr ohne Umschweife nach London, zu Imogen. Sie war wütend. Erbittert und verletzt. Vielleicht waren vierhundert Pfund eine Kleinigkeit für einen Filmstar, aber für sie war es hart verdientes Geld, und sie würde es sich zurückholen.

Die alte Stallung lag vollkommen dunkel da. Als sie läutete, ging ein Licht an. Sie wappnete sich vor dem, was kommen würde. Die Tür öffnete sich langsam, und Adam stand vor ihr, nackt bis auf eine Jeans, deren Gürtel offenstand, als wäre er gerade im Ausziehen begriffen gewesen.

«Was für eine nette Überraschung!» Er fuhr sich mit der Hand durch sein widerspenstiges Haar.

«Wo ist Imogen?»

«Oben.»

Ryder versuchte, seinen nackten Oberkörper zu ignorieren, und trat einen Schritt vor. Aber er versperrte ihr den Weg. «Ich würde nicht da raufgehen, wenn ich du wäre.»

«Du bist aber nicht ich.» Sie drängte sich an ihm vorbei und rannte die Treppen hinauf. Immys Tür war zu. Ryder stieß sie auf. «Wo ist mein Geld?»

Imogen saß mit gekreuzten Beinen und splitterfasernackt auf dem Bett und zog sich eine Linie aus weißem Puder durch eine gerollte Pfundnote in die Nase. Vor dem Spiegel stopfte ein dunkelhäutiger Mann mit schwarzen Andenaugen träge Zwanzigpfundnoten in seine Brieftasche.

Ryder wandte sich an ihn: «Das ist mein Geld. Geben Sie es mir.»

Er lachte spöttisch auf. «Sie irren sich. Dies ist mein Geld.» Er verließ den Raum.

Ryder ergriff Imogens Handgelenke und schüttelte sie, daß das Puder in die Luft flog. «Wo ist mein Geld?»

«Das verstehst du nicht. Er hat uns bedroht.»

Ryder war so wütend, daß sie die Gefahr vergaß und die Treppe hinunter auf die Straße lief. Aber die alten Stallungen lagen verlassen da. Der Mann mit den Andenaugen war verschwunden.

Immy weinte, als sie das Kokain aus den Falten ihrer Bettdecke zusammenkratzte.

«Wie konntest du nur unsere Löhne stehlen?» schrie Ryder sie an. «Wie konntest du sie Fred und Violet wegnehmen – und all den anderen, die deine Freunde sind? Warum hast du mich nicht gefragt?»

«Weil du mir nichts gegeben hättest.»

«Hätte ich doch.»

Immy wiegte sich vor und zurück, Tränen liefen ihr über die Wangen. «Ich habe es für Adam getan. Dieser Mann hätte ihm sonst die Beine gebrochen. Du hättest mir niemals Geld gegeben, um Adam zu retten.»

«Da hast du allerdings recht!» Ryder marschierte die Treppe hinunter. Aber als sie auf der untersten Stufe ankam, erinnerte sie sich an den Abend, als Michael ihr vorgeworfen hatte, sie trinke zuviel. Wer würde Immy sagen, sie solle aufhören? Adam bestimmt nicht. Sie rannte zurück. «Du kommst jetzt mit mir.» Sie schmiß Kleider in einen Koffer. «Du wirst bei uns in Bailing wohnen. Wir werden dir helfen.» Sie packte Imogens Arm und zog sie auf die Füße. «Komm schon! Zieh dich an!»

Es war bereits nach Mitternacht, als sie Bailing erreichten, aber Frankie, Susan und Michael saßen immer noch rund um den Kieferntisch und waren tief in ein Gespräch versunken. Ihre Münder standen offen, als sie Imogen erblickten.

«Immy wird jetzt hierbleiben», erklärte Ryder. «Sie hat ein paar Probleme, aber wir werden ihr helfen, sie in den Griff zu kriegen.»

«Ja.» Imogen trat scheu einen Schritt nach vorn. «Es tut mir leid, daß ich Sie alle enttäuscht habe. Es tut mir wirklich sehr, sehr... leid.» Sie fing an zu weinen. «Aber... ich werde Ryder das Geld zurückzahlen, das verspreche ich.»

«Natürlich werden Sie das.» Frankie sprang auf und bot ihr seinen Stuhl an.

«Wir alle werden Ihnen helfen.» Susan zündete ihr eine Zigarette an.

Nur Michael sagte kein Wort.

Am nächsten Morgen stellte Ryder ihn deswegen zur Rede, als er seinen Wagen parkte. «Alles, was Immy jetzt braucht, ist Ansporn und Unterstützung, und Sie mißbilligen offensichtlich, daß sie hier ist.»

«Sie ist süchtig und braucht professionelle Hilfe.»

«Sie ist nicht süchtig. Sie muß sich nur ein bißchen zusammenreißen. Aber Sie sehen ja jeden, der auch nur eine halbe Flasche Wein trinkt, direkt schon in der Gosse.»

«Dies ist ein Flugplatz. Wir können uns nicht den leisesten Verdacht auf Drogen hier leisten. Das müssen Sie ihr klarmachen.» Er marschierte den Weg hinunter zur Schule und rief am Eingang zu ihr zurück: «Sonst müssen Sie sich darauf gefaßt machen, daß unser Traum platzt.»

Ryder rannte hinter ihm her. «Ich werde Immy helfen, ob es Ihnen nun paßt oder nicht. Sie hat Bailing eröffnet und für all meine

Publicity gesorgt. Als ich kein Geld hatte, hat sie mir Kleider gekauft, um potentielle Kunden damit zu beeindrucken. Sie hat mir sogar das Kostüm gekauft, das ich bei unserem ersten Essen getragen habe.»

Er packte sie an den Ellenbogen und hob sie fast in die Höhe. «Ich dachte, das wäre ein Geschenk von Patrick Brendan.»

«Nein!» fauchte sie. «Es war von Immy, der Freundin, die ich jetzt im Stich lassen soll.»

Ryders Beziehung zu Michael nahm eine neue Dimension an. Sie hatte sich langsam und unbemerkt entwickelt, bis sie erkannte, daß sie seine Anwesenheit – oder Abwesenheit – sehr genau wahrnahm. Sie fing an, sich sorgfältiger zu kleiden, zwar nicht auffällig genug, um Freds Sticheleien auf sich zu ziehen, aber doch so, daß sie das erste Mal seit der Zeit mit Patrick nicht mehr nur das erstbeste Kleidungsstück überwarf, das ihr in die Hände fiel.

Als Michael das Schmetterlingshaus kaufte, war Ryder sein erster Gast. Es war ein verwinkeltes, holzverkleidetes, kleines Haus mit wunderbarer Ausstrahlung, das in einem schmalen Heckenweg zwischen der Kirche und der Lavendelfarm lag. Michael gefiel besonders seine Geschichte. Es war von einem Schmetterlingsforscher im 19. Jahrhundert erbaut worden, der seine Tage damit verbrachte, auf der Holzveranda zu sitzen und den Schmetterlingen zuzusehen, die sich an den wilden Blumen in seinem Garten gütlich taten.

«Wenn ich alt bin, werde ich auch hier sitzen», sagte Michael. «Und meinen Enkeln befehlen, mich nicht durch ihr Toben auf den Holzdielen zu stören.»

Sie lächelte. «Möchten Sie Kinder haben?»

Er hob eine Augenbraue. «Ist das ein Angebot, Miss Biggles?»

«Natürlich nicht!»

Unter dem Vorwand, etwas zum Anziehen für Leo zu suchen, fuhr Ryder nach King's Lynn und suchte die Boutique auf, in der sie den Overall gekauft hatte. Heraus kam sie mit einem raffinierten Kleid aus schwarzem Leinen, einem leuchtend gelben Seidenkostüm und ausgewählten Dessous – nicht nur Baumwollschlüpfern für jeden Tag, sondern einem zarten BH aus cremefarbener Seide samt passendem Slip mit Spitzenverzierung. Zurück in Bailing, zeigte sie die Sachen Immy, die vor Vergnügen kicherte. Es war, als wären sie wieder in ihrer Londoner Wohnung, nur daß Alix nicht da war.

Immy schien in gedämpfter Stimmung, aber nicht unruhig zu sein. Sie half im Büro aus, nahm Anrufe entgegen, machte Tee und Kaffee, wog und frankierte die Post und vertrieb Leo die Zeit, wenn er sich langweilte. Niemals verließ sie den Flugplatz und fragte auch nicht, ob sie das Auto benutzen könnte. Ryder hätte es ihr auch nicht geliehen.

Michael hatte sich jeden weiteren Kommentar zu Immy gespart, aber Ryder ertappte ihn mehrere Male dabei, wie er sie beobachtete. «Gefällt sie Ihnen?» fragte sie eines Abends betont beiläufig, als die Schule schon menschenleer war.

«Würde es Ihnen etwas ausmachen?»

«Ich habe doch nichts damit zu tun!»

«Nein, ich will nichts von ihr.» Er nahm seine Autoschlüssel und ging hinaus. Die Türen fielen hinter ihm ins Schloß. Ryder stand im Büro und sah zu, wie er ging. Sie wollte ihm nachrufen, aber sie ließ es. Und er fuhr davon.

Im September mußten Frankie und Susan in die Staaten zurückkehren. Ryder und Leo fuhren sie nach London. Auf dem Heimweg wollten sie Mrs. Trumpet besuchen. Ryder trug ihr gelbes Seidenkostüm. «Es ist vielleicht die einzige Gelegenheit, es zu tragen», sagte sie zu Immy.

«Wir kommen nächstes Jahr wieder», versprach Frankie und winkte, als sie zur Paßkontrolle hinübergingen.

«Bringt Debbie mit!»

«Wir versuchen es.» Sie verschwanden hinter dem Gate.

Ryder dachte an Scot's Farm, an ihren Großvater und an den Fox Lake. Eine Welle der Nostalgie überrollte sie bei der Erinnerung an diese kurzen Momente der Geborgenheit, die schon lange zurücklagen. Dieses eindringliche Gefühl führte sie auch nach Windsor Great Park bis zu der gewundenen Straße, die nach Blacknest Gate ging. Sie erinnerte sich an jeden Baum, an jede Ecke, an jede Verbreiterung oder Verengung der Straße. Und jede Station dieser Fahrt brachte neue Erinnerungen.

«Ich dachte, wir fahren zu Mrs. Trumpet», bemerkte Leo.

«In einer Minute.» Sie fuhr langsamer, als sie sich Gatehouse Stables näherten. Die Polosaison war zu Ende, der Hof lag verlassen da. Ein paar Ponys befanden sich noch im Stall, aber die meisten waren auf der Weide. Ryder parkte in der Toreinfahrt. Sie stützte ihr Kinn auf das Lenkrad und starrte zu den Ställen und dem Haus hinter dem Torbogen, wo die Geißblattranken immer noch im Wind schaukelten. Nichts hatte sich geändert. Aber irgendwie sah es kleiner aus. Sie setzte den Wagen zurück.

«Da ist Patrick!» sagte Leo. «Sieh mal!»

«Sei nicht albern!» Sie legte krachend den ersten Gang ein. «Die Saison ist vorbei.»

«Ich bin nicht albern!» Er öffnete die Tür. «Patrick!»

Im Außenspiegel sah sie, wie er in seinen engen Reiterhosen und glänzenden Stiefeln über den Hof schritt. Sie beobachtete, wie Leo zu ihm hinübersauste und aufgeregt um ihn herumsprang. Sie sah jede Einzelheit seines dunklen, gutaussehenden Gesichts, das sie verfolgt hatte. Sie erinnerte sich an den Schmerz und wünschte, sie könnte wegrennen – aber sie konnte nicht.

«Ich wußte, daß du kommen würdest», sagte er sanft und legte seinen Arm auf das Wagendach über ihrem Kopf.

Sie konnte ihn nicht ansehen, sonst wäre sie noch schwächer geworden. «Es war ein Fehler. Komm Leo, wir fahren!»

«Du kannst jetzt nicht gehen. Noch nicht.» Patrick öffnete die Wagentür. «Du bist gekommen, weil wir uns noch einmal treffen mußten.» Er nahm ihre Hand. Sie stieg aus. Sie konnte ihm einfach nicht widerstehen. «Komm ins Haus», sagte er. «Wir müssen reden.»

«Und worüber?» Sie entriß ihm ihre Hand. «Über deine Frau?»

«Ryder! Ryder! Laß mich doch erklären.»

Sie wich einen Schritt zurück. Sie durfte nicht zulassen, daß er sie noch einmal berührte. «Du kommst drei Jahre zu spät.»

«Das ist das erste Mal, daß ich wieder in England bin. Ich bin erst vor zwei Wochen hier angekommen, und morgen fahre ich. Jetzt sag mir, daß das kein Schicksal ist.»

«Wir werden bei Mrs. Trumpet erwartet», protestierte sie halbherzig.

«Ruf sie an. Sag ihr, du seist aufgehalten worden. Ryder, es ist wichtig. Wir sind wichtig.»

Sie zögerte.

Er drängte sie zum Telefon im Stall und schickte Leo zu den Ponys mit der Bemerkung: «Ich muß mit deiner Schwester allein reden.»

Sie wollte nicht ins Haus gehen, weil sie Angst hatte, endgültig die Beherrschung zu verlieren. Also setzten sie sich auf die Mauer, wo ihre Mutter und sie einst über den Krokussen gehockt hatten. Nur daß jetzt keine Krokuszeit war.

«Ich nehm's dir nicht übel, daß du mich haßt», begann er. «Ich erwarte auch nicht, daß du mir verzeihst. Das würde ich an deiner Stelle auch nicht tun. Aber du mußt die Wahrheit wissen. Als du in Palm Beach ankamst, war ich in Argentinien, um meine Frau um die Scheidung zu bitten. Natürlich hätte ich dir von Maria Luisa erzählen müssen, aber unsere Ehe dauerte nur sechs Wochen, und ich hatte sie seit zwei Jahren nicht mehr gesehen.» Er hielt einen Moment inne. «Und ich wußte nicht, daß ich einen Sohn hatte, bis ich zurückkehrte. Als sie mir von Tancredi erzählte, glaubte ich, er sei nicht von mir. Aber als ich ihn sah, wußte ich es besser. Sie sagte, wenn ich wieder heiraten würde, sähe ich ihn nie wieder. Nach argentinischem Recht gibt es keine Scheidung, nur eine Trennung. Ich könnte die Scheidung woanders durchkriegen, sie nicht.»

«Aber ihr lebt doch nicht mehr zusammen.»

«Ach, das ist ihr egal, solange es keinen Skandal gibt.»

Ryder ging über den Hof zur Koppel hinüber, lehnte sich auf die Einzäunung und blickte zu den Ponys auf der Weide, ohne sie wirklich zu sehen. Patrick folgte ihr. «Ich tat, was ich damals für das Beste hielt», sagte er.

«Die Wahrheit hätte mich weniger verletzt.»

«Ich hätte dich auch hinhalten können, um dich nicht zu verlieren.»

«Also wirst du dich nie... scheiden lassen?»

«Ich dachte, nicht. Aber jetzt bin ich mir nicht mehr sicher.»

Das Schweigen hing zwischen ihnen. Sie wollte noch mehr von ihm wissen, fürchtete aber, diesen Augenblick zu zerstören.

«Da ist noch etwas», sagte er. «Tancredi ist Bluter. Wie könnte ich meinen Sohn aufgeben, wenn er krank ist?»

«Ich würde dich nie darum bitten. Niemals!» Tränen brannten in ihren Augen. Sie biß sich auf die Unterlippe, um sie zurückzuhalten. «Wenn du mir nur alles erzählt hättest! Kannst du dir vorstellen, was du mir in jener Nacht in Palm Beach angetan hast? Hast du jemals innegehalten und nachgedacht, wie es für mich gewesen ist, nach Bailing zurückzukehren? Am Telefon zu sitzen, Nacht für Nacht, und zu warten, zu hoffen? Wenn du mir etwas erklären wolltest, dann war damals die richtige Zeit dafür. Wäre ich heute nicht gekommen, dann hätte ich es nie erfahren.» Sie ging zum Auto zurück und rief nach Leo.

Er holte sie ein, als sie sich in den Wagen setzte, nahm ihr Gesicht in beide Hände und zwang sie, ihn anzusehen. «Aber du bist gekommen – weil du mehr meine Frau bist, als Maria Luisa es jemals war!»

Jetzt war es zu spät, um Mrs. Trumpet zu besuchen. «Wir fahren ein andermal hin», versprach Ryder Leo in dem Versuch, sich auf das Nächstliegende zu konzentrieren und nicht an Patrick zu denken. Sie zögerte, dann fügte sie hinzu: «Ich habe ihr erzählt, daß es mir nicht gutginge. Bitte erwähne Patrick nicht, sie wäre dann gekränkt.»

Leo starrte aus dem Fenster. «Wird er uns besuchen?»

«Ich weiß nicht.»

«Ich hoffe nicht.»

«Ich dachte, du magst ihn.»

«Das stimmte auch.» Er schürzte die Lippen. «Aber er ist ja weggegangen.»

Ryder blickte ihn an. Er zeigte wieder seine bleiche Sorgenmiene. Sie fühlte sich schuldig, doch dann wischten die Gedanken an Patrick alles andere beiseite, und sie merkte kaum noch, wie sie fuhr oder etwas anderes tat, bis sie in King's Lynn ankamen. Dort hielt sie vor einem Elektrogeschäft. «Hilfst du mir, unseren Farbfernseher auszusuchen?» fragte sie, schon weniger schuldbewußt, als sie sah, wie sich sein Gesicht vor Aufregung belebte.

Es war dunkel, als sie endlich Bailing erreichten. Im Büro und der Schule war noch Licht. Ryder konnte es kaum abwarten, mit Immy allein zu sein, um ihr von Patrick zu erzählen. «Ja, ich habe letztendlich doch kapituliert», gestand sie Violet, als sie den Fernseher in den Tower trug. Sie sah sich um.

«Wo ist Immy?»

«Es tut mir leid, meine Liebe.» Violet händigte ihr eine Notiz aus und ging langsam zum Büro zurück.

Liebe Ryder,
niemand könnte mehr für mich tun als Du, aber ich habe einfach nicht Deine Willenskraft. Es gab Momente, in denen ich Deine Tasche anstarrte und fast Deine Brieftasche genommen hätte. Ich muß gehen, bevor es dazu kommt.

Bitte verzeih mir.

Deine Immy

Sie rief in der Wohnung in London an. Immy hob selbst ab. «Du bist bestimmt wütend.»

«Ich melde dich in einer Klinik an. Ich bringe dich selbst dorthin.»

«Ich gehe aber nicht in eine Klinik.»

«Immy, hör zu.»

«Ich habe es satt zuzuhören! Flugzeuge! Bailing. ‹Ryder ist ja so toll.› Wieder Flugzeuge. All die Leute, die mich beobachten, ob ich auch ja nicht ihr Geld nehme. Die mich beobachten und hinter meinem Rücken kichern.»

«Sie wollen dir nur helfen.»

«Es fehlt mir aber nichts. Du bist genau wie Alix. Ständig am Meckern und Kritisieren. Ich habe die Nase voll davon. Laß mich in Ruhe!» Imogen knallte den Hörer auf.

Ryder wartete, daß Imogen wieder anrief. Unruhig wanderte sie umher und übte schon ihre Antwort ein: «Ich verstehe dich. Nein, ich bin nicht gekränkt.» Aber das Telefon blieb still.

Sie griff nach ihrem Adreßbuch und blätterte die Seiten durch. Dann wählte sie eine Nummer. Es klingelte einmal, sie holte tief Luft. Es klingelte wieder, und ihre Lippen wurden vor Anspannung weiß. Es klingelte noch einmal. Sie schluckte hart. «Alix. Hier ist Ryder. Imogen braucht Hilfe.»

«Ach, dann hast du es endlich auch gemerkt?» Die Stimme klang tief und spöttisch, genau wie an dem Sonntagnachmittag, als sie sich kennengelernt hatten.

«Ich will nicht mit dir streiten. Du bist in London, du könntest etwas tun.»

«Und was?»

«Nimm sie wieder in deiner Agentur auf. Bring sie zum Arbeiten.»

«Kommt gar nicht in Frage.»

«Alix, du hast mit Immy ein Vermögen gemacht. Wenn sie jetzt Probleme hat, dann nur, weil sie schwach ist. Aber sie ist doch unsere Freundin.»

«Dann hilf du ihr doch.»

«Ich hab's ja versucht!» schrie Ryder.

«Ich auch», schrie Alix zurück. «Und durch ihre Unehrlichkeit fast mein Haus verloren.»

Ryder rief in Gatehouse an. Patrick hatte recht. Das Schicksal hatte sie wieder zusammengebracht. Sie brauchte ihn, sehnte sich nach seiner Stimme, seiner Berührung. Das Telefon klingelte und klingelte. Niemand nahm ab. Warum sollte er auch? Sie hatte ihm ja nicht gesagt, daß sie anrufen würde. Sie war ohne ein Wort abgefahren, zu aufgebracht, um etwas sagen zu können.

Sie saß am Tisch, den Kopf in ihren Händen vergraben. Sie weinte nicht, sie war einfach nur benommen. Die Tür öffnete sich, und Michael kam herein. Er legte seinen Arm um sie und hielt sie so fest, daß sie fühlte, wie seine Kraft sich auf sie übertrug. «Sie haben Ihr Bestes gegeben, Miss Biggles», sagte er.

Dann ging er, weil er spürte, daß sie allein sein wollte. Draußen hörte sie ihn sagen: «Komm, Leo! Wir machen uns einen schönen Männerabend mit Fish and Chips.»

«Meinen Sie mich?» fragte Leo.

«Bist du nicht Leo?»

«Doch, aber Sie wollten noch nie etwas mit mir machen.»

«Bis jetzt warst du auch noch nicht alt genug.»

Als sie zurückkehrten, lag Ryder schon im Bett. In dieser Nacht träumte sie, sie würde Michael heiraten.

Als er am nächsten Morgen ankam, hatte sie ihren chinesischen Morgenmantel für besondere Anlässe an und röstete gerade Toast. Ihr Haar war weich und roch nach Shampoo, ihre Augen blickten strahlend und klar. Er ging quer durch die Küche auf sie zu. Sie lächelte unsicher. Dann packte er sie bei den Schultern. «Wenn Sie sich mit Patrick Brendan treffen, dann erzählen Sie mir keine Lügen über einen Besuch bei der Haushälterin», sagte er wütend.

«Aber das war nicht geplant.»

«Warum haben Sie dann Ihr elegantes Seidenkleid angezogen?» Er zog sie näher an sich heran, daß der Metallreißverschluß seiner Fliegerjacke sich in ihre Brust drückte. «Keine Spielchen mit mir, Ryder», warnte er sie. «Ich bin unversöhnlich und nachtragend.»

Kapitel 28

Patrick sandte Ryder einen riesigen Strauß roter Rosen, ein offenes Ticket nach Miami und eine kurze Notiz: «Gib mir Zeit.» Der Florist traf drei Tage nach ihrer Begegnung ein, mitten in einem Regenguß und zu einem Zeitpunkt, da sie alle Hoffnung aufgegeben hatte, von ihm zu hören. Sie arrangierte die Rosen in einer Vase auf dem Küchentisch und genoß den berauschenden Duft jeder einzelnen samtenen Blüte. Dann las sie wieder und wieder seine Nachricht. Sie konnte es kaum abwarten, zu ihm zu fliegen und ihn zu sehen. Fred unterbrach ihre Träumerei. Er öffnete die Tür und brachte eine Böe von Wind und Regen mit in den Tower. «Der alte Fluß bricht über die Ufer, aber der Kanal ist nur halbvoll. Violet sagt, daß Miss B. B. nicht da ist. Sie müssen los, die Schleusen öffnen, oder wollen Sie hierbleiben und unsere Flugzeuge festbinden, während ich zur Mühle gehe?»

Sie stellte sich vor die Vase. «Wo ist Michael?»

«Das sollten Sie doch wissen.»

«Ach, Fred, hören Sie auf damit! Sie sind ja so schlimm wie meine Großmutter.» Sie nahm sich eine Jacke. «Wie auch immer, Sie haben ihn ja noch nie gemocht.»

«Das hat sich aber geändert.»

Sie drängte sich an ihm vorbei und zog den Kopf zum Schutz vor dem Regen ein, der in Bindfäden auf den Asphalt prasselte, wie an dem Morgen der Einweihungsparty, als sie zur Mühle gerast war – zu Patrick. «Ich kümmere mich um die Schleusen», rief sie. «Die Flugzeuge sind das Wichtigste. Können Sie Violet bitten, auf Leo aufzupassen?»

«Wissen Sie, was Sie tun müssen?» schrie er ihr nach, als sie zum Auto flitzte.

Sie schüttelte den Kopf, und Regentropfen spritzten aus ihren Haarspitzen.

«Drehen Sie an der Kurbel des Mühlrads. Aber achten Sie auf Ihre Hände, sonst sind sie ab. Und Patrick Brendan schickt Ihnen keine Rosen mehr!»

Sie fuhr ohne Kommentar davon.

Die Felder rund um Bailing waren überschwemmt, die Straße stand unter Wasser. Aber der Wasserstand im Mühlteich war nicht höher als sonst, und die Brücke zur Mühleninsel lag wie üblich zwölf Fuß über dem Kanal, dem Bereich, der durch die Schleusen den Tunnel unter dem Haus entlang und in den Mühlteich verlief. Sie parkte auf dem kiesbedeckten Hof. Der stand bereits unter Wasser, das von der Wiese hochsickerte und ein Heer wilder Narzissen ertränkte. Noch als sie es sich ansah, meinte sie zu sehen, wie der Wasserrand höher stieg und nun an die Gartenmauer plätscherte.

Ryder hatte Hemmungen, ein fremdes Haus zu betreten, vor allem das einer Frau, die sie nicht mochte. Also ging sie erst mal durchs Gartentor. Aber als sie die Tür in der Mauer öffnete, sah sie, daß das Wasser die Stufen schon erreicht hatte. Das Gemüse im Garten war überschwemmt, nur die gelblichgrünen Spitzen der Buchsbaumhecken waren noch sichtbar, ihr pfeffriger Geruch hing schwer in der feuchten Luft.

Sie eilte zum Haus und hämmerte an die Tür, obwohl sie wußte, daß niemand da war. Es kam keine Antwort. Sie drehte am Türgriff. Die Tür war unverschlossen, quietschend öffnete sie sich, dahinter wurde eine geflieste Halle sichtbar. Sie wirkte spartanisch, aber überraschend ordentlich im Vergleich zum Äußeren des Hauses. An der Türschwelle zögerte sie abermals. Die Mühle ächzte, als würde sie von einer riesigen, unsichtbaren Hand zusammengedrückt. Ryder hatte schon Visionen, daß sie über ihr zusammenbrechen und sie selbst unter den Trümmern begraben würde, während der Fluß anstieg und all ihre Hilfeschreie ungehört verhallten. Sie wünschte, sie wäre bei den Flugzeugen geblieben. Aber sie konnte jetzt nicht kneifen. Nicht nur die Rettung der Mühle hing vom Wasserstand ab, sondern auch die von Bruja in ihrem Stall dicht am Fluß und die vom Flugplatz. Das ganze Dorf hing davon ab.

Sie zwang sich also, über die Fliesen und durch einen Bogen in einen holzverkleideten Wohnbereich zu gehen, von wo eine hölzerne Wendeltreppe hinauf zu einer Galerie führte. Das Geräusch der stürzenden Wassermassen war ohrenbetäubend. Im Dielenboden war ein Quader aus dickem Glas eingelassen. Dadurch blickte man direkt auf den Tunnel, der den Fluß durch die Schleusentore in den Teich leitete. Hinter dem Glasquader führte eine rostige Eisentreppe in das Dunkel des Kellergeschosses. Sie erspürte sich ihren Weg, tastete sich mit dem Fuß vorsichtig die Stufen hinunter, bis sie endlich die Schleusen erreichte.

Sie liefen ungefähr zehn Fuß waagerecht über den Tunnel und hatten an der einen Seite ein Zahnrad und an der anderen eine Handkurbel. An der mußte sie drehen, um den Schaft durch die Haupträder zu treiben, die ihrerseits die Schleusen öffneten. Ryder warf ihre Jacke auf den Boden, rollte die Ärmel auf und griff nach der Kurbel. Sie bewegte sich keinen Zentimenter. Sie drückte ihre Schulter daran und versuchte es noch einmal. Nichts rührte sich. Das Wasser hinter ihr stieg rasch an. Es spritzte durch eine zerbrochene Fensterscheibe hinein. Ihre Hände rutschten an der glitschigen Kurbel ab. Das Wasser spülte ihr bereits um die Füße. Einen Moment noch, und sie saß hier fest.

«Ryder!»

Sie drehte sich um. Michael stand auf der Treppe. Sein Hemd war klatschnaß und zerrissen, die Jeans durchweicht und ölverschmiert, die Haare klebten ihm an der Stirn.

«Helfen Sie mir!» Sie mußte schreien, um zu ihm durchzudringen.

«Unter dem Rad ist ein Ast eingeklemmt.» Er wies in die Tiefe. «Ich muß ihn rausziehen. Verschwinden Sie da, sonst sitzen Sie fest.»

Sie war froh hinauszukommen. Wenn sie schon sterben sollte, dann wenigstens im Freien und nicht unter Wasser. Am Ufer des Mühlteichs sicherte Michael sich mit einem Seil um die Taille und band das andere Ende an einen Baum.

«Aber Sie können doch nicht den Tunnel hinaufgehen!» protestierte sie.

«Irgend jemand muß es tun.»

Er hielt eine Taschenlampe und eine Axt über den Kopf und watete in den Teich, hielt sich immer in der Nähe der Mühlenmauer und so weit wie möglich weg von der reißenden Strömung in der Mitte des Tunnels. Einen Moment lang sah Ryder ihm zu, dann schlitterte sie das schlammige Ufer hinunter und watete hinter ihm her.

«Gehen Sie zurück!» schrie er.

Sie ging weiter, ihre Turnschuhe versanken mit einem schmatzenden Geräusch im Schlamm. «Ich werde das Seil festhalten.» Sie schlang das zweite Ende des Taus um ihren Leib. «Wenn die Schleusen brechen, könnten Sie bewußtlos geschlagen werden.»

«Sie können mich aber nicht halten.»

«Ich kann es zumindest versuchen.»

Er sah sie an. Sie zitterte, das Haar hing ihr in Strähnen hinunter, ihre Bluse klebte an ihrer Brust. «Gehen Sie bis zum Stützpfeiler», befahl er dann. «Wenn das Wasser hereinplatzt, greifen Sie nach dem Eisengriff, bevor Sie hinausgeschleudert werden.» Er griff nach dem Seil um ihre Taille und lockerte den Knoten.

«Und wenn es sein muß, kümmern Sie sich nicht um mich.»

Er watete in den Tunnel. Der Fluß bedeckte kaum seine Knie. Das Dach war nur sechs Fuß über seinen Kopf. Wenn die Schleusen brachen, während er im Tunnel war, würde die gesamte Wucht des oberen Flusses über ihn hineinbrechen. Das Licht der Taschenlampe stand nun still. Michael hatte die Schleusen erreicht und bückte sich, um etwas herauszuziehen. Ryder hielt den Atem an und beobachtete die Schleusen. Sie bewegten sich nicht. Er richtete sich wieder auf und hob den rechten Arm. Dann war ein Krachen zu hören, und das Beil fuhr in den Ast. Das Geräusch hallte im Tunnel wider wie eine Gewehrkugel. Ryder sprang vor Schreck in die Höhe. Wieder beugte er sich nieder, um am Ast zu ziehen. Dieses Mal kam er frei. Michael drehte sich um und sah, wie sie ihn beobachtete. Er gab ihr das «Okay-Zeichen». Es war zu dunkel, als daß sie seinen Daumen hätte sehen können, doch sie verstand trotzdem. Vor Erleichterung wurde ihr fast schwindlig. Michael ging nun langsam auf sie zu, die Taschenlampe in der einen, die Axt in der anderen Hand. Er lief unter dem Glasquader im Wohnzimmerboden durch. «Das Seil!» schrie er.

«Was?»

Dann gab es eine Explosion wie von einer Kanonenkugel. Ryder schrie auf. Die Schleusen waren gebrochen. Eine riesige Wand tosender Wassermassen stürzte durch den Tunnel. Michael versuchte, sich zum Ausgang durchzukämpfen. Sie hielt ihm ihre Hand entgegen. Er streckte seine nach ihr aus. Doch das Wasser packte ihn, hob ihn hoch, schleuderte ihn aus dem Tunnel und spannte das Seil mit so einer Wucht, daß es ihr die Haut am Bauch wegriß.

Das Wasser warf Ryder hinter den Stützpfeiler zurück, füllte ihren Mund, ihre Augen und ihre Lungen. Hustend und spuckend schnappte sie nach Luft. Ihr Ellbogen stieß krachend an etwas Hartes. Sie schrie auf. Es war ein Eisengriff. Sie packte ihn und hielt sich mit schmerzendem Arm daran fest, während das Wasser sie von einer Seite zur anderen wirbelte.

Plötzlich fühlte sie eine Hand auf ihrer, und Michaels Arm umfaßte ihre Taille. Er hielt sie an der Mauer fest. «Wir kommen hier raus», schrie er ihr ins Ohr, aber sie konnte nicht antworten, so sehr klapperte sie mit den Zähnen.

Einen Moment noch waren sie weit unterhalb der Brücke, im

nächsten trieben sie schon auf sie zu. «Kommen Sie.» Er zog sie auf die Füße. «Sie wird vielleicht umstürzen. In der Halle ist es am sichersten, die steht auf festem Grund.»

Im Hof hatte das Wasser bereits den unteren Rand ihrer Wagentüren erreicht. Ryder zögerte, aber Michael drängte sie weiter. In der Halle blieben sie stehen und tropften den Steinboden naß. Ryder fror. Das Geräusch des Wassers, das durch die Schleusen strömte, war ohrenbetäubend. Das ganze Gebäude erzitterte unter diesem Druck. Jedesmal, wenn es im Gebälk krachte, wollte sie aufschreien, doch sie biß sich auf die Lippen, um nicht die Kontrolle zu verlieren.

«Ich suche uns ein paar Decken», sagte Michael.

Es schien ihr, als bliebe er stundenlang weg. Sie lehnte mit geschlossenen Augen an der Mauer. Ihr Bauch brannte. Jetzt spürte sie es, vorher im Mühlteich hingegen hatte die Angst den Schmerz betäubt. Sie hob ihr Hemd. Die Haut war rot und abgeschürft.

Michael kam mit einer Decke zurück. Er legte sie ihr um die Schultern und nahm behutsam ihr Haar, um es auszuwringen.

«Es tut mir leid, daß ich das Seil nicht eingezogen habe», sagte sie. «Ich weiß nicht, wie ich das habe vergessen können. Ich war so erleichtert, Sie in Sicherheit zu sehen.»

Er nahm sie bei den Schultern. «Ich weiß nicht, wer sich sonst noch mit mir ins Wasser getraut hätte.»

Ein Krachen aus dem Kellergeschoß ertönte, und das Geräusch von zerberstendem Glas, als ein weiteres Fenster unter der Belastung nachgab. Ryder versuchte, ihren Schrecken nicht zu zeigen, aber es gelang ihr nicht. Er zog sie näher an sich heran. Sie lehnte sich an ihn und umschlang ihn halb mit der Decke, während ihr Körper seine Wärme suchte.

Er nahm ihr Kinn in seine Hand und hob es hoch, um ihr in die Augen zu sehen. «Ist das wieder ein Spiel?»

Tränen stiegen in ihr hoch, dabei wußte sie noch nicht einmal, warum. Es gab keinen Grund zum Weinen, es sei denn, die reine Erleichterung, noch zu leben.

Sein Mund streifte ihre Lippen. «Das sollte es besser nicht sein.»

Sie antwortete nicht. Es war nicht nötig. Sie hätte jedenfalls nicht gewußt, was sie antworten sollte. Die Welt jenseits des Sturms hatte ihre Bedeutung verloren! Das Leben war hier, inmitten der Gefahr, die alles intensiver werden ließ: ihre Furcht und ihr Verlangen. Er küßte sie hart. Sie erwiderte seinen Kuß und klammerte sich an ihn, hatte ihre Arme um seinen Hals geschlungen und genoß seine Stärke, sein nasses Haar in ihrem Gesicht, seine dampfenden, glitschigen Kleider und den Geruch vom Mühlteich, der sie beide umgab.

Wieder zerbarst ein Fenster im Untergeschoß. Sie verschloß ihre Ohren vor diesen Geräuschen, griff nach seinem Gürtel, während er ihr das Hemd von den Schultern riß, ihren Nacken und ihre Brüste küßte, seine Finger in ihre Schulterblätter vergrub, ihre Brustwarzen mit seinen Lippen liebkoste, bis sie vor Lust aufstöhnte.

Er zerriß die durchnäßten Schnürsenkel ihrer Turnschuhe und streifte ihr dann die nassen Jeans von den Hüften. «Was ist das?» Er sah den roten Striemen an ihrem Bauch.

«Nichts.» Sie zog ihn an sich. «Nichts Wichtiges.» Sie zog den Reißverschluß seiner Jeans auf. «Nichts ist jetzt wichtig.»

Er preßte sie gegen die Steinmauer. Die Steine drückten sich in ihr Kreuz, aber sie fühlte kaum den Schmerz. Eher noch erhöhte es ihr Verlangen. Diese Rauhheit, die karge, kalte Halle, der Sturm. Und dieser Mann, den sie jetzt nicht mehr hätte aufhalten können, selbst wenn sie es gewollt hätte. Er hob sie zu sich hoch, drang in sie ein, verließ sie wieder, provozierte sie, spielte mit ihr. Sie fühlte, wie der Orgasmus wie eine Woge über sie hinwegrollte, ihre Gliedmaßen hinunter, durch ihre Adern, ihre Muskeln schwächte, über ihre Haut fuhr, die Härchen auf ihren Armen aufstellte. Sie fühlte ihn über ihr Gesicht und die zarte Haut ihrer Ellbogeninnenseiten streichen, bis sogar die Außenseiten ihrer Finger so empfindlich waren, daß es fast schmerzte.

Erst dann wurde ihr bewußt, daß sie sich in Patricks Haus befand.

Sobald der Regen aufhörte und die Straße einigermaßen trocken war, fuhr Michael Ryder zurück zum Flugplatz. Sie saß schweigend und schuldbewußt in ihre Decke gewickelt. Natürlich wäre nichts zwischen ihnen passiert, wenn nicht dieser Sturm über sie hineingebrochen wäre. Aber es war geschehen und noch dazu in Patricks Haus. Sie schauderte unwillkürlich. Die Intensität ihres Orgasmus klang immer noch in ihr nach. Sie konnte sich also noch nicht einmal vormachen, daß sie es nicht genossen hätte.

«Du brauchst jetzt ein heißes Bad.» Michael drehte die Hähne auf und summte, als das Wasser hinausschoß. Sie beobachtete ihn und hoffte, er würde nicht erwarten, die Nacht bei ihr verbringen zu können. Sie wollte seine Gefühle nicht verletzen, aber in einer Woche würde sie schon bei Patrick in Palm Beach sein, und dieser Zwischenfall würde der Vergangenheit angehören.

Er nahm ihr die Decke ab. «Los, steig in die Wanne. Ich werde dir die Haare waschen.»

«Das kann ich selbst.» Sie fühlte sich nackt und ungeschützt.

«Keine Widerworte!» Er drehte die Dusche über ihrem Kopf auf. Sie schloß die Augen hinter dem tropfenden Vorhang ihrer Haare, während die Rückstände des Mühlteichs ihr an Rücken, Schultern und Brüsten hinunterliefen. Wie hatte sie Patrick nur betrügen können? Wie hatte sie einem anderen Mann erlauben können, in sie einzudringen, ihr Inneres zu erreichen, wo nur Patrick sein sollte?

«Das genügt.» Sie wickelte das Handtuch fest um sich.

Mit der Bettdecke um die Schultern saß sie aufrecht im Bett, während Michael ihr die Haare trocknete. Als sie sich vorlehnte, konnte sie die Wärme seines Körpers spüren und den Teich an seinen Kleidern riechen, und auf einmal hatte sie wieder den Moment vor Augen, als er sich in sie drängte.

«Mein Haar ist trocken.» Sie entzog sich ihm.

«Ich mache uns einen Grog.» Michael verschwand nach unten.

Sie hätte fast gerufen: «Mach dir keine Umstände. Wirf einfach den Schlüssel in den Briefkasten.» Aber sie ließ es.

Die Wärme ihrer Bettdecke machte sie schläfrig. Sie schmiegte sich tiefer ins Bett und schloß die Augen, um sich Patricks Bild in Erinnerung zu rufen. Sein dunkles, gutaussehendes Gesicht, sein fröhliches Lächeln. Aber als sie sich seine Berührung vorstellte, war es nicht seine – sondern Michaels.

Plötzlich bemerkte sie, daß die Dusche lief. Michael wollte also bleiben. Seine Anmaßung versetzte sie in Wut. Sie bereitete schon eine kleine Rede vor: «Als Geschäftspartner sollten wir unsere Beziehung rein platonisch halten.» Sie beschloß, Patrick nur im äußersten Notfall zu erwähnen.

Er verließ das Badezimmer und ging hinüber zur Küche. Dann wurde es still. Sie fragte sich, was er wohl machte. Die Haustür öffnete sich, und er ging hinaus. Sie hörte seine Autotür schlagen, und seltsamerweise war sie enttäuscht. Sie hätte nicht erwartet, daß er sie so wenig ernst nahm.

Ein paar Minuten später kehrte er zurück. Sie hörte seine Schritte auf der Treppe. Er kam in seiner Fliegerkluft herein, die er immer in der Schule ließ. Er stellte sich neben ihr Bett und sah auf sie hinunter. Sie lächelte vorsichtig und versuchte, sich in Erinnerung zu rufen, was sie hatte sagen wollen. Aber alles an ihm erinnerte sie an die Mühle.

«Du hast vergessen, mir Bescheid zu sagen.» Er hielt das Flugticket nach Miami in der Hand.

«Warum sollte ich das?» Sie brauste auf, mit der Wut der Ertappten.

«Ich sagte doch: keine Spielchen.» Langsam zerriß er das Ticket in zwei Hälften und ließ es auf ihr Bett fallen. Dann ging er die Treppe hinunter und fuhr davon.

Ryder lag in ihrem Bett und schäumte vor Wut. Wie konnte er es wagen, sie so zu behandeln. Er wußte doch, wie sehr sie Patrick liebte. Die Erinnerung an den Nachmittag ließ ihr die Schamesröte ins Gesicht steigen. Sie war Patrick untreu gewesen, nicht Michael.

Je eher sie nach Florida fuhr, desto besser. Es bestand keinerlei

Notwendigkeit, Patrick von dem zerrissenen Ticket zu erzählen. Dann hätte sie einiges zu erklären. Die Fluggesellschaft würde es schon ersetzen. Sie wählte Patricks Nummer. Er nahm erst nach dem zehnten Klingeln ab. «Du hast doch sicher noch nicht geschlafen», sagte sie gutgelaunt. «Bei dir ist es doch erst acht Uhr.»

«Ich habe mich ein bißchen hingelegt.»

Sie lachte leise. «Das klingt verlockend.»

«Ja.» Die Laken raschelten, als er sich umdrehte.

«Danke für die Blumen – und das Ticket.»

«Hör mal.» Er hielt inne. «Kann ich dich zurückrufen?»

«Ja. Natürlich.» Sie versuchte, sich ihre Enttäuschung nicht anmerken zu lassen. «Ich wollte nur kurz anrufen, um Bescheid zu sagen, daß ich nächste Woche komme.»

«Wir sprechen später darüber.»

Sie hörte, wie im Hintergrund leise eine Tür geschlossen wurde. «Ist jemand ... bei dir?»

«Ich rufe dich morgen an.»

«Patrick!»

«Sei nicht albern.»

Sie lag auf ihrem Bett und starrte an die Decke. Patrick hatte immer noch in erschreckendem Maße die Fähigkeit, ihr weh zu tun. Es war jemand bei ihm gewesen. Sie hatte es von dem Moment an gespürt, als er den Hörer abhob. Sie hatte es an seiner Art zu sprechen erkannt, denn so hatte er auch immer gesprochen, wenn er mit ihr im Bett war.

Ryder entschloß sich, Patrick mit eisiger Ruhe zu begegnen. Sie würde ihn nicht merken lassen, wie sehr er sie verletzt hatte, dieses Mal nicht.

«Du hast gerade irgendeine Frau gevögelt, du Scheißkerl, und lüg mich jetzt nicht an!» schleuderte sie ihm durch die Leitung entgegen.

«Aber ich will nur dich. Sie bedeutet mir nichts. Du mußt doch auch andere Männer gehabt haben.»

Durch ihre eigene Schuld war sie zum Schweigen verdammt.

Er lachte. «Wir reden darüber, wenn du hier bist.»

«Nein, Patrick», widersprach sie. «Wenn du mit mir reden willst, dann mußt du hierher kommen. Ich werde dir nicht um die Welt nachreisen wie ein Warenpaket auf Probe.»

«Ich würde ja kommen, Liebling, aber ich kann nicht. Nicht mitten in der Saison.»

Sie stand auf, damit ihre Stimme sich entschiedener anhörte. «Wenn du nicht einmal eine Polosaison unterbrechen kannst, kann ich wohl kaum mein ganzes Leben aufs Spiel setzen.»

Kapitel 29

Manche Winter in Bailing waren härter als andere, und dieser war einer von den ganz harten. Patrick hatte eine Woche lang jeden Tag angerufen, aber Ryder wollte nicht mit ihm sprechen. Wenn er gekommen wäre, hätte sie sich ihm in die Arme geworfen, aber er kam nicht. Sosehr sie sich auch nach ihm sehnte, sie konnte jetzt keinen Rückzieher machen. Sie mußte sicher sein, daß er sie wirklich liebte, bevor sie ihm gegenüber wieder Gefühle zeigen konnte. Als ein Monat vergangen und er immer noch nicht gekommen war, schickte sie ihm in einer letzten dramatischen Geste die zwei Hälften des Flugtickets.

Michael hatte seit jenem Nachmittag in der Mühle kaum mit ihr gesprochen, aber er wußte von Patricks Anrufen. Als sie nicht nach Florida flog, war sie sicher, er meinte, es wäre wegen des Vorfalls in der Mühle. Entrüstet wartete sie, daß er sich ihr näherte, und studierte schon die Worte ein, mit denen sie ihn abweisen wollte.

Sie kam mit Leo aus dem Kino zurück, als sie bemerkte, daß die Lichter in der Schule noch an waren. Michaels Auto stand davor, und sein dunkler Schopf war über den Schreibtisch gebeugt. Sie drückte sich in der Küche herum, während Leo sein Abendessen verzehrte. Dann versuchte sie fernzusehen, lauschte aber weiterhin auf Michaels festen Schritt auf der Terrasse. Schließlich entschied sie, ihm gegenüberzutreten. Sie warf sich den Mantel über und öffnete die Tür. Aber sein Auto stand nicht mehr da. Sie ging zu Bett und fühlte sich wie die Sabinerin, die niemand hatte rauben wollen.

Die Tage wurden kürzer. Am frühen Abend schon war der Flugplatz menschenleer. Michaels Haltung änderte sich nicht. Zunächst tat Ryder so, als machte es ihr nichts aus, aber sie vermißte seine Gesellschaft und das fröhliche Geplänkel mit ihm so sehr, daß sie nach einigen Wochen fast alles getan hätte, um den alten Zustand wiederherzustellen. Eines Tages sagte sie mit bemühter Beiläufigkeit: «Wie wär's mit einem Drink im *Bailing Arms*?»

«Ich habe zu tun.» Er ging zu seinem Auto.

Vierzehn Tage später fuhr er nach St. Lucia in den Urlaub. Violet verriet, daß er das Mädchen mit dem kurzen blonden Haar mitgenommen hatte. In dieser Nacht, als Leo schon im Bett war, saß Ryder allein am Küchentisch wie so oft in der letzten Zeit. Sie fing einen Brief an Immy an. Dann gab sie auf und öffnete eine Flasche Wein. Sie fing einen zweiten Brief an, kam aber nur bis zum ersten Absatz. Was interessierten Immy schon ihre Probleme? Wer interessierte sich überhaupt dafür? Sie hatte keine Freunde, außer Debbie, Susan und Frankie, die sie kaum sah. Alle anderen hatten ihr Leben verlassen, waren von ihr verjagt worden, weil sie sie verletzt hatten oder von ihr verletzt worden waren: Patrick, Alix, Adam, Immy – und jetzt Michael.

Sie öffnete eine zweite Flasche Wein. Es war billiger Rotwein, der wie Spülbrühe schmeckte. In ihrem Kopf begann sich alles zu drehen. Sie schleppte sich hoch in ihr Schlafzimmer, legte sich hin und versuchte, sich auf das Licht in der Mitte der Decke zu konzentrieren. Sie mußte das Bewußtsein verloren haben, denn kurz nach Mitternacht wurde sie wach und fühlte sich so elend, daß sie glaubte, sterben zu müssen. Sie schwankte hinunter ins Badezimmer, steckte den Finger in den Hals und erbrach sich in die Toilette. Der Geschmack war abscheulich. Kalter Schweiß lief ihr übers Gesicht. Sie lehnte sich an die Wand und weinte. Sie war wirklich ihres Vaters Tochter. Er hatte auch nur einen Freund gehabt, George Brendan Broughton, und der war tot.

Als Michael fit und sonnengebräunt zurückkam, fragte Ryder ihn nicht, ob er den Urlaub genossen hatte, und er erzählte ihr auch nichts. Sie redeten nur über die Schule, sonst nichts. Dann fuhr er fort, und aus dem Kassettenrecorder in seinem Wagen schallte in voller Lautstärke ein karibisches Liebeslied über den Flugplatz.

Das kalte Wetter brachte eine Reihe von Problemen mit sich. Drei Kunden beschlossen, ihre Flugzeuge zu verkaufen, der Schnee blockierte die Rollbahn, die Rohre in Fortune's Fen brachen, der Diskontsatz stieg an und ebenso die Zinsen auf ihr Darlehen. Leo bekam die Masern, und Ryder verbrachte ganze Tage damit, ihn gesund zu pflegen. Der Ölpreis eskalierte, es gab Streiks und Aussperrungen. Die Kurzarbeiter der *Times* traten in Streik, Violet bekam die Grippe, und Imogen antwortete nicht auf ihre Briefe.

Aus einem spontanen Entschluß heraus fuhr Ryder nach London. Was auch immer zwischen Immy und ihr schiefgegangen war, es rechtfertigte nicht das Ende einer Freundschaft. Sie kam im alten Stallungsgebiet an und hörte laute Musik aus Immys Haus dröhnen. Das Geräusch erfüllte die ganze Straße und schlug Ryder entgegen, als sie aus dem Auto stieg. Als sie den fischförmigen Türklopfer benutzte, sank die Lautstärke. Sie bereitete ihre kleine Rede vor. Ein Mann öffnete die Tür. Es war der dunkle Mann mit den schwarzen Andenaugen. «Ja?» fragt er.

«Ich möchte mit Imogen sprechen.»

«Sie ist in den Staaten.»

«Wann kommt sie voraussichtlich zurück?»

«Woher soll ich das wissen?» Er schickte sich an, die Tür zu schließen.

Ryder blockierte sie mit ihrem Fuß. «In einer Woche? Einem Monat? Sie müssen es doch wissen, schließlich befinden Sie sich in ihrem Haus!»

«Tue ich nicht.» Er schob ihren Fuß weg. «Das ist jetzt mein Haus.»

Sie hatte eigentlich nicht vorgehabt, die Nacht in London zu verbringen, aber jetzt war sie wegen Imogen so in Sorge, daß sie einfach nicht fahren konnte. Sie checkte in ein Hotel in Pimlico ein. Am nächsten Morgen rief sie Jeremy an. «Alix ist in L. A.», sagt er. «Komm doch um zwölf ins Büro. Ich habe einen meiner Besuchertage. Wir trinken ein Glas Champagner.»

«Jeremy, bitte! Ich mach mir Sorgen.»

«Ryder, Schätzchen, ich werde nicht um halb neun Uhr morgens Imogens Drogenabhängigkeit besprechen.»

Als sie am Mittag bei Jeremy klingelte, erinnerte sie sich an ihren ersten Tag bei ihm. Seine Mutter hatte damals das Waschbecken überlaufen lassen. Er öffnete die Tür unverzüglich. «Mutter ist oben. Sie will uns beide zum Mittagessen ausführen. Sag ihr schnell hallo, während ich schon mal den Champagner aufmache. Aber bestell ihr um Himmels willen, daß sie ein Schwätzchen auf später verschieben soll.»

Sie trat auf die erste, mit weißem Teppich bezogene Stufe.

«Deine nassen Schuhe! Mein Teppich!» jammerte er.

«Entschuldige.» Sie zog ihre Schuhe aus. «Wir haben in Bailing keine weißen Teppiche.»

«Nicht?! Schätzchen, du bist eine Wilde. Aber dieses schwarze Wollkleid ist göttlich. Karl Lagerfeld?»

«Flohmarkt.» Sie rannte auf Strümpfen zu Lady Heythorp hinauf. Als sie wieder hinunterkam, saß Jeremy hinter seinem riesigen Schreibtisch und nippte rosa Champagner aus einer Sektflöte. «Wir haben Imogen nicht ohne Grund rausgeschmissen», erklärte er. «Sie hat sich Alix' Nerz geliehen und tat dann so, als hätte sie ihn verloren. Nachdem Alix ihrer Versicherung Bescheid gesagt hatte, entdeckte sie, daß Imogen ihn verkauft hatte. Das war eine äußerst unangenehme Szene. Aber Imogen versprach, jeden Pfennig zurückzuzahlen.»

«Alix hat ihr also eine zweite Chance gegeben!»

«Zwei Monate später stahl Imogen ihre Kreditkarten. Sie kaufte Schmuck im Wert von dreißigtausend Pfund in zwanzig verschiedenen Geschäften. Bis wir das herausfanden, hatte sie die Ware schon weiterverkauft und das Geld ihrem kolumbianischen Drogendealer gegeben. Natürlich hatte Alix eine Versicherung für die Karten, aber sie konnte keinen Anspruch darauf erheben, ohne Imogen anzuzeigen. Also nahm sie eine Hypothek auf ihr Haus auf, um die Schulden zu bezahlen. Aber das war das Ende von Imogen und Heythorp & Bassingham.»

Ryder beobachtete, wie die Bläschen in ihrem Champagnerglas aufstiegen. «Warum hat Alix mir das nicht erzählt?»

«Hast du ihr die Möglichkeit gegeben?»

Sie schenkte ihm ein schiefes Lächeln. «Wahrscheinlich nicht.»

«Alix vergißt niemals etwas.» Er zündete sich einen kleinen Zigarrenstumpen an. «Genausowenig wie du.»

Sie stand auf, als Lady Heythorp im Zimmer erschien. «Ich dachte immer, ich sei jedermanns Spielball», seufzte sie. «Jetzt finde ich heraus, daß andere mich für unversöhnlich und berechnend halten – und genau so habe ich immer meinen Vater gesehen.»

Die Nachrichten von Scot's Farm waren düster. Der Zustand ihres Großvaters verschlechterte sich zusehends. Da Bailing bei schlechtem Wetter unbenutzbar war, reiste Ryder mit Leo zu Weihnachten nach Prairieville. Debbie holte sie vom Flughafen ab. Fünf Jahre waren vergangen, seit sie sich das letzte Mal gesehen hatten, doch sie nahmen die Fäden wieder auf, als wäre es gestern gewesen.

«Mom hat das mit Frankie und Susan herausgefunden», erzählte Debbie Ryder.

«Und? Was hat sie gesagt?»

«Sie hat nichts gesagt – sie hat herumgekreischt. Und seitdem hört sie nicht damit auf. Sie bezeichnet Susan als Flittchen und sagt, der Dichter sei ‹einer ihrer vielen Männer› gewesen. Sie meint auch, du hättest den armen Teddy eine Woche vor der Heirat sitzengelassen. Sie spricht sogar nur noch von ‹dem armen Carl›, als wäre ich diejenige gewesen, die herumgeflirtet hätte. Mich macht aber etwas ganz anderes wütend: daß wir drei unsere Zuneigung Männern vor die Füße geworfen haben, denen wir vertrauten.»

«Ich bin besser dran mit Flugzeugen», erklärte Ryder. «Zumindest sind die nicht verheiratet oder untreu.» Sie beobachtete, wie das Mondlicht auf der gefrorenen Landschaft schimmerte, und fragte sich, mit wem Patrick jetzt im weißen Sand von Palm Beach spazierenging.

Scot's Farm war aufgeräumter und funktionaler. Mehr Debbie eben und weniger Greta. Die Abwesenheit ihrer Großmutter ließ sich an den fehlenden Spitzendeckchen erkennen. Ryder ging hinauf zum Zimmer ihres Großvaters. Die Tür war geschlossen. Sie klopfte, doch es kam keine Antwort. Vorsichtig öffnete sie die Tür. Ihr Großvater saß in einem Lehnstuhl am Fenster, hatte eine Decke über den Knien und starrte hinaus in den Schnee.

«Grandpa!» Sie berührte seinen Arm. «Ich bin's, Ryder.»

«Greta!»

Sie wand sich vor Schmerz, als sie in seine leeren Augen blickte, und wußte, daß er im Grunde schon tot war.

Weihnachten ließ sich nicht leicht an, aber sie versuchten, es so schön wie möglich für Leo und Rudy zu gestalten. Sie sangen Lieder unter dem Weihnachtsbaum, fuhren Schlittschuh auf dem See und Schlitten auf der Einfahrt. Am Abend, wenn die Jungen schon im Bett waren, zogen Ryder und Debbie die alten, ausgesessenen Sofas zum Feuer und schwatzten bis spät in die Nacht, begleitet nur vom Knacken der brennenden Holzscheite und vom dumpfen Aufschlag des Schnees, der vom Dach rutschte.

Als Ryder sich von ihrem Großvater verabschiedete, konnte sie kaum sprechen, denn sie war überzeugt, ihn nie wiederzusehen. Sie berührte seinen Arm und beugte sich zu ihm nieder, um seine Wange zu küssen. Er drehte sich halb zu ihr um. Sie hielt den Atem an. In den vergangenen zwei Wochen hatte er nie auf ihre Anwesenheit reagiert. Dann rief er: «Greta!», und Ryder wandte sich ab.

Ihr Vater sollte im Frühling das Gefängnis verlassen. Ryder fürchtete sich vor seiner Freilassung. Sie war sicher, er hatte Bailing noch nicht aufgegeben, und wußte, daß es bei seiner Ankunft auf dem Flugplatz eine Katastrophe geben würde – vor allem, wenn sie und Michael immer noch im Clinch lagen. In Minneapolis kaufte sie eine große Flasche Southern Comfort und ließ sie in rotgoldenes Weihnachtspapier einschlagen.

Bailing funkelte in der Wintersonne. Der Schnee war geräumt worden, die Gebäude sahen proper aus. Ryder war froh, wieder zu Hause zu sein. «Wo ist Michael?» fragte sie Violet.

«Er ist zum Skifahren. Heute morgen aufgebrochen.» Violet sah ratlos aus. «Hat er Ihnen das nicht gesagt?»

«Er hat es wohl vergessen.» Ryder lächelte sie strahlend an. «Ist er mit mehreren in einer Skihütte oder nur mit... wie war noch ihr Name?»

«Mit einer neuen Wie-war-noch-ihr-Name, glaube ich.»

«Wie nett!» Ryder marschierte in den Tower, öffnete ihren Koffer, nahm den Southern Comfort heraus und riß das Geschenkpapier ab.

Sie hatten Kostenvoranschläge eingeholt, um Bailing für Nachtflüge umzubauen. Wegen der Kosten war Ryder unschlüssig gewesen, jetzt aber trieb sie die Sache in Michaels Abwesenheit voran und ordnete an, mit den Umbauten zu beginnen. Gleichzeitig entschied sie, daß die Schule eine Verschönerungskur brauchte. Sie bestellte einen Anstreicher.

Als Michael zurückkam, saß sie gerade am Küchentisch und las Zeitung. Ohne anzuklopfen, platzte er in den Tower. «Meinst du nicht, du hättest mich fragen sollen?» wollte er wissen.

Sie sah auf. «Wenn du mich sprechen willst, dann bitte in meinem Büro. Dies ist mein Haus.»

«Um Himmels willen, Ryder!»

Sie ließ ihre Zeitung sinken. «Wir sind Partner, was die Schule betrifft. Aber nicht in bezug auf Bailing. Das gehört mir.»

Er drehte sich auf dem Absatz um und ging zur Tür. Auf dem

Tisch in der Eingangshalle stand die Literflasche Southern Comfort. «Na, hat dich der Suff wieder?» höhnte er und knallte die Tür hinter sich zu.

Ein kalter Krieg begann. Ryder gab vor, es würde ihr nichts ausmachen. Aber das stimmte nicht. «Michael ist unmöglich», beklagte sie sich bei Fred, der am Motor von Rupert Atheldenes Cherokee herumbastelte.

«Dann sind Sie schon zwei.»

«Wenn es Ihnen hier nicht mehr gefällt...»

«Dann kann ich gehen.» Er warf ihr seinen Schildkrötenblick zu. «Aber das werde ich nicht, denn Sie können den Flugplatz nicht allein führen.»

Sie ging in die Hocke und barg den Kopf in ihren Händen. «Es tut mir leid. Ich hätte es nicht an Ihnen auslassen sollen.»

Wenn nur Patrick an ihrer Seite gewesen wäre, dann wäre alles anders. Sie hätte seine Liebe, seine Unterstützung, und er würde ihre Kämpfe austragen.

Um den gestiegenen Zinssatz auf ihr Darlehen zu decken, mußte Bailing voll genutzt werden. Sie verdreifachten die Schülerzahl und stellten drei neue Lehrer ein, einen in Bailing und zwei in Fortune's Fen. Im Clubhaus richteten sie ein Restaurant ein, das verdoppelte die Anzahl der Mitglieder. Sie bekam die Genehmigung für Nachtflüge. Oft flog sie von Fortune's Fen nach Hause und fand Bailing in einem Lichtermeer vor, voller Leute, die auf der Terrasse des Clubs tanzten. Nach und nach erwirtschaftete sie das Kapital, das während des Winters aufgezehrt worden war. Aber ihr Herz war nicht bei der Sache, jedenfalls nicht so wie früher. Sie hatte niemanden, mit dem sie über die Hochs und Tiefs lachen konnte.

Michaels neue Freundinnen waren unübersehbar. Da gab es Wendy, die geometrische Blondine, und eine Rothaarige mit einem tätowierten Schmetterling auf der Schulter. Ryder ignorierte sie.

Frankie und Susan konnten im Sommer nur ein paar Wochen kommen. Ryder versuchte, ihre Enttäuschung zu verbergen, aber sie bemerkten es trotzdem. «Ich muß mir mit ein paar Flügen zur

Schädlingsbekämpfung die Stunden für die Pilotenlizenz verdienen», erklärte ihr Frankie.

«Du wirst eine Nummer zu groß für Bailing sein, wenn du erst mal eine 747 fliegst.»

Er hakte sich bei ihr unter. «Ich werde niemals eine große Nummer sein. Im Grunde meines Herzens bleibe ich ein Farmerjunge aus Prairieville.»

An ihrem ersten Abend deckte Susan auch für Michael auf.

«Er wird nicht mit uns essen», sagte Ryder und schnitt brutal in eine Avocado. «Wir hatten... eine Meinungsverschiedenheit. Ich bin verblüfft, daß du es noch nicht bemerkt hast.»

«Ging es um den Polospieler?»

«Irgendwie.»

«Also siehst du ihn noch?»

«Nein.» Sie lutschte sich die Finger ab. «Aber ich denke immer noch an ihn, obwohl ich nicht sicher bin, ob ich Liebe oder Rache will.»

«Und Michael?»

«Wenn er nicht mit mir sprechen will, ist mir das auch egal.»

Ryder hörte von zwei weiteren Flugplätzen, die zum Verkauf standen: Holdenbury und Nickford. Der eine lag in der Nähe von Cambridge, der andere nördlich von Bedford. Beide Eigentümer hatten Konkurs anmelden müssen. Ryder setzte ihren Anteil an Fortune's Fen als Sicherheit ein. Damit war sie bis zum äußersten belastet, doch sie war wild entschlossen, Michael nicht an diesem Geschäft zu beteiligen.

«Soviel Geld aufzunehmen flößt mir ganz schönen Schrecken ein», vertraute sie ihrem Anwalt Oliver Offbach an, als er mit ihr nach Abschluß des Nickford-Geschäftes ins *Waldorf* zum Lunch ging. «Als ich Fortune's Fen erwarb, lag der Diskontsatz bei zehn Prozent, jetzt ist er bei zwölf.»

«Und steigt weiter! Aber Sie wären verrückt, Nickford nicht zu kaufen. Die Rezession zerstört die Schwachen und gibt den Starken die Möglichkeit, davon zu profitieren.»

«Wenn ich Sie so höre, fühle ich mich glatt wie ein Geier.» Sie schlug die Beine übereinander und strich sich den Rock ihres neuen, schwarzen Jerseykleides glatt. Die Bewegung wirkte sinnlich, um so mehr, als daß sie sich ihrer nicht bewußt war.

Er warf ihr ein knappes, pedantisches Lächeln zu. Sie fragte sich, ob er sich jemals in wilder Leidenschaft gehen ließ, und entschied sich dagegen. «Der Bank gefällt Ihre Sicherheit», sagte er. «Wenn die Grundstückspreise wieder steigen – und das werden sie –, ist Nickford mit seiner Baugenehmigung sehr wertvoll.»

An einem der benachbarten Tische diskutierte ein Mann wie ihr Vater gerade über Profit und Gewinnspannen. «Ich bin an Bauunternehmungen nicht interessiert», sagte sie bestimmt.

«Wie dem auch sei, es ist trotzdem meine Aufgabe, diese Punkte zu Ihrer Kenntnis zu bringen.» Er stützte die Ellbogen auf den Tisch und legte die Fingerspitzen beider Hände gegeneinander, als bete er irgendeinen Gott des Kommerzes an. «Sie wissen ja, ich wäre glücklicher, wenn Sie die Haftung für Nickford mit Mr. Ashby geteilt hätten.»

«Tatsache ist», gab sie zurück, «daß ich mit Ihnen über die Auflösung dieser Partnerschaft sprechen wollte.»

Kapitel 30

Ryder war gerade dabei, Bruja zu striegeln, als Rupert Atheldene in seinem roten Bugatti angefahren kam. «Hallo!» rief er. «Wie geht's meiner Cherokee?»

«Wartet auf ihren Herrn und Meister. Fred ist im Hangar, wenn Sie fliegen wollen.»

«Ich werde warten.» Er schlenderte zu ihr hinüber. Ryder war sich sicher, daß er der Sproß einer langen Reihe blonder Vorfahren war, die sich alle kleideten wie der kleine Lord Fauntleroy.

Er sah zu, wie sie den Schwanz von Bruja teilte und Strähne für Strähne einzeln bürstete. «Ich wollte eigentlich meine Endabrechnung machen», verkündete er.

Sie kalkulierte die Höhe der finanziellen Einbußen. «Wann wollen Sie die Cherokee abholen?»

«Oh, ich nehme sie doch nicht mit. Noch nicht.»

Er begleitete sie zum Tower, schwebte mühelos über den unebenen Boden, die Daumen in die Hosentaschen seiner hellgrauen Flanellhosen gehakt. Sie bemerkte, daß Michael sie beobachtete, und setzte ihr strahlendes Lächeln auf, so daß Rupert prompt vorschlug: «Haben Sie nicht Lust, heute abend mit mir essen zu gehen?»

«Nun, ich...»

«Oder sind Sie schon gebunden?»

«Nein. Und ich gehe gerne mit Ihnen essen. Danke.» Patrick hatte ihr Vertrauen zwar mit Füßen getreten, doch sie würde es nicht dadurch wiedererlangen, daß sie zu Hause fernsah.

Sie trug ihr gelbes Seidenkostüm, von dem Michael gemeint hatte, sie habe es extra für Patrick angezogen. Rupert erschien um acht Uhr. In seinem dunklen Anzug sah er genau so aus, wie ihre Mutter sich immer den passenden Begleiter für sie vorgestellt hatte. Ryder bot ihm einen Gin Tonic an und bemerkte erst dann, daß sie keine Zitrone hatte. Zwar sagte er, das störe ihn nicht, doch sie war sich sicher, daß es nicht stimmte. Er hatte seinen Drink kaum angerührt, als er sagte: «Wollen wir gehen? Ich habe einen Tisch im *The Tollbridge* in Guist bestellt.»

Er fuhr wie der Henker, so schnell, daß sie fast in einer Hecke gelandet wären. Ryder biß die Zähne zusammen.

Das Restaurant war ein umgebautes Mauthäuschen am Fluß Wensum. Es wirkte gemütlich mit den Holzbalken und den intimen Tischen. Die Umgebung erinnerte Ryder an die Mühle von Bailing. Sogar das Knirschen auf der Kiesauffahrt war ähnlich. Ihr Tisch stand am Fenster. Sie sah zwei Schwäne vorbeisegeln, von deren gebogenen Hälsen die letzten Sonnenstrahlen reflektiert wurden.

«Möchten Sie einen Drink?»

«Oh... äh...»

Er trommelte mit den Fingern.

«Sherry. Danke.» Sie wollte eigentlich gar keinen, aber sie wußte nicht, was sie sagen sollte. Sie war einfach nicht mehr in Übung, mit einem Mann auszugehen.

Der Kellner überreichte ihr die Karte. Sie begann, die Vorspeisen zu studieren.

«Ich nehme dasselbe wie immer. Lachsmousse und danach Steak.» Rupert klappte seine Karte zu. «Mit viel Pfeffer. Ach nein, ich pfeffre es selbst. Ryder?»

Sie hatte kaum die Hälfte der Karte gelesen, aber seine Ungeduld machte sie nervös. «Ich nehme... ja also... auch die Lachsmousse... und... äh... das Kastanientäubchen.»

Das Essen war ein Alptraum. Rupert langweilte sich, der Kellner hielt sie für eine Idiotin. Die Schwäne waren in der Dunkelheit der Nacht verschwunden, die Glücklichen! Sie zementierte ein Lächeln in ihr Gesicht und durchforstete ihr Gedächtnis nach einem geeigneten Gesprächsthema. Die Mühe hätte sie sich sparen können. Rupert sprach über sein Lieblingsthema: sich selbst.

Es war nach Mitternacht, als er sie zurück nach Bailing fuhr. Sie beschloß, ihn nicht noch auf eine Tasse Kaffee hereinzubitten. An der Schwelle zu ihrer Tür streckte sie die Hand aus. «Danke für den schönen Abend.»

Er wartete, als sie die Tür aufschloß, und sie hoffte, er wollte sie nicht küssen. «Gute Nacht», sagte er dann und eilte zum Auto zurück.

Er hatte sie nicht um ein Wiedersehen gebeten. Sie hätte auch nicht eingewilligt. Aber es wäre trotzdem nett gewesen, wenn er gefragt hätte.

Einen Monat vor seiner Entlassung besuchte Ryder ihren Vater ein letztes Mal. «Holst du mich am D-Day ab?» fragte er gespannt. «Ich komme direkt nach dem Frühstück raus.»

«Ich werde hiersein.»

«Mach mit meinem Schneider eine Verabredung für vormittags. Ich bin dünner geworden, und meine alten Sachen werden mir nicht mehr passen. Dann essen wir bei *Simpson's* zu Mittag. Sorge dafür, daß wir meinen Lieblingstisch bekommen. Und bestelle mir eine Suite im *Savoy*. Ich will eine mit Aussicht auf den Fluß.»

«Wäre es nicht besser, das Ganze etwas unauffälliger zu gestalten?» Sie hatte das neugierige Getuschel schon vor Augen.

«Und mich zu verstecken? Warum sollte ich? Ich war fast sechs Jahre für ein Verbrechen eingesperrt, das ich nicht begangen habe.»

«Wenn das stimmt, woher hast du dann das Geld für all den Luxus?»

«Von einem Vorschuß auf mein Gehalt in Bailing.»

Sie fuhr direkt nach London, ins Büro von Oliver Offbach, verfluchte den Verkehr, der sich die Fleet Street entlang und rund um die Gerichtsgebäude staute. «Mr. Offbach kann Sie unmöglich ohne Termin empfangen», protestierte seine Sekretärin, die aus ihrem Allerheiligsten von einer Privatversammlung der Empfangsdamen weggerufen worden war.

«Ich werde warten.» Ryder suchte sich eine Zeitschrift von der Ablage aus und sank in das breite Leinensofa, das in der feudalen Empfangshalle stand.

«Aber er ist für Tage ausgebucht, Miss Harding.»

«Ich warte trotzdem.»

Es wurde acht Uhr abends, bevor Offbach Zeit für sie hatte. «Es muß sehr dringend sein», bemerkte er.

«Das ist es.» Sie teilte ihm mit, was ihr Vater gesagt hatte.

Er hörte mit konzentrierter Aufmerksamkeit zu, die Ellbogen wie im Restaurant auf dem Tisch und seine Fingerspitzen gegeneinandergelegt. «Rein rechtlich haben Sie keinerlei Verpflichtung ihm gegenüber.»

Sie ging hinüber zum Fenster und sah hinunter auf die einsame Gestalt eines alten Obdachlosen, der zwischen den goldenen Löwen vor der Anwaltskammer hindurchstolperte. Er hatte den Kopf gegen die noch grelle Abendsonne gesenkt, während ihm gegenüber ein Dutzend junger Anwälte lachend und schwatzend aus einer Bar auf die Straße strömte. Den alten Mann beachteten sie nicht. Sie waren geblendet von der Sorglosigkeit der Jugend. «Ich kann ihn nicht fallenlassen», erklärte sie.

«Vergessen Sie nicht, daß eine Klausel Ihrer Partnerschaft mit Michael Ashby ist, daß Ihr Vater in keinerlei Hinsicht mit dem Flugplatz zu tun hat. Wenn Ashby unangenehm wird, dann könnte er behaupten, Sie wollten ihn loswerden, um Ihren Vater einzuschleusen. Das stünde in direktem Widerspruch zu Ihrer Abmachung.»

«Michael weiß, daß ich Vater nicht in Bailing haben will.»

«Ich sagte: ‹Wenn er unangenehm wird.›»

Sie ließ sich auf ihren Stuhl fallen. «Das ist er schon.»

«Dann wird er auf seinen Anteil klagen – und mehr. Wie ich Ihnen bereits bei unserem letzten Treffen erklärte, hat er Anspruch auf den halben Gegenwert des Geschäftes. Das betrifft auch die Neuerungen in Bailing.»

«Der Flugplatz ist aber nicht von unserer Partnerschaft betroffen.»

«Seine Einlage hat den Wert von Bailing gesteigert. Da Sie finanziell bis zum äußersten belastet sind, können Sie ihm nur, sagen wir mal, fünf Prozent auf Ihre Hälfte anbieten.»

«Und riskieren, daß er sich mit Miss Brendan Broughton zusammentut und mich verdrängt? Mr. Offbach – Bailing ist mein Zuhause.»

«Ich hab Sie ja gewarnt, daß es sehr unerfreulich werden könnte.»

«Dann will ich unsere Partnerschaft doch nicht lösen, zumindest jetzt nicht, solange Bailing auf dem Spiel steht. Halten Sie den Brief zurück.»

Er starrte sie äußerst überrascht an. «Er wurde gestern abend abgeschickt. Ich dachte, Sie hätten die Kopie davon bekommen und wären deshalb hier.»

Sie saß gerade an ihrem Schreibtisch, als Michael ins Büro platzte und ihr Offbachs Brief vor die Nase hielt. «Was zum Teufel ist das?» verlangte er zu wissen.

«Sprich mit meinem Anwalt.»

Er packte sie am Kinn und drehte ihr Gesicht so, daß sie ihm in die Augen blicken mußte. «Du hinterhältiges Miststück!»

«Was erwartest du denn?» fauchte sie und mißachtete Offbachs Rat, nichts zu sagen. «Ich brauche keinen Partner, der nur schriftlich mit mir verkehrt.»

«Und wessen Schuld ist das?» Türenknallend verließ er das Büro.

Sie blieb zitternd sitzen. Das Telefon klingelte. Sie wußte, das würde Michael sein. «Ja!» schrie sie gellend in den Hörer.

«Ryder? Hier ist Rupert Atheldene. Stimmt irgendwas nicht?»

«Nein... ja... Ich meine, entschuldigen Sie, daß ich so geschrien habe.»

«Haben Sie am Samstag abend Zeit, zu mir zum Dinner zu kommen?» fragte er. «Bei mir sind ein paar alte Freunde zu Besuch, die ich seit Jahren nicht gesehen habe, bis wir uns beim Polo zufällig über den Weg gelaufen sind.» Er hielt kurz inne. «Ich schätze, Sie kennen einen davon.»

Sie schluckte hart. «Wie heißt er?»

«Das ist eine Überraschung.»

«Ich hasse Überraschungen.»

Er lachte. «Diese hier werden Sie mögen. Sollen wir sagen: acht, halb neun?»

Sie fühlte sich, als säße sie in einem Ruderboot ohne Riemen auf dem offenen Meer. Ein Sturm zog auf, doch sie hatte keinerlei Kontrolle über das Boot. Erst ihr Vater, dann Michael und jetzt dies. Es mußte Patrick sein. Die Aussicht, seiner Frau zu begegnen, flößte ihr körperlichen Widerwillen ein. Mehrere Male griff sie nach dem Telefon, um abzusagen, doch dann zog sie ihre Hand wieder zurück. Warum sollte sie zu Hause bleiben wie eine ausgestoßene viktorianische Mätresse, die in einer diskreten Wohnung in Maida Vale an den Vorhängen zupfte?

Atheldenes Landsitz lag zehn Meilen von Bailing entfernt. Ein dunkler Tunnel aus Trauerweiden führte dorthin. Ryder war so nervös, daß sie fast ins Unterholz gefahren wäre. Atheldene Hall war herrlich romantisch. Es war ein Herrenhaus aus dem fünfzehnten Jahrhundert, umgeben von einem Wassergraben, auf dem exotische Enten durch Büschel von rosa Seerosen schwammen. Eine Zugbrücke stellte den einzigen Zugang zum Haus dar. Sie führte durch ein Torhaus mit einem kleinen Türmchen in einen beleuchteten Innenhof.

Ein älterer Butler öffnete die große, geschnitzte Tür, und Rupert trat heraus. In seiner burgunderfarbenen Smokingjacke sah er smart und weltmännisch aus.

«Tut mir leid, daß ich so spät komme.» Sie trug ebenfalls eine Smokingjacke, allerdings in Hellrot. Darunter hatte sie eine schwarze Hose aus Crêpe de Chine an. Sie hätte ein Kleid anziehen sollen, das war jetzt offensichtlich.

Er führte sie ins Innere des Hauses, durch eine riesige Halle hinüber zu einem eleganten Salon, wo ausgesuchte Perserteppiche über unebenen Steinplatten verstreut lagen und unbequeme Stühle aus der Directoire-Zeit vor einem offenen Kamin standen. «Ich weiß, wir haben Sommer, aber ich dachte, Sie und die anderen Damen könnten vielleicht frieren», erklärte er.

Natürlich war Patricks Frau wärmere Gefilde gewohnt.

«Sie werden in einer Minute unten sein. Möchten Sie inzwischen einen Sherry?»

«Danke.» Sie stellte sich vor, wie Patrick und seine Frau sich oben vor dem Dinner liebten.

«Ah, ja. Hier kommen sie ja», kündigte Rupert an.

Ryder grub die Fingernägel in die Innenseite ihrer Hand und wandte das Gesicht zur Tür.

Ein passabel aussehender, etwa dreißigjähriger Mann mit beginnender Glatze durchquerte mit ausgestreckter Hand den Raum. Er hatte eine nichtssagende, junge Matrone in seiner Begleitung, deren Haar wie bei Alice im Wunderland mit einem Band lose zurückgehalten wurde. Sie beide sahen wohlhabend, überfüttert und irgendwie vertraut aus.

«Hallo, Ryder», sagte der Mann. «Das ist aber eine Überraschung.»

Sie durchforstete ihr Gedächtnis, während gleichzeitig Wellen der Erleichterung und Enttäuschung sie durchströmten.

«Erkennst du uns nicht? Ich weiß, ich habe ein paar Haare verloren und dafür ein paar Pfunde zugelegt.»

«Genau dreizehn Kilo», bemerkte seine Frau bissig.

«Jonathan! Aus der Londoner Wohnung. Und Charlotte!»

Jonathan gab ihr einen Kuß auf die Wange. «Ich muß gestehen, ich brauchte auch eine Minute. Du siehst einfach fabelhaft aus.»

Sie wurden durch die Ankunft eines weiteren Paares unterbrochen, das Rupert aus seiner Zeit in Hongkong kannte. Jonathan zog Ryder zu einem Stuhl neben dem Fenster. «Es tat mir leid, das mit dir und Adam zu erfahren», sagte er. «Und das über deinen Vater. Ich habe versucht, Rupert beizubringen, daß dir die Überraschung vielleicht nicht gefallen würde. Aber... äh... ich wußte nicht, wieviel er weiß.»

«Das weiß ich auch nicht. Wir haben uns erst ein paarmal getroffen.»

«Ach, und ich dachte...»

Charlotte seufzte. «Johnnie, ich sag dir immer, du sollst keine voreiligen Schlüsse ziehen. Aber jetzt erzähl mal, Ryder, wie ist es Alix ergangen?»

«Wir... sehen uns kaum.»

«Das kann ich dir nicht verdenken. Sie war ein Miststück. Die Art, wie sie dir Adam weggenommen hat, war ungeheuerlich. Aber Imogen habe ich gemocht.» Charlotte lächelte selbstzufrieden. «Die Leute sind immer ganz fasziniert, daß wir sie schon kannten, bevor sie berühmt wurde.»

Ryder sagte nichts dazu. Sie konnte kaum ertragen, Charlotte über ihre verlorenen Freunde reden zu hören.

Am Sonntag nachmittag fuhr Rupert Jonathan, Charlotte und ihre zwei Söhne hinüber nach Bailing, um ihnen den Flugplatz zu zeigen. Die Jungen hatten beide Tweedjacken und graue Flanellshorts an und sahen im Vergleich zu Leo mit seinen aufgekrempelten Jeans und dem Sweatshirt von den Chicago Bears aus wie Marionetten. Ryder zeigte ihnen die Flugzeuge und die Hangars, nicht aber die Schule. Doch als sie das Büro verließen, standen sie plötzlich Michael gegenüber. Ryders und seine Blicke trafen sich. Sie wurde rot und blieb stehen, um ihn vorzustellen. Aber er nickte nur kurz und ging davon.

«Was für ein unhöflicher Mann!» rief Charlotte mit ihrer schrillsten Stimme aus. «Wenn er mein Angestellter wäre, würde ich ihn auf der Stelle feuern.»

Ohne lange nachzudenken, sprang Ryder für ihn in die Bresche. «Er ist mein Partner und in Fliegerkreisen sehr angesehen.»

Sie kehrten zum Tee nach Atheldene Hall zurück. Leo war von der Zugbrücke über dem Wassergraben ganz verzückt. Er bettelte, das ganze Haus besichtigen zu dürfen.

«Laß uns alle zusammen gehen», stimmte Ryder zu. «Ich würde mir das Haus auch gerne ansehen.»

Viele der Zimmer waren seit Jahrzehnten nicht genutzt worden, doch hatten sie nichts von ihrer Schönheit verloren. Tiefliegende Bogenfenster luden dazu ein, die Aussicht auf den Graben zu genießen. Staubpartikel tanzten im Sonnenlicht. Die Himmelbetten waren mit schweren Samtvorhängen verziert.

«Mein Vater wollte nicht, daß dieses Haus renoviert wird», erzählte Rupert. «Aber ich habe da andere Pläne.»

«Möchtest du hier wohnen?» fragte Ryder und spielte mit den nachtblauen Vorhängen eines Baldachins. Die Farbe war verblichen, und der Goldbrokatsaum hatte sich gelöst.

«Eines Tages.» Er trat näher an sie heran. «Die anderen scheinen uns vergessen zu haben.»

«Ja.» Sie konnte seinen Atem an ihrem Nacken spüren.

Er legte seine Arme um sie und zog sie an sich. Sie lehnte sich gegen ihn und genoß die körperliche Nähe. «Hast du es jemals in einem Himmelbett gemacht?» murmelte er.

Sie schüttelte den Kopf.

«Es ist sehr erotisch.» Er küßte ihren Hals. Sie erstarrte. «Was ist los?» fragte er.

«Leo könnte kommen.»

«Dann würden wir ihn hören.» Er ließ seine Hand in das Oberteil ihres Overalls gleiten und bewegte den Reißverschluß langsam nach unten.

Sie griff nach seinen Handgelenken, um ihn aufzuhalten. «Du hast Jonathan und Charlotte vergessen.»

«Ach, die werden sich wieder mal streiten.» Er biß ihr ins Ohrläppchen. «Sie hat gerade herausgefunden, daß er ein böser Junge war, und zwar mit seiner Sekretärin. Deshalb ist sie auch so bissig.»

«Ich kann es ihr nicht verübeln. Werden sie sich scheiden lassen?»

«Natürlich nicht!» Seine Finger spielten mit der Spitze ihres Büstenhalters. «Viele Männer wollen ein bißchen Spaß, aber deshalb verlassen sie doch nicht ihre Frauen.»

Sie schloß den Reißverschluß ihres Overalls. «Rupert, es tut mir leid... aber vielleicht bin ich doch noch gebunden.»

Ryder wartete im Büro der Schule auf Michael. Er war spät dran. Sie spielte nervös mit seinen Büroklammern. Endlich hörte sie seinen Wagen. Dann kamen seine Schritte näher, und die Tür flog auf. «Was machst du hier?»

«Ich muß mit dir reden.»

Er warf seine Aktentasche auf einen Stuhl. «Zuerst dachte ich, du wolltest mich loswerden, um Platz für deinen Vater zu machen.»

«Du weißt doch, daß ich ihn nicht hier haben will.»

«Jetzt scheint es, du ziehst diesen degenerierten Windhund Rupert Atheldene vor.» Er schnaubte verächtlich. «Nicht, daß es mich interessierte. Er hat nicht das Geld, um mich auszuzahlen, und du auch nicht.» Er öffnete die Tür, um zu gehen. «Wenn du reden willst, dann ruf meinen Anwalt an. Und wenn du Bailing retten willst, dann laß dir schnell was einfallen!»

Die Tage verstrichen, die Entlassung ihres Vaters rückte näher. Gelegentlich traf Ryder Michael in den Hangars oder an der Tür zum Büro, und dann gingen sie ohne ein Wort aneinander vorbei, während Violet und Fred den Kopf schüttelten und seufzten.

«Wir warten immer noch auf eine Reaktion von Ashbys Anwalt», teilte Offbach ihr mit. «Ich schätze, auch er wartet auf Anweisungen von Ashby.»

«Wir müssen innerhalb von zehn Tagen eine Einigung erzielen.»

Ryder durchwanderte das Zimmer mit dem Telefon in der einen und dem Hörer in der anderen Hand. «Mein Vater kommt in vierzehn Tagen aus dem Gefängnis. Er wird die Situation ausnutzen. Dann habe ich alle gegen mich.»

Sie konnte nicht schlafen, sie konnte sich nicht konzentrieren, sie konnte nicht arbeiten. Es hatte auch keinen Sinn, etwas zu tun, wenn sie Bailing verlieren würde. Sie versuchte, Leo ihre Sorge nicht zu zeigen, und glaubte, es gelänge ihr, bis sie eines Nachts in einem Anfall nervöser Schlaflosigkeit durchs Haus streifte und unter seiner Tür einen dünnen Lichtstrahl entdeckte.

Er saß im Bett und las. «Du solltest längst schlafen», ermahnte sie ihn. «Es ist fast drei Uhr.»

Er blickte sie mit der bleichen Sorgenmiene von früher an. «Wenn wir Bailing verlieren, wo werden wir dann wohnen?»

Sie nahm ihm das Buch ab und legte es auf den Tisch. «Michael und ich haben nur eine kleine Meinungsverschiedenheit. Es ist nichts Ernstes.»

«Mr. Backoff hast du aber etwas ganz anderes erzählt.»

«Offbach! Und du solltest nicht lauschen.» Sie setzte sich ans Fußende seines Bettes. «Mach dir keine Sorgen.» Sie bemühte sich, ihre Stimme zuversichtlich klingen zu lassen. «Was immer auch geschieht, dein Zuhause ist bei mir.»

Er zog sich die Bettdecke über den Kopf und sagte mit erstickter Stimme, die verriet, daß er weinte: «Mein Zuhause ist aber Bailing.»

Am nächsten Morgen wanderte Ryder früh im Nieselregen über die Rollbahn. Bailing gehörte ihr. Sie hatte die Hangars Strich für Strich angemalt, mit ihren eigenen Händen, die von der scharfen Farbe rauh und wund geworden waren. Sie hatte den alten Kitt aus den Fensterrahmen im Kontrolltower gekratzt und dann sorgfältig jede einzelne Fensterscheibe eingesetzt. Sie und Leo hatten im Landrover geschlafen, auf einem Gaskocher ihr Essen zubereitet und sich im Fluß gewaschen. Sie, und nicht Michael Ashby, hatte mit bloßen Händen das störrische Kreuzkraut ausgerissen und die Rollbahn vom Unkraut befreit.

Sie fuhr hinüber zu Michaels Haus. Sie wollte eigentlich nicht, aber Leo und sich selbst zuliebe mußte sie ihm gegenübertreten. Es regnete heftig, als sie vom Auto zur Veranda hinüberrannte und die alte Messingglocke betätigte. Der Ton hallte durchs ganze Haus. Sie wartete, stampfte mit den nassen Füßen und bemerkte verärgert, daß er Zeit gehabt hatte, eine neue Fußmatte zu kaufen.

Niemand kam, also drückte sie selbst an der Türklinke. Die Tür war nicht verschlossen. Das war nichts Ungewöhnliches. Michael hatte eine sehr großzügige Einstellung zu Besitz. Er ging davon aus, daß alles nur geliehen war und die Schätze der Erde geteilt werden sollten, da man sie nicht mit ins Grab nehmen konnte, obwohl die Pharaonen anderer Meinung gewesen waren.

Sie stand in der eichengetäfelten Eingangshalle und rief: «Michael!»

Die einzige Antwort war das Geräusch des Wassers, das vom Dach auf den Holzboden der Veranda tropfte, von der aus der alte Schmetterlingsforscher seine kostbaren Schmetterlinge beobachtet hatte. Sie ging hinüber zum Schreibtisch im Arbeitszimmer, nahm ein Blatt Papier aus der obersten Schublade und wollte gerade eine Nachricht schreiben, da fiel ihr Blick auf einen Brief, der auf der Schreibmaschine lag. Er war unterschrieben von Michael und an seinen Anwalt adressiert: *«Was Bailing betrifft, so darf ich alles unternehmen, wozu ich berechtigt bin, auch wenn es bedeutet, Miss Harding von Bailing zu verdrängen.»*

Daneben lag ein adressierter und frankierter Umschlag, der nur noch eingeworfen werden mußte.

Kalter Schweiß lief Ryder übers Gesicht, als sie auf die Worte starrte. Sie wollte weinen, sie wollte ihn umbringen. Mit dem Brief in der Hand eilte sie zur Haustür. Dann blieb sie stehen. Er würde bemerken, daß der Brief weg war, und einen neuen schreiben. Sie las noch einmal die Zeilen. Die Buchstaben verschwammen ihr vor den Augen. Dann formierten sie sich neu. Sie ging zurück zur Schreibmaschine.

Michael holte sie auf dem schmalen, gewundenen Weg in der Nähe der Brücke ein. Ryder sah im Rückspiegel, wie er näher kam, und beschleunigte. Aber sein Landrover war schneller als der Pick-up vom Flugplatz. Er donnerte hinter ihr so dicht an sie heran, daß sie das Dunkle in seinen Augen sehen konnte. Dann streifte er plötzlich ihre hintere Stoßstange. Nicht so hart, daß sie von der Straße gedrängt wurde, aber doch genug, um ihr einen Stoß zu versetzen. Sie fluchte und umklammerte das Lenkrad fester. Er stieß sie wieder. Dieses Mal verpaßte sie die nächste Kurve und rutschte seitwärts in eine Toreinfahrt, wo ihre Hinterreifen hilflos im Schlamm durchdrehten.

«Du hättest mich umbringen können!» schrie sie ihn an.

«Du hast es verdient.» Er öffnete ihre Wagentür und zog sie heraus. Seine Finger gruben sich in ihren Unterarm. Er preßte sie gegen den Pick-up und hielt ihr den Brief entgegen. «*‹Was Bailing betrifft, so darf ich NICHT alles unternehmen, wozu ich berechtigt bin, wenn es bedeutet, Miss Harding von Bailing zu verdrängen.›* Wie kannst du es wagen, dich in mein Haus zu schleichen und meine Worte abzuändern.»

«Das habe ich gar nicht. Ich wollte dich sehen. Ich wollte Frieden schließen. Aber was erwartest du denn, wenn du versuchst, mir Bailing wegzunehmen?»

«Du hast meinen Brief gefälscht.»

«Du hast versucht, mir mein Zuhause wegzunehmen. Ich habe diesen Ort mit bloßen Händen aufgebaut. Er gehört mir. Wenn du die Hälfte von allem willst, dann kannst du sie haben. Aber Bailing nicht.» Vor Wut und Verzweiflung traten ihr die Tränen in die Augen. Sie entzog sich seinem Griff. Er ließ es zu.

«Ich habe niemals beabsichtigt, dir deinen kostbaren Flugplatz zu nehmen», schrie er. «Das könnte ich gar nicht. Das hat dir dein Anwalt doch sicher erzählt.»

«Aber du hast gesagt, ich müßte mir schnell etwas einfallen lassen, wenn ich Bailing retten wollte.»

«Da war ich wütend.»

Schweigend starrten sie einander an. Dann stieg sie in den Pick-up, legte die Arme aufs Lenkrad und verbarg ihr Gesicht darin. «Ich habe meinen Vater verachtet, weil er unehrenhaft gehandelt hat», murmelte sie. «Aber ich bin nicht besser als er.»

Michael streckte die Hand aus und strich über ihr zerzaustes Haar. «Ich bin genauso schuld an allem. Ich wollte dir eine Lektion erteilen – weil ich dich liebe.»

Kapitel 31

An einem trüben Morgen warteten Ryder und Michael im Wagen vor dem Ford-Gefängnis.

«Ich hoffe, er wird nicht wütend, weil Leo nicht mitgekommen ist», sagte sie besorgt.

«Du konntest ihn doch nicht dazu zwingen.» Er drückte ihre Hand. «Alles wird gut, glaub mir.»

Sie suchte den tristen Gebäudekomplex des Gefängnisses ab. Plötzlich öffnete sich die Tür, und ihr Vater trat heraus. Er ging auf das Tor zu. Ryder stieg aus dem Wagen. Er winkte beiläufig und rief: «Gut, daß du gekommen bist», als wäre er ein Geschäftsreisender, der am Flughafen von seiner Familie abgeholt wurde, und nicht ein Mann, der über fünf Jahre im Gefängnis gesessen hatte.

Aber Ryder kannte ihn jetzt besser. Sie benahm sie ja selbst in schwierigen Situationen so, als machten sie ihr nichts aus. Sie küßte ihn auf beide Wangen und sagte: «Das ist Michael Ashby.»

Ihr Vater ließ seine Augen über Michael gleiten. «Danke, daß Sie sie hergebracht haben. Ich hoffe, Sie haben nichts dagegen, daß wir uns in den Fond setzen. Wir haben etwas Privates zu besprechen.»

Den ganzen Weg nach London nahm er sich kaum Zeit, um Luft

zu holen, sondern sprach in einem fort über die Leute, die er treffen, die Orte, die er aufsuchen, und die großartige Party, die er anläßlich seiner Entlassung geben würde. «Du wirst die Dame des Hauses sein.» Er klopfte Ryder auf die Schulter. «Ich gebe dir eine Liste mit Leuten, die du einladen sollst.»

Sie öffnete schon den Mund, um ihm zu antworten, daß er gar keine Freunde mehr hatte, doch dann fing sie Michaels Blick im Rückspiegel auf und schwieg.

Den Anweisungen ihres Vaters entsprechend, hatte sie einen Termin mit seinem Schneider ausgemacht und eine Suite im *Savoy* gebucht. Selbst die Aussicht über den Park und den Fluß stimmte. «Ich habe darum gebeten, daß das Mittagessen hier serviert wird.» Sie wies auf einen gedeckten Tisch am Fenster.

«Aber ich wollte ins *Simpson's* und Leute sehen.»

«Wir möchten mit Ihnen sprechen», sagte Michael resolut und läutete nach einer Flasche Champagner.

Die Kieferpartie ihres Vaters spannte sich. «Hören Sie, mein Junge, ich bin dankbar für das, was Sie für meine Tochter getan haben, aber von jetzt an werden sie und ich die Entscheidungen treffen. Ich war es, der ihr Bailing geschenkt hat, und ich beabsichtige, dort zu leben. Also schlage ich vor, Sie sehen sich nach einem neuen Job um.»

«Ich fürchte, du irrst dich», entgegnete Ryder so behutsam, wie sie nur konnte. «Michael und ich führen den Betrieb in Bailing. Du mußt wissen, wir haben gestern geheiratet.»

Kapitel 32

Frankie und Susan heirateten in der Kirche im Pioneer Park am See. In schimmernder, weißer Seide trat Susan am Arm ihres Vaters vor den Traualtar. Ihre Augen strahlten, und ihre braunen Locken glänzten unter dem Spitzenschleier. Wehmütig dachte Ryder an ihre eigene, überstürzte Heirat im Standesamt von King's Lynn, mit zwei fremden Trauzeugen, die sie auf der Straße angesprochen hatten.

«Jeder hier findet deinen Ehemann großartig», flüsterte ihr Debbie ins Ohr. «Und er ist sehr attraktiv.»

«Findest du?»

«Das findest du doch auch?» Debbie runzelte verwirrt die Stirn.

Ryder sah Michael an. Manchmal konnte sie kaum glauben, daß sie ihn geheiratet hatte. Es war alles so schnell gegangen. Das war ihr Fehler gewesen, nicht seiner. Sie war vollkommen von den Gedanken an Bailing, an ihren Vater, Leos Ängste und ihre eigene Unehrenhaftigkeit besessen gewesen, zu der die Verzweiflung sie getrieben hatte. Als Michael sagte, er liebe sie, hatte sie in ihm ihre einzige Rettung gesehen. Aber ihr fehlten die Sehnsucht und das Herzklopfen, die sie als wesentliche Bestandteile der Liebe ansah.

Ihr Großvater saß zwischen Debbie und deren Mutter. Es schnürte Ryder die Kehle zu, ihn so zu sehen, mit knotigen, verschränkten Händen und einem Geist wie einem leeren Sarg. Auf der anderen Seite des Gangs saß Susans Familie. Teddy hatte so getan, als sähe er sie nicht. Sie beobachtete ihn aus dem Augenwinkel. Verglichen mit Michael, sah er aus wie ein überfütterter rosa Welpe. Sie fragte sich, wie sie sich jemals von ihm hatte angezogen fühlen können.

Der Gottesdienst endete. Frankie und Susan schritten den Gang hinunter. Als sie auf ihrer Höhe waren, griff ihr Großvater nach Susans Schleier. «Greta!» flüsterte er.

Behutsam nahm Michael ihn bei den Schultern und hielt ihn an seinem Platz fest, während das Brautpaar weiterging. Der Vorfall hatte sich so rasch ereignet, daß die meisten ihn gar nicht bemerkt hatten.

«Danke», sagte Frankie später auf Scot's Farm und schüttelte Michael die Hand. «Wir hätten ihn nicht mitnehmen sollen, aber schließlich gehört er ja zur Familie, und wir wollten ihn dabeihaben.» Er grinste zu Ryder hinüber. «Susan und ich waren uns sicher, daß du und Michael eines Tages zusammenkommen würden.»

«Ich kann mir nicht denken, wieso!» Sie schlenderte davon.

Michael folgte ihr. Er packte sie am Handgelenk und zischte: «Zu Hause nehme ich deine Stimmungen in Kauf, aber setze mich nie wieder in der Öffentlichkeit herab.»

In dieser Nacht liebte er sie mit wütender Leidenschaft – und sie erwiderte seine Leidenschaft mit gleichem Zorn.

Michael gefiel Scot's Farm und Prairieville. Er saß mit ihrem Großvater auf der Veranda und leistete ihm schweigend Gesellschaft, er half Debbie, die Scheune aufzuräumen, und ging mit Dr. Jeff angeln.

«Du hast großes Glück», sagte Debbie eines Morgens, als sie allein in der Küche waren.

«Ich weiß.»

«Da bin ich nicht so sicher.»

Um nicht weiter ausgefragt zu werden, lieh sich Ryder ein Fahrrad und radelte hinüber zum Fox Lake. Der Schotterweg war voller Pfützen. Das Schlammwasser spritzte ihr die Beine hoch. Die Bäume schlugen aus, ihre Frühlingsblätter wirkten frisch und weich. Sie saß am Ende des alten Holzstegs und sah hinüber zur Insel. Hatte die Weiße Squaw sich auch so gefangen gefühlt?

Zum ersten Mal tat es ihr leid, nach Bailing zurückzukehren. Es wirkte so klein und eng.

«Wir dachten, Sie und Michael würden mindestens drei Wochen wegbleiben», bemerkte Fred und schüttelte mißbilligend den Kopf. «Sie hätten doch verspätete Flitterwochen daraus machen können.»

«Wir brauchen keine Flitterwochen.»

«Kein Hochzeitsfest, keine Flitterwochen. Als nächstes verkünden Sie uns noch, daß Sie keinen Nachwuchs wollen.»

«Wollen wir auch nicht!»

Sie ging hinüber zum Tower und begann, ihre Kleider auszusortieren. Sie hatte immer noch nicht all ihre Sachen ins Schmetterlingshaus gebracht, so als würde sie dadurch nicht wirklich mit Michael zusammenleben. Violet kam an die Tür. «Miss Brendan Broughton ist gestorben», sagte sie. «Ihre Beerdigung war letzte Woche.» Sie spielte am Türgriff. «Patrick war hier, um Sie zu besuchen.»

«Was hat er gesagt?»

«Er wußte nicht, daß Sie geheiratet haben.»

«Ist er… noch in der Mühle?»

«Er ist einen Tag nach der Beerdigung nach Amerika zurückgeflogen.» Violet knöpfte ihre rosa Strickjacke zu. «Und das ist auch gut so, wenn Sie mich fragen.»

Ryder fuhr hinauf nach Morston. Ein scharfer Wind peitschte das Wasser in den Buchten auf. Er zerrte an den Flaggleinen der Segelboote und drückte das Reetgras nieder. Als sie den Pfad zu der wackeligen Brücke entlangging, fragte sie sich, was Patrick wohl über ihre Hochzeit dachte.

Es war schon spät, als sie zurückkehrte, nicht zum Kontrolltower, den sie immer noch als ihr Zuhause betrachtete, sondern zum Schmetterlingshaus. Michael kam kurz nach ihr. «Ich sterbe vor Hunger», verkündete er. «Was gibt's zum Abendessen?»

Sie lag auf dem Sofa und starrte ins Leere. «Nichts. Kochen ödet mich an.»

«Ich habe dir doch gesagt, du sollst Mrs. Dennshurst bitten, uns jemanden zum Kochen und Putzen zu suchen.» Er griff nach ihrer Hand. «Na gut, dann gehen wir essen.»

Sie rollte sich auf den Bauch und schloß die Augen. «Fahr mit Leo. Ich habe keinen Hunger.» Sie war zickig und haßte sich dafür, aber sie konnte es nicht ändern.

Sie beschloß, gemeinsam mit Leo ihren Vater in Marbella zu besuchen. Michael kam nach Hause und sah sie packen. «Das kommt aber plötzlich», bemerkte er.

«Es ist Zeit, daß Leo seinen Vater kennenlernt.»

«Meinst du nicht, daß wir darüber hätten sprechen sollen?»

Sie schlug den Deckel des Koffers zu. «Habe ich kein Privatleben mehr?»

«Bist du sicher, daß das Ganze nicht mit deinem neuen Mitbesitzer zu tun hat? Oder meinst du, mir ist nicht klar, daß du dein kostbares Bailing jetzt mit Patrick Brendan teilst?»

Sie nahm ihre Tasche. «Wenn ich vorhätte, dich zu betrügen, würde ich wohl kaum Leo mitnehmen.»

«Wenn du mir einmal untreu bist», drohte er, «dann brech ich dir deinen verdammten Hals!»

Ihr Vater holte sie in Malaga ab. Vom Scheitel bis zur Sohle war er der wohlhabende, ausgebürgerte Geschäftsmann. Ryder besuchte ihn jetzt schon zum zweiten Mal in Spanien. Nach seiner Entlassung hatte er kaum einen Monat in London verbracht und entdeckt, daß all seine früheren Freunde in die Ferien gefahren waren oder seltsamerweise seine Nachrichten nicht bekommen hatten. Ohne Ryder Bescheid zu sagen, flog er nach Spanien. Eines Tages rief er sie an und teilte ihr beiläufig mit, daß er eine Villa in der Nähe ihres ehemaligen Hauses gekauft hatte, und zwar auf der Seeseite der Küstenstraße zwischen Marbella und Puerto Banus. Das war eine erstklassige Lage, mitten in einem Pinienwäldchen mit Blick auf das Meer. Ryder wußte nicht, wie er das Ganze bezahlt hatte. Sie wollte es auch nicht wissen. Aber es macht sie wütend, ihn jetzt so zu sehen, weltmännisch und sonnengebräunt und in einer Tour über Golf und Tennis redend, während sie in einer Ehe mit Michael gefangen war, nur um ihren Vater von Bailing fernzuhalten.

«Ich habe für heute abend ein paar Leute eingeladen», erzählte er Ryder ein bißchen zu beiläufig, als sie an der Villa ankamen. «Jack und Sue sind unsere Nachbarn, und Christina ist eine deutsche Freundin. Wir vier spielen jeden Morgen Tennis zusammen.» Er lehnte am Geländer der Terrasse, hatte einen Whisky Sour in der einen Hand und winkte mit der anderen Leo zu, der im Swimmingpool seine Runden drehte. «Ich muß ihm das Tennisspielen beibringen. Dann können wir ein Vater-Sohn-Match spielen. Vielleicht könntest du ihn mir für ein paar Tage hierlassen. Christina hat einen Sohn, der ein Jahr älter ist als er. Leo könnte am Freitag mit Jack zurückfliegen.»

Ryder war unschlüssig.

Ihr Vater sah sie aufmerksam an. «Ich würde nicht versuchen, ihn hierzubehalten, falls es das ist, was du befürchtest.»

Bevor sie die Möglichkeit hatte zu antworten, ertönte eine Stimme aus dem Garten. Ihr Vater lächelte und winkte. «Ah, da kommt ja Christina.»

Eine große, sehnige Frau mit genau derselben Haar- und Augenfarbe wie ihre Mutter kam die Stufen zur Terrasse hoch. «Wie schön, Sie endlich kennenzulernen», sagte sie mit kehliger Stimme, lächelte Ryder zu und streckte ihr eine gepflegte Hand entgegen. «Paul spricht ununterbrochen von seinen Kindern, nicht wahr, Liebling?»

Ryder dachte an das Grab ihrer Mutter unter den tropfenden Eiben.

Sie flog einen Tag früher als geplant nach Hause. Natürlich war es kindisch zu erwarten, daß er nie wieder eine andere Frau ansehen würde, aber sie konnte einfach nichts gegen ihr aufgebrachtes Gefühl tun.

Michael war am Flugplatz, als Ryder im Schmetterlingshaus ankam, aber sie meldete sich nicht bei ihm. Sie setzte sich in den Schaukelstuhl auf der Veranda, sah in den Nieselregen und stellte sich Christina und ihren Vater vor, wie sie Arm in Arm auf dem Tennisplatz miteinander lachten. Die Terrassentür öffnete sich. Sie drehte sich nicht um, doch sie erkannte Michael an seinem Gang. Er stellte sich vor sie hin und lehnte sich an den Holzpfosten des Verandadaches. «Willst du die Scheidung?» fragte er kühl.

Der wilde Garten verschwamm vor ihren Augen. Sie schluckte hart und versuchte zu antworten. Dann schwang sie sich nach vorne und barg ihr Gesicht auf ihren Knien, um nicht zu zeigen, daß sie weinte.

Er hob sie vom Stuhl auf und trug sie ins Haus, hielt sie fest wie ein kleines Kind. Er trug sie hinauf ins Schlafzimmer und legte sie behutsam aufs Bett. Dann küßte er ihr nasses Gesicht und hielt ihren Kopf so fest in seinen Händen, daß sie gezwungen war, ihn anzublicken. «Ich war verrückt, dich zu heiraten», sagte er. «Mir ist klar, warum du es getan hast. Ich hätte wissen müssen, daß niemand, und schon gar nicht jemand wie du, sich gern verpflichtet fühlt. Aber ich liebte dich und liebe dich immer noch. Ich bin nur nicht mehr bereit, so weiterzumachen.»

«Ich wollte, wir hätten noch gewartet», sagte sie kläglich.

«Warum hast du mir das nicht früher gesagt?»

«Ich hatte Angst, Bailing zu verlieren.»

«Zumindest bist du ehrlich.»

«Und ich schämte mich für das, was ich mit deinem Brief gemacht habe.»

Er gab sie frei und stand auf. «Soll ich morgen früh meinen Anwalt anrufen?»

Er war ihr Freund. Sie teilten das Bett, Bailing und ihre Hoffnungen. Sie hatten zusammen gelacht und gekämpft. Ihr Gesicht verzog sich schmerzerfüllt bei dem Gedanken, ihn zu verlieren. «Geh nicht», bat sie.

Er nahm sie in die Arme und küßte sie zärtlich, während er sie an sich zog. Sie klammerte sich an ihn und wünschte, seine Kraft würde die Frau auslöschen, die versuchte, den Platz ihrer Mutter einzunehmen. Michael zog mit seinem Mund ein Muster über ihre Brüste und ihren flachen Bauch. Sie dachte an Adam, der ihre Beziehung nach dem Sex beurteilt hatte. Sie dachte an Alix und Immy und zog Michael noch näher an sich heran, weil sie Angst hatte, auch ihn zu verlieren.

Sie liebten sich im fahlen Licht des regennassen Sommerabends. Er hielt ihre Beine fest und beobachtete ihr Gesicht, während er in sie eindrang. Er liebkoste ihren Körper, ihren Mund, ihre Augen und küßte sie, als sie beim ersten Beben aufschrie, hielt sich zurück, bis sie bereit war und sich nicht mehr bremsen konnte.

Später gingen sie hinaus in den warmen Regen und standen splitternackt und lachend im Garten, die Arme ausgestreckt und ihre Gesichter dem Himmel zugewandt. Der Schlamm quoll zwischen ihren Zehen durch. Der Geruch von nasser Erde drang in ihre Nasen. Im tropfnassen Unterholz im hintersten Winkel des Gartens quiekte ein kleines Tier verschreckt auf.

«Wir haben Leo ganz vergessen», sagte Michael plötzlich.

«Er bleibt noch ein paar Tage bei meinem Vater.» Sie ließ ihre Arme sinken und kehrte mit hängenden Schultern ins Haus zurück. «Vater hat eine Freundin. Eine geschiedene Deutsche mit einem Sohn, den Leo für toll hält. Ich hätte nie gedacht, daß mein Vater meine Mutter einfach so ersetzen würde. Es ist, als hätte sie nie existiert.»

«Bist du deswegen früher nach Hause gekommen?»

«Ja.» Sie überquerte die Veranda. Ihre nassen Füße hinterließen Spuren auf den Holzdielen.

Sie bemerkte nicht, wie Michael dem Schaukelstuhl einen wütenden Tritt versetzte.

Sie kehrten in ihrer Beziehung zu dem unverbindlichen Geplänkel aus der Zeit vor ihrer Heirat zurück. Der einzige Unterschied bestand darin, daß sie jetzt miteinander ins Bett gingen, und das regelmäßig. Es war, als wäre Sex für sie beide eine Droge, die sie nicht aufgeben wollten. Einmal, als er sie wieder einmal durch ein Riff köstlicher Qualen führte, schrie sie auf. «Du bist der Beste!», doch er sagte nichts und machte sie glauben, daß es für ihn bessere gegeben habe.

Die Flugplätze liefen ziemlich gut, trotz der anhaltenden Rezession. Nach einem Anstieg des Ölpreises um fünfzehn Prozent, durch den sie eine Reihe von Kunden verloren, blieben ihre Bilanzen dennoch ziemlich ausgeglichen. Das Pfund war mit einem Gegenwert von 2,44 dem Dollar gegenüber auf seinem Höchststand. Sobald Leo in der höheren Schule untergebracht war, flog Michael mit Ryder in die verspäteten Flitterwochen nach New York. Zwar sollten es nur fünf Tage werden, aber länger konnten sie sich einfach nicht freimachen. Er war während seiner Zeit bei Colossus öfter dort gewesen, sie hingegen war immer nur durchgereist. Schon vier Wochen im voraus sprachen sie aufgeregt über die Läden, die Theater und die Oper, all das eben, was es in Bailing nicht gab.

Sie flogen in der Concorde, und als der Geschwindigkeitsanzeiger in der Kabine 750 Meilen in der Stunde überschritt und sie die Schallmauer durchbrachen, griff Ryder nach seiner Hand. «Wir haben doch viel Spaß, oder?»

«Das ist der Stoff, aus dem das Leben ist», antwortete er leichthin, als hätte er nie gegen den Schaukelstuhl treten wollen.

Sie wohnten im *Plaza*, an der Ecke Fifth Avenue und Central Park. Die Einrichtung strahlte die zeitlose Eleganz der französischen Renaissance aus, mit weiten Korridoren, die von Kronleuchtern erhellt wurden, und weißen Marmorkaminen. Ihre Suite hatte Aussicht auf die Baumspitzen des Central Parks, die sich wegen des herannahenden Winters schon golden färbten. Sie erinnerten Ryder an den Fox Lake.

Sie preßte ihre Nase gegen die Fensterscheibe. «Ich bin hier schon einmal gewesen», sagte sie leise. «Mit meiner Mutter, als ich vier oder fünf Jahre alt war. Ich hatte den Namen des Hotels vergessen, aber an der Vordertreppe habe ich es erkannt. Wir waren auf dem Weg nach Prairieville. Mutter wollte hier ein bißchen einkaufen. Ich erinnere mich noch daran, daß wir unten im Palmenhof Tee getrunken haben. Sie trug ein blaßgoldenes Kostüm, das mit ihrer Haarfarbe harmonierte. Sie sah einfach wunderschön aus, und ich war sehr stolz auf sie. Dann warf ich das Milchkännchen um und wurde auf mein Zimmer geschickt.»

Er legte die Arme um sie. «Möchtest du in ein anderes Hotel?»

«Nein.» Sie lehnte sich an ihn. «Ich wünschte nur, sie könnte sehen, daß ich jetzt nicht mehr so tolpatschig bin.» Sie gingen hinaus, um das geschäftige Treiben auf den Straßen zu erkunden, all die hell erleuchteten Geschäfte, die Bürgersteige mit den Bordsteinkanten aus Metall und die Schlaglöcher. Elegante Frauen entstiegen Stretchlimousinen, alternde Intellektuelle suchten in Bücherständen auf der Fifth Avenue nach Biographien obskurer Persönlichkeiten, und wild entschlossene Jogger stampften durch den Central Park und rutschten mit ihren gummibesohlten Laufschuhen über das nasse Laub. Ryder und Michael saßen in einer Bar und schrieben die unvermeidlichen Postkarten an Leo, Fred und Violet.

«Ich habe auf Vaters Karte Christina nicht erwähnt», sagte Ryder und schürzte die Lippen.

«Na fein: wieder mal ein Familienkrach.»

Sie fuhr auf. «Meinst du vielleicht, das sei komisch?»

«Nein.» Er nahm ihre Hand und hielt sie fest, obwohl sie versuchte, sie ihm zu entreißen. «Aber dein Vater ist sechzig Jahre alt. Er wird in jedem Fall Freundinnen haben. Je eher du das akzeptierst, desto weniger unglücklich wirst du sein.»

«Ich kann nicht ertragen, daß sie immer an ihm herumtätschelt und ihn ‹Liebling› nennt.»

Er berührte ihre Wange. «Ich bin auf deiner Seite.»

Sie entspannte sich. «Das hoffe ich auch. Schließlich sind das unsere Flitterwochen.»

Sie beobachteten, wie zielstrebige Leute an ihnen vorbeihasteten, und fühlten sich selbst herrlich ziellos. Dann gingen sie zurück ins Hotel und liebten sich, während draußen in den nächtlichen Straßen eine Polizeisirene ihrem Akt einen pikanten Hauch von Gefahr hinzufügte.

Am nächsten Morgen gingen sie die Fifth Avenue hinunter und kamen an einer Reiseagentur vorbei, die mit Billigflügen nach Europa warb. «Laker scheint Erfolg zu haben», bemerkte Ryder.

Michael lachte leise. «Ich dachte, wir wollten nicht übers Geschäft spechen.»

«Bei einem Flugpreis von 59 Pfund kann sogar Violet einen Cousin in New Jersey besuchen, obwohl sie vorher noch nie im Ausland war.»

«Wenn ich eine Fluglinie aufziehen würde, dann würde ich nicht auf dic Ticfstprcistouristcn ziclcn wic Lakcr», entgegnete Michael. «Ich würde meine Preise ein klein wenig höher setzen und dafür den vollen Service anbieten. Bei Skytrain kannst du unmöglich buchen. Geschäftsleute und Touristen, die nur vierzehn Tage Urlaub haben, können es sich nicht leisten, tagelang auf Flughäfen herumzuhängen.»

«Du hast mal wieder alles ganz genau durchdacht, oder?» Sie fuhr mit ihrer Hand unter seine Jacke und kitzelte ihn. «Und wo würden unsere Flugzeuge starten? Von Bailing aus sicher nicht!»

«Das beste wäre Gatwick. Heathrow hat Gewerkschaftszwang. Auf dieser Seite des Ozeans würde ich mich für den Kennedy Airport entscheiden. Der hat mehr Prestige als Newark, und am LaGuardia sind die Rollbahnen nicht lang genug. JFK bietet außerdem Anschlußflüge. Gatwick und Heathrow sind zu 75 Prozent Ziel- und Abflughäfen, aber die Flughäfen hier an der Ostküste sind auch Durchgangsflughäfen.» Er brach ab und mußte über seinen eigenen Enthusiasmus lachen.

«Natürlich ist das Ganze nur ein Traum. Wir müßten eine Menge Marktforschung betreiben, und selbst dann könnte sich das Ganze als unrealistisch herausstellen.»

Sie hob die Hand, um ein vorbeifahrendes Taxi anzuhalten, und sagte zum Fahrer: «Kennedy Airport, bitte!»

«Hier wären wir dann untergebracht», sagte Michael, als sie beobachteten, wie sich ein Flughafenbus durch das Liniengewirr auf der Vorfeldstraße orientierte.

Sie sah sich mißbilligend im internationalen Ankunftsgebäude um, das etwa vierzig Fluggesellschaften miteinander teilten. «Es sieht aus wie ein Abflußrohr, das an einem Couchtisch lehnt. Warum können wir nicht dieses Raumschiff da drüben haben?»

Er fuhr ihr durchs Haar. «Ich glaube, selbst du könntest Pan Am nicht davon überzeugen, uns ihr Gebäude abzutreten.»

Von der Flughafenbehörde bekamen sie Informationsmaterialien und Werbebroschüren. Abgesehen von den neuen Terminals, die die Passagiere zu über hundert Ausgängen leiteten, gab es Gebäude für die Abfertigung von Fracht, Hangars für die Wartung der Flugzeuge, Einrichtungen des Zolls, der Einreisebehörde und der Flughafensicherheit und nicht zuletzt neun Meilen Runway, zweiundzwanzig Meilen Vorfeldstraße und fünfzig Meilen unterirdische Rohre, durch die zweiunddreißig Millionen Gallonen Flugbenzin flossen.

«Kein Mensch würde uns glauben, wie wir unsere Tage hier verbracht haben», sagte Ryder, als sie an ihrem letzten Abend zum Hotel zurückschwankten, nachdem sie den ganzen Tag herumgelaufen waren. «Habe ich meine schicken Kleider getragen, bin ich ins Theater und in erstklassige Restaurants essen gegangen? Nein, ich habe Jeans und Turnschuhe angezogen und in der Cafeteria des Flugplatzes gegessen.» Sie ließ sich aufs Bett fallen.

Er legte sich neben sie. «Und bist du erschöpft von meiner kontinuierlichen und heftigen Leidenschaft?»

«Nein.» Sie schmiegte sich an seine Schulter. «Aber mir tun die Füße weh.»

Kapitel 33

Ryder und Michael waren kaum eine Woche zu Hause, da gingen sie schon zu Oliver Offbach. «Wenn er dir nicht gefällt, dann nehmen wir einen anderen», versprach Ryder Michael, als der Aufzug sie mit Höchstgeschwindigkeit zum Luxusbüro des Anwalts brachte. «Wir bitten ihn nur, unsere Firma registrieren zu lassen.»

Er überprüfte im Spiegel seine Krawatte. Sie war marineblau mit einem schmalen, burgunderfarbenen Streifen. Ryder hatte sie in einer Boutique des *Plaza* gekauft. Sie sah sehr gut aus zu seinem schiefergrauen Anzug und dem frischen, weißen Hemd. Ryder lächelte stolz. «Wenn ich von Vieh spreche, heißt das, ich bin mit ihm einverstanden», sagte er.

«Vieh!» lachte sie. «Er wird denken, wir seien verrückt.»

«Das sind wir auch.» Er küßte sie heftig.

Offbach schenkte ihnen sein zurückhaltendes Lächeln. «Ein neuer Flugplatz?» fragte er und winkte sie zu den Stühlen vor seinem Schreibtisch.

«Eine Fluglinie.» Michael öffnete seine Aktentasche und nahm ihre Kalkulationen heraus. «Wir würden gern unsere Firma registrieren lassen.»

Offbach griff nach einem Stift. «Name?»

«Anglo Atlantic Airways», gab Ryder an.

«Das hat einen hübschen Klang.»

«Nicht wahr?» Sie glühte vor Begeisterung.

Offbachs dünne Lippen zuckten. «Sie wissen, daß Sie dafür eine Genehmigung von der Civil Aviation Authority hier in Großbritannien und der Federal Aviation Administration, der zuständigen Luftfahrtbehörde in den USA, brauchen. Und die zu bekommen ist nicht leicht.»

Michael lehnte sich in seinem Stuhl zurück. Hier sprach er mit einem Mann, der etwas von seiner Welt verstand. «Die anderen Fluglinien werden sofort Einspruch erheben, genau wie bei Skytrain. Aber wenn wir beweisen können, daß wir kompetent, sicher und finanziell solide sind und daß es genügend Nachfrage gibt, dann sehe ich keinen Grund, warum es nicht klappen sollte.»

«Ein zweiter Colossus also?» fragte Offbach.

«Nein, keinesfalls. Wir behandeln unsere Passagiere wie Gäste.» Michael zwinkerte Ryder zu. «Colossus hingegen behandelt seine wie Vieh.»

Während Offbach den Namen der Anglo Atlantic registrieren ließ, schrieben Michael und Ryder die CAA um Antragsformulare an. Sie hielten die Idee noch geheim und arbeiteten nur im Schmetterlingshaus daran, während Leo vor dem Fernseher herumlümmelte und lange Briefe an Stefan, Christinas Sohn, schrieb.

«Wenn das Projekt erst mal in Gang gebracht ist, dann unternehmen wir mal was Schönes mit dir», versprach Ryder ihm und wünschte, sie würde mehr Leute mit Söhnen in seinem Alter kennen.

Er warf ihr einen mürrischen Blick zu. «Und wann soll das sein?» Dann verließ er den Raum.

Die Antragsformulare trafen ein, und sie bedeckten jede freie Stelle von Michaels Schreibtisch mit einer Unzahl von Papieren mit Notizen und Entwürfen für ihre Bewerbung.

«Um eine Fluglinie zu führen», erklärte er ihr, «brauchen wir eine Lufttransportlizenz, weil wir Transport gegen Bezahlung anbieten, und ein Air Operator's Certificate, um zu zeigen, daß wir sicher und kompetent sind. Das zweite ist das schwierige. Wir müssen die CAA davon überzeugen, daß unsere Flugzeuge nicht abstürzen und unsere Passagiere nicht irgendwo mitten auf der Reise stekkenbleiben, weil wir Pleite gemacht haben.»

Sie nickte und versuchte ihr schlechtes Gewissen gegenüber Leo zu verdrängen.

«Sie werden unsere Finanzen überprüfen, die Daten, ob genügend Nachfrage besteht, die Kostenvoranschläge, die zeigen, daß die Fahrpreise die Ausgaben rechtfertigen, dann die Einzelheiten über die Flugzeuge und als letztes die Einrichtungen für Wartung und Pflege hier und in den USA.» Er schwieg einen Moment. «Und in der Minute, in der die CAA unseren Antrag an die Öffentlichkeit gibt, wird jede Fluglinie, die diese Route fliegt, Einspruch erheben, vor allem Colossus.»

«Du klingst weniger überzeugt als noch bei Offbach», bemerkte sie.

«Ich wollte nur sichergehen, daß du weißt, der Aufbau einer Fluglinie ist wie ein Teufelskreis. Wir müssen abflugbereit sein, bevor uns die CAA überhaupt in Betracht zieht. Also kostet uns allein schon der Antrag eine Menge Zeit und Geld. Und selbst dann können sie uns noch wegen des AOC ablehnen.»

Sie spannte ein Antragsformular in die Maschine ein und tippte neben die Sparte *Bewerber: ANGLO ATLANTIC AIRWAYS LIMITED.*

Er lehnte sich über den Tisch und sagte: «Ich liebe dich.»

Sie verbrachten den gesamten Abend mit der ersten Frage. Michael sollte Geschäftsführer sein und außerdem Leiter der Finanzabteilung. «Ich möchte das Unternehmen betreiben, aber mir ist egal, ob ich die Galionsfigur bin», sagte er. «Du bist die Präsidentin. Du hast die richtige Ausstrahlung für die Öffentlichkeit. Man muß sich nur ansehen, wie du Bailing populär gemacht hast.»

Sie öffnete eine Tüte Cashewkerne, die sie gemeinsam aßen.

«Was ist mit den anderen Führungskräften?» fragte sie dann.

«Wir werden einen Verkaufsdirektor brauchen, der die Plätze verkauft, einen Marketingdirektor für die Öffentlichkeitsarbeit und einen Manager für den Kabinenservice, der für die Crew, die Verpflegung und die Duty-free-Waren verantwortlich ist. Und wir brauchen noch viel, viel mehr Personal. Aber nicht jetzt. Später!»

Als sie erschöpft ins Bett fielen, verkündete sie ihm: «Ich weiß schon, welche Farben unser Unternehmen hat.»

«Leuchtendes Lila und grelles Pink?»

«Nein, du Idiot.» Sie schmiegte sich eng an ihn. «Schwarz und rot.»

Sie arbeiteten an ihrer Bewerbung, wann immer sie Zeit dazu hatten, und diskutierten über jedes einzelne Wort zu den Finanzen, den Routen und den Maschinen.

«Eine 747», beharrte Michael. «Das muß sein. Die transportiert fünfhundert Passagiere und zwanzig Tonnen Fracht.»

«Laker hat aber eine DC 10.»

«Wir brauchen viel Frachtraum für die Spannen außerhalb der Stoßzeiten.»

Sie tippte *BOEING 747* ein. «Wieviel wird so ein Jumbo kosten?»

«Ein neuer 75 Millionen Dollar. Aber Boeing hat bestimmt einen aus zweiter Hand für 27 bis 30 Millionen. Da der Dollar auf 2,44 Pfund gefallen ist, wären das zwölf Millionen Pfund.»

«Und wenn das Pfund wieder schwächer wird?»

«Dann müssen wir versuchen, ein Sicherheitspolster in unser Darlehen miteinzuplanen.»

Sie erinnerte sich an die Zeit, als sie sich im Fluß gewaschen hatte. «Zwölf Millionen! Können wir denn soviel aufbringen?»

«Das Flugzeug ist seine eigene Sicherheit. Die Plätze, soweit wir sie verkaufen, liefern das Geld für die Rückzahlung des Darlehens. Die größten Kosten entstehen uns am Anfang. Wir werden all unsere Flugplätze als Sicherheit einsetzen und können nur hoffen, daß sie ausreichen.»

Nach kurzem Zögern sagte sie: «Als letzten Ausweg können wir noch Bailing einsetzen.»

«Bist du sicher?»

Sie verschränkte ihre Finger mit seinen. «Wenn ich nicht bereit bin, ein Risiko auf mich zu nehmen, um einen Traum zu verwirklichen, dann könnte ich genausogut schon tot sein.»

Da Ryder nicht mehr auf dem Flugplatz wohnte, hatten sie einen Wachmann eingestellt, der seine Unterkunft in der umgebauten Munitionsbaracke neben dem Clubhaus hatte. Der Tower war in zwei Büros für sie und Michael umgewandelt worden, und die Schlafzimmer wurden von ihrem Saisonpersonal genutzt. Nach und nach wurde das Schmetterlingshaus Ryders Zuhause. Sie hatte keine Sehnsucht mehr nach dem Tower. Vielmehr war es einc Erleichterung, etwas Privatsphäre zu haben.

Bruja war auch umgezogen. Ihr Stall war nach der großen Überschwemmung unsicher geworden. Eines Morgens reichten Ryder, Fred und Leo ihr ein spezielles Frühstück aus Möhren und Äpfeln und gingen mit ihr die Landstraße hinunter zu einer Farm, wo sie ihren Ruhestand zusammen mit zwei alten Arbeitspferden genießen sollte. «Ich werde sie vermissen», sagte Ryder, als sie sie auf die Weide führte und ihr das Halfter abnahm.

«Sie wird in Gesellschaft anderer Pferde glücklicher sein.» Fred schlug dem alten Pony aufs Hinterteil, und sie trottete ohne einen Blick zurück hinaus auf die Weide.

«Soviel zum Thema Dankbarkeit», bemerkte Ryder. Bruja war nicht nur ein Teil von Bailing gewesen, sondern auch eine Erinnerung an die alten Zeiten und ihre verzweifelte, verzehrende Liebe zu Patrick.

Sie und Michael suchten häufig Offbach auf und lernten seinen kühlen, präzise arbeitenden Verstand zu schätzen. Sie luden ihn zum Lunch ins *Waldorf* ein und eröffneten ihm, daß sie ihn gern als stillen Teilhaber der Fluglinie dabeihätten.

Er sah von einem zum anderen. «Ich fühle mich geschmeichelt.»

«Wir sind nicht gekränkt, wenn Sie ablehnen», versicherte Ryder hastig.

«Nein, nein. Ich nehme das Angebot gerne an.» Er kam einem Lächeln so nahe, wie es für ihn möglich war.

Nachher äußerte Ryder: «Ich frage mich, ob es eine Mrs. Offbach gibt!»

«Ihr Name ist Felicity, und sie haben einen Sohn in Leos Alter.» Michael zwickte sie ins Knie. «Soweit dazu, Miss Naseweiß!»

Anglo Atlantic brauchte Geschäftsräume in London. Sie konnten kaum eine internationale Fluglinie von Bailing aus leiten. Während Michael noch über den Kalkulationen brütete, verbrachte Ryder die Tage damit, sich geeignete Gebäude anzusehen, die jedoch alle zu teuer waren.

«Ich werde Jonathan um Rat fragen», teilte sie Michael beim Abendessen mit.

«Den Freund deines Ex-Verlobten und dieses degenerierten Windhundes?»

Sie schnippte einen rohen Pilz zu ihm hinüber. «Wenn wir anfangen, anderen Leuten von unserem Vorhaben zu erzählen, sollten wir bei Fred und Violet anfangen – und bei Leo. Sonst wären sie verletzt.»

Er zog die Stirn in Falten. «Ich bin dagegen. Jonathan ist wegen seines Berufsethos zum Schweigen verpflichtet, die anderen aber nicht. Wenn sie ein Wort verraten, könnte uns das alles vermasseln.»

«Sie haben mich noch nie im Stich gelassen.» Sie öffnete die Eßzimmertür, und bevor er sie aufhalten konnte, rief sie: «Leo! Komm her, und laß dir von unserer Fluglinie erzählen.»

Jonathan schlug vor, sie sollten versuchen, ein Lagerhaus in Battersea oder Vauxhall zu kaufen. Aber selbst das war ihnen zu teuer. Als sie die Tower Bridge auf ihrem Heimweg überquerten, setzte sich Ryder plötzlich kerzengerade auf. «Laß es uns mal bei den Docks versuchen.»

Michael bog in Richtung Wapping ein, fuhr eine Straße voller

Schlaglöcher entlang, vorbei an tristen Häuserblöcken mit Sozialwohnungen und mit Abfällen übersäten Rasenflächen, bis sie zur Wapping High Street kamen. Die war aus Kopfsteinpflaster und wirkte wie aus einem Roman von Dickens. Von den wenigen Lagerhäusern, die noch genutzt wurden, schien fahles Licht hinaus auf die feuchten Straßen. Die anderen Gebäude, die einst als Lagerraum für Getreide und getrocknete Früchte gedient hatten, wiesen jetzt nur noch zerbrochene Fensterscheiben, schmutzige Innentreppen und schadhafte Eisengeländer auf. Ein Fahrrad, dem beide Räder fehlten, war an ein Geländer angekettet. Zwei Ratten kämpften um einen Fischkopf. Ein benutztes Kondom hing über den niedrigen Zweigen eines kleinen Busches.

«Ich frage mich, was so was wohl kostet», sagte Ryder.

«Mit oder ohne Ratten?»

«Im Ernst! Sie sind geräumig und liegen zentral. Mit sechs Stockwerken könnten wir das oberste in ein Penthouse für uns umbauen. Wir brauchen doch eine Londoner Zweitwohnung.»

«Du würdest in dem Moment, in dem du hier ankämst, überfallen und vergewaltigt. Und jeder Frau, die für uns arbeiten würde, erginge es genauso – wenn wir überhaupt jemanden fänden.»

«Wir stellen Leute ein, die hier wohnen. Es muß Unmengen von Arbeitslosen in einer Gegend wie dieser geben.» Sie nahm sein Gesicht in ihre Hände und zwang ihn, sie anzusehen. «Ich habe ein gutes Gefühl dabei. Weibliche Intuition.»

«Also gut.» Er küßte die weiche Innenseite ihrer Hand. «Such dir eins aus, das dir gefällt, laß einen Kostenvoranschlag für die Renovierung machen, und dann wird der Leiter der Finanzabteilung das Ganze überdenken.»

Sie legte den Kopf am Sitz an und bereitete sich auf die lange Fahrt nach Hause vor.

«Ich spiele nur den Advocatus Diaboli», sagte er einige Zeit später. «Ich möchte nicht, daß du später enttäuscht bist.» Er lächelte zu ihr hinüber, aber Ryder hörte nicht zu. Sie fragte sich, was Immy wohl machte.

Sie sandten ihren Antrag zur CAA. Gemeinsam brachten sie den Umschlag zur Post in Bailing. Dann kehrten sie nach Hause zurück und liebten sich.

In der Zeitspanne, bevor ihr Antrag veröffentlicht wurde, diskutierten sie wieder und wieder ihre Strategie für die Verkehrsministerien in Großbritannien und in den USA und machten Termine für vorbereitende Treffen mit der British Airports Authority in Gatwick. Als Michael nach New York flog, um mit der Flughafenbehörde zu sprechen, blieb Ryder nur ungern zu Hause, weil sie noch zuviel zu tun hatten. Sie hätte sich sehr gewünscht mitzufliegen, vor allem, da Frankie und Susan nun in Manhattan lebten. Frankie hatte gerade seine erste Anstellung als Pilot bei einem kleinen Frachtunternehmen. Sie saß in ihrem Büro im Kontrolltower, als das Telefon klingelte und eine Frauenstimme nach dem Abheben verkündete: «Mrs. Ashby, hier ist Miss Criffelbrook... Leos Schuldirektorin. Könnten Sie mich heute nachmittag mal aufsuchen?»

«Ist mit Leo alles in Ordnung?» fragte Ryder besorgt.

«Ja, aber ich möchte gerne mal mit Ihnen sprechen.»

Miss Criffelbrook war eine große, strenge Frau knapp um die sechzig. Sie war schon seit sehr langer Zeit die Schulleiterin der höheren Schule in Bailing. Die Schule hatte ein ziemlich großes Einzugsgebiet, das sich bis weit über das kleine Dorf hinaus erstreckte. Wenn Miss Criffelbrook mit ihrem alten Morris Minor unterwegs war, gab es immer ehemalige Schüler, die – obwohl längst erwachsen und mit eigenen Kindern im schulpflichtigen Alter – sich bei ihrem Erscheinen rasch bückten und die Socken hochzogen.

Miss Criffelbrook saß an ihrem Schreibtisch, als Ryder eintraf. «Wir haben ein paar Probleme mit Leo», sagte sie. «Er ist ein intelligenter, künstlerisch begabter Junge, aber er findet keine Freunde, und Sie verhalten sich auch nicht gerade hilfreich.» Sie runzelte mißbilligend die Stirn, und Ryder war froh, zu dem Gespräch in einem Faltenrock erschienen zu sein. «Sie geben ihm viel zuviel Taschengeld.»

«Drei Pfund die Woche?»

«Mrs. Ashby, als er nach seinem Halbjahr in Spanien zurückgekommen ist, hatte er zweihundert Zigaretten, ein goldenes Feuerzeug von Dupont und hundert Pfund bei sich. Er hat sich seine Freunde gekauft.»

Ryder wartete vor der Schule auf Leo. Sie bemerkte, daß er sich abseits von den anderen Jungen hielt. Er blickte mißtrauisch, als er sie sah, sagte jedoch nichts. Als sie die Schule hinter sich gelassen hatten, bemerkte sie: «Ich nehme an, Vater hat dir das Geld gegeben.»

«Warum sollte ich auch keins haben?» fuhr er sofort auf. «Schließlich bin ich der Sohn eines Millionärs.»

«Du bist der Sohn eines Ex-Sträflings, und wenn Vater Geld hat, dann hat er es nicht anständig verdient.»

«Du bist ja nur neidisch, weil er dir kein Geld gegeben hat.»

Sie umklammerte das Lenkrad, um nicht die Nerven zu verlieren. «Ich habe es jedenfalls nicht nötig, mir Freunde zu kaufen.»

Seine Augen füllten sich mit Tränen. «Ich hasse dich. Ich hasse die Schule. Aber du kümmerst dich ja nicht darum.»

«Was habe ich denn all die Jahre gemacht?»

«Du willst mich doch gar nicht. Immer kritisierst du mich. Christina tut das nie. Ich will mit Stefan zur Schule gehen. Ich will bei Vater leben.»

«Und in dem Glauben erzogen werden, daß man mit Geld alles kaufen kann!»

«Zumindest haben sie dort Zeit für mich!» Er knallte die Autotür zu und rannte ins Haus.

Sie blieb im Wagen sitzen und ließ den Kopf hängen.

Michael kehrte voller Pläne für Anglo Atlantic zurück. Sie holte ihn von Heathrow ab. Als sie ihn wiedersah, wurde ihr klar, wie sehr sie ihn vermißt hatte.

«Ich habe mit Boeing gesprochen», berichtete er, als sie an ihrem Wagen ankamen. «Es war nur ein kleines Vorgeplänkel. Sie wären glücklich, uns in London, New York oder Seattle zu treffen.»

«Schön.»

«Du klingst aber nicht sehr enthusiastisch.»

«Es tut mir leid.» Sie hielt kurz inne, um den Parkplatz zu bezahlen. «Ich hatte Streit mit Leo. Ich wollte dir erst zu Hause davon erzählen.» Sie erzählte ihm kurz von ihrem Besuch bei der Rektorin und der Heimfahrt mit Leo und schloß: «Er sagt, daß ich keine Zeit für ihn habe und ihn immer nur kritisiere. Er hörte sich genau an wie ich, wenn ich Vater Vorwürfe mache.»

«Aber wo er recht hat, hat er recht.»

«Danke für die Unterstützung. Ich dachte, wenigstens du würdest mich aufbauen.»

«Also möchtest du, daß ich dir sage, du hättest recht, wenn du unrecht hast?»

«Ich hätte wissen sollen, daß du auch denkst, ich sei wie mein Vater. Ich schätze, du überprüfst immer noch deine Briefe, um sicherzustellen, daß ich sie nicht fälsche.» Sie bremste scharf, um nicht in den Wagen vor ihr zu fahren, und streifte dabei einen Poller.

«Fahr an den Rand!» sagte er. «Ich bin vielleicht müde, aber ich fahre lieber selbst, als umgebracht zu werden.»

«Ich bin schon okay.» Sie trat das Gaspedal durch und fuhr nonstop nach Norfolk.

Während Michaels Abwesenheit hatte sie die Auffahrt geharkt, den Rasen gemäht, das hohe Gras im Obstgarten mit der Sense gekürzt und einen Kostenvoranschlag für den Umbau der kleinen Koppel in einen Tennisplatz eingeholt – alles Dinge, die sie schon lange vorhatten, zu denen ihnen aber immer die Zeit gefehlt hatte. Er gab zu all dem keinerlei Kommentar ab und ging ins Bett. Wütend und enttäuscht streifte sie durchs Haus. Schließlich legte sie sich in eins der Betten im Gästezimmer.

Sie wurde von Michael geweckt. «Warum zum Teufel hast du deinem Vater von Anglo Atlantic erzählt?» rief er.

Sie setzte sich auf. «Das habe ich gar nicht.»

«Er hat mich gerade angerufen, um mehr Einzelheiten zu erfahren.»

«Ich habe es ihm nicht erzählt.» Sie verließ das Bett.

«Dann hat er also telepathische Fähigkeiten!» Michael marschierte die Treppen hinunter.

«Ich habe es ihm erzählt.» Leo stand im Bademantel in der Tür. Er sah verängstigt aus.

«Aber ich hatte dich doch gebeten, den Mund zu halten!» Sie stockte, als er zusammenzuckte. Dann holte sie tief Luft und sagte: «Ich werde jetzt erst mal duschen. Zieh dich an. Wir sprechen beim Frühstück darüber.»

Michael trank gerade Kaffee und las die Zeitung im Frühstückszimmer, dessen Fenster hinaus zum alten Kräutergarten gingen. Mitten auf dem Tisch stand eine Vase mit wilden Osterglocken. Sie hatte sie am Vortag gepflückt, weil sie wußte, wie sehr er diese Frühlingsboten mochte. Jetzt wünschte sie, sie hätte nicht soviel Aufhebens gemacht.

«Leo hat es Vater erzählt», teilte sie ihm mit und setzte sich. «Und bevor du irgend etwas sagst, versichere ich dir, daß ich weiß, es ist auch mein Fehler. Ich habe ihm eben vertraut.» Sie stützte die Ellbogen auf den Tisch und starrte die Osterglocken an.

Er ließ die Zeitung sinken. «Ich bin dagegen, daß Leo bei deinem Vater lebt, aber ich glaube, er sollte die Möglichkeit bekommen, auf eine bessere Schule zu gehen. Suchen wir eine, wo künstlerische Begabungen gefördert werden. Wenn er Lust hat, kann er dann ja die Hälfte aller Ferien bei seinem Vater verbringen. Das wäre mein Rat. Möchtest du ihn noch hören? Oder willst du, daß ich dir versichere, du hättest immer recht?»

Sie zupfte eine Osterglocke aus der Vase und warf sie ihm an den Kopf. Er fing sie in der Luft auf, küßte die gelbe Trompetenblüte und grinste. «Frühling, Miss Biggles!»

Kapitel 34

Die CAA hatte ihre wöchentliche Liste der Neubewerber um Linienflüge veröffentlicht. Seite an Seite saßen Michael und Ryder im Arbeitszimmer und lasen ihre Eintragung: *ANGLO ATLANTIC AIRWAYS LIMITED bewirbt sich um den Transport von Passagieren, Fracht und Post auf der Route LONDON (GATWICK) – NEW YORK (KENNEDY).*

Michael küßte Ryder auf die Nasenspitze. «Jetzt warten wir auf den Einspruch von Colossus. Sie haben einundzwanzig Tage Zeit. Dann kommt die Anhörung der CAA zu unserer finanziellen Solidität, die erste von vielen Hürden. Ich schlage vor, wir nutzen die Zeit, um bei Boeing vorbeizuschauen.»

Sie ging zur Tür und rief: «Leo! Komm und sieh dir den Namen unserer Fluggesellschaft in der Zeitung an!»

Er kam ins Zimmer, die Hände in die Hosentaschen gestopft und immer noch mit einem bleichen, nervösen Gesichtsausdruck. «Die Tennissaison hat begonnen», sagte er.

«Dann fahren wir am besten jetzt nach King's Lynn und kaufen dir einen Schläger», verkündete Michael. «Das heißt, wenn du einverstanden bist, daß ich dir Unterricht gebe.»

Einen Tag vor ihrer Abreise nach Seattle hörte Ryder von zwei Lagerhäusern, die zum Verkauf standen. Das eine sollte fünfzig-, das andere fünfundsechzigtausend Pfund kosten. Sie überließ es Violet, Mrs. Trumpet vom Bahnhof abzuholen, unterbrach das Kofferpacken und raste nach London. Das erste, teurere Lagerhaus war in annehmbarem Zustand, lag aber nicht direkt am Fluß. Das zweite erfüllte zwar diese Bedingung, war aber in miserablem Zustand. Jede einzelne Fensterscheibe war zerbrochen, jede Treppe schadhaft, die einzelnen Stockwerke waren riesige, kahle Betonflächen, von tropfenden Wänden umgeben. Aber die Aussicht war wundervoll. Von allen Fenstern aus konnte man sehen, wie die Türme der Tower Bridge in den Himmel ragten.

Sie rief Jonathan in seinem Büro an. «Ich brauche deinen Rat als Fachmann. Ich habe ein Lagerhaus gefunden und muß jetzt wissen, ob das Mauerwerk intakt ist und wieviel dic Renovierung kosten würde.»

«Ryder, du bist eine anspruchsvolle Frau. Ich bin ausgebucht bis ...»

«Ich möchte dich in einer Stunde auf dem Grundstück sehen.»

Sie trafen sich am Eingang zum Gebäudc. «Ich weiß gar nicht, wieso ich hier bin», brummelte er, als sie ihm das zweite Lagerhaus zeigte. «Du bist verrückt. Total übergeschnappt.»

«Ist das Mauerwerk solide?»

«Es scheint so, aber ich muß noch eine Untersuchung der Bausubstanz durchführen lassen.»

«Wieviel würde es kosten, es zu schönen, offenen Büroetagen umzubauen und im obersten Stockwerk ein Penthouse einzurichten?»

«Eine halbe Million, vielleicht ein bißchen weniger. Du brauchst Sanitäranlagen, Elektroanschlüsse, Heizungen, ein neues Dach, eine komplette Feuersicherung, Aufzüge, Innenwände, neue Treppen. Dazu kommt dann noch die Ausstattung.»

«Wie lange würde es dauern, wenn deine Firma es übernähme?»

«Mindestens sechs Monate, wenn ich meine Männer Überstunden machen ließe – und zwar ab dem Zeitpunkt, wo wir die Baugenehmigung haben.»

«Sagen wir vier Monate.» Sie sprang in ihr Auto und kurbelte das Fenster hinunter. «Ruf mich an, wenn du die Ergebnisse der Untersuchung hast. Ich möchte innerhalb von vierzehn Tagen unterschreiben.»

Das Werk für die Montage der Boeing 747 lag in Everett, etwa fünfundzwanzig Meilen von Seattle aus die Küste hoch. Es war in den späten sechziger Jahren speziell für die 747-Serie gebaut worden. Siebenhundertachtzig Morgen Waldfläche mußten gerodet werden, um den Giganten der Lüfte zu konstruieren. Ryder ließ ihre Hand in Michaels gleiten, als die Limousine sie nordwärts über den Küstenhighway brachte, den Puget Sound auf der einen und waldbedeckte Hügel auf der anderen Seite.

Sie bogen vom Highway direkt auf das Boeing-Gelände ein, das von Bürogebäuden umgeben war und außerdem Platz für Hangars, Teststrecken und meilenweite Betonflächen bot, auf denen die riesigen Jets wie trügerisch gutartige Haie aufgereiht standen. In der Empfangshalle wurden sie von zwei Verkaufsleitern abgeholt, die sie in ein geräumiges Büro führten. Die Männer von Boeing sprachen über neue Flugzeugmodelle und neue Entwürfe, Michael sprach über seine Lieblingsmaschinen aus alten Zeiten.

«Ich liebe die 727», sinnierte er, «aber die hat weniger als zweihundert Plätze.»

«Also haben Sie die 747 im Kopf?» fragte einer der Verkaufsleiter.

«Wir denken in diese Richtung, ja.»

«Möglicherweise – ich sage: möglicherweise – könnten wir demnächst eine solche Maschine zurückbekommen», sagte der ältere der beiden Männer von Boeing. «Einundzwanzigtausend Flugstunden, gewissenhafter Vorbesitzer.»

«Wer?»

«Mr. Ashby, ich bin sicher, es gibt nicht eine Schraube bei Boeing, die Sie nicht wiedererkennen würden, aber diese Information, Sir, ist vertraulich – zumindest vorläufig.»

«Dann muß es Colossus sein. Sie haben zuviel geordert und bekommen nun Probleme. Deshalb wollen sie die Gatwick–Kennedy-Touren erhöhen – und uns rausdrängen.»

Die Verkäufer lächelten, sagten aber nichts.

Michael blickte auf seine Uhr, als hätten sie noch eine weitere, wichtigere Verabredung. «Über welche Summe sprechen wir?»

«Achtundzwanzig Millionen Dollar.»

«Für einen Ableger von Colossus!»

«Für ein Sonderangebot eines anonymen, gewissenhaften Eigentümers.»

Alle lachten.

Im Wagen sagte Ryder: «Gut gemacht! Ich hatte ja gar keine Ahnung, daß du dich derart auskennst.»

«Ach, ich hab so meine Routine.» Er glitt mit seiner Hand unter ihren Mantel und streichelte die Innenseiten ihrer Schenkel.

Sie fuhr sich mit der Zungenspitze über die Lippen. «Ich wollte, wir hätten dieses Flugzeug schon heute kaufen können.»

Er schob seine Hand ein bißchen höher. «Das können wir nicht, bis wir die Genehmigung haben.»

Sie rückte näher an ihn heran, und zwar so beiläufig, daß der Fahrer keinen Verdacht schöpfte. «Mein Alptraum ist ein Jumbo ohne zahlende Passagiere.»

Er fuhr mit einem Finger unter die Spitze ihres Seidenschlüpfers. «Und wie wäre es mit fünfhundert wütenden Passagieren ohne Flugzeug?»

Sie mußte lachen.

«Boeing kennt unser Dilemma», versicherte er. «Jeder, der mit einer Fluggesellschaft anfängt, steht vor denselben Problemen. Aber bei Boeing streben sie auch mehr als einen Verkauf an. Sie hoffen, daß Anglo Atlantic schrecklich erfolgreich sein wird und wir eine ganze Flotte von diesem Flugzeugtyp in Auftrag geben.»

Während er weitersprach, kreisten seine Finger unaufhörlich, und sie konnte nur noch an den Moment denken, wenn sie endlich allein wären.

Am Abend waren sie die Gäste von Boeing. Niemand erwähnte das Flugzeug. Das Gespräch behandelte nur den allgemeinen Klatsch in Luftfahrtkreisen. Es war Mitternacht, als Michael und Ryder in ihr Zimmer zurückkamen. Ryder streifte sich die Schuhe von den Füßen und schaltete die Nachrichten im Fernsehen ein, während sie zwischen Schlaf- und Badezimmer hin- und hergingen und den Abend besprachen. Als Michael im Bad war, schaltete sich Ryder durch die einzelnen Kanäle, eine Angewohnheit, die ihn wahnsinnig machte. Da tauchte plötzlich Imogens zartes, sommersprossiges Gesicht vor ihr auf, und eine Stimme sagte: *Leidenschaften. Eine Geschichte von Liebe und Rache in der feuchten Hitze North Carolinas. Mit Imogen Lydden in einer Nebenrolle.*

Als Michael aus dem Bad kam, fand er sie weinend im Bett.

Colossus erhob Einspruch gegen Anglo Atlantic. Die Begründung lautete, daß es schon kaum genug Transatlantik-Passagiere für die bereits existierenden Fluggesellschaften gebe. Als Termin für die Anhörung in Finanzfragen setzte die CAA den 26. März fest. Ryder umkringelte das Datum in ihrem Terminkalender. Von diesem Moment an wurde der 26. März zu ihrem persönlichen Mount Everest, dem Gipfel, zu dem alle Wege führten, die Höhe, die sie zu erklimmen hofften.

Die Bauarbeiten schritten in rasendem Tempo voran. Sie brauchten eine Londoner Geschäftsstelle, aber das Lagerhaus wurde nicht rechtzeitig fertig, so daß sie von Jonathans Firma vorübergehend Büroräume anmieteten. Sie stellten einen Buchhalter ein. Er hieß Bernard Trevor und war ein Bekannter von Michael aus der Zeit bei Colossus. Zwar kostete er sie viel Geld, doch sie konnten es sich nicht leisten, auf ihn zu verzichten. Sie durchkämmten den Flughafen von Gatwick nach geeigneten Räumlichkeiten, fanden sogar ein freies Gebäude und mußten doch die Unterzeichnung des Vertrags bis nach der Anhörung verschieben.

«Wenn der Preis dann gestiegen ist, kriege ich einen Schreikrampf», verkündete Ryder, als sie zurück nach London fuhren.

Sie stellten einen Verantwortlichen für den Kabinenservice ein, Craig Witherspoon. Der arbeitete ein Trainingsprogramm für die Kabinencrew aus und begann mit den Vorstellungsgesprächen, doch auch hier mußte es dabei bleiben, denn die Einstellung des Personals konnte erst nach der ersten Anhörung vonstatten gehen.

Während dieser Zeit blieb Leo bei Violet, wenn Mrs. Trumpet nicht im Schmetterlingshaus sein konnte. Ryder hatte ein schlechtes Gewissen, ihn so selten zu sehen. Sie legten Wert darauf, jedes Wochenende im Schmetterlingshaus zu verbringen, auch wenn sie arbeiten mußten. Sonntags kochte ihnen Mrs. Trumpet immer ein gewaltiges Mittagessen mit Braten. Am langen Eßzimmertisch tafelten sie dann, zusammen mit Fred und Violet und jedem, der in Bailing gerade allein war. Für Michael und Ryder galt nur eine Bedingung: Die Leute sollten sich ganz zwanglos vermischen. Die Offbachs luden sie nicht ein. Aber Andrew, der Herausgeber von *Aviation Argus* und Michaels Freund, war ein häufiger Gast. Obwohl er groß und sehr dünn war, aß er so viele Kartoffeln, daß Ryder ihn immer früher bestellte, damit er beim Kartoffelschälen half. Hetty Radipole von der Sekretärinnenschule kam mit ihrem pferdegesichtigen Ehemann. Ryder hatte sie seit Jahren nicht mehr gesehen, doch sie hatte sich nicht verändert. Jonathan kam mit Charlotte, die so verblüfft war, als sie sich am Tisch neben Fred wiederfand, daß sie glatt vergaß herumzunörgeln. Es waren gemütliche Sonntage, an denen viel gegessen, gelacht, über Zeitungen gedöst und Tennis gespielt wurde, obwohl es nachmittags noch frisch war. Die Rückkehr nach London empfand Ryder immer als schmerzlich.

«Wir müssen etwa bis zum 22. Juli in der Luft sein», sagte sie bei einem ihrer Treffen mit Offbach. «Wir brauchen die Unterstützung der Presse. Eine Woche danach ist die königliche Hochzeit, und dann sind alle Zeitungen nur davon voll.»

«Und wir brauchen die amerikanischen Touristen, die aus diesem Anlaß in Scharen nach London strömen», fügte Michael hinzu.

Als das Treffen sich dem Ende näherte, wandte sich Ryder an Offbach. «Warum kommen Sie und Ihre Frau nicht mal am Sonntag zu uns nach Bailing? Und bringen Sie doch Ihren Sohn mit! Mein Bruder Leo ist im selben Alter.»

Auf der Heimfahrt bemerkte Michael: «Du opferst ja sogar unsere Sonntage, nur um Leo vor Christina zu retten.»

Am 26. März trafen Ryder und Michael in dem großen, kreisförmigen Gebäude der CAA an der Ecke Kemble Street und Kingsway ein. Offbach und seine zwei Mitarbeiter warteten schon in der Empfangshalle. Sie nahmen den Aufzug in den achten Stock. Als sie hinauffuhren, fühlte Ryder, wie ihr das Blut in den Ohren pochte.

«Natürlich ist das nur der K2.» Michael hörte sich ruhig und zuversichtlich an. «Der Mount Everest ist die öffentliche Anhörung.»

Sie wurden in einen großen Konferenzraum geführt, der sehr funktional und ganz in Beige und Braun gehalten war. Er hatte vier lange Tische, die in einem Rechteck angeordnet waren, und große Fenster, durch die das geschäftige Treiben vom Covent Garden drang. Nur gelegentlich wurde es durch das Heulen einer Polizeisirene unterbrochen.

Eine Tür öffnete sich, und vier Herren von der CAA marschierten feierlich zu ihrem Tisch. Zwei Stenographen folgten ihnen, von denen einer einen riesigen Kassettenrecorder in Gang setzte.

«Guten Morgen, meine Damen und Herren», sagte der Vorsitzende der Kommission und rückte das Mikrophon vor ihm in die richtige Position. «Nach Paragraph 65 des Zivilen Luftfahrtgesetzes ist es unsere Aufgabe, uns davon zu überzeugen, daß Sie finanziell abgesichert und zudem in der Lage sind, eine Fluggesellschaft zu führen. Das ist der Zweck dieser ersten Anhörung.» Er öffnete eine große Akte auf seinem Tisch. «Wir haben Ihre Bewerbung sorgfältig studiert und müssen noch eine Anzahl von Punkten mit Ihnen klären. Sie beabsichtigen, den Preis für ein Hin- und Rückflugticket nach New York bei 199 Pfund anzusetzen. Warum?»

Sie hatten vereinbart, daß Michael alle Fragen zu den Finanzen beantworten würde. «Nun, Sir», begann er. «Ein Linienflug kostet 400 Pfund. Skytrain hat mit 118 Pfund angefangen. Wir möchten, daß Anglo Atlantic wettbewerbsfähig ist.»

«Indem Sie Colossus um 20 Pfund unterbieten?»

«Wir bieten einen besseren Service zu günstigeren Preisen.»

Der Vorsitzende lächelte. «Dieser Gesichtspunkt dürfte eher bei der öffentlichen Anhörung von Interesse sein.»

Ryder begann sich zu entspannen. Wenigstens hatte man sie nicht direkt abgewiesen.

Das Kreuzverhör dauerte Stunden. Michael wurde über die Zukunftsprognosen, die finanziellen Sicherheiten, den Cash-flow, die Versicherung, die Betriebssicherheit und die Wartungsvorkehrungen befragt. Am späten Nachmittag wandte sich der Vorsitzende plötzlich an Ryder. «Wir haben noch eine Frage, die, denke ich, Mrs. Ashby beantworten sollte.»

Ryder richtete sich auf ihrem Stuhl auf.

«Es betrifft Bailing. Bei Ihren Vermögenswerten, die Sie als Sicherheit einsetzen, ist die Flugschule mitenthalten, aber weder das Grundstück noch die Gebäude von Bailing.»

Sie war sich Michaels Anwesenheit an ihrer Seite äußerst bewußt. «Das ist korrekt. Wir haben entschieden, Bailing nur im äußersten Notfall einzusetzen. Ich habe einen Mitbesitzer.» Ihre Stimme wurde heiser. «Einen Mr. Brendan. Wir können nur aneinander verkaufen.»

«Würde er Sie aus dieser Verpflichtung entlassen?»

«Das... weiß ich nicht.»

Der Vorsitzende schloß die Akte auf seinem Tisch. «Es ist die Pflicht der CAA, die Öffentlichkeit zu schützen. Wir befinden uns in einer Phase der Rezession, daher müssen wir besonders achtsam sein. Die Kommission wäre glücklicher, wenn Bailing mit Grundstück und Gebäuden ebenfalls als Sicherheit eingesetzt würde. Ohne diese Einlage ist die finanzielle Situation von Anglo Atlantic nicht stark genug.»

Michael und Ryder fuhren schweigend Richtung Norden. Als sie zum Tanken anhielten, sagte Ryder: «Es gibt keinen Grund, wütend zu sein. Die Besitzeinschränkungen von Bailing waren nicht meine Idee.»

«Ich bin nicht wütend.» Er übergab die Schlüssel dem Tankwart. «Ich bin es nur leid zu sehen, daß du nach all der Zeit mit mir immer noch Patrick Brendan liebst.»

«Das ist doch lächerlich! Ich habe ihn schon seit Jahren nicht mehr gesehen!»

«O doch! Das hast du!» Er nahm ihren Kopf in seine Hände. «Da drinnen. In deinem Kopf. Immer wenn etwas nicht ganz so läuft, sehe ich, wie du denkst: ‹*Wenn doch nur...*›».

Sie schrieb nach Gatehouse an Patrick. Michael bat sie nicht, den Brief lesen zu dürfen, und sie bot es ihm auch nicht an. Nachdem sie den Brief zur Post gebracht hatte, sprang sie tagelang jedesmal auf, wenn das Telefon klingelte, oder stürzte zur Tür, wenn sie hörte, daß das Fahrrad des Briefträgers auf dem Kies der Einfahrt knirschte – außer wenn Michael da war. Dann blieb sie vollkommen ruhig, doch sie wußte, daß sie ihn nicht täuschen konnte.

Zuletzt traf ein getippter Brief aus Palm Beach ein.

Liebe Ryder,
ich entlasse Dich aus der Verkaufseinschränkung von Bailing unter der Bedingung, daß ich die erste Option zum jeweiligen Marktwert darauf habe, falls Du verkaufen solltest.

Ab Juli bin ich in Gatehouse.
Viel Glück mit der Fluglinie.

Patrick

Dem Brief beigelegt waren zwei Gästekarten zu einem internationalen Polomatch im Juli in Windsor. Und ganz unten im Briefumschlag steckte eine handschriftliche Notiz. Er wußte, sie würde den getippten Brief Michael zeigen müssen. Die Nachricht lautete: *Bitte komm!*

Kapitel 35

Am 29. April hatte Anglo Atlantic seine öffentliche Anhörung. Der Hauptgegner war Colossus.

Ryder und Michael verbrachten die Nacht davor im *Waldorf*, das nur zwei Minuten zu Fuß von der CAA entfernt lag. Am Morgen gönnte sich Ryder ein langes, luxuriöses Schaumbad voll erlesener Kräuter und Düfte, um sich zu beruhigen. Dann zog sie sich sorgfältig an, wählte ihr schönstes «Kundenfang»-Kostüm aus, das aus schwarzem Rock, schwarzer Jacke und einer cremefarbenen Seidenbluse bestand. Zwar war es nicht neu – sie hatte zuviel zu tun gehabt, um einkaufen zu gehen –, aber man konnte sich darauf verlassen wie auf einen Freund. Der glatte Rock verdrehte sich nicht, knitterte nicht und beulte auch nicht aus; und in der taillierten Jacke fühlte sie sich sogar an den bleiernen Tagen vor ihrer Periode elegant und begehrenswert.

Michael trug den Schlips, den sie ihm in New York gekauft hatte. «Das ist mein Glücksbringer», sagte er und rückte ihn vor dem Spiegel zurecht.

Sie lächelte und zupfte ein Haar von seiner Schulter. Sie gingen immer noch äußerst förmlich miteinander um. Sein Vorwurf, sie liebte weiterhin Patrick, und ihr schlechtes Gewissen wegen der versteckten Karten für das Poloturnier hing zwischen ihnen, zumindest emotional. Körperlich nicht. In den besten wie in den angespanntesten, schlechtesten Zeiten fanden sie Trost in dem herrlichen Sex, den sie miteinander hatten. Am Abend vorher hatte er sie in der Dusche geliebt, während das Wasser auf ihre Körper prasselte. Und an diesem Morgen war sie aufgewacht, als er sie so zärtlich befriedigte, daß sie glaubte, noch zu träumen.

Natürlich hätte sie die Karten wegwerfen müssen, aber sie hatte es nicht getan. Jedesmal wenn sie daran dachte, daß sie in der hintersten Ecke ihrer Schublade mit Unterwäsche steckten, überlief sie ein kleiner, böser Schauer, vor allem, wenn Michael sich mal wieder wegen irgend etwas stur stellte.

Offbach und ihr Anwalt vor Gericht, Hanson Dagworthy, warteten in der Eingangshalle der CAA auf sie. Dagworthy war ziemlich kostspielig, hatte aber einen ausgezeichneten Ruf. Wie Offbach gesagt hatte: «Wir brauchen jemanden, der Ralph Benn, dem Hausanwalt von Colossus, die Stirn bieten kann.»

Sie fuhren mit dem Lift hoch zu dem schon bekannten Konferenzraum im achten Stock. Sie waren die ersten. Als sie ihre Plätze gegenüber dem Kommissionstisch einnahmen, flüsterte Michael Ryder zu: «Dies ist der Everest.»

Sie nickte in Richtung Tür, als die Leute von Colossus eintraten. «Und da kommen die Yetis.»

Sie erhoben sich, als die Kommission eintrat. Sie bestand aus dem Vorsitzenden, einem Vorstandsmitglied, einem Berater, der Sekretärin und einer Stenographin.

«Ich begrüße Sie alle.» Der Vorsitzende nickte beiden Parteien zu. Er wartete, bis der Kassettenrecorder angeschaltet war, bevor er die Mitglieder der Kommission vorstellte. Dabei wurde viel genickt und gelächelt. Ryder versuchte, sich ihre Nervosität nicht anmerken zu lassen.

Der Vorsitzende rückte seine Brille zurecht. «Dies ist ein besonders heikler Fall. Die Gatwick–Kennedy-Route ist höchst begehrt.

Zwar gehört es zur Politik dieser Behörde, fairen Wettbewerb zu fördern, doch gilt unsere vordringlichste Verantwortung der Öffentlichkeit. Wir würden uns der Nachlässigkeit schuldig machen, wenn wir mehr Transportunternehmen auf einer Route zuließen, als der Markt verkraftet. Denn dadurch kämen die bereits existierenden Fluggesellschaften in finanzielle Schwierigkeiten, was wiederum der Öffentlichkeit schaden würde.»

Die Colossus-Mannschaft grinste. Ryder fühlte leichte Übelkeit in sich aufsteigen. Sie wandte sich zu Michael, der grimmig vor sich hin blickte.

Als Antragsteller hatte Anglo Atlantic zuerst das Wort. Hanson Dagworthy erhob sich umständlich. «Fairer Wettbewerb, das ist es, Gentlemen, was wir anstreben. Nicht mehr und nicht weniger. Laker hat uns gezeigt, daß es ein Potential für Reisen nach Übersee gibt. Reisende, die ein Minimum an Service zu Tiefstpreisen akzeptieren, werden von Skytrain zufriedengestellt. Andere hingegen – und dies ist der von uns anvisierte Markt – werden sich entscheiden, etwas mehr zu bezahlen, dafür aber vollen Bordservice und fest zugesicherte Buchungen zu erhalten.»

«Sie gewähren denselben Service wie Colossus?» fragte der Vorsitzende.

«Ich sprach von einem Qualitätsservice, Sir.»

«Wie dem auch sei, Mr. Dagworthy, aber Sie sprechen doch von denselben Passagieren.»

«Denselben potentiellen Passagieren, ja. Aber unsere Marktforschung hat ergeben, daß Tausende neuer Kunden ebenfalls den Atlantik überfliegen würden, wenn die Bedingungen stimmten. Wir sind überzeugt, daß Anglo Atlantic diese Kunden gewinnen und damit einen ganz neuen Markt von Überseereisenden erzeugen könnte.»

«Und Sie gewännen keinen einzigen der bisherigen Colossus-Kunden für sich, Mr. Dagworthy?»

«Vielleicht ein paar. Doch warum auch nicht, Sir?» Er sah dem Vorsitzenden geradewegs ins Gesicht. «Wenn die Politik dieser Behörde wirklich den fairen Wettbewerb unterstützt, dann kann das einzige Ergebnis dieser Anhörung sein, daß Anglo Atlantic die Starterlaubnis bekommt – und der Markt dann entscheidet.»

Der Vorsitzende lächelte. «Danke, Mr. Dagworthy. Wenn ich ins Theater gehe, wünsche ich mir oft, daß die Schauspieler bei Ihnen Unterricht in freier Rede bekämen. Wir machen nun eine kurze Kaffeepause.»

Nach der Unterbrechung wurde Ryder, als Präsidentin von Anglo Atlantic, aufgerufen, ihre Aussage zu machen.

«Ihr Name?» fragte der Vorsitzende und fügte hinzu: «Das ist nur fürs Protokoll.»

Sie holte tief Luft, um ihre Nervosität zu bezwingen. «Ryder Ashby.»

«Beruf?»

«Präsidentin der Anglo Atlantic.»

«Mrs. Ashby, Sie haben doch noch niemals eine Fluggesellschaft geführt?»

«Das ist korrekt. Aber mein Mann hat jahrelange Erfahrung im Bereich der Luftfahrt, und wir leiten fünf Flugplätze in der Provinz. Alles erfolgreiche Unternehmen, die wir selbst aufgebaut haben.»

«Ich bin etwas besorgt über Ihre angestrebte Passagierzahl. Sie bewerben sich um sechs Flugtage die Woche. Das sind zwölf Strekken. Mit einer 747 wäre das ein Potential von über dreihunderttausend Passagieren pro Jahr.»

«Wir haben unseren Flugpreis auf der Basis einer sechzigprozentigen Auslastung berechnet.»

«Das ist der anerkannte Break-even-point. Und trotzdem ergäbe das immer noch hundertachtzigtausend Fluggäste.»

Sie nickte.

«Mrs. Ashby, Colossus hat im letzten Jahr nur hundertzwanzigtausend Kunden geflogen.»

«Weil niemand mit dieser Gesellschaft fliegen will. Die Flüge sind überbucht, das Gepäck geht häufig verloren, die Passagiere werden wie Vieh behandelt.»

«Einspruch.» Ralph Benn, der Anwalt von Colossus, sprang auf.

«Mr. Benn, Sie werden später Ihre Chance bekommen. Reden Sie weiter, Mrs. Ashby!»

Sie erhob die Stimme. «Anglo Atlantic ist zuversichtlich, daß wir sowohl alte als auch neue Kunden gewinnen können. Wie Sie schon sagten, Sir, fairer Wettbewerb ist gut für die Öffentlichkeit.»

Dann hatte Colossus Gelegenheit zu Fragen. Ralph Benn hatte ein unangenehm kriecherisches Lächeln auf den Lippen. «Ein kleiner Sieg, Mrs. Ashby.» Er sah in seine Akten. «Klein – wie Ihre fünf Flugplätze.»

«Ich verstehe die Frage nicht.»

«Wir von Colossus erkennen die Arbeit an, die Sie im Bereich der Freizeitfliegerei geleistet haben. Wir zweifeln jedoch Ihre Fähigkeit an, eine ganze Fluggesellschaft zu leiten, selbst mit der Erfahrung Ihres Mannes. Wir erheben Einspruch gegen Ihren Antrag, und zwar nicht nur, weil nicht genügend Passagiere da sind, um Ihr Überleben zu sichern, sondern auch, weil Sie die gesamte Flugindustrie in Verruf bringen.»

Sie wurde rot. «Bitte erklären Sie das.»

«Wie sind Sie an Bailing gekommen?»

«Mein Vater hat es mir geschenkt.»

«Sie haben Bailing also von einem allseits bekannten Kriminellen.» Er schloß seine Akte und setzte sich.

Aber das konnte Ryder nicht aufhalten. «Mein Vater hat nicht das geringste mit unserem Unternehmen zu tun», fauchte sie. «Er hat keine Einlage und damit keinerlei Einfluß. Seit seiner Entlassung aus dem Gefängnis lebt er in Spanien. Unsere Fähigkeit, auf die Bedürfnisse solcher Kunden einzugehen, die durch Colossus verstimmt worden sind, hängt einzig und allein von unserer Tüchtigkeit ab.»

Die Anhörung dauerte insgesamt zwei Tage. An deren Ende gab die Kommission keinerlei Hinweise auf ihre zu erwartende Entscheidung. Ryder und Michael kehrten nach Bailing zurück und bereiteten sich auf eine Wartezeit vor, die zwischen zwei Wochen und zwei Monaten dauern konnte. Sie schlugen die Zeit tot, stimmten die letzten Details ihrer Unternehmung ab. Aber sie konnten nichts vorantreiben, da sie nicht wußten, ob sie gewonnen hatten, und sie konnten nichts ruhen lassen, weil im Erfolgsfall alles sehr schnell gehen mußte.

Am siebzehnten Tag machte sich Ryder auf zur Flugschule und sagte zu Michael: «Wenn es nicht klappt, ziehen wir dann eine Inlandfluglinie auf?»

«Das wäre aber nicht dasselbe.»

Das Telefon klingelte. Es war Jonathans Innenausstatter, der wollte, daß sie eine Entscheidung über die Möblierung des Lagerhauses traf.

«Ich kann jetzt nicht kommen», sagte sie. «Schicken Sie mir ein paar Prospekte. Ich möchte etwas mit den Farben unserer Firma, rot und schwarz. Aber bestellen Sie noch nichts.»

Es klingelte wieder. Offbach fragte an, ob es schon Neuigkeiten gebe.

«Nichts.»

Wieder ging das Telefon. «Ja!» fauchte sie. «Wer? Wir haben was...? Michael, WIR HABEN GEWONNEN!»

Colossus ging in die Berufung. Das bedeutete eine weitere Wartefrist. Aber am 20. Mai wies das Verkehrsministerium das Berufungsgesuch ab. Ryder erfuhr die Neuigkeiten am Telefon. In ihrer Aufregung stieß sie den Apparat vom Schreibtisch und stolperte über das Kabel, als sie zur Tür stürzte und schrie: «Michael! Fred! Violet! WIR HABEN GEWONNEN!» Dann fügte sie eilig «Leo!» hinzu.

Innerhalb einer Stunde waren sie schon auf dem Weg nach London, um das Ganze gebührend mit einem Festmahl zu feiern.

«Ich bin ja so aufgeregt», lachte Ryder, als sie die Autobahn entlangrasten. «Ich kann es noch gar nicht glauben! Nein, das stimmt nicht.» Sie griff nach seiner Hand. «Wir hätten gar nicht erst angefangen, wenn wir nicht an unseren Sieg geglaubt hätten, oder?»

Er verschränkte seine Finger mit ihren. «Boeing hat auch an uns geglaubt. Sie haben schon angefangen, unser Flugzeug mit den Firmenfarben zu versehen.»

Offbach, Dagworthy und Bernard Trevor, der leitende Buchhalter, saßen an ihrem üblichen Tisch im Restaurant des *Waldorf*. Sie winkten und strahlten. Offbach küßte Ryder auf beide Wangen, was sie so überraschte, daß sie ihre Handtasche fallen ließ.

Während die Champagnerkorken knallten, wandte sich Michael an Ryder: «Wir sollten morgen nach New York fliegen. Wir brauchen jetzt die Genehmigung der zuständigen Behörden in den USA.»

«Ohne deren Erlaubnis darf man dort keine Werbung für die Fluglinie machen», setzte Offbach hinzu.

«Zumindest haben wir alles andere schon organisiert.» Ryder aß eine Olive. «Die Frau meines Cousins, Susan, hat alle Einzelheiten über mögliche Räumlichkeiten und das zukünftige Personal zusammengetragen. Ich denke, wir sollten sie fest anstellen. Sie hat eine Ausbildung in Personalführung und Verwaltung. Michael ist nämlich gegen reine Vetternwirtschaft.»

«Ich möchte mich lieber selbst von ihren Fähigkeiten überzeugen.» Michael lehnte sich in seinem Stuhl zurück. «Aber ich stimme mit dir überein, daß kein Engländer unsere Geschäftsstelle in New York leiten sollte. Wir müssen ein aufregendes Image verbreiten, das zu Amerika paßt, und nicht so ein hausbackenes, wie es hier üblich ist.»

«Aber wir brauchen doch einen Mann in New York!» protestierte Offbach.

«Nicht unbedingt!» Ryder starrte ihn durchdringend an.

Er wurde rot. «Ich wollte damit nicht sagen...»

Sie lachte über seine Verlegenheit. «Doch, das wollten Sie, Oliver. Sie sind ein schrecklicher Chauvinist.» Sie erhob ihr Glas. «Auf die Männer *und* Frauen von Anglo Atlantic!»

Es war später Nachmittag, als sie das *Waldorf* verließen. «Dies ist mein letzter, gemütlicher Lunch, bevor wir in die Luft gehen.» Ryder hakte mit dem einen Arm Michael und mit dem anderen Offbach ein. Sie kamen an einem Zeitungshändler vorbei. Sie warf einen Blick auf die Auslagen und wurde blaß.

TOCHTER EINES BETRÜGERS VERKAUFT FLÜGE NACH NEW YORK! stand da.

«Einfach ignorieren», sagte Michael.

Sie sah gequält zu ihm auf: «Wie könnte ich das?»

Kapitel 36

Ryder war bei ihrer Abreise nach New York immer noch aufgebracht über den Artikel, aber sie versuchte, es nicht zu zeigen, als sie von Bailing abfuhren, weil Leo mit im Wagen saß. Er sollte die Schulferien bei Nicholas Offbach verbringen und war ziemlich unsicher. Als sie vor Offbachs makellosem, georgianischem Haus in Richmond Hill vorfuhren, fragte sich Ryder, was die Offbachs wohl von ihrem chaotischen Dasein im Schmetterlingshaus gedacht hatten, wo die Sofas zerschlissen und die Stühle alt und wacklig waren. «Hier sind fünf Pfund für dich und ein paar Pralinen für Mrs. Offbach.» Sie lächelte Leo ermutigend zu.

Er stieg gerade aus dem Wagen, als Felicity Offbach den Gartenweg hinunterkam. «Ich würde viel lieber Stefan besuchen», murrte er.

«Wir sind in einer Woche zurück.» Sie ignorierte seine Bemerkung. «Möchtest du auf unserem Jungfernflug dabeisein? Du könntest auch Tommy mitnehmen.»

Sein Gesicht leuchtete auf. «Wirklich?»

Als sie abfuhren, sagte Ryder: «Ich mußte ihm etwas Schönes in Aussicht stellen. Er sieht immer so ängstlich aus.»

New York litt unter einer Hitzewelle. Die Sonne brannte erbarmungslos auf die Betonklüfte zwischen den Wolkenkratzern und verwandelte sie in Hochöfen. Nach den paar Schritten zwischen dem Taxi und der herrlich kühlen Empfangshalle des Hotels war Ryder bereits naßgeschwitzt.

Sie warteten bis zum Abend, als die Temperatur von höllisch heiß auf nur noch unerträglich sank, bevor sie Frankie und Susan in ihrem neuen Apartment aufsuchten. Sie wohnten zur Untermiete in einem alten Haus direkt am Central Park West. Susan hatte die Wohnung von einer Freundin aus Collegezeiten übernommen. Im Eingangsbereich roch es muffig und feucht. Der Pförtner war ein Puertoricaner und sprach kein Wort Englisch. Der Lift ratterte unheilvoll. In der Ecke befand sich etwas, was aussah wie eine zerquetschte Kakerlake. Michael hob eine Augenbraue. «Unser Abendessen?»

Sie kicherten noch, als Frankie ihnen die Tür öffnete. Ihre Wohnung hatte im Gegensatz zum übrigen Gebäude noch den typischen, alten New Yorker Charme. Sie war ganz mit dunklem Holz verkleidet, wuchtige Bögen führten auf eine private Dachterrasse, die von einem riesigen, alten Wasserturm aus Holz überschattet wurde. Ryder sank auf einen Rohrstuhl. «In Prairieville war es nie so heiß. Und erzähl mir jetzt nicht, daß es im Juli noch schlimmer wird!»

«Wird es aber.» Susan legte einen Stapel Unterlagen über Immobilien auf den Tisch, während Frankie eisgekühlte Bierdosen aus dem Kühlschrank holte. «Das beste ist ein Lagerhaus in TriBeCa, in der Nähe vom World Trade Center», sagte sie.

«Na, wenn es ein Lagerhaus ist, wird es Ryder sicher gefallen.» Michael dippte ein Tortilla in etwas Guacamole. «Vor allem, wenn es keinen Strom und kein fließend Wasser gibt.»

Sie sahen es sich am nächsten Morgen an. Die Straße war heruntergekommen, aber das Gebäude war vollkommen renoviert worden und wirkte hell und freundlich.

«TriBeCa ist eine zukunftsträchtige Gegend», teilte Susan Michael mit, als sie das Gebäude inspizierten.

«Das sagte Ryder auch über Wapping.»

«Und ich habe recht damit, das weißt du auch. Aber du gibst es einfach nicht zu, nur um mich zu ärgern.»

Michael hob seine Hände, um sie zu beruhigen. «Ich stimme zu, was das Gebäude betrifft. Aber hier können wir nur die Verwaltung unterbringen. Kunden werden sich nicht hierherwagen, um ein Tikket zu kaufen.»

«Alle Fluggesellschaften haben Schalter im World Trade Center gemietet», erklärte Susan. «Das kostet zwar einiges – aber in dem Komplex arbeiten fünfzigtausend Menschen. Und in der Wall Street noch viel mehr.»

«Du hast mich überzeugt. Aber wir wollen alles innerhalb einer Woche unter Dach und Fach haben.» Michael nahm seine Aktentasche. «Gut gemacht.»

Dann hatten sie ein sehr schwieriges Treffen mit der FAA. Als sie nachher zum Auto gingen, meinte Ryder: «Wenn sie uns nicht die Genehmigung geben, können wir unseren Jumbo starten und fliegen, aber leider nirgendwo landen.»

«Sie machen doch auch nur ihre Arbeit.» Michael schob seinen Arm durch ihren. «Niemand wird uns aufhalten, Miss Biggles.»

An ihrem letzten Nachmittag ließen Michael und Ryder Susan allein, damit sie die Vorstellungsgespräche über die Bühne bringen konnte. Sie schlenderten durch die malerischen Straßen von Greenwich Village, vorbei an Häusern mit leuchtend bunten Fassaden und verschlungenen schmiedeeisernen Zäunen.

«Okay, raus mit der Sprache!» sagte er.

«Es ist wegen Susan.»

«Du hattest recht: Sie braucht keinen Chef. Sie ist perfekt.»

«Ich meine, wir sollten ihr eine Stelle im Aufsichtsrat anbieten. New York ist ein hartes Pflaster. Sie muß diese Autorität im Rücken haben.»

Schweigend schritten sie nebeneinander her. «Einverstanden», sagte Michael schließlich. «Aber nur Susan. Frankie nicht. Er ist ein großartiger Bursche, aber ein Pilot und kein Manager.»

«Ich finde es furchtbar, ihn vor den Kopf zu stoßen.»

«Das ist eine rein geschäftliche Entscheidung. Wir werden uns daran gewöhnen müssen.»

Sobald Susan ihre Gesichter sah, sagte sie: «Ihr zwei seht ja so ernst aus.»

«Das sind wir auch.» Ryder setzte sich auf den Rand des Schreibtisches. «Wir wollen, daß du unsere Niederlassung in den USA leitest, und bieten dir eine Stelle im Aufsichtsrat an.»

«Im Aufsichtsrat! Seid ihr sicher?»

«Todsicher!» antwortete Michael. «Du verdienst es, und wir brauchen dich.»

«Ich fühle mich sehr geehrt.» Sie lachte. «Oh, was bin ich geschmeichelt. Ich... aber was ist mit Frankie?»

«Wir können ihm keinen Managerposten anbieten», sagte Ryder so ernst wie möglich. «Seine Stärken liegen in der Ausführung, nicht in der Organisation.»

Susan sank in ihren Stuhl zurück. «Darüber wird er sehr aufgebracht sein. Er hat schon jedem erzählt, daß er bei Anglo Atlantic anfängt.» Sie schaute Ryder geradewegs in die Augen. «Könntest du es dir nicht noch mal überlegen?»

«Es tut mir leid.»

Susan stand auf. «Ich muß mit ihm sprechen. Wir werden allein zu Abend essen. Morgen vor eurer Abreise habt ihr meine Entscheidung.»

Michael und Ryder nahmen ein Taxi ins *Plaza*. Sie verbarg ihr Gesicht in den Händen. «Ich wollte, ich hätte es nie erwähnt. Frankie wird mich dafür hassen.»

In dieser Nacht war Michael besonders zärtlich zu ihr.

Susan traf im Hotel ein, als sie gerade frühstückten. «Ich fühle mich geehrt durch euer Angebot und nehme es an», verkündete sie, ohne sich zu setzen. «Montag fange ich im Büro an. Ich habe Frankie versprochen, den heutigen Tag mit ihm zu verbringen.»

Als sie fortging, seufzte Ryder. «Ich frage mich, wann ich Frankie das nächste Mal zu Gesicht bekomme.»

Die erste Nacht nach ihrer Rückkehr in England war auch ihre erste Nacht im Penthouse. Michael war nicht mehr dort gewesen, nachdem die Möbel aus Glas und Chrom geliefert worden waren. Als er die Wohnung betrat, schnappte er nach Luft. «Ist dies ein Raumschiff oder mein Zuhause?»

«Ich weiß, es sieht ziemlich nach High-Tech aus», gab Ryder zu. «Aber ich dachte, es würde Spaß machen, mal alles ganz modern zu haben.»

Er ging hinaus auf die Terrasse und blickte hinunter zum Fluß, der dunkel vorüberströmte, bis auf ein paar vereinzelte Lichtstrahlen, die von den Lagerhäusern in Rotherhithe auf das ölige Wasser fielen. «Zumindest hast du die Aussicht nicht neu gestaltet.»

«So schlimm ist es doch auch nicht!» Sie hakte sich bei ihm unter.

Er grinste. «Jetzt habe ich wenigstens etwas, was ich dir bei unserem nächsten Streit vorwerfen kann.»

Sie kauften sich Fish and Chips bei einem Imbißstand, weil es etwas anderes in der näheren Umgebung nicht gab, und aßen direkt aus dem Zeitungspapier. Die Füße auf dem Designer-Glastisch, tranken sie Château Bouscaut aus schlichten Kristallgläsern und nahmen die Post in Angriff. Da gab es Glückwunschkarten von Mrs. Trumpet und Griffiths, einen Brief von Hetty Radipole, eine Einladung zum Lunch von Lady Heythorp und Jeremy, ein paar trockene Zeilen von Mr. Podmore. Dann fanden sich ganze Listen mit telefonischen Nachrichten von Michaels früheren Kollegen bei Colossus und *Aviation Argus*. Und unzählige Briefe von Ölgesellschaften, Versicherungen, Stellenvermittlungen, Rentenversicherungen, Schreibwarengeschäften und Reinigungsfirmen, die alle ihre Dienste anboten. Unter dem ganzen Haufen fand sich außerdem eine Karte mit Alix' spitz zulaufender Kursivschrift: *Können wir das zusammen feiern?*

«Wirst du dich mit ihr treffen?» fragte Michael.

«Wenn Anglo Atlantic erst mal in der Luft ist und es nichts mehr gibt, womit sie mich verletzen kann.» Sie warf ihm ein trauriges Lächeln zu. «Außer Immy natürlich.»

Zu Ryders großer Erleichterung hatte Leo seinen Aufenthalt bei den Offbachs genossen. «Ich hätte nichts dagegen, mit Nicholas zur Schule zu gehen», teilte er ihr mit.

«Das ist aber ein Internat.»

«Ich weiß.»

«Dann werde ich mal mit dem Direktor sprechen.» Sie machte sich im Kopf eine Notiz. Wenn Leo nichts gegen Internate hatte, wäre dies vielleicht die Lösung für die Abende, an denen er allein bliebe, wenn Michael und sie in London waren.

In der Zeit bis zum 22. Juli verbrachte Michael die meiste Zeit in Gatwick und schlug sich durch ein Labyrinth von Verhandlungen über die Kraftstoffpreise, Feilschereien um die Wartungs- und Pflegetarife, Einstellungsgesprächen und Überprüfungen der Crew-Ausbildung. Wenn er nach Hause kam, war er oft so müde, daß er kaum mehr sprechen konnte. In London besetzte Ryder vier Schlüsselpositionen: die Leitung der Personalabteilung, das Büromanagement, das Verkaufsmanagement und ihr eigenes Sekretariat. Sie sprach mit zwölf Chefsekretärinnen und entschied sich schließlich für Judith, eine geschiedene Frau mit sanften, braunen Augen und einer unerschütterlichen Zähigkeit.

«Das ist typisch für dich, eine alleinerziehende Mutter einzustellen», äußerte Michael.

«Ich mag eben Leute, die wissen, daß das Leben einen ganz schön beuteln kann.»

Er zog sie näher an sich. «Vielleicht sollten wir eine Kinderkrippe eröffnen. Wir könnten sie auch für uns selbst nutzen.»

«Noch nicht! Ich habe mich um Leo gekümmert, seit ich zweiundzwanzig war, und brauche jetzt etwas Ruhe.»

Seine Augen flackerten. «Natürlich.» Wortlos ging er aus dem Zimmer.

Es war schon spät, fast Mitternacht. Sie hatten gerade ihr wöchentliches Arbeitstreffen gehabt. Ryder lehnte sich über den Konferenztisch. «Ich habe schon ein paar Ideen für die Eröffnungsparty. Wir werden sie hier abhalten, auf der Terrasse zum Fluß, und zwar am Abend vor unserem Jungfernflug nach New York.»

«Meine liebe Ryder», sagte Offbach – sie nannten ihn jetzt Oliver –, «die Journalisten werden nicht nach Wapping kommen.»

«Doch, das werden sie – wenn wir es nur aufregend genug gestalten.»

Ryder wies Judith an, einen Partyservice aufzuspüren, der das Essen in Form von Flugzeugen zubereiten würde, und dazu einen Pianisten, der endlose Variationen zu «Fly Me To The Moon» spielen konnte. Dann flog sie nach New York, um nachzusehen, welche Fortschritte Susan machte. Dieses Mal flog Michael nicht mit. Sie vermißte ihn schon vor dem Abflug. Ohne ihn war Reisen einfach nicht dasselbe, schon, weil man niemanden hatte, mit dem man Witzchen über die anderen Passagiere machen konnte.

Ryder hatte Frankie am Telefon nicht erwähnt, ebensowenig wie Susan. Aber als sie im TriBeCa-Büro eintraf, sagte Susan: «Du bist doch nur für eine Nacht hier. Warum schläfst du nicht in unserem Gästezimmer?»

«Das würde ich gern.» Ryder war vor Dankbarkeit ganz schwach zumute. Dann haßte Frankie sie wohl doch nicht.

Beim Lunch, der nur aus einem Salat bestand, diskutierten sie im herrlich kühlen Restaurant über die Einweihungsparty in New York. «Ich möchte, daß alle aus Prairieville dabei sind.» Ryder zählte sie auf: «Debbie, Rudy, deine Eltern, Dr. Jeff.» Sie stockte einen Moment. «Und Frankie. Vor allem Frankie.»

Susan sagte nichts.

«Aber das kann ich ihm heute abend ja selbst sagen», fuhr Ryder fort.

«Er ist nicht da.»

«Kannst du mir nur deshalb dein Gästezimmer anbieten?»

«Er ist oft über Nacht weg, wenn er fliegen muß. Das weißt du doch.»

«Natürlich.» Ryder bestellte sich ein Glas Weißwein. Normalerweise trank sie tagsüber nichts, vor allem wenn es so heiß war wie jetzt in New York, aber lieber war ihr deshalb elend als wegen ihres schlechten Gewissens gegenüber Frankie.

Kapitel 37

Noch zehn Tage bis zum Start. Die Einladungen zur Einweihungsparty waren verschickt, der Jungfernflug füllte sich langsam. In Gatwick gaben Michael und Ryder eine Party für die Crew und das Bordpersonal. Als Ryder alle in ihren neuen schwarzen Uniformen mit den roten Paspeln antreten sah, glühte sie vor Stolz.

«Wenigstens sieht die Uniform gut aus», bemerkte Michael.

«Du wirst mir das Penthouse wohl nie verzeihen, oder?»

«Auf keinen Fall!» Lachend wehrte er ihre Fäuste ab.

Noch neun Tage: Ryder probierte all ihre Kleider an, entschied, daß sich nichts für die Einweihung in London eignete, ließ den Kleiderhaufen auf dem Bett liegen und raste zu Harvey Nichols. Für New York hatte sie sich ein maßlos teures Kostüm von Calvin Klein gekauft. Für London hatte sie bis zur letzten Minute gewartet, weil sie ja sowieso vor Ort war. Sie eilte von Abteilung zu Abteilung und wünschte, Immy wäre da, um sie zu beraten. Schließlich entschied sie sich für ein cremefarbenes Kostüm mit einer taillierten Jacke, in dem sie wirkte wie ein Page vom Winter Palace, und für ein schlichtes, schwarzes Abendkleid, in dem sie aussah wie Holly Golightly aus «Frühstück bei Tiffany». Beide gaben ihrer schlanken Linie einen eleganten Touch. Als sie mit der Rolltreppe ins Erdgeschoß fuhr, erblickte sie eine Jacke in genau dem leuchtenden Gelb, das ihre Mutter immer geliebt und das ihr in Bailing Glück gebracht hatte. Sie drehte sich um und rannte die hinunterfahrende Rolltreppe wieder hinauf.

Noch zwei Tage: Violet brachte Leo nach Wapping. Er traf ein, als Ryder und Judith gerade die letzten Einzelheiten für die Party klärten. «Tommy kommt beim Jungfernflug nicht mit», erzählte er ihr, während er mit betretener Miene vor ihrem Schreibtisch stand. «Ich habe ihn nicht eingeladen.»

«Na, das ist aber schade! Dabei ist Rudy doch in New York, und Debbie hat versprochen, mit euch eine Bootsfahrt rund um Manhattan zu machen.»

«Ich... ich habe jemand anderen eingeladen.»

«Ach ja?»

Er wich ihrem Blick aus und knetete seine Hände. «Stefan.»

Sie ließ ihren Stift fallen. «Ich werde diesen Jungen nicht in meinem Flugzeug dulden. Du mußt ihn wieder ausladen.»

«Das kann ich nicht!» schrie er. «Er kommt morgen schon an, er fliegt mit Jack.»

«Das ist mir egal! Du weißt, wie ich über Christina denke. Wie konntest du das nur tun!»

«Vater hat mich dazu gebracht.» Seine Stimme zitterte. «Er sagte, wenn ich Christina nicht diesen Gefallen täte, würde er mich im Sommer nicht zu sich kommen lassen.»

Er rannte in sein Zimmer und knallte die Tür hinter sich zu.

Sie sank zurück in ihren Stuhl. «Entschuldigen Sie, daß wir uns in Ihrer Gegenwart gestritten haben», sagte sie zu Judith, die in aller Ruhe eine Liste mit Zahlen durchging.

«Mein Ex-Mann hat wieder geheiratet. Ich hasse es, wenn mein Sohn in das Haus dieser Frau geht. Ich hasse es, wenn er erzählt, wie toll sie kochen kann.» Judith hielt einen Moment inne. «Aber ich versuche, es nicht zu zeigen.»

Ryder holte tief Luft und ging in Leos Zimmer. Er lag auf dem

Bett und starrte genau so an die Decke, wie sie es unzählige Male auf Dingwall Court getan hatte. «Hör mal», setzte sie an. «Wir können Stefan nicht mitnehmen. Die ganze Familie von Mutter kommt extra aus Prairieville. Aber ich rufe Vater an und lade Stefan nach Bailing ein.»

Er setzte sich auf. «Und wann?»

Sie wollte rufen: «Niemals!» antwortete aber: «Diesen Sommer.»

Sie wartete, bis Judith gegangen war und sie all ihren Ärger von Leo auf ihren Vater übertragen hatte. Dann wählte sie seine Nummer. Er nahm selbst ab. «Hallo, Ryder, Liebling.»

«Wie konntest du Leo nur unter Druck setzen, damit er Stefan einlädt», schrie sie ihn an. «Und in meine Fluggesellschaft!»

«Ich sagte nur, das würde Christina für all die Mühe entschädigen, die sie hat, wenn Leo hier ist.»

«Ist dir noch nicht in den Sinn gekommen, daß Mutters Familie auch in New York sein könnte? Hast du keinerlei Achtung vor ihrem Andenken?»

Am anderen Ende der Leitung war es still. Dann sagte ihr Vater: «Es tut mir leid. Ich werde es Christina erklären. Daran habe ich nicht gedacht.»

«Das tust du nie – du denkst immer nur an dich!» Sie knallte den Hörer auf.

Montag. Der Tag, an dem ihre 747 eintreffen sollte. Michael und Ryder verließen London um fünf Uhr in der Früh. Es war ein vollkommener Julimorgen. Die Landschaft war noch in leichten Sommerdunst getaucht, die Flughafengebäude strahlten im fahlen Licht. Sie trafen Oliver zum Frühstück am Flughafen. Als sie sich gerade setzten, kam auch Felicity Offbach mit Nicholas und Leo. Die Männer aßen mit gutem Appetit, während Ryder kaum einen Bissen herunterbekam. Sie spielte nervös mit den Knöpfen ihrer Zaristenjacke, bis Michael sich zu ihr hinüberlehnte und ihre Hände in seine nahm.

In Begleitung der Beamten von der British Airports Authority gingen sie alle hinunter zur Rollbahn, während ihre Angestellten auf der Aussichtsplattform auf die Ankunft der Maschine warteten.

«Kannst du sie schon sehen?» Ryder suchte den Horizont im Westen ab.

Michael stellte sein Fernglas scharf. «Nein, noch nicht.»

«Ich hoffe, es ist alles in Ordnung mit ihr.» Ryder hüpfte nervös in ihren Pumps herum.

«Wahrscheinlich ist sie abgestürzt», bemerkte Leo. «Das passiert manchmal, weißt du.»

«Hör auf!» Sie tat so, als wollte sie ihn ohrfeigen.

«Da kommt sie!» rief Michael. «Da drüben! Sieh nur!»

Sie nahm ihm das Fernglas ab. «Bist du sicher, daß es unsere ist?»

«Ganz sicher.» Er berührte ihre Wange mit einer Geste, die gleichzeitig Stolz und Vertrautheit ausdrückte.

Das Flugzeug näherte sich der Landebahn. Das Fahrwerk war ausgefahren, die Sonne beschien den runden Rumpf, der Morgendunst schimmerte auf den Flügeln.

Dann war es unten. Die Bremsen griffen, die Reifen quietschten, und es donnerte vorbei: weiß, riesig, mit breiten Streifen in Rot und Schwarz auf den Seiten und, was das tollste von allem war, mit großen, roten Buchstaben: ANGLO ATLANTIC AIRWAYS.

Bis zum Abend der Eröffnungsparty befanden sich Michael und Ryder in solcher Hochstimmung, daß es schien, als könnte ihnen nichts etwas anhaben. Sie schliefen kaum, wenn sie ins Bett gingen, liebten sie sich, dann redeten sie, dann liebten sie sich wieder, beide vollgepumpt mit Adrenalin.

Ryder trug ihr schwarzes Kleid. Michael gefiel es. Als sie vom Aufzug auf die Terrasse zum Fluß traten, war noch kein Gast zu sehen, und der schwarze Jazzpianist zwinkerte ihnen zu, legte seine langen, schlanken Finger auf die Tasten und spielte «Moon River». Michael zog Ryder in seine Arme, und sie tanzten am Ufer der Themse.

Eine Stunde später war die Terrasse voll mit Gästen. Stimmengewirr und Gelächter stiegen in den nächtlichen Himmel, Kellner drängten sich mit Tabletts voller Champagner und Kaviar durch die Menge, und der Pianist spielte: «Fly Me To The Moon» in einem exotischen Ragtime-Rhythmus. Ryder gab ein Fersehinterview für das Londoner Wochenendprogramm. Sie lächelte in die Kamera und hoffte, sich nicht so heiser anzuhören, wie sie sich fühlte.

«Es ist fast acht Uhr», erinnerte Judith sie. «Die Tiger Moth von Fortune's Fen wird in fünf Minuten vorbeifliegen.»

«Danke.» Sie stahl sich nach unten, um das Nötige mit dem Sicherheitspersonal abzusprechen. Als sie zurück zur Party gehen wollte, hörte sie einen der Wächter sagen: «Tut mir leid, Sir. Einlaß nur mit Einladung.»

«Aber ich bin sicher, daß mich Mrs. Ashby hineinlassen wird. Ich bin ein alter Freund.»

Allein die Stimme bewirkte, daß sich die Härchen auf ihren Unterarmen aufstellten. Sie drehte sich um. «Die Sicherheitsbeamten haben recht, Adam.»

«Na, was sind wir aber smart!» Er hatte getrunken – oder stand unter Drogen. Das konnte sie an seiner Stimme erkennen.

«Bitte geh!» sagte sie. «Du bist hier nicht willkommen!»

«Meine liebe Ryder, für die Tochter eines Ex-Knackis spielst du dich aber ganz schön auf!»

«Verschwinden Sie, oder ich lasse Sie rauswerfen!» rief Michael vom obersten Treppenabsatz mit donnernder Stimme. Er nahm Ryders Hand und drückte sie fest. «Komm zur Party zurück. Vergiß ihn einfach!»

«Wie könnte ich das?»

«Du mußt – genau wie den Artikel.»

Sie ließ sich von ihm zur Terrasse zurückführen, wo das Brummen der herannahenden Tiger Moth die Aufmerksamkeit der Gäste erregt hatte. Sie holte tief Luft und versuchte zu lächeln, dachte dabei an Grandpa Milne, der ihr gesagt hatte, man müsse dem Leben entgegentreten. Aber ihr Gesicht blieb bleich, und ihre Hände zitterten immer noch.

Der Jungfernflug war für elf Uhr am nächsten Morgen vorgesehen. Gegen sechs Uhr liefen Ryder und Michael über den grauen Marmorboden von Gatwick und sprachen noch mal die letzten Details durch. Die Abfertigungshalle wimmelte schon von Passagieren für die frühen Flüge zum östlichen Mittelmeer. Sie standen gegen ihre Kofferkulis gelehnt und sprachen über den aktuellen Drachmenkurs. Da gab es englische Mädchen, die nach Lindos wollten, Familien, die sich der Frage widmeten, ob das Bügeleisen auch ausgeschaltet war, hochgewachsene Skandinavier in Jesuslatschen und obskure, religiöse Grüppchen aus Amerika, die an ihrem Abzeichen zu erkennen waren und Eiscreme aßen. Das Gebäude hallte wider vom Stimmengewirr in verschiedensten Sprachen und den permanenten Lautsprecherdurchsagen. «Mrs. Rhosllanerchrug, Mrs. Rhosllanerchrug. Ein Mr. Philippopolis erwartet Sie an der Information.» Ryder fragte sich, ob Leute, die Smith hießen, nie abgeholt wurden.

Ohne zu sagen, wohin sie ging, ließ sie Michael am Abfertigungsschalter von Anglo Atlantic stehen und stöckelte in schwarzen Pumps und ihrem schwarzen Kleid durch die Halle. Die sonnengelbe Jacke hatte sie lose über die Schultern gehängt. Am Eingang zum Sicherheitsbereich zeigte sie dem Beamten ihren Ausweis. «Ich gehe nur noch mal kurz an Bord.»

Er grinste. «Keine Sorgen, sie ist nicht gestohlen worden.»

«Das würde ich auch niemandem raten.»

Die Fracht wurde in Container verladen, die sich in ihrer Krümmung dem Flugzeugrumpf anpaßten. Das Essen und die Getränke wurden im Küchenbereich untergebracht. Die Maschine war bereits aufgetankt: 56000 Gallonen für einen Hin- und Rückflug. Sie ging die Flugsteigbrücke hinauf und blieb dann stehen, um das Innere des Flugzeugs zu bewundern. Alles war noch so neu und sauber. Der rote Teppich wirkte unberührt, die schwarz-roten Sitze waren noch steif und jungfräulich frisch. Sie wünschte, alles könnte immer so bleiben.

Dann ging sie ins Cockpit. Das Panel mit den ganzen Anzeigen und Schaltern, kleinen Bildschirmen und Hebeln starrte ihr entgegen. Sie lächelte, als sie es mit den winzigen Armaturen der Cessna verglich. Schnell und vorsichtig glitt sie auf den Platz des Piloten. Da saß sie nun, die Hände im Schoß verschränkt, und genoß diesen einsamen Augenblick mit ihrem gigantischen Besitz. Als sie zur Abflughalle zurückkehrte, wurde Anglo Atlantic schon angezeigt:

Destination	*Flight No.*	*Time boarding / delay*
New York	*AAA 1*	*wait in lounge*

«Ich wette, ich weiß, wo du warst», sagte Michael und legte den Arm um sie.

Sie lachte und wurde rot.

«Ich habe das gleiche gemacht», flüsterte er. «Gleich nachdem wir gekommen sind.»

Langsam trafen die ersten Passagiere ein. Als sie eincheckten, stand Ryder am Schalter und begrüßte sie. Die Hälfte der Passagiere waren ihre Gäste: Journalisten, Leiter von Reiseagenturen und Autoverleihfirmen und Reisereporter vom Fernsehen. Sie alle waren auch auf der Einweihungsparty in New York eingeladen. «Es wird sich auszahlen», hatte Ryder Oliver entgegengehalten, der das Ganze für eine unnötige Ausgabe hielt.

Um Viertel nach zehn ging Ryder hinüber zur Abflughalle, wo drei leitende Angestellte vom Bodenpersonal an einem Sondertisch von Anglo Atlantic Kundenservice betrieben. Als sie näher kam, ratterten die weißen Buchstaben auf der Anzeigetafel erneut: *Anglo Atlantic: Gate 10.* Gleichzeitig gab der Lautsprecher durch: *Die Passagiere des Jungfernfluges von Anglo Atlantic nach New York bitte zum Gate ...* Der Rest ging in Beifallsrufen unter.

Sie war zu sehr damit beschäftigt, den Gästen ihre Plätze anzuweisen, um zu bemerken, wie die Zeit verging, bis sich die Türen schlossen und Michael ihr auf die Schulter tippte. Sie ging zum Cockpit, wo der Flugkapitän, der erste Offizier und der Flugingenieur bereits ihre Plätze eingenommen hatten.

«Schwanken sie schon durch die Gänge?» fragte der Flugkapitän.

«Nein, aber das dauert bestimmt nicht mehr lange, wenn wir den Champagner ausgeben.» Sie schaltete den Lautsprecher ein. «Hier spricht Ryder Ashby. Ich heiße Sie herzlich zu unserem Jungfernflug willkommen. Dies ist ein ganz besonderer Tag für uns, und wir freuen uns, ihn mit Ihnen teilen zu können.»

Sie nahm den Platz hinter dem Piloten ein. Und nun kam, worauf sie sich besonders gefreut hatte. Sie hörte sich an, wie die Checkliste durchgegangen wurde. «Triebwerk eins.»

«Grünes Licht.»

Ein Dröhnen ertönte.

«Triebwerk zwei.»

«Grünes Licht.»

Ein zweites Dröhnen setzte ein. Die Anzeigen leuchteten, die Bildschirme flimmerten, das Durchchecken nahm seinen vorschriftsmäßigen Verlauf. «Trimmung hinten... Trimmung vorne... Horizont...»

Der Kapitän wartete auf das Zeichen der Bodenkontrolle. Die Stimme eines Mannes kam über Funk: «Triple Alpha One. Rollen lassen bis zum Rollhaltepunkt. Startbahn 26.»

«Okay.» Der Flugkapitän machte mit seinem Daumen das «Okay-Zeichen». «Bremsen lösen. Rollen lassen.»

Sie bewegten sich vorwärts und ließen den Terminal hinter sich. Vom Seitenfenster aus konnte Ryder andere Passagiere von Bord gehen sehen, doch sie waren so weit weg, daß sie wie die Strichmännchen in einem Gemälde von Lowry aussahen.

Beim Rollhaltepunkt der Startbahn 26 blieben sie stehen. Eine DC 10 raste die Rollbahn hinunter und stieg in den Himmel. Zwei Minuten später folgte ihr eine 727. Dann knackte es in der Funkanlage. Nun ertönte eine Frauenstimme: «Triple Alpha One. Sie haben Starterlaubnis.»

Susan hatte die Party in New York perfekt organisiert. Die Straße war wie eine Landebahn erleuchtet, das Lagerhaus war in einen Hangar umgewandelt worden, und die Kellner trugen Uniformen wie Piloten. Ein großer Klumpen Kaviar wies die Form eines Flugzeugs auf. Und es waren Leute da, Hunderte von Leuten! Von Zeitungen, vom Fernsehen, von Reiseagenturen und Autoverleihfirmen. Sie schüttelten Ryder die Hand, hielten ihr Kameras und Mikrophone vors Gesicht und stellten unzählige Fragen.

«Macht es dir etwas aus?» fragte sie Michael in einem kurzen Moment der Ruhe.

«Nein, es gefällt mir, daß du unsere Krone trägst.»

Sie lehnte sich an ihn, gewärmt von der Kraft seiner Liebe wie noch nie zuvor. Es gab ihr gleichzeitig das Gefühl der Stärke und Schwäche und ließ den Wunsch aufsteigen, mit ihm allein zu sein, ihn zu lieben. Gleichzeitig genoß sie es, ihn mit all diesen Leuten zu teilen, weil sie so stolz auf ihn war und wußte: Was er ihnen gab, beeinträchtigte nicht, was er ihr gab.

«Wenn das alles vorbei ist...», setzte sie an.

Aber da wurden sie durch die Ankunft von Debbie und Rudy unterbrochen, und Ryder erkannte traurig, daß Frankie ihr nicht verziehen hatte. Sie sagte nichts zu Michael. Das war auch nicht nötig.

Beim Frühstück brillierte sie vor der englischen Presse. Beim Lunch beeindruckte Michael den Geschäftsführer einer großen Reisegesellschaft. Am Nachmittag gaben sie ein gemeinsames Interview. Am selben Abend flog Michael nach Hause, während Ryder noch blieb, um sechs weitere Interviews zu geben.

Als sie schließlich schwankend den Heimflug antrat, war ihre Kehle wund, und ihre Augenlider fühlten sich an, als wären sie mit Schmirgelpapier bearbeitet worden. Sie sank in ihren Sitz und streckte die Beine aus. Als sie die Augen schloß, rief sie sich in Erinnerung, was sie zu Michael hatte sagen wollen, als sie unterbrochen wurden, und sie lächelte.

Kapitel 38

Michael hatte sie nicht am Flughafen abgeholt. Zwar hatte er das auch nicht angekündigt. Aber es war ihr überhaupt nicht in den Sinn gekommen, daß er nicht dasein könnte. Sie hatten einander soviel zu erzählen. Im Büro in Gatwick war er auch nicht. Er war den ganzen Tag über nicht dagewesen. Craig Witherspoon, der Leiter des Kabinenservices, bot ihr an, sie nach Wapping zu fahren. Während der Fahrt sprach er ununterbrochen über die zugelassene Dicke des Backteigs um die Shrimps bei einer Mahlzeit erster Klasse und wie viele Karottenwürfel eine Portion in der Touristenklasse ergaben. Sie nickte und lächelte nur und wurde zunehmend wütender über den Samstagsverkehr – und über Michael.

Das Lagerhaus war bis auf den Pförtner und die Schalterbeamten menschenleer. Ryder nahm den Aufzug zu Michaels Büro. Dort war niemand. Sie öffnete die Tür zum Penthouse. Auch das war leer. Die Sonne strömte durch die geschlossene Terrassentür, und die Luft war heiß und stickig.

Plötzlich bekam sie Angst, er könnte krank sein und jeder außer ihr wüßte davon. Man hatte sie nicht in New York angerufen, weil er sie nicht beunruhigen wollte. Hektisch wählte sie die Nummer vom Schmetterlingshaus. Dort hob niemand ab. Sie rief in Bailing an. Fred antwortet: «Michael? Der hat sich die alte Cessna für einen Ausflug geschnappt.»

Vor Erleichterung war ihr fast schwindelig. Laut lachte sie auf. Michael wurde nie krank. Er war unbesiegbar. Dann fuhr sie durch den wunderschönen, sonnigen Nachmittag zurück nach Norfolk, während das Radio lief und sie glücklich mitsang.

Michael saß in seinem Arbeitszimmer am Schreibtisch, als sie zu Hause ankam, und hatte die Hände vor seinem Gesicht verschränkt. Ryder stürmte hinein, ließ ihre Taschen fallen und umarmte ihn. «Ich habe dich vermißt», sagte sie. «Ich konnte es kaum erwarten, nach Hause zu kommen.»

Er öffnete die Schublade seines Schreibtischs und nahm die zwei Gästekarten für das Polospiel am folgenden Sonntag heraus. «Was für ein Glück, daß du pünktlich zurück bist.»

Sie richtete sich auf. «Patrick hat sie schon vor Monaten geschickt. Ich habe sie einfach vergessen. Aber jetzt erzähle ich dir erst mal von New York.»

«Warum hast du sie dann versteckt?» unterbrach er sie und studierte mit seinen dunklen Augen ihr Gesicht.

«Ich weiß ja, daß ich es dir hätte sagen sollen, aber ich wußte, daß du wütend werden würdest – was du ja jetzt auch bist!»

«Du hättest sie zurückschicken können.»

Sie setzte sich auf seinen Schreibtisch. «Du machst aus einer Mücke einen Elefanten. Sie steckten eben in dem Brief, in dem er mich von meiner Verkaufsbindung entband. Und er hat mich ja auch nicht allein eingeladen. Schließlich hat er zwei Karten geschickt.»

«Und was ist das hier?» Er hielt Patricks Notiz in die Höhe: *Bitte komm!*

Sie wurde rot.

«Nun, dann wollen wir ihn mal nicht enttäuschen, oder?» Michael stand auf.

«Aber wir wollen doch gar nicht hin.» Sie ergriff seinen Arm.

«Ich hatte nicht die Absicht, sie zu benutzen. Ich gebe zu, ich war geschmeichelt. Aber das ist auch schon alles. Laß uns zu Hause bleiben. Nur wir zwei. Ich muß dir etwas sagen.»

Er schüttelte sie ab. «Natürlich gehen wir hin. Glaubst du vielleicht, ich verbringe den Rest meines Lebens damit, mich zu fragen, ob ich noch weitere Briefe vom Liebhaber meiner Frau finden werde?»

Der Guard's Club war voll von eleganten Leuten, auf dem Parkplatz hinter dem Clubhaus reihte sich ein Rolls-Royce an den nächsten. Das Geräusch von Gelächter und knallenden Champagnerkorken vermischte sich mit dem Donnern der Ponyhufe vom nächstgelegenen Spielfeld. Ryder straffte die Schultern und gab sich unbekümmert. Michael war schweigsam und unversöhnlich. Seit ihrer Rückkehr hatte er nur geschäftlich mit ihr gesprochen. Sie stieg aus dem Wagen und strich sich ihr Kleid glatt. Zwar hatte sie mit dem Gedanken gespielt, einfach zu Hause zu bleiben, dann aber entschieden, daß dadurch alles nur noch schlimmer würde.

«Laß uns von der anderen Seite zuschauen.» Sie wies auf die weiter entfernt liegenden Tribünen. «Von dort haben wir einen viel besseren Blick.»

«O nein!» Er nahm sie am Ellbogen und führte sie vom Weg hinunter auf den Rasen vor dem Clubhaus, wo einzelne Grüppchen im Sonnenschein mit ihren Drinks an den Tischen saßen, wie es ihre Eltern früher so oft getan hatten.

Sie blieb stehen. «Michael, laß uns irgendwo hingehen und reden. Du benimmst dich einfach lächerlich.»

«Halt den Mund.» Er sah sie fast mit Abneigung an. «Ah!» Er hob eine Hand und winkte. «Da ist ja unser reizender Gastgeber. Patrick! Wie schön, daß Sie uns die Karten geschickt haben. Ryder war begeistert. Frauen mögen es, wenn ihre verflossenen Liebhaber sich an sie erinnern.»

Sie konnte Patrick nicht ansehen, so peinlich war ihr das Ganze. Sie spürte deutlich die Gegenwart der beiden Männer. Patrick blickte ihren Mann mit heiterer Verachtung an, und Michael sah aus, als wollte er sich gleich mit jemandem schlagen. «Michael, bitte!» sagte sie. «Laß uns nach Hause gehen!»

Er drückte sie so heftig am Arm, daß sie aufschrie. «O nein, mein Schatz. Du amüsierst dich jetzt. Es tut mir ja so leid, daß ich nicht bleiben kann. Kümmern Sie sich um sie, Brendan.» Er drehte sich auf dem Absatz um und ging einfach weg.

Ryder war so überrascht, daß sie einen Moment brauchte, um zu reagieren. Dann lief sie eilig hinter ihm her, quetschte sich durch die Menge kichernder Polo-Groupies, die sich den Pfad hinunterdrängten, mit auf die Stirn gerückten Sonnenbrillen, hohen Absätzen, die im Gras steckenblieben, und viel zu vielen Goldkettchen um den Hals. Verzweifelt bahnte Ryder sich ihren Weg. Als sie beim Parkplatz ankam, stieg Michael gerade ins Auto.

«Warte doch!» schrie sie.

Aber er hörte nicht, sondern fuhr einfach davon.

Sie kehrte zu Patrick zurück, weil ihr keine andere Wahl blieb. «Bring mich zum Bahnhof», bat sie. «Bitte! Ich muß nach Hause.»

«Ich reite beim nächsten Spiel mit. Ich fahre dich später.» Er berührte ihren Arm. «Du brauchst jetzt was zu trinken. Ich treibe mal den alten Algie Kelmscott für dich auf. Er wird sich um dich kümmern.»

Sie sank erschöpft auf einen Stuhl, stützte die Ellbogen auf den runden, weißen Tisch und wartete, während er ihr einen Drink holte. Sie fühlte sich von der Außenwelt total abgeschnitten. Von Patrick ebenso wie von all den Leuten um sie herum. Dabei hatte das alles ihr einst soviel bedeutet, weil es ein Teil von Patrick gewesen war.

Sie fragte sich, wohin Michael gefahren war. Sie stellte sich vor, wie er die Autobahn entlangraste, natürlich wie immer auf der Überholspur. «Du hättest mich nicht einladen sollen», sagte sie zu Patrick, als er zurückkam.

«Ich wußte ja nicht, daß er so reagieren würde. Du Arme!» Er legte eine Hand auf ihre. «Was für ein brutaler Kerl.»

«Er ist nicht brutal!»

Sie wurden von Major Kelmscott unterbrochen, der Ryder einen Kuß auf die Wange gab. «Sie und Ihr Mann leisten Großartiges», sagte er. «Sie denken nicht zufällig daran, ein Poloteam zu gründen?»

Sie lächelte ihn ironisch an. «Polo ist wohl das letzte, was mein Mann unterstützen würde.»

Es wurde früher Abend, bevor Patrick Zeit hatte, viel zu spät für sie, noch nach Bailing zu kommen. Sie war müde und erhitzt und hatte die letzten Stunden halbwegs in der Erwartung zugebracht, Michael käme zurück, um sie abzuholen. Patrick war gedämpfter Stimmung, als er sie nach London fuhr. Ab und zu blickte er sie an, als wäre sie jemand, von dem er zwar schon viel gehört, den er aber gerade erst kennengelernt hatte. «Wie steht's mit Abendessen?» fragte er, als sie an Knightsbridge vorbeifuhren.

«Nein danke.»

«Du mußt aber was essen.»

Sie fuhren weiter. Sie dachte daran, wie Michael sie einfach hatte stehenlassen. «Kann ich meine Meinung noch ändern?»

Er hielt vor einem kleinen, französischen Restaurant. Sie ging direkt zur Damentoilette, um sich den Staub von Gesicht und Händen zu waschen. Dann frischte sie ihr Make-up auf und kämmte sich das Haar. Wenn's nach Michael ginge, würde sie immer noch in Windsor festsitzen.

Patrick hatte sich in eine intime Nische am Fenster plaziert. «Ich habe dich vermißt», sagte er, als sie Platz nahm. «Als ich deinen Namen in der Zeitung las, dachte ich daran, was aus uns hätte werden können.» Er senkte die Stimme. «Ich bekomme jetzt die Scheidung, Maria Luisa hat endlich eingewilligt. Tancredi kommt jeden Sommer zu mir. Wie geht es Leo? Ich denke oft an ihn, und an den alten Fred und an Violet – und an dich.» Er hielt einen Moment inne. «Ich konnte es kaum glauben, als Violet mir mitteilte, du hättest geheiratet. Und ausgerechnet Michael!»

«Was meinst du damit?»

«Er ist doch so dominant! Und du bist so sanft. In den Zeitungen bezeichnet man ihn als tough. Aber über dich schreiben sie nur Gutes.»

«Sei nicht albern! Sie nennen mich die Tochter eines Betrügers. Und ich bin nicht sanft.»

Er griff nach ihrer Hand. «Als wir zusammen waren, warst du sanft. Er hat dich verändert. Er hat dich hart und aggressiv gemacht.»

Sie entzog ihm ihre Hand. «Ich war leicht zu beeinflussen, weil ich dich liebte und Angst hatte, dich zu verlieren. Bei Michael habe ich nie Angst, deshalb brauche ich ihm auch nichts vorspielen. Ich kann wirklich ich selbst sein – und nicht nur jemand, den ich für gefälliger halte.»

Sie war überzeugt, Michael würde im Penthouse auf sie warten. Als der Aufzug sie nach oben brachte, stellte sie sich sein finsteres Gesicht vor – und den Moment, in dem sie sich wieder versöhnen würden. Aber das Penthouse war leer. Die Terrassentür war geschlossen, und die Luft wirkte noch muffiger. Sie riß das Fenster auf und legte sich auf ihr Bett. Um Mitternacht klingelte das Telefon. Sie ließ es klingeln. Sollte er doch denken, sie sei ermordet worden. Um eins klingelte es wieder. Und um zwei noch einmal. Sie ging nicht dran.

Michael marschierte in die Wohnung, als Ryder gerade duschte. Sie eilte aus der Dusche und wickelte sich in ein Handtuch. Sie war zwar immer noch verärgert, freute sich aber, ihn zu sehen. «Ich weiß nicht, was für ein Spiel du da spielst», begrüßte sie ihn.

Er ging zu seinem Schreibtisch und nahm einen Stapel Briefe auf. «Ich spiele keine Spielchen, Ryder. Das habe ich dir schon mal gesagt.»

«Um Himmels willen, jetzt fang nicht wieder an, mir Vorträge zu halten! Es ist schon schlimm genug, daß du mich den ganzen Tag in Windsor gelassen hast. Jetzt denkt jeder, ich sei dir untreu gewesen.»

«Und, stimmt es?»

«Du weißt genau, daß es nicht stimmt. Aber es würde dir ganz recht geschehen!»

«Hätte ich die Karten und die Notiz nicht gefunden, hätte ich weiter in seliger Unwissenheit gelebt. Also frage ich mich, was ich noch nicht weiß.»

«Und ich frage mich, was du an der Schublade mit meiner Unterwäsche zu suchen hast.»

«Ich wollte dir ein Kollier schenken. Ich habe es bei Tiffany's gekauft, als du noch die Interviews geben mußtest. Dann beschloß ich, es zu verstecken. Ich stellte mir vor, wie aufgeregt du sein würdest, wenn du es fändest. Statt dessen fand ich die Nachricht deines Liebhabers.»

«Er ist nicht mein Liebhaber.» Sie sank aufs Sofa und barg ihr Gesicht auf den Knien. «Mir ist es egal, wenn ich ihn niemals wiedersehe.»

«Schade, daß du bei unserer Hochzeit noch nicht so gedacht hast.» Er nahm seine Aktentasche. «Wo warst du um zwei Uhr heute morgen?» fragte er, als er hinausging.

Sie rannte zur Wohnungstür und schrie ihm, als er den Aufzug betrat, hinterher: «Hier war ich, und zwar allein, du Idiot!»

In dieser Nacht blieb er in einem Hotel in Gatwick. Das war nicht das erste Mal. In der Aufbauzeit von Anglo Atlantic hatte er schon öfter in diesem Hotel geschlafen, wenn er zu müde gewesen war, noch nach London zurückzufahren. Aber das war etwas anderes. Jetzt wollte er nicht nach Hause kommen.

Sie hätten so glücklich sein können. Vor einer Woche noch waren sie es gewesen. Sogar jetzt noch erschienen Fotos von ihnen in Frauenzeitschriften, die sie als das «Traumpaar des Himmels» bezeichneten. Aber die Atmosphäre zwischen ihnen wurde zunehmend gespannter. Ryder versuchte, das zu ignorieren und sich heiter zu geben. Sie sagte sich immer wieder, daß sie keinerlei schlechtes Gewissen zu haben brauchte. Aber sie vermißte Michael, vermißte ihr gemeinsames Lachen, ihren Sex, seine Stimme in der Nacht. Sie teilten zwar weiterhin das Bett, aber es war, als stünde eine unsichtbare Mauer mitten zwischen ihnen. Er faßte sie nicht an, und sie traute sich nicht, die Hand nach ihm auszustrecken, weil sie fürchtete, zurückgestoßen zu werden.

Die Arbeit war jetzt ihr einziges Gesprächsthema – und wegen ihrer Arbeit hielten sie auch die Fassade aufrecht.

«In einer Woche zweitausendsiebenhundert Passagiere nach New York und zweitausendvierhundert nach London.» Sie gab gerade die Zahlen in ihren Computer im Penthouse ein. «Das liegt weit über unserem Break-even-point.» Sie sah über den Schreibtisch zu Michael hinüber und lächelte. Es war der erste Abend, an dem er vor Mitternacht nach Hause gekommen war.

«Wir müssen mehr Flüge nach London verkaufen. Ich werde mit Susan sprechen.»

«Das Pfund ist runter auf 1,90 Dollar.»

«Das sollte Großbritannien für die Amerikaner noch attraktiver machen.»

Sie gab etwas in den Computer ein und betrachtete die Zahlen auf dem Bildschirm. «Die Vorausbuchungen sehen gut aus, vor allem in der ersten Oktoberwoche.»

«Dann ist die Hochsaison vorbei, Gatwick ändert die Tarife, und wir können die Ticketpreise senken.»

«Natürlich. Wie konnte ich das vergessen!»

«Überarbeitet.» Das sagte er sanft.

Sie schluckte hart. «Nicht mehr als du.»

Er schwieg.

Sie nahm allen Mut zusammen. «Würdest du lieber hier essen, oder sollen wir ausgehen?»

«Ich esse auswärts.» Er ging zur Tür und blieb dann zögernd stehen.

Sie hielt den Atem an und betete, er möge zurückkommen. Aber er ging. Sie hörte, wie sich die Türen des Aufzugs schlossen, dann legte sie den Kopf auf den Schreibtisch und weinte.

Als ihre Tränen versiegten, war sie wütend. Wie konnte er sich so benehmen, bloß weil sie zwei Polokarten versteckt hatte! Michael war ein Tyrann, genau wie ihr Vater. Sie wählte Patricks Nummer. «Gehst du heute abend mit mir aus?» fragte sie ihn.

Er holte sie eine Stunde später ab. Sie gingen ins *Annabel's*. Patrick schien jeden einzelnen auf der Tanzfläche zu kennen. Sie hingegen verbrachte den Abend damit, sich nicht zu fragen, was Michael wohl gerade machte.

Die Tür zum Gästezimmer war zu, als sie zurückkam. Sie legte sich ins Bett und lauschte auf die Geräusche, die vom Fluß herüberdrangen, während die Tränen unter ihren Lidern hervorquollen und sie sich wieder einmal fragte, wie alles so schnell hatte schiefgehen können. Am Morgen stand sie früh auf und machte ihm einen Becher Kaffee, schwarz und stark, wie er es mochte. Sie klopfte an die Tür. Niemand antwortete. Sie öffnete. Das Zimmer war leer.

Am Abend kam er verhältnismäßig früh zurück. Sie sah sich gerade die Nachrichten im Fernsehen an. Er setzte sich neben sie. Nicht sehr nah, aber wenigstens suchte er nicht mehr das andere Ende des Raumes auf, wenn sie da war. Sie fühlte sich so angespannt, daß sie sich kaum auf die Nachrichten konzentrieren konnte. Als der Nachspann lief, stand er auf: «Gute Nacht.»

Sie sah zu ihm hoch. «Michael, bitte...»

Er streckte seine Hand aus, um ihr Gesicht zu berühren, doch dann zog er sie rasch zurück. «Wir reden am Wochenende.»

Er schlief zwar weiterhin im Gästezimmer, aber das machte ihr nichts mehr aus, weil sie wußte, es gab noch Hoffnung. Am nächsten Morgen lag sie in ihrem Doppelbett, hielt sein Kissen im Arm und malte sich aus, was sie ihm sagen würde.

Sie war guter Dinge und sprach das erste Mal seit Wochen mit Fred und Violet. Sie telefonierte sogar mit ihrem Vater und gab Judith einen halben Tag frei. Am frühen Nachmittag rief der Pförtner bei ihr oben an und meldete, es sei eine Sonderlieferung aus Gatwick für sie eingetroffen. Sie erkannte Michaels Handschrift auf dem Briefumschlag. Eifrig riß sie ihn auf. Drinnen fand sie nur eine Seite aus der *Daily Mail*. Darauf war ein Foto von einer berühmten Schauspielerin, die gerade das *Annabel's* verließ. Und dahinter war Patrick zu sehen und neben ihm, in scharf umrissener Profilansicht, sie selbst.

In völliger Verzweiflung wandte sich Ryder an Lady Heythorp. «Ich weiß einfach nicht, was ich machen soll», erklärte sie ihrer älteren Freundin bei Tee und Brandy in deren vollgestopfter Wohnung. «Jeder Schritt, den ich tue, endet in einer Katastrophe.»

«Wenn Sie versuchen, Ihre Ehre zu retten, dann sollten Sie nicht mit Verflossenen in einen Nachtclub gehen. Oder wollen Sie was von Patrick?»

«Nein. Das war mal anders, und Michael weiß das ziemlich gut. Aber jetzt will ich Patrick nicht mehr.» Sie biß sich auf die Unterlippe, fest entschlossen, nicht zu weinen.

«Vielleicht haben Sie Michaels Reservoir erschöpft.»

«Was meinen Sie damit?»

«Daß jeder nur eine gewisse Menge Schmerz von einem anderen Menschen ertragen kann. Die Polokarten und die Nachricht waren vielleicht die letzten Nägel zu ihrem Sarg.»

Ryder nahm ihre Tasche. «Ich dachte, Sie würden mir helfen. Jetzt fühle mich mich nur noch schlechter.»

«Ich möchte, daß Sie realistisch sind. Sie müssen seine Liebe zurückgewinnen. Das wird nicht leicht sein, vielleicht ist es auch unmöglich. Aber fangen Sie nicht an zu betteln. Das führt zu gar nichts.»

Ryder vergrub sich in Arbeit und pendelte ständig zwischen Wapping und New York hin und her. Michael nahm sich in Gatwick eine Wohnung. Dort blieb er unter der Woche. Sie enthielt sich eines Kommentars. Am Telefon sprachen sie täglich zehnmal miteinander, doch ausschließlich über die Arbeit. Am Wochenende trafen sie sich weiterhin im Schmetterlingshaus. Sie wahrten für Leo den Schein. Als Stefan für die Ferien zu ihnen kam, blieb Ryder die Woche in Norfolk und fuhr die Jungen zu ihren Tennistrainerstunden und ihrem Segelkurs. Sie machte mit ihnen auch einen Ausflug mit der Cherokee. Ihr Widerwillen gegen den Besuch von Stefan war durch die Probleme mit Michael ausgelöscht.

Im Herbst wechselte Leo ins Internat. Früher hätte sie sich auf die Zeit gefreut, in der sie mit Michael allein im Schmetterlingshaus sein würde. Jetzt fürchtete sie Leos Abreise. Leo zuliebe fuhr Michael mit, als sie ihn mit seinem Schrankkoffer im Kofferraum ins Internat brachten. Sie trafen sich mit dem Direktor und Leos Klassenlehrer wie alle anderen Eltern auch. Dann winkten sie Leo zum Abschied zu und fuhren schweigend nach Hause. Ryder hatte sich noch nie so allein gefühlt, selbst in den schlimmsten Tagen in Bailing nicht.

Am Ende des Jahres hatte Anglo Atlantic neunzigtausend Passagiere geflogen.

«Wir haben unser Ziel erreicht», verkündete Michael auf der nächsten Vorstandssitzung. «Natürlich hatten wir die üblichen Kinderkrankheiten. Die Buchungen für Januar sind noch sehr mager, aber das war zu erwarten. Wir müssen vielleicht auch die Caterer wechseln. Witherspoon mußte sie wegen der Menge des Backteigs bei den Shrimps in der ersten Klasse ermahnen. Oder vielmehr wegen des Mangels an Shrimps im Backteig.»

«Was ist mit dem Sicherheitsbeamten?» fragte Ryder. «Glaubst du, er verklagt uns, wenn wir ihn feuern?»

Oliver blickte überrascht auf. «Aber alle Sicherheitsbeamten sind doch ehemalige Polizisten oder vom Special Air Service, haben also eine ideale Ausbildung.»

Michael warf ihm ein dünnes Lächeln zu. «Für Geheimoperationen der Britischen Armee vielleicht. Aber es gibt einen bestimmten Verhaltenskodex, wie man sich verdächtige Damenhandtaschen ansehen sollte.»

«Und das heißt?»

«Daß man Schachteln mit Tampons höflich und diskret untersucht», erklärte Ryder. «Und nicht mit ihnen herumfuchteln und rufen sollte: ‹Was haben wir denn hier?›»

Die Konferenz zog sich noch lange hin. «Was haben Sie beide für Weihnachten geplant?» fragte Oliver im Plauderton, als er am Ende seinen Mantel überstreifte.

«Ausspannen, nehme ich an.» Ryder lächelte strahlend. Michael sagte nichts.

Sie ging zurück ins Penthouse, während Michael mit Oliver im Lift hinunterfuhr. Draußen regnete es heftig. Das Geräusch erinnerte sie an den Regen, der in Bailing auf die Rollbahn prasselte. Sie blickte auf ihre Hände und fing an zu weinen.

Kapitel 39

Michael fuhr über Weihnachten in den Skiurlaub, Leo flog nach Spanien, Ryder war in Bailing. Sie schloß sich im Schmetterlingshaus ein, lag auf dem Bett und konzentrierte sich auf das Telefon, das nicht klingelte. Am ersten Weihnachtstag fuhr sie hinaus zum Flugplatz und flog mit der Cessna eine Runde. Nirgendwo war eine Menschenseele zu sehen, alle waren jetzt bei ihrer Familie oder bei Freunden. Sie flog über Morston und dann hinaus aufs Meer. Es hatte die gleiche kühle, graue Farbe wie der Himmel. Es wäre ihr egal gewesen, nicht mehr zurückzukehren, aber sie brachte es einfach nicht über sich, die Nase des Flugzeugs nach unten zu richten.

Als sie zurück zum Hangar rollte, tauchte Fred auf. Er beobachtete, wie sie aus dem Flugzeug stieg. «Sie sollten nicht hiersein», bemerkte er.

«Warum nicht?»

«Der Platz einer Frau ist bei ihrem Mann.»

«Michael will mich aber nicht bei sich haben. Außerdem geht Sie das nichts an.»

«Ich wollte meine Frau auch nicht bei mir haben, wenn sie sich mit anderen Männern in Nachtclubs herumtreiben würde.»

«Ach, halten Sie doch den Mund, Fred!» Sie stiefelte ins Büro und knallte die Tür hinter sich zu.

Unbeeindruckt folgte er ihr. «Ich wollte Ihnen schon schreiben, da Sie ja nicht mehr nach Bailing kommen...»

«Verschwinden Sie.»

«Darüber hab ich gerade gesprochen.» Er ging hinaus.

Fast wäre sie hinter ihm hergerannt, doch sie konnte jetzt nicht auch noch Kritik von ihm ertragen. Sie würde ihn von London aus anrufen.

Ryder wartete im Penthouse den ganzen Tag darauf, daß Michael aus dem Urlaub zurückkam. Sie lief unruhig durch die Wohnung und überlegte, wie sie ein Gespräch beginnen könnte. Erst am Abend hörte sie seinen Schlüssel an der Tür. Braungebrannt und erholt trat er ein. Ihre Stimmung hob sich.

Sie wartete, bis er geduscht und gegessen hatte und am Schreibtisch seine Post durchsah. Dann zog sie einen Stuhl heran. «Ich finde, wir sollten über uns sprechen», sagte sie mit einer Stimme, die vor Nervosität zitterte.

«Der Meinung bin ich auch.»

«Ich habe viel nachgedacht und... und... ich kann so nicht weitermachen. Ich weiß nicht, was ich falsch gemacht haben soll, aber ich kann nicht mit jemandem leben, der mich permanent abweist.»

«Ach, du weißt es nicht!»

Sie blickte zu ihm, ihre Augen glitzerten vor Tränen. «Du warst wütend über die Karten und den Zeitungsartikel.»

Er ging zum Fenster hinüber und starrte in die Nacht. «Paß mal auf, es ist ganz einfach. Ich muß der Tatsache ins Auge sehen, daß ich während meiner ganzen Ehe eine Frau geliebt habe, die wünschte, ich wäre ein anderer Mann. Jetzt weiß ich auch, warum du keine Kinder wolltest.»

«Aber jetzt will ich doch welche. Das wollte ich dir in New York sagen.»

«Lüg mich nicht an, Ryder. Ich geb dir ja deine Scheidung.»

Sie stieß ihren Stuhl zurück. «Ich will keine Scheidung.»

«Aber ich.»

Sie war fassungslos. «Hast du eine andere?» fragte sie mit dünner Stimme.

«Nein – und ich will auch keine.»

Er ging zu Bett. Sie lag auf dem Sofa, fühlte sich elend und lauschte mit zusammengebissenen Zähnen, um die Tränen zurückzuhalten, auf die vertrauten Geräusche im Schlafzimmer. Als sie hörte, wie er das Licht ausmachte, ging sie ins Badezimmer, ließ Wasser ins Waschbecken laufen und weinte in ein Handtuch, damit er sie nicht hörte. Irgendwann zwang sie sich, den Kopf zu heben. Ihr Gesicht im Spiegel war schrecklich verquollen, die Lider wirkten entzündet. Sie tauchte sie in kaltes Wasser, bürstete sich das Haar und tupfte sich Parfüm hinter die Ohren und ins Dekolleté.

Michael war noch wach. Er lag im Bett und starrte an die Decke. Als sie die Tür öffnete, richtete er sich auf. Kühn ging sie zu seinem Bett und setzte sich neben ihn. «Schick mich jetzt nicht weg», bat sie. «Bitte!»

Er sah ihr in die Augen. «Es würde aber nichts ändern.»

«Wie kannst du da so sicher sein?» Sie lehnte sich an ihn, während das Handtuch sich löste und ihren nackten Körper enthüllte.

«Weil...» Er ergriff ihr Handgelenk, um sie wegzustoßen, doch statt dessen zog er sie an sich und legte sie unter sich auf die Matratze. Er küßte sie heftig. Sie erwiderte seinen Kuß und weinte vor Erleichterung. Sie kam ihm in allem entgegen, sie war wild, wenn er wild war, und sanft, wenn er zärtlich wurde, bis er vergaß, daß er wütend auf sie war. Sie fanden einen gemeinsamen Rhythmus und liebten sich sinnlich und leidenschaftlich. Das Mondlicht floß über ihre Körper. Sie liebten sich wie so oft im Schmetterlingshaus, nur noch intensiver, weil es schon so lange zurücklag und sie beide voller Schmerz waren. Sie genoß es, in seinen Armen zu liegen und seine Stärke zu spüren, in dem Wissen, daß sie nun wieder vereint waren. Als sie ihn in ihrem Innern pulsieren fühlte, schrie sie auf und wußte nicht, ob sie oder er es war. Dann rollte der Orgasmus über sie hinweg, bis sie die Vibrationen in den Fingerspitzen spürte.

Nachher lag sie in seinen Armen, hatte das Gesicht in seiner Halsbeuge vergraben und weinte vor Dankbarkeit. «Ich wußte, daß wir immer noch ein Paar sind», flüsterte sie. «Ich wußte es.»

«Sssch!» Er legte den Zeigefinger auf ihren Mund.

«Ich liebe dich – und du liebst mich.» Sie nahm seinen Finger in ihren Mund und massierte sanft die zarte Kuppe mit ihrer Zungenspitze. Er wollte seine Hand zurückziehen, aber sie ließ es nicht zu. Sie massierte ihn immer weiter, bis er sich ihrem Mund hingab.

«Ich habe dir nicht gesagt, daß du die beste Liebhaberin bist, weil ich dir dann alles gegeben hätte», bekannte er, als sie endlich einschliefen.

Sie wachte im Morgengrauen auf und sah, daß er vollständig angezogen am Fußende ihres Bettes stand und sie beobachtete. Sie lächelte zaghaft, doch dann sah sie den Ausdruck seiner Augen, und ihr Lächeln schwand, während der Schmerz heftiger denn je über sie hinwegrollte, bis sie meinte zu ersticken. Sie wollte schreien und betteln und flehen. Aber sie stand nur auf und wickelte sich die Bettdecke um den Körper. «Ich gehe nach Bailing zurück. Du kannst Anglo Atlantic haben. Du kannst alles haben. Ich will nur Bailing.»

Kapitel 40

Die erste Woche war am schlimmsten. Der erste Montag, der erste Dienstag. Jeder Tag war eine Wüste, durch die sie sich schleppte, während sie versuchte, nicht zu weinen, und sich nur nach dem Augenblick sehnte, in dem sie endlich ins Bett sinken und sich Michaels Bettdecke aus London über ihren Kopf ziehen, ihr Gesicht in seinen Geruch vergraben konnte, der noch immer in den Falten der Decke steckte.

An einem regennassen Montag, als er in Amerika war, zog sie aus dem Schmetterlingshaus zurück in den Tower. Sie brauchte dazu nur drei Fahrten mit dem Landrover, da sie lediglich ihre Kleider und die Sachen mitnahm, die ihr vor der Heirat gehört hatten. Im Tower herrschte die drückende Stille eines lange nicht bewohnten Hauses. Niemand hatte hier seit dem letzten Sommer geschlafen, außer den Studenten. Die Uhr an der Wand war stehengeblieben, die Zeitschriften im Badezimmer waren sechs Monate alt. Ungeachtet des Regens öffnete sie die Flügeltüren zu ihrem Garten, der schon fast so verwildert war wie der im Schmetterlingshaus.

In dieser Nacht lag sie im Bett und lauschte auf den Regen, der auf die Rollbahn trommelte. Sie erinnerte sich daran, wie schwer es ihr gefallen war, den Tower zu verlassen. Jetzt hätte sie mit Freuden all das hier aufgegeben. Sie stand auf und ging hinunter, um sich ein Glas Brandy einzugießen. Dann dachte sie an Michael und schüttete ihn in den Ausguß. Diese Genugtuung würde sie ihm nicht geben. Als sie endlich einschlief, rannen ihr Tränen über die Wangen. Und als sie am nächsten Morgen aufwachte, waren ihre Wimpern immer noch tränennaß. Einen kurzen Moment lang war ihr Kopf wie leergefegt. Sie streckte die Hand zur rechten Seite des Bettes aus, doch da waren nur eine leere Stelle und ein glattes Kissen, die sie verhöhnten.

Es war unmöglich, der Neugierde des ganzen Dorfes zu entgehen, doch sie brachte es einfach nicht über sich, öffentlich zu bekennen, daß sie und Michael sich scheiden lassen würden. Wenn sie darüber spräche, würde aus der Wahrscheinlichkeit eine Tatsache, und alle Hoffnung würde schwinden. Sie ging zu Violet ins Büro. «Michael und ich haben beschlossen, etwas unabhängiger voneinander zu leben», sagte sie und war sich bewußt, daß ihre Stimme vor Schmerz fast barsch klang. «Er wird in London wohnen, ich bleibe hier.»

Violet schürzte die Lippen. «Das ist aber nicht richtig, meine Liebe.»

«Ich kann nichts daran ändern.» Mit zitternden Händen nahm sie ihre Briefe und begann, sie nacheinander aufzureißen. «Wo ist Fred?»

«Er ist gegangen.»

«Warum?»

«Ich dachte, das wüßten Sie.» Violet rückte ihre Brille gerade und begann lautstark zu tippen. Sie hämmerte so hart auf die Tastatur ein, wie sie nur konnte.

Ryder fuhr geradewegs zu Freds Haus. Es war ein altes Backsteincottage am Dorfrand. Fred befand sich im hinteren Teil des Gartens und jätete Unkraut im Gemüsebeet. Als er das Gartentor klicken hörte, nahm er seinen Karren und rollte ihn weg.

«Fred!» Sie eilte hinter ihm her und rutschte auf dem schlammigen Gartenpfad. «Warten Sie doch, bitte! Hören Sie, es tut mir leid, daß ich so grob zu Ihnen war, aber es ging mir sehr schlecht...»

«Und Michael nicht?»

«So ist's richtig. Ergreifen Sie auch noch seine Partei!»

«Sie treten immer wieder die Gefühle anderer Leute mit Füßen und vergessen dann, wie verletzend Sie waren, wenn andere mal Ihre Gefühle mißachten.»

«Man könnte glatt denken, Michael hätte Sie bestochen.»

Er warf ihr seinen berüchtigten Schildkrötenblick zu. «Niemand kauft den alten Fred.»

«Es tut mir leid. Das hätte ich nicht sagen sollen.»

Er ließ sie einfach stehen und verschwand rasch durch eine Lücke in der Hecke, so daß ihr die Dornensträucher ins Gesicht schlugen.

Sie fuhr zum Dorfladen. Mrs. Dennshurst lehnte an der Theke und rechnete eine Zahlenkolonne zusammen. Sie schenkte Ryder nur ein kühles «Guten Morgen».

«Ich bin ein bißchen grob zu Fred gewesen.» Ryder lächelte ängstlich. «Könnten Sie ihm sagen, daß es mir leid tut?»

«Möchten Sie etwas kaufen? Ich muß meine Aufstellungen fertig machen.»

Ryder wurde rot. «Ich hätte gerne einen Schokoladenkuchen. Sie wissen schon, einen von Ihren ganz besonderen, die Violet so mag.»

Mrs. Dennshurst wickelte den Kuchen in Papier ein und nahm ihr Geld. Als Ryder am Flugplatz ankam, war das Büro leer. Einer der Mechaniker bediente das Telefon. «Wo ist Violet?» fragte sie ihn.

«Zum Tee bei Mrs. Dennshurst.»

Da nahm sie den Kuchen und schmiß ihn in den Mülleimer.

Nie hätte sie gedacht, daß Bailing sie ächten würde. Aber genau so war es. Der Milchmann belieferte den Flugplatz nicht mehr, weil der Weg angeblich zu weit war; der Postbote tat so, als kenne er sie nicht, obwohl sie doch seinem Sohn einen Ferienjob gegeben hatte; wenn sie den Laden von Mrs. Dennshurst betrat, herrschte schlagartig Schweigen, und wenn sie ihn verließ, setzten die Gespräche wieder ein. Sie hätte auch in King's Lynn einkaufen können, aber sie weigerte sich zu kapitulieren.

«Ich weiß, jeder meint, ich sei im Unrecht, aber ich werde mich nicht rausekeln lassen», verkündete sie Violet, als sie die Bilanzen des Flugplatzes durchgingen. «Ganz Bailing vergißt geflissentlich, was mein Flugplatz für den wirtschaftlichen Aufschwung hier getan hat.»

«Wenn Sie das sagen.» Violet knöpfte angelegentlich ihre rosa Strickjacke zu.

«Ach, jetzt bin ich schon wieder grob gewesen. Ich habe es nicht so gemeint.» Sie seufzte. «Lassen Sie uns weitermachen.»

Mit dem Flugplatz war es bergab gegangen. Die Grillpartys und Flugschauen, die die Leute angezogen hatten, waren nach und nach eingestellt worden, weil Michael und sie ausschließlich mit Anglo Atlantic beschäftigt gewesen waren. Auch die Mitgliederzahl war gesunken. Die Clubmitglieder waren mit ihren Flugzeugen zu anderen Flugplätzen abgewandert.

«Ich muß wieder ganz von vorne anfangen», erklärte Ryder Violet und fragte sich, ob sie dazu genügend Energie und Enthusiasmus aufbringen konnte, wenn sie sich innerlich so tot fühlte. «Natürlich wird es schwer ohne Fred.» Sie warf Violet einen Seitenblick zu.

«Er kommt nicht zurück.»

«Und was ist mit Ihnen? Ich wäre gern auf das Schlimmste gefaßt.»

Violet knöpfte ihre Strickjacke wieder auf. «Ich wollte zwar gehen – aber jetzt bleibe ich noch ein bißchen.»

Ryder stiegen die Tränen in die Augen. Schnell wandte sie sich ab, um es zu verbergen. «Danke.»

Oliver traf genau an dem Tag in Bailing ein, als Lakers Skytrain zusammenbrach. Er sah verärgert und aufgewühlt aus. «Ryder, ich muß mit Ihnen sprechen.»

Sie gingen ins *Bailing Arms*, dort war jetzt ein kleines Restaurant angebaut worden. Mit lauter Stimme bat er um einen abgelegenen

Tisch. Als sie dorthin geführt wurden, erblickte Ryder in der Bar Fred. Er gab zwar vor, sie nicht gesehen zu haben, doch sie wußte es besser.

«Sie haben ja sicher auch von Skytrain gehört», donnerte Oliver ihr entgegen.

«Ja, es ist eine Schande.»

«Anglo Atlantic wird das gleiche passieren, wenn Sie jetzt nicht vorsichtig sind. Ryder, Sie sind die Präsidentin einer Fluglinie, deren Teilhaber ich bin. Sie können nicht einfach auf dem Land verschwinden, um Rosen zu züchten, bloß weil Sie Eheprobleme haben. Was ist mit den Passagieren, denen Sie einen erstklassigen Service versprochen haben? Wenn das so weitergeht, schlägt für Colossus bald die große Stunde.»

«Hat Michael Ihnen erzählt, daß ich hier bin?»

«Erst als ich ihn fragte, was eigentlich los sei.»

Sie spielte mit ihrem Glas. «Er will sich von mir scheiden lassen.»

«Das kommt gar nicht in Frage. Mindestens zwei Jahre noch müssen Sie den Schein wahren. Sie sind die Galionsfigur von Anglo Atlantic, Sie müssen in der Öffentlichkeit auftreten, sonst verliert die gesamte Fluglinie an Glaubwürdigkeit.»

«Was... was sagt Michael dazu?»

«Er ist meiner Meinung.»

«Tatsächlich?» Hoffnung brach aus ihrer Stimme hervor.

Offbach sah peinlich berührt aus und fing an, über Leo zu sprechen. «Soll er in den Ferien zu uns kommen, wäre das eine Hilfe für Sie? Felicity und ich machen uns große Sorgen um Sie und Michael.» Bevor Ryder antworten konnte, wechselte er wieder das Thema und kam auf den Werbefeldzug von Anglo Atlantic für den kommenden Sommer zu sprechen. Sie versuchte, Interesse vorzutäuschen, doch in Gedanken war sie nur bei Michael, der bereit war, sie zu sehen.

Das erste Mal seit Monaten konnte Ryder gut schlafen. Sie wachte in strahlendem Sonnenschein auf, und ein Gefühl sagte ihr, daß Michael nach Bailing kommen würde. Sie wusch sich das Haar, lackierte sich die Fingernägel und zog sich einen enganliegenden, weißen Overall an. Das gute Wetter lockte die Hobbyflieger herbei, die ihre Flugzeuge in den Hangars inspizieren wollten, und ein Dutzend Anfragen für die Flugschule ging ein. Jedesmal, wenn das Telefon klingelte, sprang Ryder auf. Und jedesmal, wenn ein Auto vorfuhr, war sie überzeugt, es sei Michael.

«Sie sitzen ja wie auf glühenden Kohlen», sagte Violet mit dem Anflug eines Lächelns, «und ich frage Sie nicht, warum.»

«Ich habe heute so eine besondere Ahnung.» Ryder biß sich auf die Unterlippe. «Ich fühle mich so elend ohne ihn.»

Violets Miene wurde weich. «Ich bin froh, daß Sie das sagen, meine Liebe.»

Der Nachmittag schleppte sich dahin. Ryder versuchte, sich auf die Sicherheitsmaßnahmen für die geplante Flugschau zur Mittsommernacht zu konzentrieren, aber die Worte verschwammen ihr ständig vor den Augen. Dann fuhr ein Auto vor. Sie machte sich nicht die Mühe aufzuschauen. Jetzt würde er bestimmt nicht mehr kommen.

Plötzlich nahm Violet ihre Tasche und marschierte zur Tür. «Ich gehe jetzt. Ihr Besuch ist da.»

Ryder nahm rasch ihr Parfüm aus der Schreibtischschublade und sprühte sich etwas ins Dekolleté. Dann fuhr sie sich mit den Fingern durchs Haar. Lächelnd beobachtete sie, wie sich die Tür öffnete. Sie lächelte immer noch, als Patrick hereinkam.

Ihr Lächeln schwand. «Was machst du hier?»

«Liebling, ich bin dein Mitbesitzer – schon vergessen?»

«Nenn mich nicht Liebling!» fauchte sie, weil sie daran dachte, daß das Fenster geöffnet und Violet draußen war.

«Was ist los?»

Ihr Gesicht verzog sich. «Michael will sich scheiden lassen. Deshalb bin ich nach Bailing zurückgekehrt. Aber das ganze Dorf ist auf seiner Seite. Und ich schätze, jetzt habe ich Violet zum letzten Mal gesehen.»

Er lachte. Es war dieses träge, heitere Lachen, das sie einst so geliebt hatte. «Wen kümmert es schon, was ein paar rückständige Dörfler denken? Stell einen Geschäftsführer ein und komm mit nach Palm Beach. Ein paar Monate in der Sonne, und dir ist alles egal.»

«So wie dir?»

Er lächelte. «Ich habe dich wirklich geliebt. Aber wenn ich dich jetzt so sehe, wenn ich nicht derjenige bin, dem du gefallen willst, glaube ich nicht, daß wir miteinander glücklich geworden wären. Du bist eine erdverbundene Person mit eisernem Willen. Deshalb macht dir das mit Bailing auch soviel aus.» Er nahm seine Autoschlüssel. «Komm, wir gehen zum Abendessen aus. Ich bin nur heute abend da, ich will die Mühle verkaufen. Jetzt guck nicht so schockiert! Das meinte ich eben mit den Unterschieden zwischen uns.»

Sie zögerte, doch der Abend streckte sich endlos vor ihr aus und einsamer als je zuvor, weil sie so sicher gewesen war, von Michael zu hören. «Na gut, aber nicht ins *Bailing Arms*. Ich habe genug davon, wie eine Ehebrecherin behandelt zu werden, die man auf frischer Tat ertappt hat.»

Violet schickte ihr eine kurze Nachricht, in der es hieß, sie sei unpäßlich und würde bis auf weiteres nicht kommen. Gleichzeitig beschloß der Koch vom Clubhaus, in den Ruhestand zu gehen, und die Putzfrau verkündete, sie hätte einen besseren Job gefunden. Jetzt hatte Ryder nur noch zwei Mechaniker, den Gelegenheitsarbeiter, eine Schreibkraft, eine kaufmännische Angestellte und die Flugleiter, um ihren Flugplatz zu führen. Also stand sie im Morgengrauen auf, um Eier zu garnieren, Quiches zu belegen, Makrelen zu pürieren und Kartoffeln zu schrubben. Wenn der Briefträger eintraf, rannte sie hinüber ins Büro, um die Post zu beantworten und Flugstunden zu buchen. Mittags war sie zurück im Clubhaus, um Salate zu servieren und Sandwiches zuzubereiten. Nachmittags kehrte sie ins Büro zurück, und abends servierte sie Drinks und Snacks im Clubhaus. Wenn der letzte Pilot sein neuestes Flugabenteuer wieder einmal zum besten gegeben hatte und sie ihn endlich verabschieden konnte, hatte sie kaum noch genügend Kraft, ins Bett zu kommen.

Ryder hatte seit ihrer Abreise nicht mehr mit Michael gesprochen, aber Judith sandte ihr jeden Freitag einen Bericht über die Fortschritte der Fluglinie, und montags bekam sie immer die wöchentliche Liste der Fracht- und Passagierzahlen von Anglo Atlantic aus Gatwick. Unterschrieben waren diese Listen lediglich von M. A., nicht mit «In Liebe, Michael» oder auch nur «Michael». Sie hätte genausogut eine Fremde sein können. In den schwärzesten Stunden der Nacht fragte sie sich, ob er eine andere hatte, und quälte sich mit der Vorstellung, wie sich die beiden liebten.

An ihrem Hochzeitstag wurde sie schwach. Den ganzen Tag hatte sie gewartet, ob er ihr Osterglocken schicken würde, die er immer die Boten eines Neuanfangs nannte.

Am Abend rief sie ihn dann an. Sie konnte einfach nicht anders. Sobald sie seine Stimme hörte, fing sie an zu weinen.

«Ich glaube nicht, daß das eine gute Idee war», sagte er sanft. «Ich nehme an, du hast getrunken.»

«Habe ich nicht!» Sie knallte den Hörer auf.

Trotz der kontinuierlichen Rezession und der drastisch reduzierten Preise bei anderen Fluglinien steigerte Anglo Atlantic langsam, aber unaufhörlich seinen Marktanteil. Die Inflation lag unter zehn Prozent und das Pfund bei 2,38 Dollar, so daß Amerika ein attraktives Urlaubsziel wurde und sie die Rückzahlung ihres Kredits für das Flugzeug leichter bewerkstelligen konnten.

Sie erhielt einen Vorschlag von Michael zu ihrer langfristigen Zukunftsplanung mit der Bitte um Stellungnahme. Er beabsichtigte, eine neue Route hinzuzunehmen und ein zweites Flugzeug zu kaufen. Er wollte, daß Anglo Atlantic die Strecke nach New York an sieben Tagen die Woche flog, und hatte vor, in ein oder zwei Jahren bei der CAA die Route nach Florida zu beantragen. Die zwölf Strecken wöchentlich hingegen hatten von der Boeing ihren

Tribut gefordert. Zwar wurde sie laufend gewartet, sobald sie nicht in der Luft war, doch von Zeit zu Zeit waren kleinere Reparaturen nötig, und sie mußten ein Flugzeug chartern. Zusätzlich mußten sie für ganze drei Wochen eine Maschine chartern, wenn die Boeing für die jährliche Kontrolluntersuchung völlig auseinandergenommen wurde. Ryder ersah aus diesem Bericht, daß er in Seattle gewesen war, und Eifersucht und Wut quälten sie, weil sie jetzt von einer Sache ausgeschlossen war, an der sie einst selbstverständlich teilgenommen hatte.

Leo verbrachte die Osterferien bei ihrem Vater, deshalb konnte sie weiter den Schein wahren. Doch sie wußte, im Sommer würde sie es ihm sagen müssen. Zu Ferienbeginn holte sie ihn von der Schule ab. Er kam aus dem Hauptgebäude geschlendert, seine blonden Haare vom Wind zerzaust und das gleiche bezaubernde Lächeln wie ihre Mutter auf den Lippen. Ryder war fassungslos, wie sehr er gewachsen war. Plötzlich war er nicht mehr ihr kleiner Bruder.

Sie hielten in der Nähe von Cambridge an, um zu Mittag zu essen. «Michael und ich leben getrennt», sagte sie so ruhig sie konnte.

«Ich weiß.»

«Woher?»

«Er ist in London, und du bist in Bailing. Habt ihr jemand anderen?»

«Natürlich nicht! Ich meine, ich weiß nicht.» Sie holte tief Luft, um die bloße Vorstellung zu verdrängen. «Du brauchst dir aber keine Sorgen zu machen. Was auch immer geschieht, dein Zuhause ist bei mir. Du kannst in deiner Schule bleiben... und die Hälfte der Ferien bei Vater verbringen. Mir wäre es nur lieber, du erzählst ihm nicht davon.»

«Du hast recht, er würde sich nur Sorgen machen.» Leo bestellte noch eine Portion Pommes frites.

«Vater sorgt sich nie um jemanden – außer um sich selbst.»

«Er spricht die ganze Zeit von dir. Das macht Christina wahnsinnig. Nichts, was sie sagt, ist auch nur halb so klug wie das, was du sagst.»

«Davon hatte ich keine Ahnung.» Ryder lehnte sich in ihrem Stuhl zurück.

Sie hatte es immer wieder aufgeschoben, Debbie von der Trennung zu erzählen, obwohl sie wußte, daß Michael etwas zu Susan gesagt haben mußte. Als Leo ins Internat zurückkehrte, schrieb sie beiden einen langen Brief. Es war eine richtige Erleichterung, sich jemandem anvertrauen zu können.

Bruja starb in diesem Sommer, und zwar genau an dem Tag, als England die Falklandinseln zurückeroberte und die neuen Besitzer der Mühle ihr Haus bezogen. Ryder ging den Heckenweg hinauf und lehnte sich an das Gatter. Es schien, als ob die letzte Verbindung mit Patrick durch den Tod seines argentinischen Poloponys nun gelöst worden war.

Im Spätsommer mußte sie nach Gatwick, um Werbung für ihre erste Siebentagewoche zu machen. Offbach hatte ihr am Telefon kurz alles Wesentliche erzählt, und Judith hatte die näheren Einzelheiten hinzugefügt. Ryder hätte gerne gefragt: «Wird Michael auch dasein?», doch sie konnte sich gerade noch zurückhalten. Sie kaufte sich ein maßlos teures, smaragdgrünes Kleid aus feinstem Crêpe de Chine, das eng an ihrem Körper anlag und bei jeder Bewegung knisterte. Schon Nächte vorher konnte sie nicht schlafen. Den ganzen Weg nach Gatwick probte sie ihr Begrüßungslächeln für Michael. Aber er war an diesem Tag in New York. Direkt nach dem Empfang fuhr sie zurück. Als sie hinter London war, hielt sie in einer Parkbucht und mußte sich übergeben.

Die Monate vergingen. Die Geschäfte in Bailing erholten sich. An den Wochenenden herrschte am Flugplatz reges Treiben, unter der Woche hingegen war es ruhig. Ryder stellte ein paar Studenten für die Sommersaison ein. Zwar war das nicht dasselbe wie mit Fred und Violet, doch immerhin hatte sie eine Hilfe. Nachts saß sie manchmal auf der Terrasse, während der Geruch der hellrosa Kletterrose Erinnerungen an ihre Mutter und die Rosenlaube auf Dingwall Court zurückbrachte. Dann wieder beteiligte sie sich an den Grillpartys im Clubhaus. Das machte zwar Spaß, doch nicht wie früher die Abende mit Frankie, Susan und Immy – und Michael, der sie geliebt hatte, dessen Liebe sie aber nicht erwidert hatte, weil sie einem Phantom namens Patrick Brendan hinterherjagen mußte.

Am Todestag ihrer Mutter im Oktober fuhr Ryder nach Morston hoch, diesem einsamen, windgepeitschten Fleckchen Erde, das ihr soviel bedeutete. Sie wanderte über das Watt hinüber zur Holzbrücke und setzte sich auf die Stufen, stützte ihr Kinn auf die Hände und beobachtete, wie das Reetgras vom Wind gebeugt wurde. Sie hörte das Rufen der Austernfischer und die fernen Stimmen der Wattfischer, die ihre Köder sammelten. In den kleinen Buchten bahnte sich das Wasser seinen Weg durch die Grasbüschel. Draußen im Meer kreuzten ein paar unerschrockene Segler ihre Boote gegen die beginnende Flut. Ein Mann und eine Frau kamen den Küstenpfad entlang. Sie blieben stehen, küßten sich und hielten sich eng umschlungen. Dann gingen sie ganz nah an Ryder vorbei, ohne sie zu sehen, so sehr waren sie versunken in ihre köstliche Abgeschiedenheit.

Kapitel 41

Zu Weihnachten flog Ryder nach Scot's Farm, weil sie es nicht ertragen konnte, ein zweites Mal diese Zeit allein zu verbringen. Wie immer holte Debbie sie in Minneapolis ab. Sie hatten sich seit der Einweihungsparty von Anglo Atlantic in New York nicht mehr gesehen, seit diesen letzten unschuldigen Tagen, bevor Michael die Tür zwischen ihnen geschlossen hatte.

Debbie war erwachsen geworden. Das war das erste, was Ryder bemerkte. Sie war nun nicht mehr das fröhliche Mädchen, sondern eine Frau, die sich um einen kranken, alten Mann kümmerte und ihr Land durch grimmige Winter und heiße Sommer hindurch bestellte. Das lange, blonde Haar war einem praktischen Bob gewichen. Hatte sie früher nur wenig Make-up getragen, so legte sie jetzt gar keins mehr auf. Niemand, der sie jetzt sah, würde vermuten, daß sie einst wegen ihrer Affäre mit Carl ganz Prairieville in Aufruhr versetzt hatte. Verstohlen betrachtete sich Ryder im Spiegel. Um die Augen herum hatte sie einige kleine Fältchen, ein paar vom Lachen, andere nicht.

Ihr Großvater saß genau wie bei ihren früheren Besuchen am Fenster seines Schlafzimmers. Als Ryder einen Stuhl zu ihm heranzog und seine Hand in ihre nahm, bewegte er sich nicht, noch sprach oder zwinkerte er. Er rief auch nicht mehr nach Greta.

«Ich wollte, ich würde ihn noch einmal so erleben, wie er früher war, und dann könnte er in Würde sterben», sagte Debbie, als sie die Treppe hinuntergingen.

Ryder fühlte, wie sie ein Schaudern überlief bei dem Gedanken, noch jemanden zu verlieren. «Du bist eine Heilige», sagte sie. «Ich hätte nicht die Geduld, mich um ihn zu kümmern.»

«Du hast doch Leo genommen, als er noch ein verwöhntes Balg war.»

«Widerwillig und nur, weil kein anderer da war. Es hat Jahre gedauert, bis ich ihm das nicht mehr übelgenommen habe. Genauer gesagt, bis Michael kam.» Ryder schwieg. «Aber jetzt hat er sich ganz gut gemacht. Früher dachte ich, er würde durch mich ein Frauenhasser.»

Außer Rudy und Dr. Jeff sahen Debbie und Ryder während der folgenden zehn Tage kaum jemanden. Ryder besuchte nur ein einziges Mal ihre Tante und ihren Onkel: Deren vorwurfsvolle Mienen erinnerten sie zu sehr an den alten Fred. Jeden Morgen gruben Debbie und sie einen Tunnel durch den Schnee, um zur Garage zu gelangen. Am Nachmittag ließen sie Rudy bei ihrem Großvater und fuhren zum Fox Lake zum Schlittschuhlaufen. Sie liefen hinüber zur Insel, Debbie fuhr energisch über die Oberfläche des Eises und zog Ryder mit einem Schal hinter sich her, als wäre sie ein Motorboot und Ryder ein Wasserskiläufer. Jeden Abend schlossen sie die Fensterläden gegen den Wind aus Alaska, legten Holzscheite im Kamin nach und machten es sich auf den weichen Sofas bequem, die genauso durchgesessen waren wie die im Schmetterlingshaus.

«Bist du sicher, daß Michael weiß, wie sehr du ihn liebst?» fragte Debbie. «Du bist nämlich ganz gut darin, solche Dinge zu verbergen.»

«Ich bin zu ihm hingegangen und habe ihn angefleht. Dann hatten wir eine letzte, wundervolle Nacht. Vorher hatte er mir schon gesagt, es würde keinen Unterschied mehr machen, doch ich habe ihm nicht geglaubt. Aber am nächsten Morgen las ich in seinen Augen die Wahrheit.»

Sie lagen einander gegenüber und lauschten auf den gedämpften Aufschlag des Schnees, der vom Dach rutschte. Schließlich sagte Ryder: «Ich schätze, ich bin genau wie Michael. Ich bin ziemlich nachtragend und habe es mir anscheinend zur Gewohnheit gemacht, mich mit Leuten zu überwerfen.»

«Ach, Frankie wird schon darüber hinwegkommen, wenn er erst mal akzeptiert, daß Susan die größeren Verdienstmöglichkeiten hat. Er ist eben ein Mann und dazu ein Milne – und die Milne-Männer denken, sie müßten mehr als ihre Frauen verdienen.»

«Was ist denn mit dir und Dr. Jeff?»

Debbie wurde rot. «Ich mag ihn... aber er ist nur ein guter Freund.»

«Bist du nicht ziemlich einsam?»

«Ich hab doch Rudy.»

«Du weißt doch, was ich meine!»

«Ich bin gerne allein. Ich mag es, ins Bett zu gehen, wenn es mir gefällt, und aufzustehen, wenn ich Lust dazu habe. Sex hat mir noch nie so großen Spaß gemacht.» Und plötzlich kam die alte, arglose Debbie kurz zum Vorschein, als sie kichernd hinzufügte: «Ich habe das alles eigentlich nur Carl zuliebe gemacht.»

«Vielleicht war das sein Fehler.»

«Vergiß es, Ryder! Ich lege keinen Wert auf Herzschmerz. Sieh dich doch an, du zerbrichst ja innerlich wegen Michael.» Debbie legte ein neues Holzscheit ins Feuer. «Wie auch immer, Dr. Jeff war vor Jahren in deine Mom verliebt, und die war das hübscheste Mädchen, das Prairieville jemals gesehen hat.»

Ryder setzte sich auf. «Meine Mutter war eine eitle, berechnende Person, und sie hätte ihm das Leben zur Hölle gemacht – du hast keine Ahnung, wie schwer es war, mir das einzugestehen.»

Am ersten Märztag teilte Ryder gerade die Arbeitszeiten der Mechaniker am Wochenende neu ein, als der Blumenhändler aus

Bailing einen riesigen Blumenstrauß aus lauter Frühlingsblumen brachte, der in Zellophan eingewickelt und mit gelben Bändern geschmückt war. Ryder fühlte, wie ihr heiß und kalt wurde. Da gab es Osterglocken, Narzissen, Tulpen und Sternhyazinthen, aber vor allem gelbe Osterglocken mit Trompetenblüten, jene Frühlingsboten, die Michael so mochte. Sie trug den Strauß in den Wohnbereich des Kontrolltowers und schloß die Tür hinter sich. Vorsichtig ließ sie ihre Hand durch die Zellophanumhüllung gleiten, um den Umschlag hinauszuziehen, der zwischen den Blüten steckte. Sie öffnete ihn. Drinnen steckte eine schlichte weiße Karte mit der getippten Aufschrift: *Können wir die Vergangenheit ruhen lassen?*

Sie griff nach dem Telefon, zog dann jedoch ihre Hand zurück, weil sie diese Zeitspanne auskosten wollte, in der es an ihr war, den ersten Schritt zu tun, ganz so wie früher, bevor sie die Kontrolle verloren hatte und seinen Anrufen, Briefen und Entscheidungen schutzlos ausgeliefert gewesen war. Sie zog sich einen schweren Fischerpullover und ihre Gummistiefel an und fuhr nach Morston. Es nieselte, aber das bemerkte sie nicht. Sie wußte nur, daß alles einfach unendlich viel schöner geworden war.

Durchnäßt, aber erhitzt, mit glühenden Wangen und leuchtenden Augen hielt sie bei Mrs. Dennshurst. Als sie den Laden betrat, wurde es schlagartig still. «Einen von ihren köstlichen Teekuchen, bitte.» Sie lächelte und hob ihre Stimme. «So einen, wie Michael ihn mag.»

«Ja... mein Liebes.»

Erst als Ryder schon auf dem Heimweg war, bemerkte sie, daß Mrs. Dennshurst sie wie früher «mein Liebes» genannt hatte. Sie lachte und drehte das Radio an. Alles würde gut werden, und dieses Mal würde sie so viel liebevoller zu Michael sein.

Auf dem Flugplatz parkten einige Autos, die sie nicht kannte, darunter ein silberner Mercedes-Sportwagen, doch das war nichts Ungewöhnliches. Vielleicht neue Kunden? Sie malte sich aus, wie sie Michael erzählen würde, daß Bailing wieder boomte. Sie konnte schon fast seine Stimme hören, die sagte, daß er stolz auf sie war.

Sie parkte vor dem Tower und sauste, den Kuchen gegen die Brust gedrückt und den Kopf gegen den Regen gesenkt, durch die Tür.

«Hallo, Ryder. Ich konnte deine Antwort nicht abwarten.»

Ryder sah auf die Blumen, die sie so liebevoll in ihrer Vase auf dem Tischchen in der Eingangshalle arrangiert hatte. Sie versuchte, etwas zu sagen, aber es gelang ihr nicht. Sie ließ den Kuchen fallen, schwankte gegen die Wand und sank langsam zu Boden. Dort legte sie ihr Gesicht auf die Knie und begann zu zittern. Es dauerte eine ganze Weile, bis sie sagen konnte: «Hallo, Alix.»

«Ich hätte nicht kommen sollen.» Alix nahm ihre glänzende, teuer aussehende Handtasche. «Du warst schon immer bis zur Verbohrtheit starrköpfig, Ryder, sonst hättest du gemerkt, daß Adam nur mit mir geschlafen hat, weil er eifersüchtig auf deine Freundschaften war. Und daß ich mit ihm geschlafen habe, weil ich dich beneidete.»

«Zum Teufel mit Adam! Ich dachte, die Blumen wären von Michael.»

«Deinem Ehemann?»

«Dem Mann, den ich liebe und der sich scheiden lassen will.» Sie dachte an ihren Spaziergang übers Watt, als sie sich Michaels Liebe noch sicher gewesen war, und sie bedeckte ihr Gesicht mit den Ärmeln des feuchten Pullovers und begann zu weinen.

Im Hintergrund hörte sie, daß Alix mit Wasserkessel und Kaffee herumhantierte. «Trink das!» Sie zwang Ryder, einen Becher mit Kaffee zu nehmen. «Ich habe einen Schuß Brandy hineingegeben. Den brauchst du jetzt.»

«Danke.» Sie zog sich hoch und lehnte sich gegen die Wand. Ihre Stiefel und die Jeans waren schlammbespritzt. Alix hingegen wirkte in ihrem weißen Ledertrenchcoat makellos. Ihr schwarzes Haar hatte sie wie eine Ballerina zurückgesteckt, um ihr wunderschönes, zartgemeißeltes Gesicht zu betonen. Plötzlich begann Ryder hysterisch zu lachen, während ihr die Tränen über die Wangen liefen. «Jedesmal, wenn ich mir unser Wiedersehen vorstellte», sagte sie, als sie sich schließlich wieder beherrschen konnte, «habe ich mir ausgemalt, daß ich der Inbegriff des Erfolgs sein würde, mit feinsten Designerklamotten und angebetet von einem hinreißenden Mann. Aber wir müssen uns ausgerechnet dann treffen, wenn ich alles verloren habe. Verdammt, Alix! Wie hast du das wieder geschafft?»

«Ich komme nur wegen der Auszeichnung», sagte Alix kühl.

«Wovon sprichst du?»

«Du hast mich doch für die Auszeichnung ‹Geschäftsfrau des Jahres› nominiert.»

«Habe ich nicht!»

«Die Pressereferentin von Veuve Cliquot, die das Ganze sponsern, hat es mir aber so gesagt. Sie meinte, du legtest besonderen Wert darauf, daß ich es erfahre.» Alix zündete sich eine Zigarette an und begann, hektisch zu rauchen.

«Ich glaube, das war Immys Weg, uns wieder zusammenzubringen», sagte Ryder. «Sie muß vorgetäuscht haben, sie sei ich.»

«Tja, ich bin jedenfalls in der engeren Auswahl und gehe mit fünf anderen Teilnehmerinnen in die Endausscheidung. Ich wollte dich bitten, mit mir zum Empfang zu gehen. Wenn ich gewinne, wird eine Weinrebe nach mir benannt, und ich bekomme jedes Jahr an meinem Geburtstag eine Flasche Champagner. Du hingegen bekommst ein Dutzend Magnumflaschen, weil du mich nominiert hast.»

Ryder lächelte verhalten. «Ich bewahre sie für die Zeit auf, wenn wir drei endlich wieder zusammen sind.»

Alix blieb bis in den späten Abend. Sie sprachen hauptsächlich von Immy. «Ich bin teilweise schuld.» Alix sah angestrengt auf die Kette ihrer Handtasche. «Ich hätte nie gedacht, daß ich das zugeben könnte, aber es ist die Wahrheit. Sie wollte Tony heiraten. Jeremy und ich haben sie davon abgebracht. Er war schließlich ein verheirateter Arbeiter, doppelt so alt wie sie, und sie war so zart, so ätherisch, so begabt. Wir hatten das Gefühl, er würde ihre Karriere ruinieren. Also machten wir ihn madig, bis sie schließlich ihre Zweifel bekam. Du hättest ihn trotzdem geheiratet, aber nicht Immy. Sie war immer vom Urteil anderer abhängig. Sie wollte gefallen. Jetzt glaube ich, daß wir uns falsch verhalten haben. Tony hat ihr das Gefühl von Sicherheit gegeben. Das hatte sie seitdem nie mehr.»

«Wir haben alle eine Menge falsch gemacht.»

Alix drückte ihre Zigarette aus. Diese Geste brachte Ryder direkt zurück in ihre Wohnung in South Kensington. Als Alix aufblickte, sah sie Ryders Gesichtsausdruck. «Wenigstens drücke ich sie nicht mehr wie früher in der Untertasse aus», sagte sie.

An einem stürmischen Tag Ende März ging Ryder zur Preisverleihung für die «Geschäftsfrau des Jahres». Als sie vor dem Institute of Directors aus dem Taxi stieg, blieb sie erst mal stehen, um sich ihren Rock glattzustreichen und nach Alix Ausschau zu halten. Um sie herum trafen andere Gäste ein, elegante Frauen mit überseeischem Touch und weltgewandte Männer. Sie alle gingen die Treppe hinauf zum Nash-Saal. Ryder folgte ihnen.

Eine Dame für die Öffentlichkeitsarbeit eilte herbei, um sie zu begrüßen. «Ryder Ashby von Anglo Atlantic? Ich freue mich, daß Sie gekommen sind.»

«Danke.» Sie fühlte sich wie eine Betrügerin. Sie sollte eigentlich keine Ashby mehr sein, weil Michael sie nicht mehr wollte, und von Anglo Atlantic war sie auch nicht, weil die Firma ebenfalls Michael gehörte.

Ein Kellner brachte ihr Champagner. Sie stand etwas abseits und wünschte, sie wäre nicht gekommen. Der Raum war voller bekannter Gesichter aus Wirtschaft und Industrie, dazu kamen Journalisten und die Preisträger der letzten Jahre. Die meisten kannte sie vom Sehen. Früher wäre sie ihnen mit ausgestreckter Hand entgegengegangen, doch die einsamen Monate in Bailing hatten ihr jegliche gesellschaftliche Sicherheit genommen. Aber dann dachte sie daran, wie Michael ihr eines Tages in Bailing gesagt hatte: «Stell sie dir alle splitterfasernackt vor», und sie wandte sich wieder den Leuten zu. Sie war eine Milne, und die stellten sich dem Leben!

«Da bist du ja.» Alix winkte ihr durch die Menge zu. «Du bist also nicht weggelaufen?»

«Natürlich nicht!» Ryder lächelte übertrieben strahlend.

«Du wolltest aber, das konnte ich an deinem Gesichtsausdruck sehen.» Alix senkte die Stimme. «Ich habe nicht gewonnen. Debbie Moore mit ihren Pineapple Dance Studios hat das Rennen gemacht.»

«Das tut mir leid.»

«Natürlich wollte ich gewinnen. Aber ich muß die Enttäuschung verwinden und mich auf das nächste Rennen konzentrieren. Das habe ich inzwischen gelernt.»

Alix hielt einen Moment inne. «Ich fürchte, mit deinem Dutzend Magnumflaschen wird es jetzt nichts.»

«Meinst du etwa, das sei der einzige Grund, weswegen ich gekommen bin?»

Auf einmal wirkte Alix' hochmütiges Kameliengesicht beinahe verzweifelt. «Was haben wir für Zeit vergeudet!»

Es war ein heißer Sommer. Der Flugplatz lief gut. Die Mitgliederzahl stieg ebenso wie die Neuzugänge bei den Flugschülern. Der Ölpreis fiel auf fünf Dollar pro Barrel und der Diskontsatz auf unter zehn Prozent. Ryder begann, richtig gutes Geld zu verdienen. Aber das verschaffte ihr wenig Befriedigung. Es war nun schon fast zwei Jahre her, daß Michael und sie sich getrennt hatten. Jeden Morgen machte sie sich auf den Brief von seinen Anwälten gefaßt.

Ryder sah Alix selten, obwohl sie öfter miteinander telefonierten. Sie hatten sich dafür entschieden, sich nicht so häufig zu treffen. Ihre wiedererwachte Freundschaft war noch so zart, daß sie sie nicht überstrapazieren wollten. Aber Ryder dachte oft über Alix nach und darüber, was es ihr bedeutete, wieder jemanden zum Sprechen zu haben. Etwas von dem Gefühl, versagt zu haben, das in ihrer Ehe und wegen der Unfähigkeit, Immy zu retten, in ihr entstanden war, verschwand durch die Erneuerung ihrer Freundschaft mit Alix.

Zu Weihnachten flog sie mit Leo nach Spanien. Sie hatte ihren Vater seit ihrer lautstarken Auseinandersetzung nicht mehr gesehen. Am Telefon vermied sie es erfolgreich, Michael zu erwähnen, aber jetzt mußte sie es ihm erzählen. Er holte sie in Malaga ab und wirkte in seinen weißen Flanellhosen und dem Blazer noch mehr als früher wie der wohlhabende, ausgebürgerte Engländer. Als sie die Küstenstraße entlang nach Marbella fuhren, redete er in einem fort über Tennis und Golf, so als hätte nie etwas anderes sein Leben wirklich berührt. Sie hätte heulen können.

«Christina ist nicht da», erklärte er, als Leo sich ein Video anschauen ging und sie mit ihren Drinks auf der Terrasse zurückließ.

«Sie hätte meinetwegen aber nicht zu verschwinden brauchen.»

«Sie wollte es selbst.» Er wollte nach ihrer Hand greifen, überlegte es sich dann aber anders. «Ich bin kein besonders guter Vater gewesen. Ich habe es immer dir überlassen, die Scherben aufzusammeln. Das hast du mir übelgenommen. Und das ist nicht das einzige. Ich weiß, daß es dich ärgert, mich hier in so glücklichen Umständen zu sehen.»

Sie setzte sich auf. «Weil ich Mutter nicht vergessen kann.»

«Meinst du, ich hätte sie vergessen?»

«Es scheint so.»

Er lehnte sich in seinem Stuhl zurück. «Ich werde Christina nie heiraten können, weil Carrie meine Frau war. Wenn man hier lebt, dann kann man nichts anderes tun, als sich zu amüsieren. Ich habe fast sechs Jahre im Gefängnis verbracht, meine Zeit in Sack und Asche habe ich also schon hinter mir.» Er schwieg. Dann sagte er: «Du bist unglücklich, das höre ich an deiner Stimme. Würde es dir helfen, darüber zu reden?»

Sie sah ihm geradewegs in die Augen. «Michael und ich haben uns getrennt.»

«Das tut mir leid. Ich mochte ihn – so wie man einen Mann mögen kann, der mit der eigenen Tochter das Bett teilt.»

«Wir beide haben uns dafür entschieden.»

«Erzähl doch keinen Unsinn!»

Sie wollte schon auffahren, doch plötzlich hielt sie inne. «Ich liebe Michael», sagte sie leise.

«Dann kämpfe um ihn, wie ich bei Dan Milne um deine Mutter gekämpft habe.»

Kapitel 42

Michael wartete, bis Anglo Atlantic drei erfolgreiche Jahre hinter sich gebracht hatte, bevor er bei der CAA die Florida-Route beantragte. Natürlich erhob Colossus Einspruch. Sie verloren in alle Richtungen Passagiere, nicht nur an Anglo Atlantic, sondern auch an die erst kürzlich gegründete Virgin Atlantic.

Es war Offbach, der Ryder anrief. «Wir haben den Termin für die öffentliche Anhörung. Es ist der 15. November. Ich muß Sie bitten, dabeizusein.»

«Weil Michael es nicht über sich bringt, mit mir zu sprechen», bemerkte sie verbittert.

«Es tut mir leid, Ryder.»

«Es ist ja nicht Ihr Krieg.» Sie seufzte. «Sie können ihm mitteilen, daß ich meine übliche Statistenrolle einnehmen und schweigen werde. Das heißt, wenn er nicht auch noch ein Drehbuch für mich schreiben will.»

Sie arrangierte es so, daß sie bei Alix übernachten konnte. Spätabends traf sie in der Wohnung am Regent's Park ein, erschöpft von einem ausgedehnten Einkaufsbummel am Nachmittag. Alix hingegen wirkte wie immer makellos in ihrem weißen Freizeitanzug aus

Seide, wie sie dasaß, Avocados aß und Perrier trank. Einen Moment lang wünschte Ryder, sie wäre zu Hause in Bailing geblieben und erst am Morgen aus der Sicherheit ihrer vertrauten Umgebung nach London gefahren. Dann befahl sie sich, nicht albern zu sein. Sie brauchte Alix' couragierte Unterstützung.

«Hast du bekommen, was du für morgen haben wolltest?» Alix führte sie ins Gästezimmer, wo sie die Tür eines leeren Kleiderschrankes aufstieß, in dem lauter gepolsterte, satinbezogene Kleiderbügel hin und her schwangen.

«Ja, dies hier.» Ryder zog ein dunkelrotes Kleid aus Seidenjersey aus einem Berg von Einwickelpapier und schlüpfte hinein. Das Kleid lag eng am Körper an, die Falten des Kapuzenkragens klafften auseinander und enthüllten ihr Dekolleté. «Sie erwarten mich wohl in einem dunklen Kostüm: Die arme Ryder, in Bailing vergraben, nur aus formalen Gründen noch Präsidentin, ausgestoßen von ihrem Mann! Aber ich werde nicht mehr betteln und flehen! Zum Teufel auch!»

«Bravo!» Alix applaudierte. «Cinderella schlägt zurück!»

«Deine Aufgabe», sagte Ryder, während sie den Reißverschluß des Kleides öffnete, «ist, dafür zu sorgen, daß ich morgen früh nicht die Nerven verliere.»

Ryder stieg genau in dem Moment vor dem Gebäude der CAA aus Alix' Mercedes, als Michael seinen Jaguar verließ. Es war perfektes Timing – sie und Alix hatten an der nächsten Ecke im Wagen auf ihn gewartet. Sie sah großartig aus, als sie in ihrem eng anliegenden Kleid und Alix' langem, schwarzen Nerz über den Bürgersteig rauschte. Der Mantel ließ ihre eleganten, geschwungenen Fesseln sehen, die in Nahtstrümpfen und unglaublich zarten, unglaublich unpraktischen, roten Wildlederpumps steckten. «Guten Morgen.» Sie warf Michael ein bezauberndes Lächeln mit ihrem makellos geschminkten Mund zu und winkte leicht und huldvoll mit ihrer perfekt manikürten Hand.

Er starrte sie an. Als er sie das letzte Mal gesehen hatte, war sie in seine Bettdecke gehüllt gewesen und hatte um den Erhalt ihrer Ehe gefleht.

Offbach und Dagworthy gingen unruhig im Empfangsbereich auf und ab wie zwei Bestattungsunternehmer, die auf zerstrittene Verwandte warten. Sie blickten auf, als Ryder in einer Wolke teuren Parfüms durch die Schwingtür sauste. «Meine liebe Ryder!» keuchte Oliver atemlos.

«Hallo.» Sie bot ihm eine seidige Wange zum Begrüßungskuß. Über die Schulter hinweg sah sie, wie Michael düster die Stirn runzelte. Seine eigenartig geraden, dicken Augenbrauen senkten sich über seinen dunklen Augen. Der sinnliche Mund war zu einer schmalen Linie verzogen. Ryder fragte sich, was sie an ihm gefunden hatte. Er war ein harter, häßlicher und kompromißloser Mensch. Dann blinzelte er mit seinen kohlschwarzen Wimpern und sah ihr direkt in die Augen. Und sie erinnerte sich an ihre erste Begegnung, als er sich wie ein marodierender Kosake aus dem Cockpit seiner Curtiss Jennie geschwungen hatte und sie dachte, er sei unglaublich groß. Doch das war er nicht, der Eindruck entstand durch seine Kraft.

Sie schenkte ihm ein heiteres Lächeln. Er erwiderte es nicht. Wie hatte Alix heute morgen noch gesagt, als sie ihre bei Lucie Clayton gelernten Fähigkeiten an Ryders Nägeln und Haaren erprobte: «Nichts wird ihn mehr ärgern, als dich vor Reichtum und Glück strotzen zu sehen.» Sie fuhren mit dem Aufzug nach oben. Ryder verschränkte die Hände, um sich davor zu schützen, sie nervös zu wringen. Aus dem Augenwinkel sah sie, daß Michael sie beobachtete. Sie hob das Kinn.

Die Anhörung sollte im schon bekannten Konferenzraum stattfinden. Das Team von Anglo Atlantic nahm seine Plätze gegenüber dem Tisch der Kommission ein. Offbach setzte sich zwischen Ryder und Michael und wirkte höchst unbehaglich.

Colossus erhob aus den üblichen Gründen Einspruch gegen Anglo Atlantics Ansinnen: zu wenig Passagiere, um noch mehr Flüge auf der London-Miami-Route abzudecken. Sie stellten ihren

Standpunkt recht aggressiv dar. Dagworthy hingegen argumentierte für Anglo Atlantic maßvoll und beredt. Einmal wurde Ryder gewahr, daß Michael sie ansah. Aber sie gab vor, es nicht zu bemerken.

Als die Anhörung für eine Mittagspause unterbrochen wurde, wandte sich Michael an Dagworthy und Offbach. «Ich habe einen Tisch im *Waldorf* gebucht.» Dann nickte er in Ryders Richtung. Wenn er sie richtig eingeladen hätte, hätte sie die Einladung akzeptiert. Aber sie würde nicht hinter ihm herlaufen. «Ich habe schon eine Verabredung.» Sie warf den Nerz über eine Schulter und stolzierte aus dem Raum. Im Spiegelbild der Glastür sah sie, daß er ihr nachblickte. Sie wußte, daß er sich jetzt fragte, für wen sie die Seidenstrümpfe trug.

Als sie zurückkam, stand er auf und rückte einen Stuhl für sie zurecht. «Hast du dich amüsiert?» fragte er bissig.

«Ja, vielen Dank.» Sie schlug ihre Beine übereinander, so daß er das Geräusch von raschelnder Seide hören konnte.

Nachmittagsträgheit durchdrang den Konferenzraum. Der Anwalt von Colossus hatte wieder das Wort und leierte monoton seinen Vortrag herunter. Nur Ryder und Michael waren hellwach. Sie spürte seine Wut und Aufregung. Sie zwang sich dazu, vollkommen reglos zu sitzen. Als sie sich alle am späten Nachmittag von ihren Plätzen erhoben, verkündete der Vorsitzende der Kommission, er würde seine Entscheidung innerhalb von vierzehn Tagen bekanntgeben.

Im Aufzug standen Michael und Ryder schweigend nebeneinander, berührten sich jedoch nicht. Sie versuchte, nicht an den wunderbaren Sex zu denken, den sie miteinander gehabt hatten. Vor ihm schritt sie durch die Eingangshalle. Er hielt die Tür für sie auf, sie sah ihn an und machte einen Schritt nach vorn. Doch plötzlich umklammerte seine Hand ihren Arm. «Hast du schon wieder eine Verabredung, Mrs. Biggles?» fragte er mit seiner Nachtstimme.

Ihre Augen nahmen einen verletzten Ausdruck an, ihr Mund begann zu zittern. «Nein.»

Er winkte seinem Chauffeur. «Nach Wapping, bitte.» Dann drehte er sich wieder zu Ryder um, zog sie an sich, so daß ihre Münder sich fast berührten. «Ich will dich in meinem Bett haben.»

Sie erstarrte. «Ich kann nicht. Nicht so, als wäre gar nichts passiert. Es hat zu lange gedauert, und ich bin zu verletzt.»

«Und ich vielleicht nicht? Du hast verdammtes Glück, daß ich dir eine zweite Chance gebe. Ich habe mir geschworen, nie wieder etwas mit dir zu tun zu haben, aber ich kann nicht anders.» Er nahm ihren Nerz an den Aufschlägen und stieß ihn von ihren Schultern. «Nimm das weg! Meine Frau stellt sich nicht in Nerzen zur Schau, die sie von anderen Männern geschenkt bekommen hat!»

«Ich trage, was mir gefällt.» Sie riß sich los. «Du hast keinerlei Anspruch auf mich und auch keinen Beweis, daß ich ihn nicht selbst gekauft habe. Du bist ein scheinheiliger Tugendbold, Michael. Du denkst, ich müßte in Sack und Asche gehen und Buße tun, weil ich etwas zu spät erkannt habe, daß ich dich liebte – und vielleicht immer noch liebe.»

«Dann hör auf, dich so albern zu benehmen!» Er achtete nicht auf die entgeisterten Fußgänger.

«Schrei mich nicht an! Ich habe gebettelt und gefleht. Du hast meine Briefe zurückgesandt. Ich bin immer den dornigen Weg gegangen, aber das ist jetzt vorbei. Ich habe genug von deiner Scharade. Ich steige bei Anglo Atlantic aus.» Sie hob eine Hand, um ein vorbeifahrendes Taxi anzuhalten. «Wenn du mich noch willst, ich bin in Bailing. Aber komm nur, wenn du es wirklich ernst meinst.»

Sie stieg ins Taxi ein, doch er griff nach der Tür, bevor sie sie zuschlagen konnte. «Du bist die Präsidentin von Anglo Atlantic, solange du meine Schecks akzeptierst, und du bist meine Frau, solange du meinen Namen trägst.»

«Ich habe wieder meinen Mädchennamen angenommen», log sie. «Beim Lunch habe ich mich mit meinem Anwalt getroffen. Und dein Geld brauche ich auch nicht. Ich starte nämlich meine eigene Fluglinie.»

Kapitel 43

Den ganzen Weg zurück nach Bailing mußte Ryder sich zwingen, nicht umzudrehen und zu Michael zu fahren. Erst als sie die Lichter der Landebahn sah, die hinaus in die verschneite Nacht strahlten, und die vertrauten Geräusche des Flugplatzes hörte, fühlte sie sich stärker. Wenn sie mit ihm gegangen wäre, was wäre dann morgen gewesen? Wenn sie zurückgekehrt wäre wie der verlorene Sohn, hätte er sie jemals anders sehen können?

Bailing Air war kaum mehr als eine vage Idee gewesen, bis sie es Michael gegenüber ausgesprochen hatte. Jetzt aber wurde es ein festes Ziel. Sie stürzte sich in die Vorbereitungen: Daten für den Antrag bei der CAA sammeln, die finanziellen Voraussetzungen sondieren, Kostenvoranschläge für eine verlängerte Rollbahn einholen, verschiedene Flugzeugtypen besichtigen und ihre Marktforschung organisieren. In King's Lynn, das einstmals der drittgrößte Hafen im Land gewesen war, zogen die malerischen Straßen aus dem 18. Jahrhundert zahlreiche Touristen an. Aber die waren nicht Ryders vornehmliches Ziel, sie hatte eher Geschäftsleute im Sinn, die die Docks oder neue Industriegebiete besichtigten, und dann vielleicht noch die Londoner, die die lange Strecke auf der A 10 zu ihren Wochenendhäusern satt hatten. Bailing Air, so erklärte sie den Leuten, würde die Region vorwärtsbringen, ohne sie auszubeuten.

Ihre beabsichtigten Routen waren Bailing–London an drei Tagen die Woche, Bailing–Manchester zweimal die Woche und, irgendwann einmal, Bailing–Rotterdam. Ihr Slogan würde *Tempo statt Stau* heißen. Das Einchecken konnte bis zehn Minuten vor dem Start warten. In London wollte sie den neu eröffneten City-Flughafen benutzen.

Von Michael hörte Ryder nichts. Sie trat in aller Form von ihrem Präsidentenposten bei Anglo Atlantic zurück. Ein paar Tage lang wurde sie von Journalisten umlagert, dann war es wieder ruhig. Nun erfuhr sie nur noch etwas von Anglo Atlantic, wenn ihr der Name aus der Zeitung entgegensprang. Soweit sie wußte, kam Michael nie ins Schmetterlingshaus. Einmal wagte sie sich den Heckenweg zur Lavendelfarm hinunter. In der Toreinfahrt zum Schmetterlingshaus blieb sie stehen und spähte die Einfahrt hinauf. Die Fenster waren geschlossen, das Haus machte einen traurigen Eindruck. Sie fuhr weiter.

Eines Montag morgens kam sie ins Büro und fand Violet vor, die an ihrem Schreibtisch saß und – die Ärmel ihrer rosa Lieblingsstrickjacke aufgerollt – den Inhalt der obersten Schublade untersuchte. «Ich wußte, daß hier nichts mehr am richtigen Platz sein würde.»

Ryder setzte sich auf den Stuhl neben das Telex und schüttelte ungläubig den Kopf. «Na, das ist aber eine Überraschung.»

«Ich dachte, Sie könnten ein wenig Hilfe bei Ihrer Fluglinie brauchen. Das Personal ist heutzutage so unzuverlässig.»

Ryder verbiß sich ein Lächeln. «Ich brauche Sie tatsächlich. Wir müssen eine Unmenge Daten sammeln und auswerten, bevor ich meinen Antrag zur Post gebe, und ich muß nach Deutschland, um mir ein Flugzeug anzusehen. Am Freitag hatte ich so viel zu tun, daß ich fast vergessen hätte, die Löhne auszuzahlen.» Sie stockte. «Kommt Fred auch zurück?»

«Nein, mein Liebes.»

«Ich wünschte, er käme doch. Ich habe Sie beide vermißt.»

Ryder hatte so viel zu tun, daß ihr kaum Zeit zum Grübeln blieb. Sie stand im Morgengrauen auf und arbeitete den ganzen Tag. Ihre einzige Pause bestand darin, daß sie die Rollbahn entlanglief und mit den Händen in den Taschen laut die Dinge vor sich hersagte, die sie vor dem Einreichen ihres Antrags noch erledigen mußte. Sie fuhr nicht einmal nach Morston. Dafür hatte sie keine Zeit mehr. Trotzdem hielt sie ab und zu inne und erinnerte sich daran, wie Michael und sie gekämpft und gelacht hatten, um Anglo Atlantic zu starten. Jetzt hatte sie nur noch sich selbst.

Leo entschied sich, zu Ostern in Bailing zu bleiben. Er lud Stefan ein. Um die beiden zu beschäftigen, kaufte sie für Leo ein kleines Segelboot und meldete die Jungen bei einem Segelkurs für Fortgeschrittene an. Die beiden zelteten in den Dünen und kamen nur alle paar Tage nach Hause, um trockene Sachen zu holen und den Kühlschrank zu plündern. Aus dem Rauchgeruch, der ihren Sachen anhaftete, und den starken Pfefferminzkaugummis, die sie unentwegt kauten, schloß sie, daß sie auch in Kneipen gingen und dort tranken.

Am Tag, als ihr Segelkurs endete, mußte sie zu Dornier nach Deutschland fliegen, um über ein Flugzeug für Bailing Air zu sprechen. Das war das erste Mal, daß sie Leo ganz allein ließ. «Du bist jetzt für den Tower verantwortlich», erklärte sie ihm. «Ich habe nichts gegen eine Flasche Bier oder ein Glas Wein, aber wehe, du besäufst dich, sobald ich dir den Rücken gekehrt habe.»

Er grinste. «Wie sollten wir, Schwesterchen? Im *Bailing Arms* bekomme ich nichts mehr, seit du dort verkündet hast, ich sei noch nicht achtzehn.» Er nahm seinen Tennisschläger.

«Wo willst du spielen?»

«Im Schmetterlingshaus.» Er schwang ein Bein über sein Fahrrad und rief: «Los, Stefan! Beeil dich!»

«Leo!» Ryder rannte hinter ihm her. «Hat Michael das erlaubt?»

«Er hat es selbst vorgeschlagen, als wir ihn heute morgen im Dorf getroffen haben.»

Wenn Ryder den Termin in Deutschland hätte absagen können,

dann wäre sie jetzt in großer Versuchung gewesen. Michael in London war gerade noch zu ertragen, Michael in Bailing hingegen nicht. Sie verzehrte sich danach, ihn zu sehen. Aber sie konnte den Besuch in Deutschland nicht aufschieben: Bailing Air brauchte jetzt dieses Flugzeug. Und wenn sie eins im Leben gelernt hatte, dann das: Wenn ein Mann dich wirklich will, dann findet er dich auch, und wenn nicht, dann bist du besser ohne ihn dran.

Zwei Tage später flog sie von München aus nach Gatwick zurück. Als sie aus dem Flugzeug stieg, sah sie, daß gleich nebenan die Maschine von Anglo Atlantic für den Flug nach New York beladen wurde. Es versetzte ihr einen Stich, die schwarz-roten Uniformen zu sehen, die sie einst so liebevoll entworfen hatte. Als sie in Bailing ankam, war es schon dunkel, aber der Flugplatz war hell erleuchtet wie zu einer Nachtflugschau. Zwei Polizisten mit Schäferhunden standen neben einem Kastenwagen der Polizei, während zwei weitere Beamte im Büro mit Violet sprachen.

Ryders erster Gedanke war, daß es einen Unfall gegeben hatte. Sie sprang aus ihrem Auto. «Was ist passiert?»

«Es geht um Imogen, meine Liebe», sagte Violet sanft.

Ryder wurde blaß. «Was ist mit ihr?»

«Sie ist am Kennedy-Airport wegen unerlaubten Drogenbesitzes festgenommen worden», bemerkte einer der Polizisten.

«Oh, mein Gott!» Ryder mußte sich an ihr Auto lehnen.

«Sie hat Bailing als ihren ständigen Wohnsitz angegeben», fuhr der Polizist fort. «Als sie durchsucht wurde, fand man eine Quittung für ein Paket, das sie kürzlich aufgegeben hat. Wir glauben, daß es Kokain enthielt.»

«Hier ist nichts angekommen.»

«Sind Sie sicher?»

«Glauben Sie, ich habe Drogen hier am Flugplatz, wenn ich versuche, eine Fluglinie aufzuziehen?» Ryder ging in den Tower und ließ ihre Taschen in der Eingangshalle fallen. Der Fernseher im Wohnzimmer lief. Sie konnte Leos ängstliches Gesicht sehen. «Kein Grund zur Sorge.» Sie warf ihm ein aufmunterndes Lächeln zu und kehrte dann zu den Polizisten zurück. «Ich habe seit Jahren nichts mehr von Immy gehört. Ich wollte, es wäre nicht so, sie war meine beste Freundin. Sie hat diesen Flugplatz eröffnet und mir Kleider gekauft, als ich kein Geld hatte. Aber ich konnte ihr nicht helfen, sosehr ich es auch versuchte.»

«Das hat sie wirklich.» Fred schlurfte aus dem Wohnzimmer. Er starrte Ryder mit seinem Schildkrötenblick an. «Was für ein Chaos, wenn der alte Fred nicht da ist.»

Sie konnte vor Rührung nicht sprechen. Sie hörte nur vom Fernseher her die Stimme des Nachrichtensprechers. *Imogen Lydden, einst die Schauspielerin, die die meisten Frauen zu ihrem größten Vorbild erklärten, wurde wegen Drogenbesitzes in New York verhaftet.*

Ryder flog genau an dem Tag nach New York, als die CAA den Antrag von Bailing Air veröffentlichte. Als Alix sie in Heathrow verabschiedete, sagte sie: «Du bist verrückt. Du setzt ja deine Fluglinie aufs Spiel.»

«Du bringst doch die Kaution auf – auch wenn ich ihr das nicht sagen darf.» Ryder ging die Gangway hinunter zum Flugzeug. Sie fühlte sich vollkommen erschlagen. Sie konnte Immy nicht hängenlassen, trotzdem hätte sie am liebsten geschrien: «Warum ich? Warum ausgerechnet jetzt?»

Imogen war in der Frauenhaftanstalt auf Rikers Island. Als Ryder eintraf, war sie schon dem Untersuchungsrichter vorgeführt worden, der die Kaution auf zehntausend Dollar festgesetzt hatte. Allerdings war niemand gekommen, um für sie zu bürgen. So hatte sie wieder ins Gefängnis zurückkehren müssen.

Rikers Island lag auf dem East River zwischen Queens und der Bronx. Ryder erinnerte es an Alcatraz. Sie wurde in einen kleinen, kahlen Raum geführt, der von einem Tisch mit je einem Stuhl an einer Seite geteilt wurde. Eine Tür öffnete sich, und Immy trat ein. Ryder starrte sie ungläubig an. Aus dem ätherischen Mädchen mit den Renaissancelocken und den vereinzelten, zarten Sommersprossen war eine ausgemergelte Frau mit schmutziggrauem Haar und wächsernem Gesicht geworden. Als sie Ryder erblickte, begann sie zu weinen. «Ich wußte, daß du kommen würdest. Du bist die einzige, die sich noch um mich kümmert.»

Ryder war so schockiert, daß es ihr die Sprache verschlug.

«Das alles ist ein großes Mißverständnis.» Imogen ließ sich auf ihren Stuhl fallen. «Sie haben die falsche Person eingesperrt. Der Stoff ist mir untergeschoben worden.» Sie blickte auf den Wärter und lehnte sich zu Ryder hinüber. «Du holst mich doch hier raus, oder?»

«Ich versuche es.» Ryder holte tief Luft. «Aber wenn ich die Kaution stelle, mußt du unverzüglich in eine Klinik gehen und dort bleiben, bis du clean bist.»

«Ich brauche keine Entziehungskur.»

«Immy, du bist süchtig.»

«Bin ich nicht. Ich könnte jederzeit aufhören.»

Ryder stand auf. «Meinst du, ich bin zum Spaß hierhergekommen?» rief sie. «Es könnte mich meine Fluglinie kosten, mit dir in Verbindung gebracht zu werden. Wenn du meine Hilfe willst, mußt du auch meine Bedingungen akzeptieren. Ich werde nicht zehntausend Dollar zum Fenster hinauswerfen. Vergiß nicht, du hast mir schon vierhundert Pfund gestohlen und Gott weiß wieviel von Alix.» Sie schritt entschlossen zur Tür. Der Beamte ließ sie hinaus, während Imogen wüste Beschimpfungen hinter ihr herschickte.

Vor dem Gefängnistor wurde Ryder so schwindlig, daß sie meinte, ohnmächtig zu werden. Sie sank zu Boden und ließ den Kopf zwischen ihren Knien hängen, ohne auf die vorbeigehenden Passanten zu achten.

«Kommst du etwa nach New York, ohne mich anzurufen?» hörte sie plötzlich eine vertraute Stimme. Sie blickte auf. Susan parkte am Bordstein und beobachtete sie aus dem offenen Wagenfenster.

Ryder hätte vor Erleichterung weinen mögen. Sie zog sich auf die Füße. «Ich wollte dich nicht um Hilfe bitten.» Dann griff sie nach der Beifahrertür und hätte fast gesagt: «Wegen Frankie.» Doch statt dessen fragte sie: «Woher weißt du, daß ich hier bin?»

«Von Michael.»

«Hat er dich gebeten, mir zu helfen?»

«Er hat mir ein Telegramm geschickt, daß er Imogens Anwaltskosten trägt, wenn du die Kaution stellst.»

«Aber er konnte nicht mal den Hörer aufnehmen und es mir persönlich sagen!»

«Er wußte nicht, daß du England verlassen hast, bis du schon über dem Atlantik warst.»

Susan hielt an, um die Gebühr für die Triborough Bridge zu bezahlen. «Er erhielt einen Anruf von jemandem namens Bassingham.»

«Alix.» Ryder lächelte. «Zähe, herrische, liebe Alix.»

Sie ließ Imogen zwei Tage Zeit zum Nachdenken, dann suchte sie sie noch einmal auf Rikers Island auf. Als Immy in den Besucherraum geführt wurde, sah sie noch schlimmer aus. Sie hatte ein Veilchen am rechten Auge. «Man hat mich geschlagen», zischte sie Ryder vorwurfsvoll entgegen. «Die anderen Frauen, sie sagen, ich würde sie mit meiner Heulerei vom Schlafen abhalten. Dann versuchte diese riesige Lesbe, mich zu küssen. Und alle standen herum und lachten.»

«Warum hast du keine Wärterin gerufen?»

«Dann hätten sie mich umgebracht. Du hättest mich nicht hierlassen sollen. Das ist alles deine Schuld.» Immys Augen füllten sich mit Tränen. «Bitte, hol mich hier raus. Ich habe Angst. Ich werde nie wieder irgendwelche Drogen anrühren. Ich verspreche es.»

«Entweder Klinik oder Gefängnis.»

«Ich dachte, du wärst meine Freundin.»

«Deshalb mache ich das Ganze hier ja auch.» Sie ging zur Tür und zwang sich, nicht zurückzuschauen.

«Na gut!» schrie Imogen. «Du hast gewonnen. Aber ich will dich Miststück nie mehr wiedersehen!»

Bailing döste in der Mittagssonne, als Ryder aus New York nach Hause kam. Sie hielt vor dem Tor an und sah über den Flugplatz. Sie war so stolz auf das, was sie in Bailing vollbracht hatte. Die Hangars waren voll mit Flugzeugen, der Tower sah sauber und gepflegt aus, in der Flugschule war gerade ein Kurs im Gange, und im Clubhaus wurde das Mittagessen serviert. Sie stellte sich vor, wie es mit Bailing Air werden würde, mit der verlängerten Rollbahn, der Wartehalle für die Passagiere, dem Flugzeug und den Uniformen in dem leuchtenden Gelb, das ihr immer Glück gebracht hatte. Sie würde nicht kampflos aufgeben.

Auf der Betonspur, auf der früher Brujas Stall gestanden hatte, brachte Fred gerade Leo in dem alten Pick-up das Autofahren bei. Ryder lächelte und winkte, dann steuerte sie das Büro an. Aber an einem so schönen Tag wollte sie nicht eingesperrt sein. Gedankenverloren ging sie über die Rollbahn und bückte sich von Zeit zu Zeit, um etwas Kreuzkraut auszuzupfen, das hartnäckig jeden Sommer zurückkam. Das Leben war schon seltsam. Sie hatte Michael und Immy und Frankie verloren. Aber Alix, Violet und den alten Fred hatte sie zurückgewonnen – und ihren Vater.

Sie wandte sich gerade zum Kontrolltower, als der Pick-up auf sie zugebrummt kam. «Ein Brief für Bailing Air», rief Leo. «Persönlich abgeliefert.» Er lehnte sich aus dem Fenster, um ihr den mit Maschinenschrift adressierten Umschlag zu geben, dann fuhr er ruckelnd und zuckelnd über den Asphalt, während Fred hinter ihm herschrie: «Vorsichtig. Nicht ruckartig Gas geben!»

Einen Moment lang war Ryder wieder in der Luft, in ihrer Libelle aus Aluminium, und probte, wie man durchsackte – und sich wieder fing. Sie riß den Umschlag auf. Dann fand sie ein Telegramm:

Bitte reservieren Sie einen Platz für den Jungfernflug von Bailing Air. Für: Mr. Biggles.

Romane und Erzählungen

Julian Barnes
Flauberts Papagei *Roman*
(rororo 22133)
«Dieses Buch gehört zur Gattung der Glücksfälle.» *Süddeutsche Zeitung*

Denis Belloc
Suzanne *Roman*
(rororo 13797)
«Suzanne» ist die Geschichte von Bellocs Mutter: Das Schicksal eines Armeleutekinds in schlechten Zeiten. «Denis Belloc ist der Shootingstar der französischen Literatur.» *Tempo*

Andre Dubus
Sie leben jetzt in Texas *Short Stories*
(rororo 13925)
«Seine Geschichten sind bewegend und tief empfunden.» *John Irving*

Michael Frayn
Sonnenlandung *Roman*
(rororo 13920)
«Spritziges, fesselndes, zum Nachdenken anregendes Lesefutter. Kaum ein Roman macht so viel Spaß wie dieser.» *The Times*

Peter Høeg
Der Plan von der Abschaffung des Dunkels *Roman*
(rororo 13790)
«Eine ungeheuer spannende Geschichte.» *Die Zeit*
Fräulein Smillas Gespür für Schnee *Roman*
(rororo 13599)
Fräulein Smilla verfolgt die Spuren eines Mörders bis ins Eismeer Grönlands. «Eine aberwitzige Verbindung von Thriller und hoher Literatur.» *Der Spiegel*

rororo Literatur

Stewart O'Nan
Engel im Schnee *Roman*
(rororo 22363)
«Stewart O'Nans spannendes Erzählwerk ist zum Heulen traurig und voller Schönheit, seine Sprache genau und von bestechendem Charme. Die literarische Szene ist um einen exzellenten Erzähler reicher geworden.» *Der Spiegel*

Daniel Douglas Wissmann
Dillingers Luftschiff *Roman*
(rororo 13923)
«Dillingers Luftschiff» ist eine romantische Liebesgeschichte und zugleich eine verrückte Komödie voll schrägem Witz, unbekümmert um die Grenzen zwischen Literatur und Unterhaltung.

Tobias Wolff
Das Blaue vom Himmel *Roman einer Jugend in Amerika*
(rororo 22254)
«Wunderbar komisch – zugleich tieftraurig und auf sehr subltile Weise moralisch.» *Newsweek*

3601/4